全新彩色版

金敬梅 主编

中华文史大观

古文观止

世界图书出版公司

目 录

《左传》·郑伯克段于鄢 /2
　　　　　周郑交质 /6
　　　　　曹刿论战 /8
　　　　　宫之奇谏假道 /10
　　　　　介之推不言禄 /13
　　　　　烛之武退秦师 /15
　　　　　祁奚请免叔向 /17
　　　　　晏子不死君难 /20
　　　　　季札观周乐 /22
　　　　　子产论政宽猛 /26
　　　　　吴许越成 /30

《国语》·召公谏厉王止谤 /33
　　　　　叔向贺贫 /35
　　　　　王孙圉论楚宝 /37

《公羊传》·春王正月 /39
　　　　　　吴子使札来聘 /41

《穀梁传》·虞师晋师灭夏阳 /44

《国策》·苏秦以连横说秦 /47
　　　　　司马错论伐蜀 /52
　　　　　范雎说秦王 /55
　　　　　颜斶说齐王 /59
　　　　　冯谖客孟尝君 /61
　　　　　赵威后问齐使 /66
　　　　　触龙说赵太后 /68
　　　　　乐毅报燕王书 /72

李　　斯·谏逐客书 /77

《楚辞》·卜居 /81
　　　　　宋玉对楚王问 /83

《史记》·五帝本纪赞 /86
　　　　　孔子世家赞 /88
　　　　　伯夷列传 /89
　　　　　管晏列传 /93
　　　　　屈原列传 /98
　　　　　游侠列传序 /105
　　　　　滑稽列传 /109
　　　　　太史公自序 /112

司 马 迁·报任少卿书 /117

贾　　谊·过秦论上 /127

晁　　错·论贵粟疏 /132

邹　　阳·狱中上梁王书 /137

李　　陵·李陵答苏武书 /145

马　　援·诫兄子严敦书 /151

诸 葛 亮·前出师表 /153
　　　　　后出师表 /156

李　　密·陈情表 /160

王 羲 之·兰亭集序 /163

陶 渊 明·归去来辞 /165
　　　　　桃花源记 /167
　　　　　五柳先生传 /169

骆 宾 王·为徐敬业讨武曌檄 /170

王　　勃·滕王阁序 /172

李　　白·与韩荆州书 / 178

李　　华·吊古战场文 / 181

刘　禹　锡·陋室铭 / 185

杜　　牧·阿房宫赋 / 186

韩　　愈·原道 / 191
　　　　　原毁 / 197
　　　　　杂说一 / 200
　　　　　杂说四 / 201
　　　　　师说 / 202
　　　　　进学解 / 206
　　　　　讳辩 / 210
　　　　　争臣论 / 213
　　　　　与于襄阳书 / 218
　　　　　应科目时与人书 / 221
　　　　　送孟东野序 / 223
　　　　　送李愿归盘谷序 / 226
　　　　　祭十二郎文 / 230
　　　　　祭鳄鱼文 / 235
　　　　　柳子厚墓志铭 / 238

柳　宗　元·驳复仇议 / 243
　　　　　桐叶封弟辨 / 247
　　　　　捕蛇者说 / 249
　　　　　梓人传 / 252
　　　　　小石城山记 / 258

王　禹　偁·黄冈竹楼记 / 260

李　格　非·书《洛阳名园记》后 / 262

范　仲　淹·岳阳楼记 / 264

钱　公　辅·义田记 / 266

苏　　轼·刑赏忠厚之至论 / 298
　　　　　留侯论 / 301
　　　　　范增论 / 304
　　　　　贾谊论 / 308
　　　　　晁错论 / 311
　　　　　上梅直讲书 / 314
　　　　　喜雨亭记 / 317
　　　　　石钟山记 / 319
　　　　　潮州韩文公庙碑 / 322
　　　　　前赤壁赋 / 328
　　　　　后赤壁赋 / 331
　　　　　三槐堂铭 / 333

苏　　辙·六国论 / 337

曾　　巩·寄欧阳舍人书 / 340
　　　　　赠黎安二生序 / 344

王　安　石·读孟尝君传 / 346
　　　　　游褒禅山记 / 347

宋　　濂·阅江楼记 / 350

刘　　基·卖柑者言 / 354

方　孝　孺·深虑论 / 356
　　　　　豫让论 / 360

王　守　仁·尊经阁记 / 363
　　　　　象祠记 / 367
　　　　　瘗旅文 / 371

归　有　光·沧浪亭记 / 375

袁　宏　道·徐文长传 / 377

张　　溥·五人墓碑记 / 381

欧　阳　修·朋党论 / 270
　　　　　纵囚论 / 273
　　　　　五代史伶官传序 / 275
　　　　　五代史宦者传论 / 277
　　　　　丰乐亭记 / 279
　　　　　醉翁亭记 / 282
　　　　　秋声赋 / 284

苏　　洵·管仲论 / 287
　　　　　辨奸论 / 291
　　　　　心术 / 294

前言

"国学",产生于西学东渐、文化转型的历史时期,兴起于20世纪初,鼎盛于20年代,80年代又有"寻根"热,九十年代"国学"热再次掀起至今,无不是对传统文化在今日中国乃至世界多元文化中的一次次定位固基。

一般来说,国学指以释道儒三家学问为主干,文学艺术、戏剧音乐、武术菜肴、民俗礼仪等等为枝叶的传统中国文化体系。

国学以学科分,应分为哲学、史学、宗教学、文学、礼俗学、考据学、伦理学、版本学等,其中以儒家哲学为主流;以思想分,应分为先秦诸子、儒道释三家等,儒家贯穿并主导中国思想史,其他列从属地位;以《四库全书》分,应分为经、史、子、集四部,但以经、子部为重,尤倾向于经部。

近代学者邓实定义国学说:"国学者何?一国所自有之学也。有地而人生其上,因以成国焉。有其国者有其学。学也者,学其一国之学以为国用,而自治其一国者也。……国学者,与有国以俱来,本乎地理、根之民性而不可须臾离也。君子生是国则通是学,知爱其国无不知爱其学。"邓先生的国学概念很广泛,同时也强调了国学的经世致用性。

总的来说,国学是有别于西方学术,独具特点且自成体系的文化形态,是中国固有的文化传统、人文理念和认识方法。其博大精深之内涵,雄厚内敛之魂魄,足以令世人千百年传诵。可以说国学经典是中华文化的根基,其中蕴含着前人洞察世事的精妙哲理。学习国学可以在潜移默化中学会为人处世的方法,增强个人的文化修养,使思想在"润物细无声"中得到浸润和升华。

为让广大读者能够真正与国学亲密接触,我们去芜存菁,在卷帙浩繁的中华传统文化典籍中精心挑选出一系列国学经典。在尊重原著的基础上,通过释疑、修饰、考证、援引等,汇编成本套丛书,以飨读者。

您现在所看到的《古文观止》便是丛书之一。

《古文观止》是自清代以来最负盛名的文言散文选本之一。问世于清初康熙年间,是由吴楚材、吴调侯选辑评注的,至今已有三百余年的历史,书中收录了上起先秦,下迄明末诸家散文的精华,一直受到广大读者的喜爱,成为学习古文的经典启蒙读物。

"古文观止",用白话翻译出来就是"研究古文看到这里就可以了"。如此取名也并非浮夸之言,本书所选篇目在国学典籍中都具有极高的文学价值,值得国学爱好者反复品读。

本书在忠于原著的基础上,加以组织、整理,并运用准确、流畅的白话文进行翻译。编者在每篇文章之前,将书中最为点睛的妙笔一一列出,在每篇文章之后,又加入了与该篇文章相关的国学知识,使读者既能在最短的时间内把握住这些名家名篇中的精华所在,又能举一反三了解更多的相关文化,真正达到活学活用的目的。同时,大量切合正文内容的艺术图片,以及精准翔实的图说,使本书呈现出丰富的文化内涵。

衷心地希望本系列丛书能成为广大读者的良师益友,使您在品味国学博大精深的同时,能从中汲取源源不断的智慧甘泉。

郑伯克段于鄢

《左传》

《左传》：又称《左氏传》《春秋左传》或《左氏春秋》，相传为春秋末期鲁国太史左丘明所作。据学者研究，它是战国初期根据各诸侯国的史料，按《春秋》编年体所记载，始自鲁隐公元年（公元前722年），迄于鲁悼公四年（公元前646年），记录了春秋各国的重要史实，同时收录许多春秋之前的史实和传说。关于作者及年代，众说不一，目前尚无定论。

◎ 经典语录

多行不义必自毙　其乐融融　国不堪贰，君将若之何

初，郑武公娶于申，曰武姜。生庄公及共叔段。庄公寤生，惊姜氏，故名曰寤生，遂恶之。爱共叔段，欲立之，亟请于武公[1]，公弗许。及庄公即位，为之请制[2]。公曰："制，岩邑也[3]，虢叔死焉，他邑唯命。"请京，使居之，谓之京城大叔[4]。

祭仲曰[5]："都城过百雉[6]，国之害也。先王之制，大都不过参国之一[7]；中，五之一；小，九之一。今京不度，非制也，君将不堪。"公曰："姜氏欲之，焉辟害？"对曰："姜氏何厌之有！不如早为之所，无使滋蔓。蔓，难图也，蔓草犹不可除，况君之宠弟乎？"公曰："多行不义必自毙，子姑待之。"

既而大叔命西鄙北鄙贰于己[8]。公子吕曰："国不堪贰，君将若之何？欲与大叔，臣请事之；若弗与，则请除之，无生民心。"公曰："无庸，将自及。"大叔又收贰以为己邑，至于廪延。子封曰："可矣，厚将得众。"公曰："不义不昵，厚将崩。"

大叔完聚，缮甲兵，具卒乘，将袭郑。夫人将启之。公闻其期，曰："可矣！"命子封帅车二百乘以伐京。京叛大叔段，段入于鄢。公伐诸鄢。五月辛丑，大叔出奔共。

书曰："郑伯克段于鄢。"段不弟，故不言弟。如二君，故曰克。称郑伯，讥失教也；谓之郑志，不言出奔，难之也。

遂置姜氏于城颍，而誓之曰："不及黄泉，无相见也！"既而悔之。颍考叔为颍谷封人，闻之，有献于公。公赐之食，食舍肉。公问之，对曰："小人有母，皆尝小人之食矣，未尝君之羹，请以遗之。"公曰："尔

有母遗,繄我独无!"颍考叔曰:"敢问何谓也?"公语之故,且告之悔。对曰:"君何患焉!若阙地及泉[9],隧而相见,其谁曰不然?"公从之。公入而赋:"大隧之中,其乐也融融!"姜出而赋:"大隧之外,其乐也泄泄!"遂为母子如初。

君子曰:"颍考叔,纯孝也,爱其母,施及庄公。《诗》曰:'孝子不匮,永锡尔类。'其是之谓乎!"

当初,郑武公娶申侯之女为妻,称为武姜。她生了庄公和共叔段。生庄公时难产,姜氏受到惊吓,所以取名"寤生",很厌恶他。姜氏宠爱共叔段,想立他为太子,屡次请求武公,武公不答应。到庄公继承君位时,姜氏便替共叔段请封到制邑。庄公说:"制是险要之地,虢叔就死在那里,其他地方任凭您吩咐。"姜氏请求把京城封给共叔段,庄公应允了,人称京城太叔。

祭仲说:"诸侯城邑超过一百雉,将是国家的祸害。按照先王的制度,大城不能超过国都的三分之一,中城不能超过五分之一,小城不能超过九分之一。如今京邑不合规定,不遵守先王的制度,您会受不了的。"庄公说:"姜氏要这样做,我怎么能避开祸患呢?"祭仲说:"姜氏哪里会满足,不如早作安排,不要让他的势力滋长蔓延,蔓延起来就难对付了。蔓延的野草尚且难于铲除,何况是您受宠的弟弟呢!"庄公说:"不义的事情做多了,必然会自取灭亡,你姑且等着吧!"

○ 品画鉴宝
象首纹鬲(春秋) 此器平沿,束颈,三蹄足,实足,不分裆,底呈弧形。腹上有三扉棱,腹饰象首纹。

○ 品画鉴宝 拱手玉人（西周） 此器青白色，体扁圆，呈站立状，圆脸尖颌、浓眉秀目，通体涂朱，具有独特的审美趣味。

不久，太叔命令西部和北部的边邑明归庄公，暗归自己管辖。公子吕进谏庄公说："一个国家受不了土地兼属两主的情形。您究竟打算怎么办？如果要把君位交给太叔，我请求去侍奉他；如果不给就请除掉他，不要使民心生变。"庄公说："用不着，他将自取祸殃。"太叔又公开把两个边邑收归自己所有，一直扩大到廪延。公子吕说："可以兴兵讨伐了！否则领土日益扩大，他会得到更多人的归附。"庄公说："他对国君不义，对兄长不亲，领土再大也会崩溃。"

太叔修筑城郭，集结兵力，整治铠甲和兵器，编组好步卒和兵车，打算偷袭郑国的国都。姜氏将替他开启城门。庄公获悉偷袭时间，说："可以行动了！"命令公子吕率领两百辆兵车大举讨伐京城。京城百姓背叛了太叔段，段逃到鄢邑。庄公又追到鄢邑。五月二十三日，太叔出逃到共国。

《春秋》上写的是："郑伯克段于鄢。"因为段不守做弟的本分，所以不称他为弟；犹如两君主相争，所以叫做"克"。称庄公为郑伯，是讥讽他有失教导弟弟之道；是郑庄公的本意，所以不说共叔段出奔。这样写是为了责难郑庄公。

　　于是庄公把姜氏安置到城颍，发誓道："不到黄泉，别再见面！"不久又后悔不应该这样。

　　颍考叔担任颍谷主管疆界的官，听到这件事，就借进献贡品谒见庄公。庄公宴请他。他吃的时候把肉挑出来。庄公问他，他回答道："家有母亲，我孝敬的食物她都吃过了，就是没吃过您的食物，请让我把这食物送给她。"庄公说："你有母亲可以献食物，我却没有啊！"颍考叔说："敢问这是什么意思？"庄公说明缘由，并说自己很懊悔。颍考叔说："您何必为这事忧虑！如果挖地见泉水，通过地道来见面，谁会说您不对呢？"庄公听从了他的办法。庄公走进地道吟诗说："地道之中，其乐无穷。"姜氏走出地道时也朗诵了两句诗："隧道之外，心情舒畅！"于是母子又像从前一样。君子说："颍考叔可算是真正的孝子！爱他的母亲，又影响到了庄公。《诗经》上说：'孝子的孝心没有穷尽，永远把它赐于你的同类。'这句话大概就是这个意思吧！"

◎ **内涵外延**
颍考叔（？－公元前712年）
春秋初郑国人。庄公时大夫。郑与齐、鲁攻许城，考叔捷足先登，被公孙阏暗箭射杀。被后人誉为"纯考"。

◎ **本文注释**
〔1〕亟（qì）：屡次。〔2〕制：城邑名，又叫虎牢。〔3〕岩邑：险要之地。
〔4〕大（tài）叔：大，同"太"。〔5〕祭（zhài）仲：郑国大夫。
〔6〕雉：古代量度单位，城墙长三丈、高一丈为一雉。
〔7〕参国之一：国都的三分之一。〔8〕贰：两属。〔9〕阙：同"掘"，挖掘。

周郑交质

《左传》

◎ 经典语录

明恕而行，要之以礼，虽无有质，谁能间之

郑武公、庄公为平王卿士。王贰于虢[1]，郑伯怨王。王曰："无之。"故周郑交质[2]：王子狐为质于郑，郑公子忽为质于周。

王崩，周人将畀虢公政[3]。四月，郑祭足帅师取温之麦[4]；秋，又取成周之禾。周郑交恶。

君子曰："信不由中，质无益也。明恕而行[5]，要之以礼，虽无有质，谁能间之？苟有明信，涧溪沼沚之毛[6]，蘋蘩蕴藻之菜[7]，筐筥锜釜之器，潢污行潦之水[8]，可荐于鬼神，可羞于王公，而况君子结二国之信，行之以礼，又焉用质？《风》有《采蘩》《采蘋》，《雅》有《行苇》《泂酌》，昭忠信也。"

郑武公、郑庄公担任周平王的执政卿士。平王想分权给虢公，郑庄公因而埋怨平王。平王说："没有这回事。"于是周王室和郑国相互交换人质：王子狐到郑国做人质，郑公子忽到周做人质。

平王逝世，周王室的贵族们准备把政权交给虢公。四月，郑国的祭足率领军队抢走周王朝属地温邑的麦子；秋天，又割掉成周的稻子。周、郑互相怀恨。

君子说："诺言没诚意，交换人质也没用。开诚布公、互相体谅，用礼来约束，即使没有人质，又有谁能离间他们呢？如果有光明磊落的责任心，即使是山涧、水溪、沼池、小洲旁的草，浮萍、白蒿一类的水藻，筐、袪、锜、釜一类的器具，积聚成流动的水，可以祭祀鬼神，也可以进献给王公，更何况君子结成两国之间的信任，遵礼行事，又哪里用得着人质呢？《国风》有《采蘩》《采蘋》，《大雅》有《行苇》《泂酌》，都是申明忠信之道的。"

◎ 内涵外延

郑武公（生卒年不详）
曾与晋文侯帮助周平王东迁，定都洛阳王城。先后灭东虢国和郐国，建新的郑国。

郑庄公（公元前757—前701年）
郑武公之子，春秋时郑国君。谋略家和军事家，发明许多军事战术，使郑国鼎盛，被称为春秋初期霸主。公元前743—前701年在位。初平定其弟共叔段叛乱，继武公为周平王的左卿士。后周桓王免其职位，他从此不朝。桓王伐郑，他击败周师，射伤王肩。

◎ 本文注释

〔1〕贰：这里指平王把郑的权力分给虢。虢（guó）：虢公也是周王室卿士。

〔2〕质：此指人质。

〔3〕畀（bì）：授予。

〔4〕祭足：郑大夫祭仲。温：周畿（jī，古称国都附近的地方）内城邑名。

〔5〕恕：体谅他人。

〔6〕沼：小洲。

〔7〕蕴藻：一种水草。

〔8〕潢污：指停聚的水，行潦：行潦流水。

曹刿论战

《左传》

◎ 经典语录

一鼓作气,再而衰,三而竭　肉食者鄙,未能远谋

齐师伐我[1],公将战[2]。曹刿请见。其乡人曰:"肉食者谋之,又何间焉[3]?"刿曰:"肉食者鄙,未能远谋。"遂入见。

问:"何以战?"公曰:"衣食所安,弗敢专也,必以分人。"对曰:"小惠未遍,民弗从也。"公曰:"牺牲玉帛[4],弗敢加也,必以信。"对曰:"小信未孚[5],神弗福也。"公曰:"小大之狱[6],虽不能察,必以情。"对曰:"忠之属也,可以一战。战则请从。"

公与之乘,战于长勺[7]。公将鼓之,刿曰:"未可。"齐人三鼓,刿曰:"可矣。"齐师败绩。公将驰之,刿曰:"未可。"下视其辙,登轼而望之,曰:"可矣。"遂逐齐师。

既克,公问其故。对曰:"夫战,勇气也。一鼓作气,再而衰,三而竭。彼竭我盈,故克之。夫大国,难测也,惧有伏焉。吾视其辙乱,望其旗靡[8]。故逐之。"

齐国军队攻打鲁国,庄公准备应战。曹刿要去拜见鲁庄公。他的同乡说:"身居高位的人会谋划,你又何必参与呢?"曹刿说:"身居高位的人见识浅陋,不能深谋远虑。"于是进见庄公。

曹刿问:"靠什么去作战?"庄公说:"衣食等养生的东西,我不敢独自享受,一定分给他人。"曹刿答道:"这种小恩小惠并没有普遍施及民众,老百姓不会跟从你去作战的。"庄公说:"祭祀用的牛、羊、猪和宝玉、丝绸,不敢虚报,一定用诚心去祭祀。"曹刿答道:"小小的诚心还不能取信于神,神是不肯降福给你的。"庄公说:"大大小小的案件,虽然我不能彻底查清,但必定根据实情处理。"曹刿答道:"这是为百姓尽心做事的表现,可以凭借它去作战。作战时请让我随行。"

庄公和他同乘一辆战车,在长勺与齐军交战。庄公准备击鼓进军,曹刿说:"还不行。"等到齐军擂了三次鼓,曹刿说:"可以了。"齐军大败。庄公准备追击齐军,曹刿说:"还不行。"他下战车详细察看齐军战车的轮辙,又到车前的横木眺望齐军撤退的情形,然后说:"可以了。"于是追击齐军。打了胜仗以后,庄公问曹刿为什么要这样。他答道:"打仗,靠的是勇气。擂第一次鼓时,战士们鼓足了勇气;第二次擂鼓时,士气开始衰落;擂第三次鼓,士气就完全丧失了。齐军士气没了,我军

正士气旺盛,所以打败了他们。但是大国的情形很难捉摸,怕他们有埋伏。我看见他们战车的轮迹乱了,望见他们的战旗倒了,所以才追击他们。"

◎ 内涵外延

曹刿(生卒年不详)

即曹沫,春秋时鲁国大夫。著名的军事理论家。鲁庄公十年(公元前684年),齐桓公不顾主政大夫管仲的竭力劝阻,派鲍叔牙率大军伐鲁。此前,齐、鲁几次交战,鲁国都被打败。闻听齐大军压境,鲁庄公和群臣大惊失色,不知所措。这时,一直隐居的曹刿求见庄公,主动提出为抵抗齐军出谋划策。

◎ 本文注释

〔1〕我:指鲁国。〔2〕公:指鲁庄公。〔3〕间(jiàn):参与。
〔4〕牺牲玉帛:祭祀用品。〔5〕孚:取信。
〔6〕狱:诉讼案件。〔7〕长勺:鲁国地名,在今山东曲阜东北。〔8〕靡:倒下。

9

宫之奇谏假道

《左传》

○ **经典语录**

唇亡齿寒　若晋取虞，而明德以荐馨香，神其吐之乎

晋侯复假道于虞以伐虢。宫之奇谏曰："虢，虞之表也。虢亡，虞必从之。晋不可启，寇不可玩[1]。一之谓甚，其可再乎？谚所谓'辅车相依[2]，唇亡齿寒'者，其虞、虢之谓也！"

公曰："晋，吾宗也[3]，岂害我哉？"

对曰："大伯、虞仲，大王之昭也[4]。大伯不从，是以不嗣。虢仲、虢叔[5]，王季之穆也[6]，为文王卿士，勋在王室，藏于盟府。将虢是灭，何爱于虞？且虞能亲于桓庄乎？其爱之也，桓庄之族何罪？而以为戮，不唯逼乎？亲以宠逼，犹尚害之，况以国乎？"

公曰："吾享祀丰洁，神必据我[7]。"

对曰："臣闻之，鬼神非人实亲，惟德是依。故《周书》曰：'皇天无亲，惟德是辅。'又曰：'黍稷非馨，明德惟馨。'又曰：'民不易物，惟德繄物。'如是，则非德，民不和，神不享矣。神所冯依[8]，将在德矣。若晋取虞，而明德以荐馨香，神其吐之乎？"

弗听，许晋使。

宫之奇以其族行，曰："虞不腊矣[9]！在此行也，晋不更举矣！"

冬，晋灭虢。师还，馆于虞，遂袭虞，灭之，执虞公。

　　晋献公再次向虞公借路攻打虢国。宫之奇劝谏虞公说："虢国是虞国的屏障，虢国一旦灭亡，虞国也一定会灭亡。晋国的贪心不可助长，对外来的敌人不能够忽视。借道一次已经过分了，难道还可以借二次吗？俗话说辅车相依，唇亡齿寒，说的正是虞和虢的关系啊！"

虞公说："晋侯和我同宗，难道会害我吗？"

宫之奇答道："当年，太伯和虞仲都是太王的儿子。太伯不听从太王之命，所以没有继承王位。虢仲和虢叔都是王季的儿子，做过文王执政大臣，对王室有功劳，因功受封的典册保藏在官府。既然晋国连虢国也要灭掉，对虞国还有什么可爱惜的呢？再说，虞国还能够比桓叔、庄伯更亲近吗？桓叔，庄伯的后代有什么

罪？竟成了杀戮的对象，不就是因为对他们构成了威胁吗？亲族之间由于权势威胁到自己，尚且加以杀戮，何况是为了一个国家呢？"

虞公说："我的祭品丰盛清洁，神一定会保佑我。"

宫之奇答道："我听说，鬼神对人不分亲疏，只是依从德行。所以《周书》说：'上天不分亲疏，只辅佑有德的。'又说：'并不是祭祀的黍稷香气远扬，只有明显的德行才芬芳远闻。'又说：'人们进献的祭品相同，只有有德之人的祭品才会被神享受。'如此说来，没有德行，民众不会和睦，神也不会享受他的祭品。神所保佑的是德。如果晋国吞并了虞国，再来崇尚德行，祭献的祭品，难道神会吐出来吗？"

虞公不听从劝告，答应了晋国使者的要求。

宫之奇带着他的家族离开了虞国，说："虞国灭亡等不到年终腊祭了！晋国灭虞，就在这次行动，用不着再发兵了"。

这年冬天，晋国消灭了虢国。回师时，驻扎在虞国，晋于是偷袭虞国，灭掉了虞，抓住了虞公。

○ 品画鉴宝 蛇纹卣（春秋） 此器为古代酒器，纹饰相似的青铜卣在湖南多有发现，表现出浓郁的地方特色。

◎ 内涵外延

宫之奇（生卒年不详）

一作宫奇。春秋时虞国（今山西省平陆县北）人，著名的政治家。晋献公十九年，晋以良马和璧向虞假道攻虢，虞君应允，他劝谏不听。后三年，晋又假虞道攻虢，它以"辅车相依，唇亡齿寒"劝谏，虞君又不听，因而率族奔曹。

◎ 本文注释

[1] 玩：疏忽大意。
[2] 辅车：这里指面颊和牙床骨。
[3] 宗：晋和虞同为姬姓诸侯。
[4] 大伯、虞仲：周太王的长子和次子。大同"太"。昭，和下文的"穆"都指宗庙神主的位次。按古代宗庙制度，始祖神位居中，左称昭，右称穆。
[5] 虢仲、虢叔：王季的次子和三子，二人都封在虢。
[6] 王季之穆：王季在宗庙为昭，所以王季之子虢仲、虢叔为穆。
[7] 据：依附，保佑。
[8] 冯：同"凭"。
[9] 腊：年终举行的一种大祭众神的祭祀。

介之推不言禄

《左传》

◎ 经典语录

窃人之财，犹谓之盗，况贪天之功，以为己力乎

晋侯赏从亡者[1]，介之推不言禄[2]，禄亦弗及。

推曰："献公之子九人，唯君在矣。惠、怀无亲，外内弃之。天未绝晋，必将有主。主晋祀者，非君而谁？天实置之，而二三子以为己力[3]，不亦诬乎？窃人之财，犹谓之盗，况贪天之功，以为己力乎？下义其罪，上赏其奸，上下相蒙，难与处矣！"

其母曰："盍亦求之[4]，以死谁怼[5]！"

对曰："尤而效之，罪又甚焉！且出怨言，不食其食。"

其母曰："亦使知之，若何？"

对曰："言，身之文也。身将隐，焉用文之？是求显也。"

其母曰："能如是乎？与汝偕隐。"遂隐而死。

晋侯求之不获，以绵上为之田[6]，曰："以志吾过，且旌善人[7]。"

晋文公赏赐曾跟随他流亡的人，介之推不居功以求禄位，于是封赏没有给他。

介之推说："献公有九个儿子，现在只有君侯还活着。惠公、怀公没有亲近的人，各诸侯和国内臣民都抛弃他们。上天不想断绝晋国，还会有君主。主持晋国祭祀的人，除了君侯还会是谁呢？这实在是上苍要立他为君，但那几位却认为是自己的功劳，这不是骗人吗？偷别人财物，还被称为强盗，何况是贪天之功作为自己的功劳呢？下面的人把罪过当作正义，上面的人却对欺诈给予赏赐，上下互相欺骗蒙蔽，很难与他们相处。"

他的母亲说："你为什么不去求赏呢？不去求赏，这样死了，又能怨恨谁呢？"

介之推回答说："既然认为这样做是错的而又去效法，罪过就更大。况且说了怨恨的话，就不再享受他的俸禄。"

他的母亲说："你应该让他知道这件事情，怎么样？"

介之推回答说："语言，是用来表白自身的，自身要隐退，哪还用得着表白呢？如果这样，岂不是去求显露吗？"

他的母亲说："你真能这样做吗？我同你一起隐居。"于是介之推母子隐居而死。

晋文公没有找到他，以绵上作为介之推的祭田，说："以此记下我的过错，并用以表彰心地善良的人。"

○ 品画鉴宝　惠麓小隐图（元）王蒙／绘　此图画一高士隐居的场景。山峦绵延，树木参差，现小屋于其中。近景细润，远景淡朗，整个画面静雅澄澈。

◎ **内涵外延**

晋文公（公元前697－前628年）

春秋时晋国君。名重耳，著名的政治家。公元前636－前628年在位。因献公立幼子奚齐为太子，他曾出奔在外十九年，由秦送回。城濮之战大胜楚军，并在践土（今河南温县西南）大会诸侯，成为霸主。

介之推（生卒年不详）

一作介子推、介推，春秋时晋国贵族。曾与公子重耳（即晋文公）流亡国外。文公回国后赏赐随从臣属，他未得赏，因与其母隐居绵上（今山西介休东南）山中而死。

◎ **本文注释**

〔1〕晋侯：指晋文公。〔2〕介之推：晋文公臣子，曾割自己腿上的肉以食文公。
〔3〕二三子：指跟随文公逃亡的狐偃、赵衰、魏武子、胥臣等人。
〔4〕盍（hé）：何不。〔5〕怼（duì）：怨恨。
〔6〕绵上：地名，在今山西介休县南。〔7〕旌（jīng）：表扬。

烛之武退秦师

《左传》

◎ 经典语录

东道主　因人之力而敝之，不仁；失其所与，不知；以乱易整，不武

　　晋侯、秦伯围郑，以其无礼于晋，且贰于楚也。晋军函陵，秦军氾南。

　　佚之狐言于郑伯曰[1]："国危矣，若使烛之武见秦君[2]，师必退。"公从之。辞曰："臣之壮也，犹不如人；今老矣，无能为也已。"公曰："吾不能早用子，今急而求子，是寡人之过也。然郑亡，子亦有不利焉。"许之。

　　夜缒而出[3]，见秦伯，曰："秦、晋围郑，郑既知亡矣。若郑亡而有益于君，敢以烦执事[4]。越国以鄙远，君知其难也。焉用亡郑以陪邻？邻之厚，君之薄也。若舍郑以为东道主，行李之往来[5]，共其乏困[6]，君亦无所害。且君尝为晋君赐矣，许君焦、瑕，朝济而夕设版焉[7]，君之所知也。夫晋何厌之有？既东封郑，又欲肆其西封。若不阙秦[8]，将焉取之？阙秦以利晋，唯君图之"。秦伯说[9]，与郑人盟。使杞子、逢孙、杨孙戍之，乃还。

　　子犯请击之。公曰："不可！微夫人之力不及此[10]。因人之力而敝之，不仁；失其所与，不知；以乱易整，不武。吾其还也。"亦去之。

　　晋文公和秦穆公围攻郑国，因为郑国以前曾经对晋无礼，并且怀有二心和楚国亲近。晋国驻军函陵，秦驻军在氾南。

　　佚之狐对郑文公说："国家处在危急时刻！如果派烛之武去见秦君，一定能说服两国的军队撤退。"郑文公采纳了佚之狐的意见。烛之武辞谢道："我在壮年时，尚且比不上别人；如今老了，不能做什么啦！"郑文公说："我没能及早用先生，现在危急了才求助您，这是我的过错。但是郑国灭亡了，对您也不利呀！"于是烛之武答应了他的要求。

　　晚上，烛之武用绳子绑住身体，被从城上放了下来。烛之武见到秦穆公，说："秦、晋两国围攻郑国，郑国已经知道要灭亡了。假如灭郑对您有益，那我就不敢再烦劳您接见了。不过，越过晋国，把偏远的郑国作为秦国的边境是很困难的。既然如此，为什么要用灭亡郑国去扩充晋国的土地呢？邻国的实力雄厚了，您的实力就会被削弱。如果放弃郑国，把它作为东道主，秦国的使者往来经过，郑国供给他们缺少的物资，对您也没有什么害处。您曾经对晋惠公施予恩惠，晋惠公答应以焦和瑕

两座城池作为酬谢，可是他早上渡过黄河回国，晚上就筑城防备，这些您都是知道的。晋国哪有会满足的时候？晋国灭了郑国，以它作为东边的国界，必定会向西边扩展它的国界。若不损害秦国，又从哪里取得地盘呢？削弱秦国而有利于晋国，您还是权衡一下吧。"秦穆公听了，很高兴，便和郑国订立盟约。派杞子、逢孙和杨孙驻扎在那里，就返回了。

　　子犯请求追击秦军。晋文公说："不行！没有他的帮助，就没有我的今天。依靠他的力量能得到好处，而反过来伤害他，这是不道德的；失掉联盟，是不明智的；以秦晋交兵来代替原来的步调一致，不算威武。我们还是回去吧。"于是晋军也撤走了。

◎ 内涵外延

秦穆公（？－公元前621年）
名任好。春秋时秦国君。公元前659－前621年在位。

◎ 原文注释

〔1〕佚之狐：郑国大夫。郑伯：郑文公。〔2〕烛之武：郑国大夫。
〔3〕缒（zhuì）：用绳子缚着身体放下去。
〔4〕执事：左右传令办事的人员，实际指秦穆公。〔5〕行李：外交使者。
〔6〕共：同供。乏困：资粮不足。〔7〕版：筑墙的工具。〔8〕阙：损害。
〔9〕说：同"悦"。〔10〕夫（fú）人：那个人，指秦穆公。

○ 品画鉴宝　晋文公复国图（南宋）李唐／绘

祁奚请免叔向

《左传》

◎ 经典语录

优哉游哉　外举不弃仇，内举不失亲　有觉德行，四国顺之

栾盈出奔楚[1]。宣子杀羊舌虎[2]，囚叔向[3]。人谓叔向曰："子离于罪[4]，其为不知乎[5]？"叔向曰："与其死亡若何？《诗》曰：'优哉游哉，聊以卒岁。'知也。"乐王鲋见叔向曰[6]："吾为子请。"叔向弗应，出不拜。其人皆咎叔向。叔向曰："必祁大夫。"室老闻之，曰："乐王鲋言于君无不行，求赦吾子，吾子不许；祁大夫所不能也，而曰必由之，何也？"叔向曰："乐王鲋从君者也，何能行？祁大夫外举不弃仇，内举不失亲，其独遗我乎？《诗》曰：'有觉德行，四国顺之。'夫子，觉者也。"

晋侯问叔向之罪于乐王鲋[7]。对曰："不弃其亲，其有焉。"于是祁奚老矣，闻之，乘驲而见宣子[8]，曰："《诗》曰：'惠我无疆，子孙保之。'《书》曰：'圣有谟勋，明徵定保。'夫谋而鲜过，惠训不倦者，叔向有焉，社稷之固也。犹将十世宥之，以劝能者。今壹不免其身，以弃社稷，不亦惑乎？鲧殛而禹兴；伊尹放大甲而相之，卒无怨色；管、蔡为戮[9]，周公右王。若之何其以虎也弃社稷？子为善，谁敢不勉，多杀何为？"

宣子说，与之乘，以言诸公而免之。不见叔向而归，叔向亦不告免焉而朝。

栾盈逃到楚国。范宣子杀掉了他的同党羊舌虎，囚禁了叔向。有人对叔向说："你遭了罪，是你不明智吧？"叔向说："和那些被杀和逃亡的人相比，我怎么样？《诗》上说：'悠闲自在，以此度完岁月！'这是明智啊。"乐王鲋来看叔向，说："我帮你向国君请情。"叔向没有理他，乐王鲋走时，他也没送。叔向手下的人都责怪他。叔向说："赦免我罪的，只有祁大夫才可以。"叔向的家臣听了，说："乐王鲋在国君面前说的话，没有不被采纳的，他帮您请求赦免，您不答应；祁大夫不能办到，您却说非他不可，这是为什么？"叔向说："乐王鲋是个顺从国君的人，他怎么能做这件事？祁大夫推荐人才时，对外不弃仇人，对内不避亲子，难道会单单丢下我吗？《诗》上说：'有正直的德行，天下人便都会服从。'祁老先生，是个正直的人。"

晋平公向乐王鲋询问叔向的罪过。乐王鲋答道："叔向不会抛弃自己

17

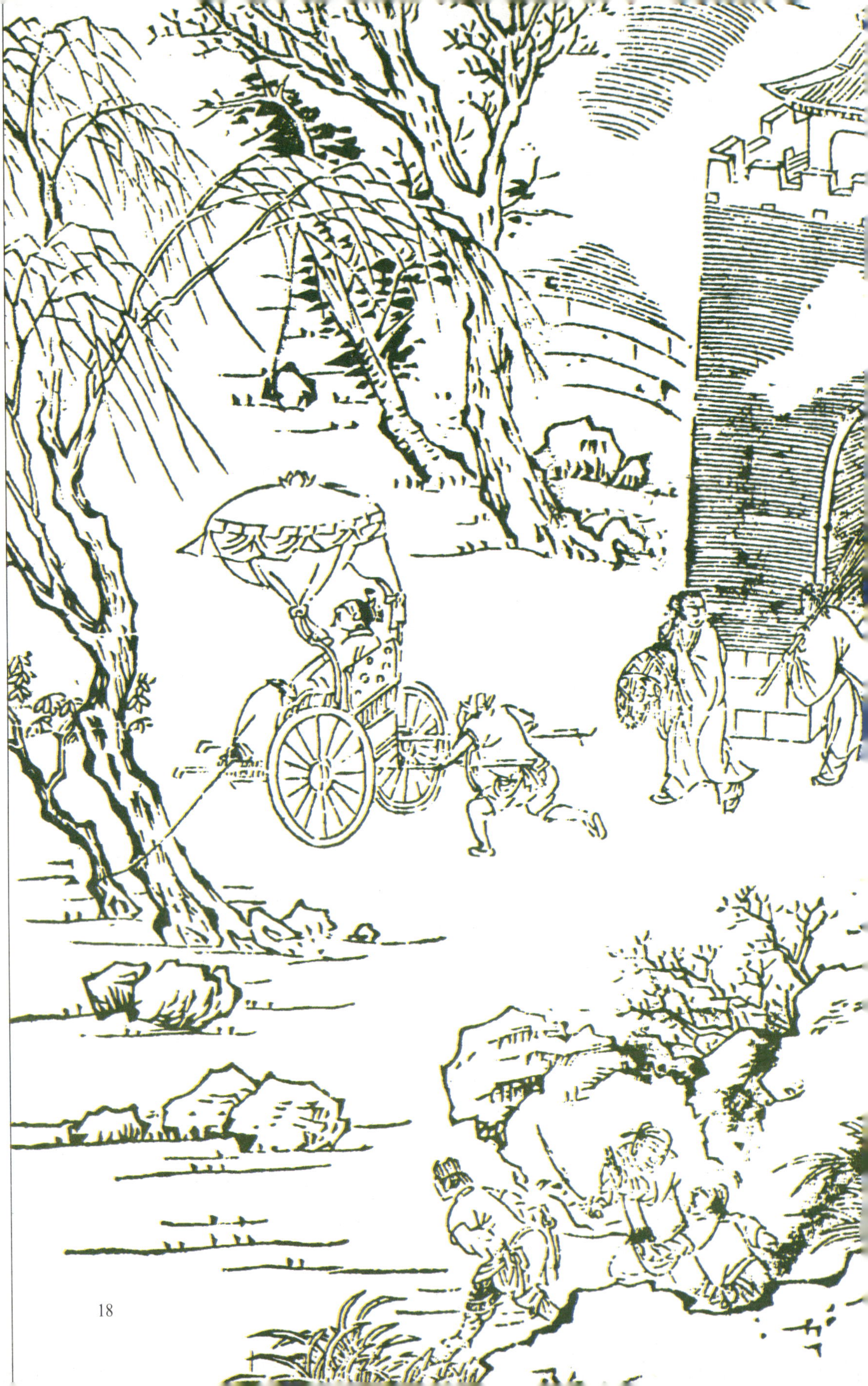

的亲人，大概同谋的事也许是有的吧。"当时，祁奚已经告老还乡，听说后，忙坐上车去找范宣子，说："《诗》上说：'先主赐我恩惠，子孙享之不尽。'《书》上说：'圣人有谋略和功勋，应该明守信用安定他们。'谋略少有过错，教育别人不知疲倦，叔向具有这两种品质，国家就靠这种人来巩固。即使他十代之后的孙子犯了罪，都要加以赦免，以此来勉励那些贤能的人。今天他偶尔犯错，连他本人都不能幸免，以至于损害国家利益，岂不是太糊涂了吗？从前，鲧被杀后，他的儿子禹却被重用；伊尹流放过太甲，却仍然辅佐自己，太甲始终没有表露怨恨之意。管叔、蔡叔被杀，周人和他们是亲兄弟，却仍旧辅佐成王。怎么能因为羊舌虎的缘故而抛弃叔向这种社稷之臣呢？您如果能行善事，谁敢不努力，何必多杀人？"

范宣子听了很高兴，和他同坐一辆车去见晋平公，说明道理，赦免了叔向。祁奚没有去看叔向，就回去了。叔向也没有面谢祁奚，就直接去朝见平公。

◎ 内涵外延

晋平公（生卒年不详）
春秋时晋国国君，名彪，谥平。晋悼公子。公元前557—前532年在位。

祁奚（生卒年不详）
一作祈奚。字黄羊，春秋时晋国大夫。食邑在祁（今山西祁县东南），任中军尉。晋平公即位，任为公族大夫。

◎ 本文注释

[1] 栾盈：晋国大夫。栾桓子之子。
[2] 宣子：晋国执政大夫。羊舌虎为栾盈党羽。
[3] 叔向：晋国大夫，叫羊舌肸（xī），为羊舌虎之兄。
[4] 离：同"罹"（lí），遭遇。
[5] 知：同"智"。
[6] 乐王鲋（fù）：晋大夫，名鲋。
[7] 晋侯：指晋平公。
[8] 驲（rì）：古代驿站用的马车。
[9] 管、蔡：即管叔、蔡叔，都是周公之弟。

晏子不死君难

《左传》

◎ 经典语录

社稷为主　故君为社稷死则死之，为社稷亡而亡之

崔武子见棠姜而美之[1]，遂取之。庄公通焉[2]。崔子弑之。晏子立于崔氏之门外[3]。

其人曰："死乎？"

曰："独吾君也乎哉，吾死也？"

曰："行乎？"

曰："吾罪也乎哉，吾亡也？"

曰："归乎？"

曰："君死安归？君民者，岂以陵民？社稷是主。臣君者，岂为其口实？社稷是养。故君为社稷死则死之，为社稷亡而亡之。若为己死而为己亡，非其私昵，谁敢任之？且人有君而弑之，吾焉得死之，而焉得亡之？将庸何归？"

门启而入，枕尸股而哭[4]，兴，三踊而出。

人谓崔子必杀之。崔子曰："民之望也，舍之得民。"

崔武子看见棠姜长得很美丽，于是娶她为妻。齐庄公与她私通，崔武子便杀了庄公。

晏子站在崔家门外。

他的随从问："为国君死难吗？"

晏子说："只是我一个人的君主吗？我为什么要为他死？"

左右说："打算逃走吗？"

晏子说："我有罪过吗？我为什么要逃走？"

左右说："那就回家吧？"

晏子说："国君死了，我怎么能回去！作为百姓的君主，难道是凌驾于民众之上？他应主持国政啊！作为君主的臣子，难道只是为了俸禄？是为了管理好国家啊！所以，君主为国家而死，做臣子的就该随他一道死，君主为国家而逃亡，做臣子的就该跟他逃亡。如果君主是为自己而死，为自己而逃亡，除了他所亲近的，谁敢承当这种责任？再说，是君主宠信的人把君主杀了，我又怎能为君主而死？为君主而逃亡？我又能回到哪里去呢？"

崔家的门开了，晏子进去，伏在庄公尸体的腿上放声大哭，站起来，又十分哀痛地连连顿脚，然后出去。

有人对崔武子说一定要杀掉他！崔武子说："他是百姓所敬仰的人物，放了他可以得到民心。"

◎ 内涵外延

晏子（？－公元前500年）

春秋时齐国大夫。字平仲。夷维（今山东高密）人。齐灵公二十六年（公元前556年）其父晏弱死，继任齐卿，历仕灵公、庄公、景公三世。曾奉景公命使晋联姻，与晋大夫叔向议论齐政，预言齐国政权终将为田氏所取代。

◎ 本文注释

[1] 崔武子：名杼，齐国执政大夫。棠姜：棠公之妻。棠，城邑名。
[2] 庄公：指齐庄公。[3] 晏子：齐国大夫晏婴。[4] 股：大腿。

季札观周乐

《左传》

◎ 经典语录

思而不惧　乐而不淫　险而易行　怨而不言　曲而有直体

吴公子札来聘，请观于周乐。

使工为之歌《周南》《召南》，曰："美哉！始基之矣，犹未也，然勤而不怨矣。"

为之歌《邶》《鄘》《卫》，曰："美哉，渊乎！忧而不困者也。吾闻卫康叔、武公之德如是，是其卫风乎？"

为之歌《王》，曰："美哉！思而不惧，其周之东乎？"

为之歌《郑》，曰："美哉！其细已甚，民弗堪也，是其先亡乎？"

为之歌《齐》，曰："美哉！泱泱乎，大风也哉！表东海者，其大公乎？国未可量也。"

为之歌《豳》，曰："美哉，荡乎！乐而不淫，其周公之东乎？"

为之歌《秦》，曰："此之谓夏声。夫能夏则大，大之至也！其周之旧乎？"

为之歌《魏》，曰："美哉，沨沨乎[1]！大而婉，险而易行，以德辅此，则明主也。"

为之歌《唐》，曰："思深哉！其有陶唐氏之遗民乎？不然，何忧之远也？非令德之后，谁能若是？"

为之歌《陈》，曰："国无主，其能久乎？"

自《郐》以下，无讥焉。

为之歌《小雅》，曰："美哉！思而不贰，怨而不言，其周德之衰乎？犹有先王之遗民焉！"

为之歌《大雅》，曰："广哉！熙熙乎！曲而有直体，其文王之德乎？"

为之歌《颂》[2]，曰："至矣哉！直而不倨，曲而不屈；迩而不逼，远而不携；迁而不淫，复而不厌；哀而不愁，乐而不荒；用而不匮，广而不宣；施而不费，取而不贪；处而不底，行而不流。五声和[3]，八风平，节有度，守有序。盛德之所同也！"

见舞《象箾》《南籥》者[4]，曰："美哉！犹有憾。"

见舞《大武》者[5]，曰："美哉！周之盛也，其若此乎！"

见舞《韶濩》者[6]，曰："圣人之弘也，而犹有惭德！圣人之难也。"

见舞《大夏》者[7]，曰："美哉！勤而不德，非禹其谁能修之！"

见舞《韶箾》者[8],曰:"德至矣哉!大矣,如天之无不帱也[9],如地之无不载也!虽甚盛德,其蔑以加于此矣。观止矣!若有他乐,吾不敢请已!"

吴国公子季札到鲁国访问,请求观赏周朝的乐舞。

鲁国派乐工给他演唱《周南》《召南》,季札说:"好啊!文王教化开始的基础,虽然还不完善,百姓劳苦却没有怨恨。"

给他演唱《邶风》《鄘风》《卫风》的歌谣,季札说:"真美呀!音调那么深沉,百姓忧伤却不窘迫。我听说卫康叔、卫武公品德就是这样,这大概就是卫国的歌谣吧?"

给他演唱《王风》的歌谣,季札说:"真美呀!虽然忧虑,并不恐慌,这是周王室东迁以后的乐曲吧?"

给他演唱《郑风》的歌谣,季札说:"真美呀!只是过于繁琐苛细,百姓受不了,这个国家怕要先灭亡吧!"

给他演唱《齐风》的歌谣,季札说:"真美呀!好洪亮啊!真是大国气派,这是东海表率,大概是姜太公吧?国家前途不可限量啊。"

给他演唱《豳风》的歌谣,季札说:"真美呀!多么坦荡。欢乐而不过度,大概是周公东征的歌谣吧?"

给他演唱《秦风》的歌谣,季札说:"这是夏声,夏就是大,大到极点了,这大概是周朝旧地的乐曲吧?"

给他演唱《魏风》,季札说:"真美呀!雄伟而又宏大,急促而流畅委婉。一定是英明的君主。"

给他演唱《唐风》的歌谣,季札说:"思虑深远呀!是唐尧的遗民吧?否则,忧思怎么会那么深远?不是圣君的后代,谁能够像这样?"

给他演唱《陈风》的歌谣,季札说:"听起来国家没有好的君主,这样的国家还能长久维持吗?"

从《郐风》往下就没有再加以评论。

给他演唱《小雅》,季札说:"真美呀!忧思但没有背叛之心,怨恨但没有直言,这是周朝国运衰败时的音乐吧?还有先王的遗民呢!"

给他演唱《大雅》,季札说:"宽广呀!声音多么和谐。曲折舒缓而本体刚健劲直,这不就是文王盛德吗?"

给他演唱《颂》,季札说:"达到极至啦!刚劲而不傲慢,委婉而不卑下;紧密而不急促,悠远而不散漫;变化而不过分,反复而不令人厌倦;哀伤而不忧愁,欢乐而不放纵;消耗而不匮乏,广大而不张扬;施予而不浪费,吸收而有节制;安静而不凝滞,流动而不泛滥。五声和谐,八音协调,节拍有度,遵守有序。有盛德人的乐曲都是这样。"

季札看见表演舞乐《象箾》《南籥》的,就说:"真美呀!可还有不足之处。"

看见表演《大武》的,他说:"真美呀!周王室的兴盛就是这样吧!"

看见表演舞乐《韶濩》的,他说:"像圣人那样的宽宏大度,尚且还有美中不足,可见当圣人不易。"

看见表演乐舞《大夏》的,他说:"真美呀!表现了勤劳而不居功的精神,除了禹还有谁能够做到!"

看见表演乐舞《韶箾》的,他说:"道德达到了极点,广大无边,像上天一样覆盖一切,像大地一样承载一切!既使有高尚

○品画鉴宝

听琴图(南宋)刘松年/绘 此图中绘两位高士,一者弹琴,一者聆听,人物须眉毕现,神色怡然,显示出南宋院画风格。

的德行，大概也不会超过这个了。观赏到此为止了吧，如果还有别的乐曲，我也不敢再观赏了！"

◎ 内涵外延

季札（生卒年不详）
又称公子札。春秋时吴国贵族。吴王诸樊弟，多次推让君位。封于延陵（今江苏常州），称延陵季子。后又封州来（今安徽凤台），称延州来季子。馀祭四年（公元前544年）出使鲁国，游历齐、郑、卫、晋等国时，曾与晏婴、子产、叔向等人评论时势。

◎ 本文注释

〔1〕沨（féng）：形容音乐悠扬。〔2〕《颂》：配舞之诗。
〔3〕五声：指五声音阶的宫、商、角、徵（zhǐ）、羽。
〔4〕《象箾》：为武舞。《南籥》：为文舞。箾、籥，舞者所持道具。
〔5〕《大武》：歌颂武王的乐舞。〔6〕《韶濩（hù）》：商汤之乐。
〔7〕《大夏》：大禹之乐。〔8〕《韶箾》：虞舜之乐。〔9〕帱（dào）：覆盖。

子产论政宽猛

《左传》

◎ 经典语录

小康　政宽则民慢，慢则纠之以猛。猛则民残，残则施之以宽。宽以济猛，猛以济宽，政是以和

郑子产有疾，谓子大叔曰[1]："我死，子必为政。唯有德者能以宽服民，其次莫如猛。夫火烈，民望而畏之，故鲜死焉。水懦弱，民狎而玩之[2]，则多死焉。故宽难。"疾数月而卒。

大叔为政，不忍猛而宽，郑国多盗，取人于萑苻之泽[3]。大叔悔之，曰："吾早从夫子，不及此。"兴徒兵以攻萑苻之盗，尽杀之，盗少止。

仲尼曰："善哉！政宽则民慢，慢则纠之以猛。猛则民残，残则施之以宽。宽以济猛，猛以济宽，政是以和。《诗》曰：'民亦劳止，汔可小康，惠此中国，以绥四方。'施之以宽也。'毋从诡随[4]，以谨无良，式遏寇虐，惨不畏明[5]。'纠之以猛也。'柔远能迩，以定我王。'平之以和也。又曰：'不竞不絿，不刚不柔，布政优优，百禄是遒[6]。'和之至也。"及子产卒，仲尼闻之，出涕曰："古之遗爱也。"

郑国大夫子产有病，对子太叔说："我死后，你必然会执政。只有有道德的人能够以宽政来使百姓服从，次一等的人不如采取严厉的政策。火势猛烈，百姓看见就害怕，所以很少有人死在火里。水性柔弱，人们常常忽视它，所以很多人被水淹死。因此宽柔很难。"子产病了几个月后就去世了。

○ 品画鉴宝

镂空蟠蛇纹鼎（春秋）此器腹有内外两层，外层是在鼎颈和底之间附加的，由群蛇形象构成。内层即鼎腹。外层的群蛇形象是传统铸造工艺难以达到的，为目前国内所见用失蜡法铸造铜器最早的范例。

○ 品画鉴宝

孔子弟子图（宋）

此图绘孔子弟子立像，现存共五十九像。墨笔勾勒着色，人物形象各异，须眉生动。

○ 品画鉴宝

孔子杏坛讲学图（明）吴彬／绘

杏坛为孔子讲学的地方。图绘孔子端坐正中座台上，正在杏坛为弟子授课。线条流畅，人物刻画清晰传神。

○ 品画鉴宝
孔子为鲁司寇像（明）图绘孔子半身像，礼冠玄衣，神态威严。司寇，春秋时期的高官。

　　太叔执政，不忍心严厉，而施行宽柔，结果，郑国强盗很多，他们聚集在萑苻之泽。子太叔很懊悔，说："我早听从先生教悔，就不至于会这样。"于是调动步兵去攻打萑苻的强盗，将他们全部杀死，强盗稍稍有些收敛。

　　孔子说："好啊！政策宽柔，百姓就轻慢，轻慢就要用严厉的政策来纠正。太严厉了又使百姓受到伤害，受到伤害再施以宽柔的政策。用宽柔来调和严厉，又用严厉来补充宽柔，政事因此而调和。《诗》上说：'百姓辛劳，可使安康，虽施惠中原地区，却能安抚四方。'这是说实施宽柔。'不可轻易放纵诡诈之人，约束不良之人；遏制盗贼的行为，他们从不怕法律严明。'这是说用严厉来纠正偏差。这首诗又说：'安抚远方，怀柔近处，王室得以巩固。'这是说用恩威并施的手段来使国家安定。又有一首诗说：'不急不缓，不猛不柔，施政从容平和，各种福禄聚集。'这是和谐的极至！"等到子产逝世，孔子听到消息后，流着眼泪说："他的仁爱，是古代贤明政治的遗风啊！"

◎ 内涵外延

子产（？－公元前522年）
春秋时著名政治家、思想家。复姓公孙，名侨。郑州新郑县人。公元前554年任郑国卿后，实行一系列政治改革，承认私田的合法性，向土地私有者征收军赋；铸刑书于鼎，为我国最早的成文法律。他主张保留"乡校"、听取"国人"意见，善于因才任使，采用"宽猛相济"的治国方略，将郑国治理得秩序井然。

◎ 本文注释

〔1〕子大叔：郑国大夫。大，同"太"。〔2〕玩：喜好、爱好。
〔3〕萑苻（huán pú）：水泽名，在今河南中牟县西北。
〔4〕从：同"纵"。诡随：欺诈、心术不正之人。欺诈叫诡，善变叫随。
〔5〕憯：又作"懆"（cǎn），竟。〔6〕逎（qiú）：聚。

29

吴许越成

《左传》

◎ 经典语录

树德莫如滋，去疾莫如尽　越十年生聚，而十年教训，二十年之外，吴其为沼乎

　　吴王夫差败越于夫椒，报檇李也[1]，遂入越。越子以甲楯五千保于会稽，使大夫种因吴大宰嚭以行成。吴子将许之。

　　伍员曰："不可。臣闻之：'树德莫如滋，去疾莫如尽。'昔有过浇杀斟灌以伐斟鄩[2]，灭夏后相[3]。后缗方娠[4]，逃出自窦，归于有仍，生少康焉，为仍牧正。惎浇能戒之[5]。浇使椒求之，逃奔有虞，为之庖正，以除其害。虞思于是妻之以二姚[6]，而邑诸纶[7]，有田一成，有众一旅，能布其德，而兆其谋，以收夏众，抚其官职。使女艾谍浇，使季杼诱豷，遂灭过、戈，复禹之绩，祀夏配天，不失旧物。今吴不如过，而越大于少康，或将丰之，不亦难乎？勾践能亲而务施，施不失人，亲不弃劳，与我同壤，而世为仇雠。于是乎克而弗取，将又存之，违天而长寇雠，后虽悔之，不可食已。姬之衰也，日可俟也。介在蛮夷而长寇雠，以是求伯[8]，必不行矣。"

　　弗听。退而告人曰："越十年生聚，而十年教训，二十年之外，吴其为沼乎！"

　　吴王夫差在夫椒山打败了越国军队，这是为了报复檇李之役的仇恨，并乘势攻进越国境内。越王勾践率领披甲持盾的士兵五千人退守会稽山，派遣大夫文种通过吴国太宰嚭向吴王求和。吴王打算答应他。

　　伍员说："不可以。我听说：'建树德行越多越好，去除疾患要干净彻底。'从前，过国的国君浇杀了斟灌国的君主，又攻克了斟鄩国，灭掉了夏王相。相的妻子后缗正怀孕，从墙洞里逃出，回到娘家有仍国，生下了相的儿子少康。少康后来担任了有仍国的牧正。他对浇充满仇恨但时刻警惕。浇派自己的臣子椒到处寻找少康，少康无奈逃到有虞国，给有虞国君担任膳食

○ 品画鉴宝

吴王夫差矛（春秋）　此器基部有「吴王夫差自乍用鈼」两行八字错金铭文。

30

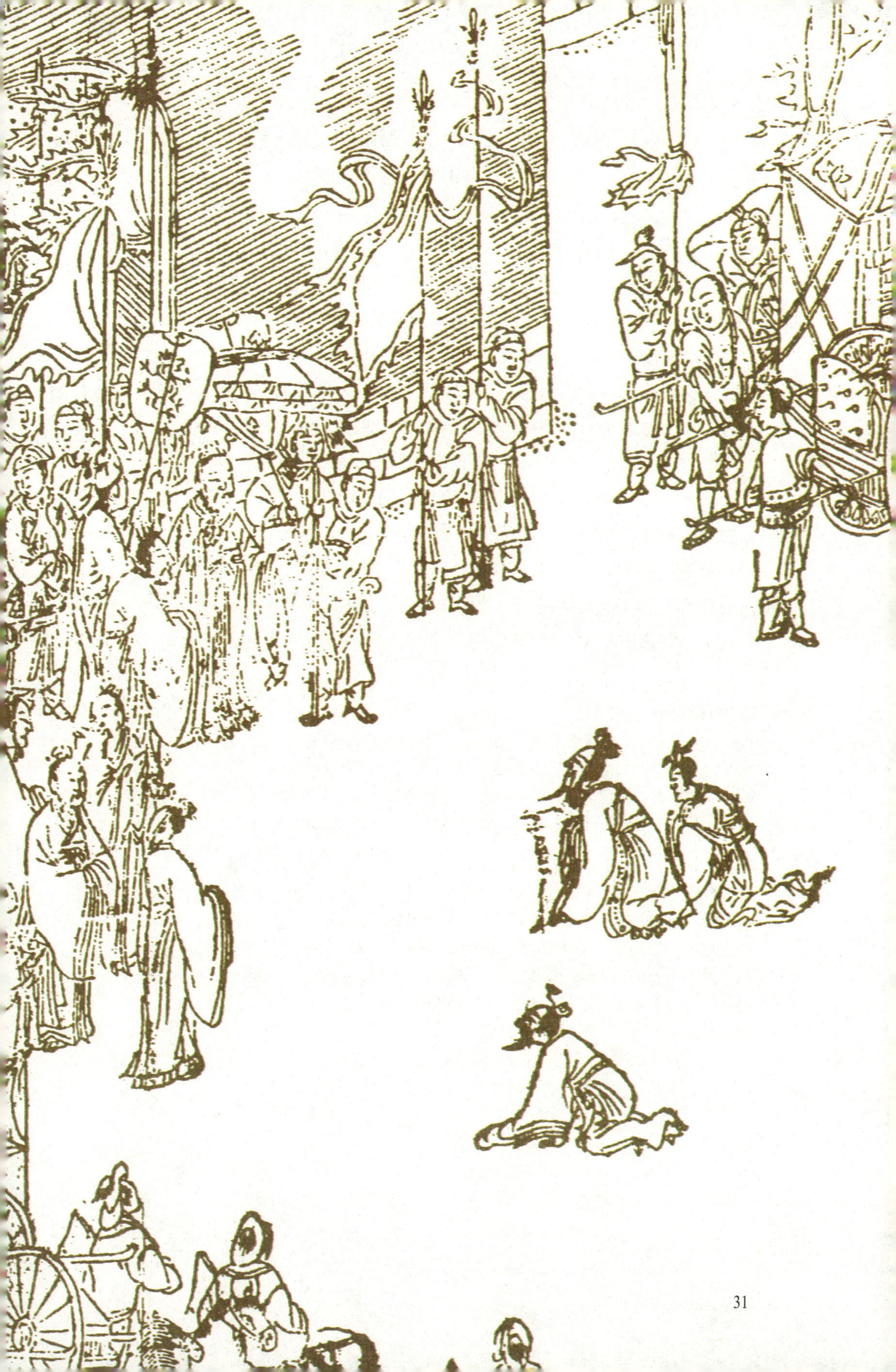

部门的官，避免了被浇所害。虞国君主思把两个女儿嫁给他，将他封在纶邑，有十里见方的土地和五百个部下，他广施恩德，开始实行复国计划，招集夏朝的遗民，安抚原来的官吏。少康派他的臣下女艾去侦探浇的动向，又派儿子季杼去引诱浇的弟弟豷，终于灭掉了过国、戈国，恢复了夏禹的业绩，祭祀夏王室的先祖，同时祭祀上天，保全了夏朝的江山。现在，吴国的力量不如过国，而越国强于少康，如果他发展强大起来，将来不就难对付了吗？勾践能亲近百姓又能广施恩惠，广施恩惠就不会失去民心，对人亲近就不会忽视别人的功劳，越国和我国土地相接，又世代为仇。这时候打胜了却不灭掉它，反而保存它，这是违背天意而助长仇敌，将来后悔也来不及了！吴国的衰亡，指日可待了！用这种办法来谋取霸业，是行不通的。"

吴王不听伍员的劝告。伍员退出后，对别人说："越国用十年时间养育人口，积蓄财富，用十年时间对百姓教导训练，二十年后，吴国的宫室恐怕会被毁灭了！"

◎ 内涵外延

夫差（？－公元前473年）

春秋末吴国君，名将。吴王阖闾之子。公元前495－前473年在位。初在夫椒（今江苏吴县西南太湖中）打败越兵，并攻破越都，不听伍子胥乘胜灭越之言，允越王勾践求和。后越兴兵攻灭吴国，夫差自杀。

◎ 本文注释

〔1〕槜（zuì）李：地名，在吴越交界处，故地在今浙江嘉兴。
〔2〕有过：古国名，在今山东。斟灌：古国名，在今山东寿光市东北。斟鄩（xún）：古国名，在今山东潍坊一带。
〔3〕夏后：夏朝君王。相：人名，夏训之孙。
〔4〕后缗（mín）：夏后相的妻子。
〔5〕恚（jì）：嫉恨。〔6〕姚：虞君的姓。
〔7〕纶：虞邑，在今河南虞城县东南。〔8〕伯：同"霸"，霸主。

召公谏厉王止谤

《国语》

《国语》：相传为春秋末期鲁国太史左丘明所作。始于西周穆王，终于公元前453年。以记载各国君臣的言论为主，其内容与《左传》相比较，详略和重点各不相同，故有《春秋外传》之称。

◎ 经典语录

国人莫敢言，道路以目　防民之口，甚于防川

厉王虐，国人谤王[1]。召公告曰："民不堪命矣！"王怒，得卫巫[2]，使监谤者，以告，则杀之。国人莫敢言，道路以目。

王喜，告召公曰："吾能弭谤矣[3]，乃不敢言。"

召公曰："是障之也。防民之口，甚于防川。川壅而溃，伤人必多。民亦如之。是故为川者决之使导，为民者宣之使言。故天子听政，使公卿至于列士献诗，瞽献曲[4]，史献书，师箴，瞍赋[5]，矇诵[6]，百工谏[7]，庶人传语，近臣尽规，亲戚补察，瞽史教诲，耆艾修之[8]，而后王斟酌焉，是以事行而不悖。民之有口也，犹土之有山川也，财用于是乎出；犹其有原隰衍沃也[9]，衣食于是乎生。口之宣言也，善败于是乎兴，行善而备败，所以阜财用衣食者也。夫民，虑之于心而宣之于口，成而行之，胡可壅也？若壅其口，其与能几何？"

王弗听，于是国人莫敢出言。三年，乃流王于彘。

周厉王十分残暴，国人都批评他。召公告诉他说："人民已经忍受不了你的政令了！"厉王很生气，找卫国的巫师，派他监视指责自己的人，一有告发，便杀掉。百姓都不敢说话，在路上相遇也只用眼神来相互示意。

厉王非常高兴，告诉召公说："我能消除百姓的议论，他们都不敢说话了。"

召公说："这是堵住百姓的口。堵塞百姓的口，比堵塞河川的后果更加严重。河川壅塞溃决，伤害人必然很多。堵塞百姓的嘴巴也是这样。所以，治水的人应该疏通河道让它畅通无阻，治理百姓的人应该开导他们，使他们知无不言。所以天子处理政务，让公卿和各个士人进献讽谏的诗篇，乐官献上民间歌谣，史官进献可借鉴的史籍，少师献上劝谏的文

辞，让盲人朗诵公卿的诗，诵读讽谏的意见，平民的意见转达给天子，让左右近臣尽责规劝，宗室大臣弥补天子的失误，使乐官和太史提供教诲，让元老重臣对各种问题补充修改，最后由天子斟酌裁决，这样政令发布就会畅通无阻不悖情理。人民有嘴，就像大地上有山川，财富由此而出；又像那农田有沟渠，衣食由此而生。百姓发表意见，政事的善恶好坏都能反映出来。推行好的政令，对不好的加以防范，以此增加财用衣食，人民在心里想，而用嘴将想法说出来，怎么可以堵塞呢？如果堵塞他们的口不让说话，又能堵塞多久呢？"

厉王不听劝告，从此，百姓没有一个敢议论。三年后，厉王被流放到彘地去了。

◎ 内涵外延

周厉王（？－公元前828年）
西周国王。姬姓，名胡。周夷王之子。公元前877－前841年在位。任用荣夷公执政，实行"专利"（垄断山泽的物产）并命令卫巫监视"国人"，杀死议论他的人，引起反抗。公元前841年，"国人"发难，他逃到彘（今山西霍州），十四年后死于此。

太保召公（公元前11世纪）
名奭。武王时，封地在召（在今陕西岐山县西南），故称召公。

◎ 本文注释

[1] 国人：古代居住在都邑中的人。[2] 卫巫：卫国巫师。[3] 弭：消除、禁止。
[4] 瞽：盲人，这里指乐师。[5] 瞍（sǒu）：没有瞳仁的瞎子。
[6] 矇（méng）：有瞳仁而看不见的瞎子。[7] 百工：管理各种工匠的官。
[8] 耆艾：寿高德重的人，指国家元老重臣。[9] 隰（xí）：低下潮湿之地。

叔向贺贫

《国语》

◎ **经典语录**

吾有卿之名,而无其实　起也将亡,赖子存之

叔向见韩宣子[1],宣子忧贫,叔向贺之。宣子曰:"吾有卿之名,而无其实,无以从二三子,吾是以忧。子贺我,何故?"

对曰:"昔栾武子无一卒之田[2],其官不备其宗器[3],宣其德行,顺其宪则,使越于诸侯,诸侯亲之,戎狄怀之,以正晋国。行刑不疚,以免于难。及桓子[4],骄泰奢侈,贪欲无艺,略则行志,假贷居贿,宜及于难,而赖武之德,以没其身。及怀子[5],改桓之行,而修武之德,可以免于难,而离桓之罪,以亡于楚。夫郤昭子[6],其富半公室,其家半三军,恃其富宠,以泰于国,其身尸于朝,其宗灭于绛。不然,夫八郤,五大夫三卿,其宠大矣,一朝而灭,莫之哀也,惟无德也。今吾子有栾武子之贫,吾以为能其德矣,是以贺。若不忧德之不建,而患货之不足,将吊之不暇,何贺之有?"

宣子拜稽首焉,曰:"起也将亡,赖子存之。非起也敢专承之,其自桓叔以下[7],嘉吾子之赐。"

叔向去见韩宣子,韩宣子正为清贫发愁,叔向却向他道贺。韩宣子说:"我有卿士之名,却无卿士之财富,无法和各位卿大夫交往,所以我很忧愁。你却向我道贺,这是为什么?"

叔向答道:"从前,栾武子家中没有多少田产,家里祭祀的礼器都不齐备,但能发扬德行,遵守法度,使自己的名声远扬各诸侯国,诸侯都亲近他,戎狄归附他,从而治好了晋国。他执行法律没有弊端,因此没有遭受祸患。到他的儿子桓子就骄傲奢侈起来,贪欲没有止境,违法乱纪,任意而为,放债取利,聚敛钱财,这本该遭受灾难,可是依靠栾武子的功德,才得以保全。到怀子时,他没有沿袭桓子的行为,而继承

○ 品画鉴宝
日暮归渔图（南宋）江参／绘　此图描绘月夜山水，多用湿笔，画面有清健、挺拔的气象。

祖父的德行，本该免于祸难，却受到桓子的牵累，以至流亡楚国。郤昭子的家私抵得过晋国的一半，武力有晋国军队的一半，倚仗着财富和势力在晋国骄横异常，结果，尸体摆在朝廷示众，在绛被杀。如果不是这样，郤氏的八人中，五人做大夫，三人做上卿，权势确实够大了，然而一旦被诛灭，却没有人哀怜他们，就因为他们无德啊！现在，您有栾武子的清贫，也能继承栾武子的德行，因此向您庆贺。如果你不担忧自己道德不立，只担心钱财不足，那我哀吊都来不及，还有什么可庆贺的？"

韩宣子跪拜说："我本要灭亡的，多亏您开导我。不仅我韩起个人承受您的恩惠，从我始祖桓叔以下，都感谢您的恩赐！"

◎ 内涵外延

羊舌肸（生卒年不详）

字叔向，春秋时晋国大夫。主要活动在晋昭公时期（公元前557－前526年）。食邑在杨（今山西洪洞县东南15里），故又称杨肸。

◎ 本文注释

〔1〕叔向：晋国大夫，羊舌氏，名肸（xī）。宣子：晋国正卿韩起。
〔2〕栾武子：晋国上卿栾书。一卒之田：百人为卒，一卒之田为一百顷。但按规定上卿当有田五百顷。
〔3〕官：或作"宫"，居室。〔4〕桓子：栾书之子栾黡（yǎn）。
〔5〕怀子：栾黡之子栾盈。〔6〕郤（xī）昭子：郤至，晋国正卿。
〔7〕桓叔：韩氏祖先。

王孙圉论楚宝

《国语》

◎ 经典语录

口实　若夫白珩，先王之玩也，何宝焉　圣能制议百物，以辅相国家，则宝之

　　王孙圉聘于晋[1]，定公飨之[2]。赵简子鸣玉以相[3]，问于王孙圉曰："楚之白珩犹在乎[4]？"

　　对曰："然。"

　　简子曰："其为宝也，几何矣？"

　　曰："未尝为宝。楚之所宝者，曰观射父[5]，能作训辞以行事于诸侯，使无以寡君为口实。又有左史倚相[6]，能道训典，以叙百物，以朝夕献善败于寡君，使寡君无忘先王之业。又能上下说乎鬼神，顺道其欲恶，使神无有怨痛于楚国。又有薮曰云[7]，连徒洲，金、木、竹、箭之所生也，龟、珠、角、齿、皮、革、羽、毛，所以备赋，以戒不虞者也，所以共币帛，以宾享于诸侯者也。若诸侯之好币具，而导之以训辞，有不虞之备，而皇神相之，寡君其可以免罪于诸侯，而国民保焉。此楚国之宝也。若夫白珩，先王之玩也，何宝焉！圉闻国之宝六而已：圣能制议百物，以辅相国家，则宝之；玉足以庇荫嘉谷，使无水旱之灾，则宝之；龟足以宪臧否，则宝之；珠足以御火灾，则宝之；金足以御兵乱，则宝之；山林薮泽，足以备财用，则宝之。若夫哗嚣之美，楚虽蛮夷，不能宝也。"

　　王孙圉到晋国进行访问，定公设宴款待他。赵简子作陪，他故意弄响身上的佩玉，问王孙圉："楚国的白珩还在吗？"

　　王孙圉答道："还在。"

　　赵简子说："作为一件宝贝，它值多少钱？"

　　王孙圉说："我们从没把它作为宝物。被楚国所珍视的是大夫观射父，他擅长辞令，和各国交往，不会使我们国君在诸侯中落下话柄。还有左史倚相，能讲经引典，有条不紊地处理一切事物，并随时将善恶的事理说给君王，使国君不忘先王的功业。他还能取悦于天地鬼神，顺从好恶，使鬼神对楚国没有怨恨。有一个大湖叫云梦，连接着徒洲，金、木、竹和箭从这儿出产，龟壳、珍珠、兽角、象牙、虎豹皮、犀革、鸟羽和牦牛尾，可以用来充作兵赋，防备意外的发生，也可用来作为礼物奉献诸侯。如果诸侯喜爱的礼物已经具备，再用好的辞令疏导关系，有应付意外事件的准备，又有皇天神明保佑，我们国君不致于得罪诸侯，

37

百姓也可以安宁。这才是楚国的珍宝。至于白珩，不过是先王的玩物罢了，怎么能算是宝贝呢？我听说，国家的宝贝只有六件：明白事理能讨论制定大事、辅助治理国家的人，就应算是宝贝；祭祀用的玉器，能够保佑五谷生长，没有水旱之害，就把它视为宝贝；占卜用的龟壳如能卜出善恶，也可把它当作宝贝；珍珠如能避御火灾，就把它视为宝贝；山林湖泊可以供给财物、用度，就把它们当为宝贝。至于那鸣响的佩玉，楚国虽被视为蛮夷之地，却也不会把它视为宝贝的。"

◎ 内涵外延

赵简子（？－公元前458年）

即赵鞅。又名志父，亦称赵孟。春秋末年晋国正卿。其先祖与秦同姓。晋定公十九年（公元前493年），袭击护送粮饷于范氏的郑兵，大胜。他战胜范氏、中行氏后，扩大封地，奠定了此后建立赵国的基础。

○ 品画鉴宝
曾侯乙透雕蟠龙纹鼓座(战国) 此器中央插孔周围纠结绕有十六条圆雕龙。

◎ 本文注释

〔1〕王孙圉（yǔ）：楚国大夫。
〔2〕飨（xiǎng）：宴请宾客。
〔3〕赵简子：晋国正卿赵鞅。相：辅助定公仪赞礼。
〔4〕白珩（héng）：白色的佩玉。
〔5〕观射父（guān yì fǔ）：楚国大夫。
〔6〕左史：官名。
〔7〕薮：大泽。云：云梦泽，古代的一个大湖泽，在今湖北、湖南境内。

春王正月

《公羊传》

《公羊传》：相传为齐人公羊高（春秋齐人，子夏弟子）所作。此书旨在阐释《春秋》大义。初为口头流传，西汉景帝时，由其玄孙公羊寿及弟子著录成书。

◎ **经典语录**

子以母贵，母以子贵　元年者何？君之始年也。春者何？岁之始也

元年者何[1]？君之始年也。春者何？岁之始也。王者孰谓？谓文王也。曷为先言王而后言正月？王正月也[2]。何言乎王正月？大一统也。公何以不言即位[3]？成公意也。何成乎公之意？公将平国而反之桓[4]。曷为反之桓？桓幼而贵，隐长而卑。其为尊卑也微，国人莫知，隐长又贤，诸大夫扳隐而立之[5]。隐于是焉而辞立，则未知桓之将必得立也。且如桓立，则恐诸大夫之不能相幼君也。故凡隐之立，为桓立也。隐长又贤，何以不宜立？立適以长不以贤[6]，立子以贵不以长。桓何以贵？母贵也。母贵则子何以贵？子以母贵，母以子贵。

什么是元年？是新君即位的第一年。什么又是春？是一年中的开始。王指的是谁？指周文王。为什么先说王而后说正月？因为是文王即位而确定正月。为何要说王正月？是强调天下一统，都执行文王确定的正朔。对于隐公为何不说即位？这是成全隐公的意愿。成全隐公意愿是怎么回事呢？因为隐公想治理好国家后仍把政权交给桓公。为何要归还给桓公？因为桓公年纪虽幼，但地位尊贵，隐公年纪虽长，但地位卑贱。这种尊卑差别很小，国人并不了解。隐公年长而且贤明，所以大夫都拥护他做国君。如隐公此时推辞让位，那就很难说桓公将来能否被立作君主。即使立桓公为君，也担心那些大夫不诚心辅佐年幼的君主。所以隐公做国君，是为了桓公将来能被立为国君。隐公年长又贤明，为什么不立为鲁国的国君？立嫡子做国君，是根据年龄大小而不是是否贤明；立

庶子做国君，则根据地位是否尊贵，而不论年龄大小。桓公为什么地位尊贵？因为他的母亲地位尊贵。母亲地位尊贵，为什么儿子地位也尊贵？儿子因为母亲尊贵而尊贵，母亲也因为儿子尊贵而尊贵。

◎ **内涵外延**

周文王（生卒年不详）

商末周族领袖。姬姓，名昌。为商纣之西伯，也称伯昌。统治期间，国势强盛，解决虞、芮两国的争端，使两国归属，攻灭黎（今山西长治西南）、邘（今河北沁阳西北）、崇（今河南嵩县北）等国，建都丰邑（今陕西长安沣河西）。在位五十年。

◎ **本文注释**

[1] 元年：君王即位的第一年。

[2] 王正（zhēng）月：古代帝王受命，必改正朔（每年一月为正月，正月第一天叫朔日），"王正月"指周文王改正朔后的正月。

[3] 公：指鲁隐公。

[4] 平：治。反：同"返"。桓：鲁桓公，为隐公异母弟。

[5] 扳：攀，这里为拥护之意。

[6] 適：同"嫡"，正妻为嫡。

吴子使札来聘

《公羊传》

◎ 经典语录

不受为义　不杀为仁　许人臣者必使臣，许人子者必使子也

吴无君无大夫，此何以有君有大夫？贤季子也[1]。何贤乎季子？让国也。其让国奈何？谒也、余祭也、夷昧也，与季子同母者四。季子弱而才，兄弟皆爱之，同欲立之以为君。谒曰："今若是迮而与季子国[2]，季子犹不受也。请无与子而与弟，弟兄迭为君，而致国乎季子。"皆曰："诺。"故诸为君者，皆轻死为勇，饮食必祝曰："天苟有吴国，尚速有悔于予身[3]！"故谒也死，余祭也立；余祭也死，夷昧也立；夷昧也死，则国宜之季子者也。季子使而亡焉[4]。僚者[5]，长庶也，即之。季子使而反，至而君之尔。阖庐曰[6]："先君之所以不与子国而与弟者，凡为季子故也。将从先君之命与，则国宜之季子者也；如不从先君之命与，则我宜立者也。僚恶得为君乎？"于是使专诸刺僚[7]，而致国乎季子。季子不受，曰："尔弑吾君，吾受尔国，是吾与尔为篡也；尔杀吾兄，吾又杀尔，是父子兄弟相杀，终身无已也！"去之延陵[8]，终身不入吴国。故君子以其不受为义，以其不杀为仁。

贤季子，则吴何以有君有大夫？以季子为臣，则宜有君者也。札者何？吴季子之名也。《春秋》贤者不名，此何以名？许夷狄者，不一而足也。季子者，所贤也，曷为不足乎季子？许人臣者必使臣，许人子者必使子也。

《春秋》不记载吴国的君主和大夫，这里为什么又称君又称大夫呢？这是赞美季子。为什么要赞美季子

呢？是因他出让国君之位。他出让国君之位是怎么回事？谒、余祭、夷昧和季子是同母的四兄弟。季子最小却有才能，他的哥哥们都喜爱他，都愿立他做国君。谒说："仓猝间把君位让给季子，季子不会接受。使君位不要传子而传弟，我们兄弟依次做国君，最后把君位交给季子。"余祭、夷昧说"好"。所以，他们做国君后，都把轻视死亡作为勇敢，吃饭时一定要祷告说："上天如果保佑吴国，就把灾祸降到我身上吧！"所以，谒死了，余祭即位；余祭死了，夷昧即位；夷昧死后，就应当由季子继位，可是季子出使他国没有回来。僚在兄弟中最年长，他即位了。季子出使归来，把僚当作国君。阖庐说："先君之所以不把国家传子而传弟，都是为了季子的缘故。要遵从先君的命令，那么国君之位应传给季子；要不遵从先君的命令，那么我就应该被立为国君。僚怎么能做国君呢？"于是派专诸刺死僚，把国君之位交给季子。季子不接受，说："你杀了我的君主，我接受你交给我的国家，这等于是我与你同谋篡位；你杀了我侄子，我再杀你，这是父子兄弟互相残杀，终生都不会有完结的时候！"于是离开吴国前往延陵，终生不进吴国都城。所以君子认为他不受君位是"义"，他不杀阖庐是"仁"。

　　赞美季子，为什么说吴国有君主，有大夫？既然季子做了臣子，那就应该有君。"札"

○品画鉴宝　嵌绿松石柄短剑（春秋）

42

是什么？是吴国季子的名。按《春秋》的礼法，贤人是不直书其名的，这里为什么直书其名？赞许夷狄，不能因为一件好事就算是完美无缺。季子既然被认为是贤人那还有什么不完美的？赞许人臣，就是要使他始终做人的臣子，也定要使他和臣子的地位相合。

◎ **内涵外延**

阖闾（？－公元前496年）

又名阖庐，姓姬，名光，吴王诸樊之子，故又称"公子光"。著名军事家。春秋末期吴国君。公元前514－前496年在位，用专诸刺杀吴王僚自立。任用伍子胥、孙武，整顿内政，灭亡徐国，攻破楚国。后在檇李（今浙江嘉兴西南）被越王勾践打败，重伤而死。

○ 品画鉴宝

云纹簋（春秋） 此器造型古拙，纹饰华美，为同时期少有之作。

◎ **本文注释**

〔1〕季子：吴王寿梦的小儿子季札。

〔2〕迮（zé）：仓猝。〔3〕悔：灾祸。

〔4〕亡：指离开吴国。〔5〕僚：吴王寿梦的妾所生之子。

〔6〕阖庐：谒的儿子。

〔7〕专诸：人名，春秋时有名的刺客。

〔8〕延陵：地名，在今江苏武进县。

虞师晋师灭夏阳

《穀梁传》:《春秋》三传(《左传》《公羊传》《穀梁传》)之一。相传为战国时鲁国人穀梁赤(子夏弟子)所作。其题裁与《公羊传》类似。略于史实,重在阐述《春秋》义理,初为口头流传,汉初成文。

◎ 经典语录

达心则其言略　璧则犹是也,而马齿加长矣

非国而曰灭,重夏阳也[1]。虞无师,其曰师,何也? 以其先晋,不可以不言师也。其先晋何也? 为主乎灭夏阳也。夏阳者,虞、虢之塞邑也。灭夏阳而虞、虢举矣。

虞之为主乎灭夏阳,何也? 晋献公欲伐虢,荀息曰[2]:"君何不以屈产之乘,垂棘之璧[3],而借道乎虞也?"公曰:"此晋国之宝也,如受吾币[4],而不借吾道,则如之何?"荀息曰:"此小国之所以事大国也。彼不借吾道,必不敢受吾币。如受吾币而借吾道,则是我取之中府,而藏之外府;取之中厩,而置之外厩也。"公曰:"宫之奇存焉,必不使受之也。"荀息曰:"宫之奇之为人也,达心而懦,又少长于君。达心则其言略;懦则不能强谏;少长于君,则君轻之。且夫玩好在耳目之前,而患在一国之后,此中知以上乃能虑之[5],臣料虞君,中知以下也。"

公遂借道而伐虢。宫之奇谏曰:"晋国之使者,其辞卑而币重,必不便于虞。"虞公弗听,遂受其币而借之道。宫之奇又谏曰:"语曰:'唇亡则齿寒',其斯之谓与!"挈其妻子以奔曹[6]。

献公亡虢五年,而后举虞。荀息牵马操璧而前曰:"璧则犹是也,而马齿加长矣!"

不是国家而《春秋》称之为灭,这是重视夏阳。虞国并没有出兵,《春秋》却称"虞国的军队",这是为什么? 因为它比晋国先存有贪心,不能不说虞国也出师了。先于晋是什么意思? 是说虞国对灭夏阳负有主要责任。夏阳是虞、虢两国边境上的要地。灭掉夏阳,虞、虢两国就容易被攻取了。

说虞国对灭夏阳负有主要责任是怎么回事? 晋献公想攻打虢国,荀

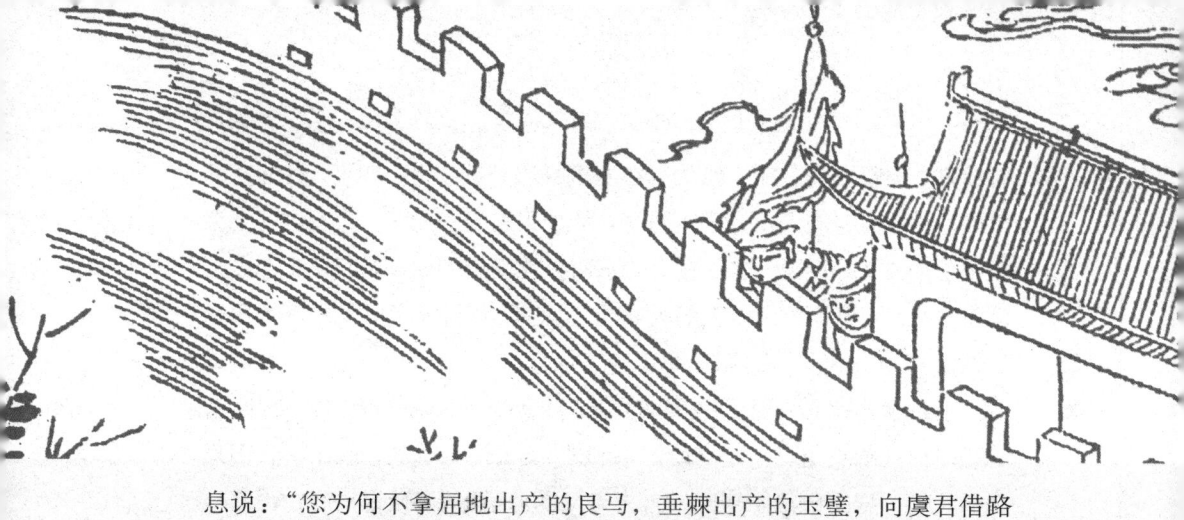

息说："您为何不拿屈地出产的良马，垂棘出产的玉璧，向虞君借路呢？"献公说："这些都是晋国的宝物，如果虞国接受了我们的礼物，却不借路给我们，那该怎么办？"荀息说："按小国侍奉大国的道理。如果他们不借路给我们，便一定不敢接受我们的礼物，如若接受我们的礼物而借路给我们，就好比是把玉璧从内库拿出来，藏在外库；把良马从宫内马厩里牵出来，放在宫外的马厩里罢了。"献公说："有宫之奇在，他一定不会让虞君收下我们的礼物。"荀息说："宫之奇这个人，内心通

晓事理，但很懦弱，况且他从小在虞君身边长大。内心明了，往往言辞简略；性格懦弱的人不会强行进谏；从小跟虞君一起长大，虞君就不会重视他的意见。再说，这些好玩的东西就在虞君的眼前，而祸患却在虢国被灭之后，中等智慧以上的人才能考虑到，我料定虞君是中等智慧以下的人。"

于是献公就向虞君借路攻打虢国。宫之奇劝谏说："晋国的使者，言辞谦卑而礼物贵重，一定对虞国不利。"虞公没有听从，收下了晋国送来的礼物，把路借给了晋国。宫之奇又劝谏道："俗话说'唇亡齿寒'，大概说的就是这种情况吧！"随后带了妻子儿女逃到曹国去了。

晋献公于僖公五年灭掉了虢国，随后又灭亡了虞国。荀息牵着宝马，拿着玉器，走到献公面前说："玉璧依然如故，不过马长了几岁！"

◎ 内涵外延

晋献公（？－公元前651年）

晋武公之子，名诡诸。春秋时晋国君。公元前676－前651年在位。十六年（公元前661年）作二军，灭耿（今山西河津东南）、霍（今山西霍州西南）、魏（今山西芮城北）等国。二十二年又假道虞灭北虢（今河南三门峡市东南），并回师灭虞（今山西平陆北），晋渐强盛。

○ 品画鉴宝

龙纹鼎（春秋） 此器直耳，深腹，有扉棱，蹄形足。腹身饰龙纹，足饰兽面纹。

◎ 本文注释

〔1〕夏阳：也作下阳，虢国的边邑，在今山西平陆县北。

〔2〕荀息：晋国大夫。

〔3〕屈：晋国地名，出产良马。垂棘：晋国地名，出产美玉。〔4〕币：泛指财礼。

〔5〕知：同"智"。〔6〕曹：国名，姬姓，在今山东。

苏秦以连横说秦

《国策》

《国策》：即《战国策》，作者不详，主要记述了战国时期纵横家的政治主张和策略，现今的《战国策》为西汉刘向编辑，是研究战国历史的重要典籍。

◎ 经典语录

形容枯槁　夫贤人任而天下服，一人用而天下从

苏秦始将连横说秦惠王，曰："大王之国，西有巴蜀汉中之利，北有胡貉代马之用，南有巫山黔中之限，东有殽函之固。田肥美，民殷富，战车万乘，奋击百万，沃野千里，蓄积饶多，地势形便。此所谓天府，天下之雄国也。以大王之贤，士民之众，车骑之用，兵法之教，可以并诸侯，吞天下，称帝而治。愿大王少留意，臣请奏其效！"秦王曰："寡人闻之：毛羽不丰满者，不可以高飞；文章不成者[1]，不可以诛罚，道德不厚者，不可以使民；政教不顺者，不可以烦大臣。今先生俨然不远千里而庭教之，愿以异日。"

苏秦曰："臣固疑大王之不能用也。昔者神农伐补遂，黄帝伐涿鹿而禽蚩尤，尧伐驩兜，舜伐三苗，禹伐共工，汤伐有夏，文王伐崇，武王伐纣，齐桓任战而霸天下。由此观之，恶有不战者乎？古者使车毂击驰[2]，言语相结，天下为一。约从连横，兵革不藏；文士并饬[3]，诸侯乱惑；万端俱起，不可胜理，科条既备，民多伪态；书策稠浊，百姓不足；上下相愁，民无所聊；明言章理，兵甲愈起；辩言伟服，战攻不息；繁称文辞，天下不治；舌敝耳聋，不见成功；行义约信，天下不亲。于是乃废文任武，厚养死士，缀甲厉兵，效胜于战场。夫徒处而致利，安坐而广地，虽古五帝三王五霸，明主贤君，常欲坐而致之，其势不能，故以战续之，宽则两军相攻，迫则杖戟相撞，然后可建大功。是故兵胜于外，义强于内，威立于上，民服于下。今欲并天下，凌万乘，诎敌国[4]，制海内，子元元[5]，臣诸侯，非兵不可。今之嗣主，忽于至道，皆惛于教，乱于治，迷于言，惑于语，沉于辩，溺于辞。以此论之，王固不能行也。"

47

说秦王书十上，而说不行。黑貂之裘敝，黄金百斤尽，资用乏绝，去秦而归。嬴縢履跻[6]，负书担囊，形容枯槁，面目黧黑，状有愧色。归至家，妻不下纴，嫂不为炊，父母不与言。苏秦喟然叹曰："妻不以我为夫，嫂不以我为叔，父母不以我为子，是皆秦之罪也。乃夜发书，陈箧数十，得太公《阴符》之谋，伏而诵之，简练以为揣摩。读书欲睡，引锥自刺其股，血流至足，曰："安有说人主，不能出其金玉锦秀，取卿相之尊者乎？"期年，揣摩成，曰："此真可以说当世之君矣。"

于是乃摩燕乌集阙，见说赵王于华屋之下，抵掌而谈。赵王大说，封为武安君，受相印。革车百乘，锦绣千纯，白璧百双，黄金万镒[7]，以随其后。约从散横，以抑强秦，故苏秦相于赵而关不通。当此之时，天下之大，万民之众，王侯之威，谋臣之权，皆欲决于苏秦之策。不费斗粮，未烦一兵，未战一士，未绝一弦，未折一矢，诸侯相亲，贤于兄弟。夫贤人任而天下服，一人用而天下从。故曰："式于政[8]，不式于勇，式于廊庙之内，不式于四境之外。"当秦之隆，黄金万镒为用，转毂连骑，炫煌于道，山东之国从风而服，使赵大重。且夫苏秦，特穷巷掘门、桑户棬枢之士耳[9]。伏轼撙衔[10]，横历天下，庭说诸侯之主，杜左右之口，天下莫之伉。

将说楚王，路过洛阳，父母闻之，清宫除道，张乐设饮，郊迎三十里。妻侧目而视，侧耳而听。嫂蛇行匍伏，四拜自跪而谢。苏秦曰："嫂！何前倨而后卑也？"嫂曰："以季子位尊而多金。"苏秦曰："嗟乎！贫穷则父母不子，富贵则亲戚畏惧，人生世上，势位富厚，盖可以忽乎哉！"

苏秦起初用连横的策略去游说秦惠王，说："大王的国家，西有巴蜀、汉中的丰富物产，北有胡貊、代地的宝马良驹，南有巫山、黔中的险阻，东有殽山、函谷关的牢固关隘。土地肥沃，百姓殷富，兵车万乘，勇士百万，沃野千里，积蓄丰饶，地势险要，可攻可守。这正是所说的天府之国，是天下最强的国家。凭大王的贤明，士兵百姓的众多，兵马的使用，兵法的训练，可以吞并诸侯，一统天下，称帝治理天下。请大王稍留意，我来陈述这样做的成效！"秦王说："我听说过：羽毛不丰满，不可以高飞；法令不完备，不可用刑罚；不德高望众，不可以役使百姓；政令教化施行不顺，不可以烦劳大臣。今天先生郑重其事不远千里来到秦国，并登堂赐教，请改日再谈。"

苏秦说："臣本就怀疑大王不采纳我的主张。从前神农讨伐补遂，黄

帝讨伐涿鹿而擒蚩尤,唐尧讨伐驩兜,虞舜讨伐三苗,夏禹讨伐共工,商汤讨伐夏桀,周文王讨伐崇侯虎,周武王讨伐商纣,齐桓公以武力称霸天下。由此可见,哪有不使用战争的呢?古时候使者往来于各国之间,以言语相交谈,以保天下平安。自从连横合纵之说兴起,武器并没有收藏起来;说客巧言辞令;游说诸侯,使诸侯茫然疑惑;各种事端并起,无从头绪;法度完备,但百姓中伪诈也很多;法规政令繁乱,百姓困苦;君臣为此忧愁,民众无依无靠;道理冠冕堂皇,战争却越加频繁;辩士四处奔走,可战争并没停息;浮夸的言辞,却难使天下太平。舌头说破,耳朵震聋,不见成效;实行道义,讲究信用,相互之间难以和睦。只好弃文尚武,豢养死士,制好铠甲,磨利兵器,战场上决胜负。无所

○品画鉴宝 《史记·苏秦列传》中记载的苏秦合纵战略。

事事而获利，安坐不动能扩充土地，即使古代的五帝、三王、五霸及其他贤明君主，也想实现这种愿望，但形势却不能使他们如愿，所以不得不诉诸武力，远则两军对垒，近则短兵相接，只有如此，才能建功立业。在外打了胜仗，也有利于国内长治久安，君主威望于上，民众服从于下。现在想要兼并天下，凌驾于万乘之国，使敌国屈服，控制天下，安抚子民，臣服诸侯，非武力不可。如今一些继位之主，忽视这一重要道理，不明教化，不懂治国，为花言巧语所迷惑，被能说会道者所左右。以此来说，大王断不会采纳我的主张了。"

苏秦游说秦王上书十次，主张仍未被采纳。他的黑貂皮裘衣穿破了，带的黄金用完了，连日常用度都没着落，只得离开秦国回家。他绑着裹腿，穿着草鞋，背着书籍，挑着行李，形容憔悴，脸色黑黄，面带愧色。回到家里，妻子不下织机，嫂子不给煮饭，父母不同他说话。苏秦叹息说："妻子不把我当丈夫，嫂子不认我这叔子，父母不把我当儿子，这都是我的过错啊。"于是连夜翻出书籍，摆开几十个书箱，找到姜太公的兵书《阴符》，伏案诵读，揣度书中的精要。困了就拿锥子去刺大腿，鲜血直流到脚上，他说："哪里有游说君王不能得到他赏给的金玉锦绣，获得卿相高位的呢？"一年之后，揣摩透了，说："这次定能服说当世的君主了。"

于是苏秦来到燕乌集宫，游说赵王，这次谈得非常投机。赵王非常高兴，封苏秦为武安君，授给相印，还有兵车百乘、锦缎千匹、白璧百双、黄金二十万两，跟在他的后面。随后又去游说六国合纵，拆散连横，用来抑制强大的秦国。苏秦做了赵的相国后函谷关交通断绝。这个时候，以天下之大，百姓之众，王侯的威风，谋臣手中权势，都取决于苏秦的策略，不费一斗粮食，不用一件兵器，没有使一位将士参战，没有拉断一根弓弦，没有损失一支箭羽，使六国诸侯相互友善，胜过兄弟。这说明贤人当政，天下信服，一人被使用，天下顺从。所以说："靠政治，不靠武力，靠朝廷决策手段，不靠在国境外打仗。"苏秦鼎盛时，有黄金二十万两随他使用，随从车马成队，威风凛凛，好不显赫。殽山以东各诸侯国闻风服从，使得赵国的地位大大提高。苏秦原不过是居于穷巷、掘洞为门，用桑条编门扉、用木条作门轴的一介穷士。现在却能乘车骑马，纵横天下，在朝廷上游说各诸侯，左右朝中大臣，没有人能与他相抗衡。

苏秦将去游说楚王，路过洛阳时，父母听到这个消息，连忙收拾房屋，清扫道路，敲锣打鼓，摆酒设宴，到城外三十里去迎接他。他的妻子不敢正面看他，侧着耳朵听他说话。他的嫂子像蛇一样伏在地上爬行到苏秦跟前，连拜四拜，向他谢罪。苏秦说："嫂子！你为何以前傲慢而现在如此卑下呢？"嫂子说："因为你现在地位尊贵而且有很多金钱。"苏秦说："唉！贫穷不得志连父母都不认儿子，一但富贵连亲戚都畏惧，人生在世，权势和金钱，怎么可以忽视呢！"

◎ 内涵外延

苏秦（？－公元前284年）
战国时东周洛阳（今河南洛阳东）乘轩里人，字季子。奉燕昭王命入齐，从事反间活动。后燕将乐毅联合五国大举攻齐，其反间活动暴露，被车裂而死。

◎ 本文注释

〔1〕文章：政策法令。〔2〕毂（gǔ）：车轮中心有窟窿可以插轴的部分。
〔3〕饬（chì）：通"饰"。〔4〕诎：同"屈"。〔5〕元元：百姓。
〔6〕赢（léi）：同"缧"、缠、束。縢（téng）：绑腿布。蹻（jué）：草鞋。
〔7〕镒（yì）：古代重量单位，一镒为二十两（一说二十四两）。〔8〕式：用。
〔9〕椿（quān）枢：弯木作门枢。〔10〕撙（zǔn）：勒住、控制住。

51

司马错论伐蜀

《国策》

◎ 经典语录

挟天子以令天下　欲富国者，务广其地；欲强兵者，务富其民；欲王者，务博其德

　　司马错与张仪争论于秦惠王前。司马错欲伐蜀，张仪曰："不如伐韩。"王曰："请闻其说。"

　　对曰："亲魏善楚，下兵三川[1]，塞轘辕、缑氏之口，当屯留之道[2]，魏绝南阳，楚临南郑[3]，秦攻新城、宜阳[4]，以临二周之郊[5]，诛周主之罪，侵楚、魏之地。周自知不救，九鼎宝器必出。据九鼎，按图籍，挟天子以令天下，天下莫敢不听，此王业也。今夫蜀，西僻之国而戎狄之长也，敝兵劳众，不足以成名；得其地，不足以为利。臣闻争名者于朝，争利者于市。今三川、周室，天下之市朝也，而王不争焉，顾争于戎狄，去王业远矣。"

　　司马错曰："不然。臣闻之，欲富国者，务广其地；欲强兵者，务富其民；欲王者，务博其德。三资者备，而王随之矣。今王之地小民贫，故臣愿从事于易。夫蜀，西僻之国也，而戎狄之长也，而有桀纣之乱，以秦攻之，譬如使豺狼逐群羊也。取其地，足以广国也；得其财，足以富民。缮兵不伤众[6]，而彼已服矣。故拔一国，而天下不以为暴；利尽四海[7]，诸侯不以为贪。是我一举而名实两附，而又有禁暴止乱之名。今攻韩，劫天子。劫天子，恶名也，而未必利也，又有不义之名，而攻天下之所不欲，危！臣请谒其故[8]：周，天下之宗室也；韩，周之与国也。周自知失九鼎，韩自知亡三川，则必将二国并力合谋，以因乎齐、赵，而求解乎楚、魏。以鼎与楚，以地与魏，王不能禁。此臣所谓危，不如伐蜀之完也。"惠王曰："善！寡人听子。"卒起兵伐蜀，十月取之，遂定蜀。蜀主更号为侯，而使陈庄相蜀。蜀既属，秦益强富厚，轻诸侯。

　　司马错和张仪在秦惠王面前争论。司马错主张攻打蜀国，张仪说："不如讨伐韩国。"惠王说："说出你们的理由听听。"

　　张仪回答说："亲近魏国善待楚国，发兵三川，堵住轘辕、缑氏险要之处，切断通向屯留的道路，魏国断绝南阳交通，楚国兵临南郑，秦国进攻新城、宜阳，进逼东周、西周城郊，声讨周王的罪行，然后逐渐侵占楚国和魏国的地方。周王自知无法挽救，必然交出九鼎宝器。握有九

鼎、版图和户籍,挟持天子以号令天下,天下没有谁敢不听从,这可是帝王大业啊!而蜀国,西部的偏僻小国,是戎狄的首领,兴师动众去讨伐,不足以提高我们的威望;得到它的土地,也没有多大用处。我听说在朝廷上追逐功名,在集市中追逐利益。现在三川和周室,就是天下的朝堂和市场,可是大王却无动于衷,反而去争夺戎狄,这离帝业太远了。"

司马错说:"不对。臣听说,要想国家富强,应该极力扩大领土;要想军队强盛,一定要让百姓富足;想做帝王的人,要恩德深厚。这三条齐备了,帝业就水到渠成。如今大王土地狭小,百姓贫穷,应该先从容易成功的事情做起。蜀国,是西部的偏僻之国、戎狄的首领,又出现桀纣那样的乱政,用秦国的军队去攻打它,犹如驱使豺狼追逐群羊。夺取其土地,就能扩展秦国的土地;得到它的财富,足以使秦国百姓富裕。打仗而不伤害民众,对方却已被降服。征服一个国家,天下却并不认为我们残暴;取得他们的财富,并不认为我们贪婪。这样做,我们可以一举而名利双收,还会获得平定暴乱的名声。现在攻打韩国挟持周天子。挟持周天子这是坏名声,而且未必有利,还会招致不义之名。攻打天下所不愿攻打的国家,这是很危险的。请允许我陈述其中的道理:周是天下的宗室;韩是周室的盟国。一旦周自知要失去九鼎,韩要失去三川,两国定会共商对策,并借助齐国、赵国,去向楚国、魏国谋求和解。将九鼎送给楚国,将土地送给魏国,这是大王不能禁止的。这就是我所说的危险,攻打蜀国才是万全之策。"惠王说:"好!我听从您的意见。"结果,秦国发兵攻打蜀国。十月夺取蜀国,平定了蜀的内乱。蜀国君主改称为侯,秦国派陈庄去当蜀相。蜀国已经归顺秦国,秦国更加强大富裕,轻视诸侯各国。

○品画鉴宝
云纹铙(春秋) 此铙纹饰布局严谨稳重,制作工整精丽,表现出极为高超的铸造技艺。

◎ **内涵外延**

司马错（生卒年不详）
战国中后期秦国名将。仕秦惠文王、武王、昭王三世。

张仪（？—公元前310年）
战国时魏国贵族后裔。传曾学于鬼谷先生。战国时著名的政治家、外交家和谋略家。秦惠文君十年（公元前328年），任秦相。封武信军。执政时采用连横策略，迫使魏献上郡，辅秦惠文君称王，游说各国服从秦国，瓦解齐楚联盟，夺取楚汉中地。秦武王即位，他入魏为相，不久死。

◎ **本文注释**

〔1〕三川：黄河、伊水、洛水。这里指三河流经之地，在今河南省。
〔2〕屯留：地名，属韩国，在今山西屯留县。〔3〕南郑：在今河南新郑。
〔4〕新城、宜阳：在今河南境内。
〔5〕二周：指周王室（都洛阳，称东周）和周王室附近的小国西周。〔6〕缮：治。
〔7〕四海：指蜀。〔8〕谒：陈述。

范雎说秦王

《国策》

◎ 经典语录

事无大小　死者，人之所必不免，处必然之势，可以少有补于秦

范雎至，秦王庭迎范雎，敬执宾主之礼，范雎辞让。是日见范雎，见者无不变色易容者。秦王屏左右，宫中虚无人。秦王跪而进曰："先生何以幸教寡人？"范雎曰："唯唯[1]。"有间，秦王复请，范雎曰："唯唯。"若是者三。秦王跽曰[2]："先生不幸教寡人乎？"

范雎谢曰："非敢然也！臣闻昔者吕尚之遇文王也，身为渔父而钓于渭阳之滨耳。若是者，交疏也。已一说而立为太师，载与俱归者，其言深也。故文王果收功于吕尚，卒擅天下，而身立为帝王。即使文王疏吕望而弗与深言，是周无天子之德，而文武无与成其王也。今臣，羁旅之臣也[3]，交疏于王，而所愿陈者，皆匡君臣之事，处人骨肉之间[4]。愿以陈臣之陋忠，而未知王心也。所以王三问而不对者，是也。臣非有所畏而不敢言也，知今日言之于前，而明日伏诛于后，然臣弗敢畏也。大王信行臣之言，死不足以为臣患，亡不足以为臣忧；漆身而为厉，被发而为狂[5]，不足以为臣耻。五帝之圣而死，三王之仁而死，五霸之贤而死，乌获之力而死，奔、育之勇而死。死者，人之所必不免，处必然之势，可以少有补于秦，此臣之所大愿也，臣何患乎！

"伍子胥橐载而出昭关，夜行而昼伏，至于菱水[6]，无以糊其口，膝行蒲伏，乞食于吴市，卒兴吴国，阖闾为霸。使臣得进谋如伍子胥，加之以幽囚不复见，是臣说之行也，臣何忧乎！箕子、接舆[7]，漆身而为厉，被发而为狂，无益于殷、楚。使臣得同行于箕子、接舆，可以补所贤之主，是臣之大荣也，臣又何耻乎！

"臣之所恐者，独恐臣死之后，天下见臣尽忠而身蹶也[8]，因以杜口裹足，莫肯向秦耳。足下上畏太后之严，下惑奸臣之态，居深宫之中，不离保傅之手[9]，终身暗惑，无与昭奸，大者宗庙灭覆，小者身以孤危，此

臣之所恐耳。若夫穷辱之事，死亡之患，臣弗敢畏也。臣死而秦治，贤于生也。"

秦王跪曰："先生是何言也！夫秦国僻远，寡人愚不肖，先生乃幸至此，此天以寡人恩先生[10]，而存先生之庙也。寡人得受命于先生，此天所以幸先生而不弃其孤也。先生奈何而言若此？事无大小，上及太后，下至大臣，愿先生悉以教寡人，无疑寡人也。"范雎再拜，秦王亦再拜。

范雎来到秦国，秦昭王在宫廷中召见，恭敬地行宾主之礼，范雎客气地辞让。在场的人没有不变脸色的，感到十分惊异。秦王屏退左右，宫中没有其他人。秦王跪着上前对范雎说："先生用什么来指教我？"范雎应道："嗯、嗯。"过了一会儿，秦王又向他求教，范雎还是应道："嗯、嗯。"如此反复多次。秦王长跪着说："先生不愿意指教我吗？"

范雎道歉说："不敢这样！我听说当初吕尚遇周文王时，他只是个在渭水边钓鱼的渔夫。像这样，二人的关系应该很生疏的。可是两人经过一番交谈，文王便任命他为太师，并同车而归，这是因为他们探讨得很透彻。文王也因得力于吕尚而获得成功，最终统一天下，做了帝王。假使文王疏远吕尚，而没与他深谈，那他就不具备做天子的德行，文王、武王也无法成就他们的帝业。现在我只是一个暂居在外的宾客，和大王关系疏远，而我所说的，都是匡正君臣的大事，处于别人骨肉亲情之间，我希望表达我的意见，却不知大王的心思如何。这就是我没有回答大王再三提问的原因。我不是有所畏惧而不敢说，我知道今天在大王面前说这些话，明天便可能被杀，但我并不害怕。如果大王果真采纳我的主张，死不足以使我害怕，放逐也不足以使我忧愁，用漆涂身长疮，披散头发变成疯子也不足以使我感到羞耻。五帝那么圣明还是死了，三王那么仁爱也是死，五霸那么贤能也要死，乌获力大无穷也会死，孟奔、夏育那么勇猛也会死。死亡是人生不可避免的。我死而能有益于秦国，这是我最大的心愿，我还有什么可担心的呢！

"伍子胥藏在袋子里逃出昭关，夜行昼伏，到达溧水，没有东西吃，就跪地爬行，在吴国沿街乞讨，可是最后，他却使吴国兴旺发达，使吴王成就霸业。假使我能像伍子胥一样，就是把我关进牢房，终身不出来，只要我的主张可以实行，我还有什么可忧虑的呢？箕子和接舆，用漆涂身变成癞子，披头散发变成疯子，这种举止对殷朝和楚国并没有什么益处。假使我同箕子、接舆一样行事而可以帮助贤明的君主，这是我最大的荣幸，我又有什么耻辱可言呢！

"我所担心的是怕我死后，天下人看到我尽忠而死，而闭口不言，止步不前，没有人肯到秦国来。大王上面惧怕太后的威严，下面受到奸臣的迷惑，住在深宫里面，不离保傅，终生迷惑不清，没有人协助大王洞察奸佞。这样，大则亡国，小则自身孤立危险，这才是我所担心的。至于个人的困窘，受辱之事不是我所担心的。我死了而秦国得到治理，这比我活着还要好。"

○ 品画鉴宝　周公辅成王画像石（春秋）

　　秦王跪着说："先生这是说的哪里话！秦国地处偏僻荒远的地方，我愚笨无能，幸而先生来到这里，这是上天让我烦扰先生，使先王的宗庙得以保存。我得以受教于先生，这是上天宠爱先生而不抛弃我。先生为什么说这样的话呢！国家的事无论大小，上至太后，下至大臣，希望先生无保留地指教，不要怀疑我。"范雎向秦王拜了两拜，秦王也回拜了两拜。

◎ 内涵外延

范雎（？－公元前255年）
一作范且，字叔，战国时魏国人。他游说秦昭王，驱逐专权的秦相魏冉。秦昭王四十一年（公元前266年）任秦相，封于应（今河南鲁山东），称应侯。秦昭王五十二年，王稽因"与诸侯通"，坐法诛。他谢病归相印，不久即死。

秦昭王（公元前324－前251年）
即秦昭襄王。战国时秦国君。名稷。秦武王异母弟。公元前306－前251年在位。秦昭王四十一年（公元前266年）改用范雎为相，又在长平（今山西高平西北）大胜赵军，奠定了此后秦取得统一战争胜利的基础。

◎ 本文注释

〔1〕唯唯：应诺声，如同"嗯嗯"。〔2〕跽（jì）：又叫长跪，双膝着地，上身挺直。
〔3〕羁旅：客居他乡。
〔4〕处人骨肉之间：处在昭王、太后、穰侯之间，穰侯为太后之弟。
〔5〕漆身而为厉，被发而为狂：厉，即癞；被，同"披"。意思是改变自己形貌。
〔6〕菱水：即溧水，在今安徽流入江苏境内。
〔7〕箕子：纣王叔父，名胥余，箕为其封地。接舆：春秋时期楚国的隐士，曾披发装疯不仕。
〔8〕蹶（jué）：跌倒。〔9〕保傅：古代辅导天子和诸侯子弟的官员。
〔10〕惛（hūn）：乱，烦扰，打扰。

颜斶说齐王

《国策》

◎ 经典语录

返璞归真 斶愿得归，晚食以当肉，安步以当车，无罪以当贵，清净贞正以自虞

齐宣王见颜斶[1]，曰："斶前！"斶亦曰："王前！"宣王不说[2]。左右曰："王，人君也；斶，人臣也。王曰'斶前'，斶亦曰'王前'，可乎？"斶对曰："夫斶前为慕势，王前为趋士，与使斶为慕势，不如使王为趋士"。王忿然作色曰："王者贵乎？士贵乎？"对曰："士贵耳，王者不贵。"王曰："有说乎？"斶曰："有。昔者秦攻齐，令曰：'有敢去柳下季垄五十步而樵采者[3]，死不赦！'令曰：'有能得齐王头者，封万户侯，赐金千镒！'由是观之，生王之头，曾不若死士之垄也[4]。"

宣王曰："嗟乎，君子焉可侮哉！寡人自取病耳。愿请受为弟子。且颜先生与寡人游，食必太牢[5]，出必乘车，妻子衣服丽都。"颜斶辞去，曰："夫玉生于山，制则破焉，非弗宝贵矣，然太璞不完[6]。士生乎鄙野，推选则禄焉，非不尊遂也[7]，然而形神不全。斶愿得归，晚食以当肉，安步以当车，无罪以当贵，清净贞正以自虞[8]。"则再拜而辞去。

君子曰："斶知足矣，归真反璞，则终身不辱。"

齐宣王召见颜斶，说："颜斶到我跟前来！"颜斶也说："大王到我跟前来！"宣王很不高兴。旁边的人说："大王是国君，你是臣子。君王说'颜斶过来'，你也说'大王过来'，怎么能这样？"颜斶回答说："我到君王面前是趋炎附势，君王朝我走来是礼贤下士，与其让我趋炎附势，不如让君王礼贤下士。"宣王愤然变色说："是君王尊贵？还是士人尊贵？"颜斶回答说："士人尊贵，做君主的不尊贵。"宣王说："这话怎么说？"颜斶说："从前秦国攻打齐，曾下令说：'有敢到柳下季坟墓五十步范围内去打柴的，杀无赦！'还下令说：'能

○ 品画鉴宝

勾连云纹玉灯（战国）此器由三块玉雕琢成盘、柄、座，结合为一器。造型精美，工艺精湛。

够取到齐王首级的，封为万户侯，赐万两黄金！'由此看来，活着的齐王的头，还不如死人之墓。"

宣王说："唉，君子怎么可以侮辱呢！我是自取其辱啊。希望您收我做弟子。如果颜先生和我交往，吃的一定是美味，出门一定有车乘，妻子和儿女都能穿上华丽的衣服。"颜斶婉言拒绝，离别时说："玉生在山中，一经雕琢，璞就被弄破了，雕琢过的玉并非不宝贵，而是失去了它的本色。士人生长在穷乡僻壤，经推荐选拔而得到禄位，这并非不尊贵，但其形体神情已不能保有本色。我情愿归隐，晚一些时间吃饭可以当作吃肉，慢慢行走，就当坐车，不犯王法可以当作富贵，清净不染，节操纯正就足以使自己快乐了。"颜斶向齐王拜了两拜便告辞离开了。

君子说："颜斶知道满足啊，能保持自己的本色，就可以终身不受羞辱。"

◎ **内涵外延**
齐宣王（？－公元前301年）
战国时齐国君。田氏，名辟疆。齐威王之子。约公元前319－前301年在位。齐宣王六年（公元前314年）乘燕国内乱，派匡章率军攻占燕国，旋因齐军残暴，燕国人民反抗，被迫撤退。后曾和楚联合与秦、韩、魏三国作战，在濮水被打败。

◎ **本文注释**
〔1〕颜斶（chù）：齐国隐士。〔2〕说：同"悦"。〔3〕垄：坟墓。
〔4〕曾：竟然。〔5〕太牢：古人祭祀，一牛、一羊、一猪三牲具备，叫太牢。
〔6〕璞：含玉的石块。〔7〕尊遂：尊贵显达。〔8〕自虞：即自娱。

冯谖客孟尝君

《国策》

◎ 经典语录

扶老携幼　狡兔三窟　臣窃计：君宫中积珍宝，狗马实外厩，美人充下陈，君家所寡有者，以义耳

齐人有冯谖者，贫乏不能自存，使人属孟尝君[1]，愿寄食门下。孟尝君曰："客何好？"曰："客无好也。"曰："客何能？"曰："客无能也。"孟尝君笑而受之，曰："诺。"

左右以君贱之也，食以草具[2]。居有顷，倚柱弹其剑，歌曰："长铗归来乎[3]，食无鱼！"左右以告。孟尝君曰："食之，比门下之客。"居有顷，复弹其铗，歌曰："长铗归来乎，出无车！"左右皆笑之，以告，孟尝君曰："为之驾，比门下之车客。"于是乘其车，揭其剑，过其友[4]，曰："孟尝君客我。"后有顷，复弹其剑铗，歌曰："长铗归来乎，无以为家！"左右皆恶之，以为贪而不知足。孟尝君问："冯公有亲乎？"对曰："有老母。"孟尝君使人给其食用，无使乏。于是冯谖不复歌。

后，孟尝君出记[5]，问门下诸客："谁习计会，能为文收责于薛者乎[6]？"冯谖署曰："能。"孟尝君怪之，曰："此谁也？"左右曰："乃歌夫'长铗归来'者也。"孟尝君笑曰："客果有能也，吾负之，未尝见也。"请而见之，谢曰："文倦于事，愦于忧[7]，而性懧愚，沉于国家之事，开罪于先生，先生不羞，乃有意欲为收责于薛乎？"冯谖曰："愿之。"于是约车治装，载券契而行。辞曰："责毕收，以何市而反？"孟尝君曰："视吾家所寡有者。"

驱而之薛，使吏召诸民当偿者，悉来合券。券遍合，起矫命，以责赐诸民，因烧其券。民称"万岁"。

长驱到齐，晨而求见。孟尝君怪其疾也，衣冠而见之，曰："责毕收乎？来何疾也！"曰："收毕矣。""以何市而反？"冯谖曰："君云'视吾家所寡有者。'臣窃计：君宫中积珍宝，狗马实外厩，美人充下陈，君家所寡有者，以义耳。窃以为君市义。"孟尝君曰："市义奈何？"曰："今君有区区之薛，不拊爱子其民，因而贾利之[8]。臣窃矫君命，以责赐诸民，因烧其券，民称'万岁'，乃臣所以为君市义也。"孟尝君不说，曰："诺，先生休矣。"

后期年，齐王谓孟尝君曰："寡人不敢以先王之臣为臣。"孟尝君就国于薛[9]。未至百里，民扶老携幼，迎君道中。孟尝君顾谓冯谖："先生所为文市义者，乃今日见之。"

61

冯谖曰:"狡兔有三窟,仅得免其死耳。今有一窟,未得高枕而卧也。请为君复凿二窟。"孟尝君予车五十乘,金五百斤,西游于梁。谓梁王曰:"齐放其大臣孟尝君于诸侯,先迎之者,富而兵强。"于是梁王虚上位,以故相为上将军,遣使者,黄金千斤,车百乘,往聘孟尝君。冯谖先驱,诫孟尝君曰:"千金,重币也;百乘,显使也。齐其闻之矣。"梁使三反,孟尝君固辞不往也。

齐王闻之,君臣恐惧,遣太傅赍黄金千斤[10],文车二驷,服剑一,封书谢孟尝君曰:"寡人不祥,被于宗庙之祟,沉于谄谀之臣,开罪于君。寡人不足为也,愿君顾先王之宗庙,姑返国统万人乎!"冯谖诫孟尝君曰:"愿请先王之祭器,立宗庙于薛。"庙成,还报孟尝君曰:"三窟已就,君姑高枕为乐矣!"

孟尝君为相数十年,无纤芥之祸者,冯谖之计也。

齐国有个叫冯谖的人,穷得连自身的生活都无法维持,托人请求孟尝君,想做他门下的食客。孟尝君说:"他有什么爱好?"来人说:"没有什么爱好。"孟尝君又说:"他有什么才能?"来人说:"没有什么才能。"孟尝君笑着说:"好吧。"

孟尝君身边的人认为孟尝君看不起冯谖,就拿粗劣的食物给他吃。住了些时候,冯谖靠着柱子弹他的剑,唱道:"长剑啊,咱们回去吧!吃饭没有鱼!"管事的人把这事件报告给孟尝君,孟尝君说:"按一般门客的待遇,给他鱼吃。"又过了一些时候,冯谖又弹着他的长剑,唱道:"长剑啊,咱们回去吧!出门没有车!"孟尝君身边管事的人嘲笑他,并把这事报告给孟尝君。孟尝君说:"按照有车坐的门客的标准,给他车子坐。"于是冯谖坐着车子,举着剑去拜访他的朋友,说:"孟尝君接纳我为门客了。"又过了些时候,冯谖又弹着他的长剑,唱道:"长剑啊,咱们回去吧!没有办法养家!"左右人都讨厌他,认为他贪得无厌不知满足。孟尝君问:"冯先生有亲人吗?"有人回答说:"有一个老母亲。"孟尝君派人供给他母亲吃用的东西,不让她缺少什么。从此以后冯谖不再唱歌了。

后来,孟尝君出了一张告示,问门下的食客:"有谁熟悉算账理财,能替我去薛地收债?"冯谖在告示上写道:"我能。"孟尝君很奇怪,说:"这是谁啊?"管事的人说:"就是唱'长剑啊归去吧'的那个人。"孟

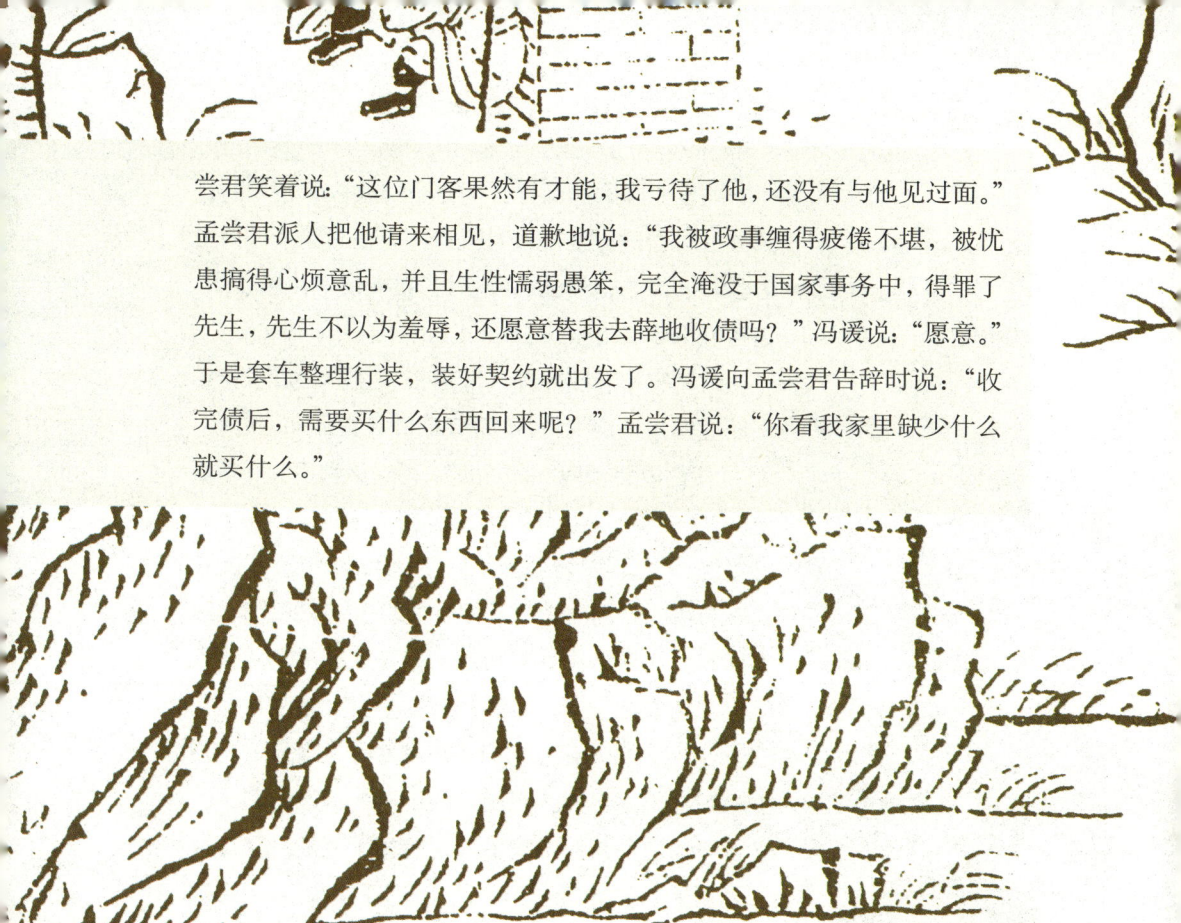

尝君笑着说:"这位门客果然有才能,我亏待了他,还没有与他见过面。"孟尝君派人把他请来相见,道歉地说:"我被政事缠得疲倦不堪,被忧患搞得心烦意乱,并且生性懦弱愚笨,完全淹没于国家事务中,得罪了先生,先生不以为羞辱,还愿意替我去薛地收债吗?"冯谖说:"愿意。"于是套车整理行装,装好契约就出发了。冯谖向孟尝君告辞时说:"收完债后,需要买什么东西回来呢?"孟尝君说:"你看我家里缺少什么就买什么。"

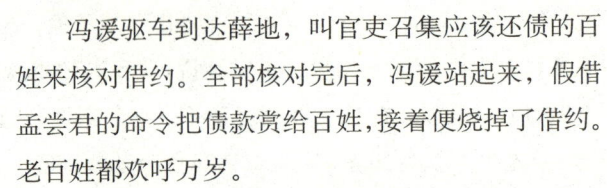

冯谖驱车到达薛地，叫官吏召集应该还债的百姓来核对借约。全部核对完后，冯谖站起来，假借孟尝君的命令把债款赏给百姓，接着便烧掉了借约。老百姓都欢呼万岁。

冯谖驱车赶回齐都，清晨去见孟尝君。孟尝君奇怪他回来得这么快，于是穿戴好衣帽出来见冯谖，说："债都收完了吗？怎么回来得这么快啊！"冯谖说："收完了。"孟尝君问："买了什么东西回来？"冯谖说："您说'看我家里缺少什么就买什么'。我私下考虑：你的府中积满珍珠宝贝，马厩里都是骏马好狗，美女站满堂下。您家里缺少的是义。我私下作主替您买了义。"孟尝君说："买义是怎么个买法？"冯谖说："如今您只有一块小小的薛地，却不去爱护那里的百姓，用商贾的手段向百姓取利。我私自假借您的命令，把借款赏赐给了百姓，并烧掉了借据，百姓齐呼'万岁'，这便是给您买回来的义。"孟尝君不高兴，说："好吧，先生，算了罢。"

一年之后，齐湣王对孟尝君说："我不敢用先王的臣子做我的臣子。"孟尝君只好回到封地薛。离薛地还有一百里，老百姓便扶老携幼，在路上迎接孟尝君。孟尝君回头对冯谖说："您替我买的义，我今天看见了。"

○ 品画鉴宝
砺剑图 (明) 黄济／绘　图中人物圆睁双眼，双手挽剑，富于个性。衣纹线条劲健有力，飘洒飞动。山石皴法严谨，是典型的院体风格。

冯谖说："狡兔三窟，才能避免一死。如今您有了一窟，还不能高枕无忧。请让我再替您凿两个洞穴。"孟尝君给他五辆车，五百斤黄金，让他往西边游说梁国。冯谖对梁惠王说："齐国放逐大臣孟尝君给诸侯，先迎接他的就会国家富足，军队强大。"于是梁王空出相国的高位，让原来的相国做上将军，派遣使者带了千斤黄金、车子百乘去聘请孟尝君。冯谖先回到薛地，告诫孟尝君说："黄金千斤，是非常贵重的礼物；车子百乘，是显要的使臣。齐国大概听到这件事了。"梁国的使者来了多次，孟尝君坚决推辞不去梁国。

齐王听到这个消息，君臣都恐慌起来，马上派太傅带了一千斤黄金，两辆四马彩车，佩剑一把，封了亲笔信带给孟尝君，道歉说："是我不好，遭受到祖宗降下的惩罚，偏信那些阿谀逢迎的奸臣，得罪了您。我是不值得辅佐的，希望您顾念先王留下来的基业，姑且回到国都来治理人民吧！"冯谖提醒孟尝君说："希望您向齐王请求分给您一份先王传下来的祭器，在薛地建立宗庙。"宗庙建成了，冯谖回来报告孟尝君说："三个窟都已经凿好，您只管垫高枕头享乐吧！"

孟尝君在齐国当相国几十年，没有遭到丝毫祸患，这都是由于冯谖的精心谋划。

◎ 内涵外延

孟尝君（生卒年不详）
即田文。战国时齐贵族。袭其父田婴的封邑薛（今山东滕州南），称薛公，号孟尝君。齐湣王任为相国，门下有食客数千。曾联合韩、魏先后打败楚、秦、燕三国。一度入秦为相，不久逃归。齐湣王七年（公元前294年）因田甲叛乱事，出奔到魏，任魏相。

◎ 本文注释
〔1〕属：同"嘱"，嘱托。孟尝君：战国四君子之一，曾任齐国相国。
〔2〕草具：盛粗劣食物的食具。〔3〕铗（jiá）：剑柄。〔4〕过：拜访。
〔5〕记：文告。〔6〕责：同"债"。薛：孟尝君封邑，故地在今山东滕县东南。
〔7〕愦（kuì）：昏乱。〔8〕贾（gǔ）：藏货。
〔9〕国：指孟尝君封邑。〔10〕赍（jī）：携带。

赵威后问齐使

《国策》

◎ 经典语录

至老不嫁，以养父母　是其为人，哀鳏寡，恤孤独，振困穷，补不足

　　齐王使使者问赵威后，书未发，威后问使者曰："岁亦无恙耶？民亦无恙耶？王亦无恙耶？"使者不说，曰："臣奉使使威后，今不问王，而先问岁与民，岂先贱而后尊贵者乎？"威后曰："不然。苟无岁何有民？苟无民何有君？故有问[1]，舍本而问末者耶？"

　　乃进而问之曰："齐有处士曰钟离子[2]，无恙耶？是其为人也，有粮者亦食，无粮者亦食，有衣者亦衣，无衣者亦衣。是助王养其民者也，何以至今不业也？叶阳子无恙乎[3]？是其为人，哀鳏寡[4]，恤孤独，振困穷[5]，补不足。是助王息其民者也，何以至今不业也？北宫之女婴儿子[6]，无恙耶？撤其环瑱[7]，至老不嫁，以养父母。是皆率民而出于孝情者也，胡为至今不朝也？此二士弗业，一女不朝，何以王齐国，子万民乎？於陵子仲尚存乎[8]？是其为人也，上不臣于王，下不治其家，中不索交诸侯[9]，此率民而出于无用者，何为至今不杀乎？"

　　齐王派使者访问赵威后，信还没有开启，威后就问使者："年成好吗？百姓好吗？齐王也好吗？"使者听了不高兴，说："我奉王的使命到威后这里，您不先问候君王却先问年成和百姓，哪能先问贫贱而后问尊贵的呢？"威后说："不对。如果没有收成，怎么会有百姓？如果没有百姓，哪里会有国君？哪有撇开根本而先问末节呢？"

　　威后又进一步问道："齐国有个处士叫钟离子的，他还好吗？他的为人，有粮的没粮的他都给他们东西吃，有衣服的也罢，无衣服的也罢，他都给他们衣服穿。这是帮助君王养活百姓啊，为什么至今没有让他出仕建功立业呢？叶阳子还好吗？他的为人，怜悯鳏夫寡妇，抚恤孤儿和无子的老人，救济贫苦的人，补助衣食不足的人。这是帮助国君安定百姓啊，为什么至今还没有任用他呢？北宫氏的女儿婴儿子还好吗？摘掉身上的首饰，到老不嫁，赡养父母。这都是在引导百姓行孝啊，为什么至今没有给她封号，让她朝见国君呢？这两位处士没被任用，孝女不加封号，又凭什么治理齐国，抚爱百姓呢？於陵子仲还活着吗？他的为人，上不侍奉君王，下不治理自己的家业，中不结交诸侯。这是带动百姓无所事事，对国家没用的人，为什么至今不杀掉他？"

◎ **内涵外延**

鳏寡孤独

在古代，鳏、寡、孤、独分别指的是四种人。《孟子·梁惠王下》："老而无妻曰鳏，老而无夫曰寡，老而无子曰独，幼而无父曰孤：此四者，天下之穷民而无告者。"后来，人们常用"鳏寡孤独"泛指那些没有劳动力而又无依无靠的人。

◎ **本文注释**

〔1〕故：表示反问。
〔2〕处士：闲居在家而不出仕的读书人。钟离子：钟离，复姓；子，尊称。
〔3〕叶阳子：齐国处士，叶阳为复姓。〔4〕鳏（guān）：老而无妻叫鳏。
〔5〕振：同"赈"，救济。〔6〕北宫：复姓。婴儿子：人名，齐国孝女。
〔7〕瑱（zhèn）：作耳饰的玉。
〔8〕於（wū）陵：齐国邑名，在今山东。子仲：齐国隐士。〔9〕索：谋求结交。

触龙说赵太后

《国策》

◎ 经典语录

父母之爱子，则为之计深远　人主之子也，骨肉之亲也，犹不能恃无功之尊，无劳之奉，以守金玉之重也

赵太后[1]新用事，秦急攻之。赵氏求救于齐。齐曰："必以长安君为质[2]，兵乃出。"太后不肯，大臣强谏，太后明谓左右："有复言令长安君为质者，老妇必唾其面！"

左师触龙愿见[3]，太后盛气而揖之[4]。入而徐趋，至而自谢，曰："老臣病足，曾不能疾走，不得见久矣，窃自恕。恐太后玉体之有所郄也[5]，故愿望见。"太后曰："老妇恃辇而行。"曰："日食饮得无衰乎？"曰："恃鬻耳[6]。"曰："老臣今者殊不欲食，乃自强步，日三四里，少益嗜食，和于身。"曰："老妇不能。"太后之色少解。

左师公曰："老臣贱息舒祺[7]，最少，不肖，而臣衰，窃爱怜之，愿令补黑衣之数[8]，以卫王宫，没死以闻[9]。"太后曰："敬诺。年几何矣？"对曰："十五岁矣。虽少，愿及未填沟壑而托之[10]。"太后曰："丈夫亦爱怜其少子乎？"对曰："甚于妇人。"太后笑曰："妇人异甚。"对曰："老臣窃以为媪之爱燕后[11]，贤于长安君。"曰："君过矣，不若长安君之甚。"左师公曰："父母之爱子，则为之计深远。媪之送燕后也，持其踵为之泣，念悲其远也，亦哀之矣。已行，非弗思也，祭祀必祝之，祝曰：'必勿使反[12]。'岂非计久长有子孙相继为王也哉？"太后曰："然。"左师公曰："今三世以前，至于赵之为赵，赵王之子孙侯者，其继有在者乎？"曰："无有。"曰："微独赵，诸侯有在者乎？"曰："老妇不闻也。""此其近者祸及身，远者及其子孙。岂人主之子孙则必不善哉？位尊而无功，奉厚而无劳[13]，而挟重器多也[14]。今媪尊长安君之位，而封以膏腴之地，多予之重器，而不及今令有功于国，一旦山陵崩[15]，长安君何以自托于赵？老臣以媪为长安君计短也，故以为其爱不若燕后。"太后曰："诺，恣君之所使[16]。"于是为长安君约车百乘，质于齐，齐兵乃出。

子义闻之[17]，曰："人主之子也，骨肉之亲也，犹不能恃无功之尊，无劳之奉，以守金玉之重也，而况人臣乎！"

○品画鉴宝 贤母图（清）康寿／绘 图中画老母坐于床上，教子以忠孝之道。作者擅画山水、花鸟，尤精仕女，姿态静逸。

赵太后新近执政，秦国就加紧对赵国进攻。赵国向齐国求救。齐国表示："除非以长安君做人质，我们才能出兵。"赵太后不同意，大臣极力劝谏。太后明确地告诉大臣说："有再说叫长安君去做人质的，我老婆子一定吐他一脸唾沫！"

左师触龙说要进见太后，太后满脸怒气地等待他。触龙一进宫门便慢慢向前小跑，到了太后面前请罪说："老臣的脚有毛病，不能快走，不能拜见您已经很久了，我私下总是原谅自己，又担心太后的玉体有不适之处，所以我想来看望您。"太后说："我靠车子走路。"触龙说："日常的饮食没有减少吧？"太后说："靠吃粥罢了。"触龙说："老臣近来特别不想吃东西，便自己勉强步行，每天三四里，逐渐增加了一点食欲，身体也比较舒适了。"太后说："我做不到。"太后的神色略微有所缓和。

左师公说："我的儿子舒祺，年纪最小，没什么本事，但是我却老了，内心非常疼爱他，希望让他当一名卫士，以便保卫王宫，我冒着死罪禀告您。"太后说："好吧。他的年纪多大了？"触龙回答说："十五岁了。虽然还小，希望趁我还没死把他托付给您。"太后说："男人也爱怜自己的小儿子吗？"触龙回答说："比妇人还疼爱。"太后笑着说："妇人爱得更厉害。"触龙回答说："老臣私下以为您爱燕后，胜过长安君。"太后说："您错了，爱燕后远远比不上爱长安君。"左师公说："父母疼爱子女，就要为他们考虑长远利益。您送燕后出嫁时，紧紧跟在她身后哭泣，一想到她远嫁异乡就伤心难过，也确实够悲哀的。出嫁以后，您并不是不想念她，祭祀时一定为她祈祷，说：'千万别被赶回来啊。'这岂不是为她作长远打算，希望她有子孙相继为王吗？"太后说："的确是这样。"左师公说："从现在算起，一直到赵氏建立赵国的时候，赵王子孙封侯的，他们的继承人还保有爵位吗？"太后说："没有。"触龙说："不只是赵国，其他诸侯还有在位的吗？"太后说："我没听说过。"触龙说："灾祸来的早的落在自己身上，来的晚的落在子孙头上。难道国君的子孙就一定不好吗？只不过由于他们地位尊贵而没有功勋，俸禄优厚而没有劳绩，并拥有许多珍宝。如今您把长安君的地位提得很高，还封给他肥沃的土地，赐给他很多贵重的物品，却不趁现在让他为国立功，一旦您百年之后，长安君凭什么在赵国立足呢？我认为您替长安君考虑得不够长远，所以认为您爱他比不上爱燕后。"太后说："好，任凭您怎么派遣他吧。"于是为长安君准备了车马一百辆，送他到齐国做人质，齐国才出兵。子义听到这件事，说："君王的儿子也是至亲骨肉，尚且不能依靠没有功勋的高位、没有劳绩的俸禄来保持他的富贵，更何况是臣子呢！"

◎ **内涵外延**

触龙名字之误

触龙，原作"触詟"，《史记·赵世家》作"触龙"，《汉书·古今人表》也作"左师触龙"。今本《战国策》误合"龙言"二字，遂成"詟"。1973年，长沙马王堆汉墓出土战国纵横家帛书，中有触龙见赵太后章，正作触龙。现据以改正。

◎ **本文注释**

〔1〕赵太后：即赵威后。用事：执政。
〔2〕长安君：赵太后所宠爱的小儿子，长安君是他的封号。
〔3〕左师：官名。触龙：人名，赵国的臣子。
〔4〕揖：当作"胥"，胥，同"须"，等待。〔5〕郄（xì）：不适。〔6〕鬻：即"粥"。
〔7〕息：儿子。〔8〕黑衣：卫士的代称，因当时王宫卫士都穿黑衣。
〔9〕没死：冒死。〔10〕填沟壑：死的委婉说法。
〔11〕媪（ǎo）：古时称年老妇人。燕后：赵太后的女儿嫁燕国为后。
〔12〕反：即"返"，诸侯的女儿嫁到他国，只有被休弃，或对方国家覆灭方可返回。
〔13〕奉：同"俸"，指俸禄。〔14〕重器：指贵重的宝物。
〔15〕山陵崩：喻君死，是一种委婉说法。
〔16〕恣：任凭。〔17〕子义：人名，赵国贤士。

○ 品画鉴宝
镶嵌兽纹方豆（春秋） 此器为盛物用，盖、器同铭四字，自铭其器为"盍"。

乐毅报燕王书

《国策》

◎ 经典语录

善始善终 臣闻贤明之君，功立而不废，故著于春秋；蚤知之士，名成而不毁，故称于后世

昌国君乐毅，为燕昭王合五国之兵而攻齐，下七十余城，尽郡县之以属燕。三城未下，而燕昭王死。惠王即位，用齐人反间疑乐毅，而使骑劫代之将。乐毅奔赵，赵封以为望诸君。齐田单诈骑劫，卒败燕军，复收七十余城以复齐。

燕王悔，惧赵用乐毅乘燕之敝以伐燕。燕王乃使人让乐毅[1]，且谢之曰："先王举国而委将军，将军为燕破齐，报先王之仇，天下莫不振动，寡人岂敢一日而忘将军之功哉？会先王弃群臣，寡人新即位，左右误寡人，寡人之使骑劫代将军，为将军久暴露于外，故召将军，且休计事。将军过听，以与寡人有隙，遂捐燕而归赵，将军自为计则可矣，而亦何以报先王之所以遇将军之意乎？"

望诸君乃使人献书报燕王曰：

"臣不佞，不能奉承先王之教，以顺左右之心，恐抵斧质之罪，以伤先王之明，而又害于足下之义，故遁逃奔赵。自负以不肖之罪，故不敢为辞说。今王使使者数之罪，臣恐侍御者之不察先王之所以畜幸臣之理，而又不白于臣之所以事先王之心，故敢以书对。

"臣闻贤圣之君，不以禄私其亲，功多者授之；不以官随其爱，能当者处之。故察能而授官者，成功之君也；论行而结交者，立名之士也。臣以所学者观之，先王之举错[2]，有高世之心，故假节于魏王，而以身得察于燕。先王过举，擢之乎宾客之中，而立之乎群臣之上，不谋于父兄，而使臣为亚卿。臣自以为奉令承教，可以幸无罪矣，故受命而不辞。

"先王命之曰：'我有积怨深怒于齐，不量轻弱，而欲以齐为事。'臣对曰：'夫齐，霸国之余教，而骤胜之遗事也，闲于甲兵[3]，习于战攻。王若欲伐之，则必举天下而图之。举天下而图之，莫径于结赵矣。且又淮北、宋地，楚、魏之所同愿也，赵若许约，楚、赵、宋尽力，四国攻之，齐可大破也。'先王曰：'善。'臣乃口受令，具符节，南使臣于赵。顾反命，起兵随而攻齐。以天之道，先王之灵，河北之地，随先王举而有之于济上。济上之军，奉令击齐，大胜之。轻卒锐兵，长驱至国。齐王逃遁走莒，仅以身免。珠玉财宝，车甲珍器，尽收入燕。大吕陈于元英，故鼎反乎历室，齐器设于宁台，蓟邱之植，植于汶篁。自五伯以来，功未有及先

王者也。先王以为顺于其志,以臣为不顿命[4],故裂地而封之,使之得比乎小国诸侯。臣不佞,自以为奉令承教,可以幸无罪矣,故受命而弗辞。

"臣闻贤明之君,功立而不废,故著于春秋;蚤知之士[5],名成而不毁,故称于后世。若先王之报怨雪耻,夷万乘之强国,收八百岁之蓄积,及至弃群臣之日,遗令诏后嗣之余义,执政任事之臣,所以能循法令,顺庶孽者[6],施及萌隶[7],皆可以教于后世。

"臣闻善作者不必善成,善始者不必善终。昔者伍子胥说听乎阖闾,故吴王远迹至于郢。夫差弗是也。赐之鸱夷而浮之江[8]。故吴王夫差不悟先论之可以立功[9],故沉子胥而弗悔;子胥不蚤见主之不同量,故入江而不改。夫免身全功,以明先王之迹者,臣之上计也;离毁辱之非[10],堕先王之名者,臣之所大恐也;临不测之罪,以幸为利者,义之所不敢出也。

73

"臣闻古之君子,交绝不出恶声;忠臣之去也,不洁其名。臣虽不佞,数奉教于君子矣。恐侍御者之亲左右之说,而不察疏远之行也,故敢以书报,唯君之留意焉。"

昌国君乐毅为燕昭王聚集韩、赵、魏、楚、燕五国的大军攻打齐国,攻占七十余座城池,以郡县纳入燕国的领土。剩下三座城池没有攻下,而燕昭王就去世了。惠王即位,由于齐国人从中挑拨离间,惠王开始怀疑乐毅,改派骑劫替换乐毅统率军队。乐毅逃到赵国,赵国封他为望诸君。齐国的田单用计谋打败了骑劫统率的燕军,收复了被燕国夺去的七十多座城池。

燕王后悔了,担心赵国起用乐毅乘燕疲敝的时候攻打燕国。于是燕王派人责备乐毅,又向他道歉说:"先王将整个国家托付给将军,将军为燕国打败了齐国,报了先王之仇,天下无不为之震动,我岂敢一天忘记将军的功绩?恰逢先王辞世,我刚即位不久,听信谗言,叫骑劫替代将军,是顾念将军长年征战在外,召将军回来休息,并有国事相商。将军误会了我,以至于你我之间产生隔阂,使将军舍弃我而投奔赵国,如果单纯为自己打算是可以的,可又怎样报答先王对将军的知遇之恩?"

○ 品画鉴宝
鸟钮蛇纹高足敦(战国) 此器带盖,环耳,圆腹,高蹄足。盖顶正中置一环钮,近外缘处设伸颈昂头的三鸟首。

望诸君派人送信回答说：

"我没什么才干，没有尊奉先王的教导，顺从您的心意，又担心招致杀身之祸，有损先王的圣明，对您的名声也不利，所以才逃到赵国。我宁愿背负不肖的罪名不敢为自己辩解。如今大王派遣使者来数说我的罪过，我惟恐大王不明先王之所以宠信我的理由，不明了我侍奉先王的一片诚心，所以才冒昧上书回奏。

"我听说圣贤的君主，不拿俸禄私自给亲近的人，而是将它授给功劳多的人；不把官职随便赐给偏爱的人，而是让能够胜任的人去担当。因此考察过对方能力后而将官职授予他，这是成就功业的君主的做法；衡量过对方的品行之后再去结交他，这是能够成就名望的人的做法。我以所学的知识来观察先王的施政，确实有超越一般世人的见解，所以我借用魏王的符节出使燕国，得以亲身考察。先王过分抬举我，把我从宾客之中提拔上来，使我位居群臣之上，没有与同宗族商量，任命我为亚卿。我自认为只要奉行先王的法令教诲，就可以免于获罪，所以接受任命而没有推辞。

"先王命令我说：'我与齐国积怨已久，不考虑自己势孤力单，想把灭齐当作首要大事。'我回答说：'齐国有霸主的余威，并有多次大胜利的功业，熟悉兵法，惯于作战。大王如果想出兵，必须借助天下诸侯之力来对付它。联合其他诸侯，不如联合赵国更直接。而且淮北和宋地，正是楚、魏两国都想得到的地方，如果赵国答应结盟，楚国、魏国和宋国四国联手攻打定能大破齐国。'先王说：'好。'我得以接受口谕，备好符节，出使赵国。不久便回国复命，起兵随大王攻打齐国。依靠上天保佑先王的威望，我随先王一直攻打到齐国的济上。占领济上的军队，又奉命攻打齐军，获得巨大的胜利。轻装精锐的士兵长驱直入，一直打到齐国的国都。齐王跑到莒城，才保住性命。齐国的珠玉财宝、车辆、铠甲和珍贵器物，全部收归燕国所有。大吕钟陈列在元英宫，鼎又回到历室宫，齐国的珍贵器物都摆在宁台殿，燕都的竹木被种植到了齐国汶水的竹田中。自从五霸以来，功绩没有能比得上先王的。先王完成了他的心愿，认为我没有辜负他的命令，所以分封土地给我，使我的地位相当于小国诸侯。我没什么才干，自认为尊奉命令，时刻秉承教诲，就可以免于获罪，所以接受封赏而没有推辞。

"我听说贤明的君主建立功业便不会废弃，所以载入史册；有先见之明的贤士，成就了名声也不使它毁坏，所以被后世称道。像先王那样报仇雪耻，打败了比自己强的敌人，收缴齐国数百年积蓄的财物，直到他辞世之日，留下告诫继承人的遗诏，要执政大臣克守法令，后嗣者安分守己，恩泽百姓。这些都是可以教导后代的。

"我听说善于开创事业的不一定善于守成，善于开始的并不一定善于结束。从前伍子胥的建议被吴王阖闾采纳，因此吴王的足迹远达楚国的郢都。夫差不听从伍子胥的意见，反而将他装入皮囊投入江中。吴王夫差不明伍子胥的预见可以成就霸业，所以把伍子胥沉入江中而不后悔；伍子胥没有及早意识到阖闾和夫差两个君主的气量不同，所以到死都没有改变初衷。能脱身避祸，保全功绩，以显示先王的伟业，这是我的上策；遭受诋毁责难，败坏先王的名声，这是我最害怕的；面临不能预测的大罪，心存侥幸图利，凭道义我是不敢做的。

"我听说古代的君子，断交也不恶语伤人；忠臣受屈被逐不以辩解来保全自己的名声。我虽不才，也经常受教于君子。惟恐您听信左右亲信的话，不能体察被疏远之臣的所作所为，所以冒昧地用书信作答，希望您用心考察。"

◎ **内涵外延**

燕昭王（？－公元前279年）

初流亡在韩。公元前311－前279年在位。改革政治，招徕人才。燕昭王二十八年（公元前284年）联合五国攻齐，派将军乐毅攻破齐国，占领齐国七十多城。为燕国最强盛时期。

◎ **本文注释**

〔1〕让：责备。〔2〕举错：即举措，措施。〔3〕闲：通"娴"，熟悉。
〔4〕顿：使受挫折。〔5〕蚤：同"早"。〔6〕庶孽：庶子，即妾所生的儿子。
〔7〕萌隶：百姓。萌通"氓"。〔8〕鸱（chī）夷：皮口袋。〔9〕先论：预见。
〔10〕离：同"罹"，遭受。

李 斯：？－公元前208年，战国末年楚国上蔡（今河南上蔡县）人，做过郡吏，后与韩非一起师从荀卿学"帝王之术"。秦始皇统一中国，官至丞相。秦二世时，被腰斩。

谏逐客书

李 斯

◎ 经典语录

移风易俗　今陛下致昆山之玉，有随、和之宝，垂明月之珠，服太阿之剑，乘纤离之马，建翠凤之旗，树灵鼍之鼓

秦宗室大臣皆言秦王曰："诸侯人来事秦者，大抵为其主游间于秦耳，请一切逐客。"李斯议亦在逐中。斯乃上书曰：

"臣闻吏议逐客，窃以为过矣！

"昔穆公求士，西取由余于戎，东得百里奚于宛，迎蹇叔于宋，求丕豹、公孙支于晋。此五子者，不产于秦，而穆公用之，并国二十，遂霸西戎。孝公用商鞅之法，移风易俗，民以殷盛，国以富强，百姓乐用，诸侯亲服，获楚、魏之师，举地千里，至今治强。惠王用张仪之计，拔三川之地，西并巴蜀，北收上郡，南取汉中，包九夷，制鄢、郢，东据成皋之险，割膏腴之壤，遂散六国之从[1]，使之西面事秦，功施到今。昭王得范雎，废穰侯，逐华阳，强公室，杜私门，蚕食诸侯，使秦成帝业。此四君者，皆以客之功。由此观之，客何负于秦哉！向使四君却客而不内[2]，疏士而不用，是使国无富利之实，而秦无强大之名也。

"今陛下致昆山之玉[3]，有随、和之宝，垂明月之珠，服太阿之剑，乘纤离之马，建翠凤之旗，树灵鼍之鼓。此数宝者，秦不生一焉，而陛下说之[4]，何也？必秦国之所生然后可，则是夜光之璧，不饰朝廷；犀象之器，不为玩好；郑、卫之女，不充后宫，而骏马駃騠[5]，不实外厩；江南金锡不为用，西蜀丹青不为采。所以饰后宫、充下陈、娱心意、悦耳目者，必出于秦然后可，则是宛珠之簪、傅玑之珥[6]、阿缟之衣、锦绣之饰不进于前，而随俗雅化、佳冶窈窕，赵女不立于侧也。夫击瓮叩缶[7]，弹筝搏髀[8]，而歌呼呜呜，快耳目者，真秦之声也；郑卫桑间，韶虞武象者，异国之乐也。今弃击瓮而就郑卫，退弹筝而取韶虞，若是者何也？快意当前，适观而已矣。今取人则不然，不问可否，不论曲直，非秦者去，

为客者逐。然则是所重者在乎色乐珠玉,而所轻者在乎人民也。此非所以跨海内、制诸侯之术也。

"臣闻地广者粟多,国大者人众,兵强则士勇。是以泰山不让土壤[9],故能成其大;河海不择细流,故能就其深;王者不却众庶,故能明其德。是以地无四方,民无异国,四时充美,鬼神降福,此五帝三王之所以无敌也。今乃弃黔首以资敌国[10],却宾客以业诸侯,使天下之士退而不敢西向,裹足不入秦,此所谓藉'寇兵而赍盗粮'者也。夫物不产于秦,可宝者多;士不产于秦,而愿忠者众。今逐客以资敌国,损民以益仇,内自虚而外树怨于诸侯,求国之无危,不可得也。"

秦王乃除逐客之令,复李斯官。

秦国的宗室大臣都对秦王说:"各国来侍奉秦国的人,大都是替他们的君主游说、离间秦国,请把客卿都驱逐出秦国。"李斯也在被驱逐的对象中。于是李斯上书给秦王,说:

"我听说大臣们在商议驱逐客卿,我私下认为这样做是错误的!

"从前秦穆公访求贤士,西边从戎族请来了由余,东边从楚国的宛地得到了百里奚,从宋国迎来蹇叔,从晋国招来了丕豹、公孙支,这五个人都不是生活在秦国的,但是穆公重用他们,兼并了众多小诸侯国,称霸西戎。孝公采用商鞅变法,移风易俗,百姓因此富裕,国家因此而强大,百姓乐于为国出力,各诸侯对秦亲善臣服,秦国战胜楚国、魏国的军队,占地千里,使国家至今保持安定强盛。惠王采用张仪的计策,攻占了三川,向西兼并了巴蜀,向北攻占了上郡,向

○品画鉴宝

犀足筒形器(战国) 三犀牛为足,承托一平底直壁筒形器。犀头扭向外侧,四肢外撑,保证了重心的稳定,堪称造型艺术上的传神之作。

南得到了汉中，吞并了楚国境内夷族地区，控制着楚国的鄢、郢二都，东边占据了城皋这个要塞，割取了大片肥沃的土地，从而分解了六国的合纵，使它们转向西侍奉秦国，功绩延续至今。昭王任用范雎，罢免穰侯，放逐华阳君，加强王室权力，限制豪门贵族，吞食诸侯土地，终于使秦国完成了帝王基业。这四位君主的成就，都凭借客卿的功劳，由此看来，客卿有什么对不起秦国呢？假使这四位君主拒绝客卿不予接纳，疏远不任用贤士，就不能使国力增强，而秦国也不会有强盛的威名。

"如今陛下弄来昆山的美玉，拥有随侯珠、和氏璧，衣冠上挂明月珠，身佩太阿剑，乘坐纤离马，树立翠凤旗，摆放着鳄鱼皮蒙的鼓。这几种宝物，秦国一件也不出产，但是陛下却喜欢它们，这是为什么呢？如果一定要秦国土生土长的才可以用，那么夜光宝珠就不能装饰朝廷，犀角和象牙器物就不能成为玩赏之物，郑国、卫国的美女不能充满后宫，外面的马厩里没有骏马驵骁，不能用江南的金锡做器物，西蜀的丹青不能用作彩绘。用来装饰后宫的珠宝，堂下的美女，赏心悦目的东西，一定得是秦国出产的才行，那么这嵌着宛珠的簪子、镶着珠子的耳环、东阿丝绸做的衣服、锦缎绣成的饰物就不能进献到大王的面前，打扮时尚窈窕艳丽的赵国女子就不能侍立在您的身边。敲打瓦钵，弹着竹筝拍着腿，呜呜唱歌，让耳目感到快乐，这才是秦国的音乐。郑、卫、桑间的音乐，舜的韶虞、周的武象，这些都是外来音乐。如今抛弃击瓮敲缶，而听郑国、卫国的音乐，取消弹筝而选取韶虞的乐曲，这是为什么呢？为了取乐于当前，满足观赏的需要。现在选择人才就不是这样了，不问可用与否，不论是非曲直，只要不是秦国人都赶走，外籍人都要驱逐。那么这说明您所注重的是女色、音乐、珠宝、玉石，而所轻视的是人才。这不是统一天下、征服诸侯的谋略。

"我听说地广粮多，国家大人口就会众多，兵器精良，战士就勇猛。因此，泰山不嫌弃小块土壤，能就成它的高大；河海不挑剔细流，因而能汇集它的深广；帝王不排斥普通民众，因而能光大他的事业。因此，地方没有东西南北之分，民众没有本国他国之别，四季都富足美好，神灵都来赐福，这就是三王五帝无敌于天下的根本原因。如今您抛弃百姓去帮助敌国，排斥宾客而成就诸侯的功业，使天下的贤士退缩而不敢向西，停住脚步不进入秦国，这是'借给敌寇兵马而把粮食送给盗贼'。物品不产于秦国，可是值得珍视的很多；不出生在秦国而愿意效忠秦国的人也不少。现在驱逐客卿来帮助敌国，损害民众而增加仇敌的力量，对内使国家空虚，对外又与诸侯结怨，要想求得国家安宁，是不可能的。"

于是，秦王撤销了逐客的命令，恢复了李斯的官职。

◎ **内涵外延**
秦国逐客之因
战国末期，东方各国恐惧西秦。秦王政十年（公元前237年），韩国派水师郑国赴秦，游说秦王兴修水利，企图消耗秦国国力，以获取苟延残喘之机。秦王采纳建议，大量征发民役，命郑国主持开凿水渠。后秦人察其意图，宗室大臣奏请秦王逐客，以清除他国奸细。李斯本为楚人，故亦在驱逐之列。

◎ **本文注释**
〔1〕从：同"纵"，合纵。〔2〕内：同"纳"。
〔3〕昆山之玉：昆仑山和田出产的美玉。
〔4〕说：同"悦"。
〔5〕駃騠（jué tí）：骏马名。
〔6〕傅玑之珥：镶嵌珠子的耳环。傅，同"附"。玑，不圆的珠。珥，耳环。
〔7〕瓮、缶（fǒu）：都是秦国的陶制打击乐器。
〔8〕搏：拍。髀（bì）：大腿。
〔9〕让：排斥，舍弃。〔10〕黔首：指百姓。

秦始皇（公元前259—前210年）姓嬴，名政。秦襄王之子。于公元前230—前221年，并吞六国，完成了统一全国的大业。

卜居

《楚辞》

《楚辞》：骚体类文章的总集，西汉刘向辑，收有战国楚人屈原、宋玉、景差等人的赋体作品，同时也附有汉人以屈赋形式写作的一些作品。因都具有楚地的文学样式、方言声韵和风土色彩，故定书为《楚辞》。

◎ 经典语录

尺有所短，寸有所长　蝉翼为重，千钧为轻；黄钟毁弃，瓦釜雷鸣；谗人高张，贤士无名

屈原既放，三年不得复见。竭智尽忠，而蔽障于谗。心烦虑乱，不知所从。乃往见太卜郑詹尹曰[1]："余有所疑，愿因先生决之。"詹尹乃端策拂龟[2]，曰："君将何以教之？"

屈原曰："吾宁悃悃款款朴以忠乎[3]，将送往劳来斯无穷乎？宁诛锄草茅以力耕乎，将求大人以成名乎？宁正言不讳以危身乎，将从俗富贵以偷生乎？宁超然高举以保真乎？将哫訾栗斯、喔咿嚅唲以事妇人乎[4]？宁廉洁正直以自清乎？将突梯滑稽如脂如韦以絜楹乎[5]？宁昂昂若千里之驹乎？将氾氾若水中之凫乎[6]，与波上下，偷以全吾躯乎？宁与骐骥亢轭乎[7]，将随驽马之迹乎？宁与黄鹄比翼乎，将与鸡鹜争食乎[8]？此孰吉孰凶？何去何从？世溷浊而不清：蝉翼为重，千钧为轻；黄钟毁弃，瓦釜雷鸣；谗人高张，贤士无名。吁嗟默默兮，谁知吾之廉贞！"

詹尹乃释策而谢曰："夫尺有所短，寸有所长；物有所不足，智有所不明；数有所不逮[9]，神有所不见。用君之心，行君之意。龟策诚不能知此事。"

屈原被放逐，三年不能见楚怀王。他竭尽忠诚一心报国，却被谗言障蔽。他心烦意乱，不知如何是好。于是去见太卜郑詹尹说："我有些疑惑的事情，希望听听先生的高论。"詹尹摆正蓍草，拂净龟壳说："您有何见教？"

屈原说："我是宁可忠诚朴实，真心待人呢，还是去迎来送往、敷衍应酬呢？宁可割茅除草，努力耕作呢，还是去游说诸侯谋取名声呢？宁可直言不讳而使自己获罪呢，还是随波逐流贪图富贵、苟且偷生呢？

81

○ 品画鉴宝
鹿纹瓦当（战国） 泥质灰陶。瓦当面上模印一只昂首翘尾作奔驰状的角鹿。鹿形态逼真，姿态生动，表现出较高的塑造艺术水平。

宁可清高地远离官场，保持自己的本性呢，还是奴颜婢膝、像妇人那样献媚邀宠呢？宁可廉洁奉公，保持清白呢，还是圆滑如脂趋炎附势呢？宁可如雄赳赳的千里马呢，还是像漂浮不定的水鸭，苟且保全生命呢？宁可与骏马并驾齐驱呢，还是紧随在劣马的后边呢？宁可与天鹅比翼齐飞呢，还是和鸡鸭同群呢？谁凶谁吉？我将何去何从？世道混浊不清；蝉的翅膀被认为是重，千钧反而看成是轻的；黄钟被弃，瓦釜轰鸣；谗言的人飞黄腾达，贤明的人反而无声无息。唉！有什么可说，谁知道我的廉洁！"

郑詹尹放下蓍草推辞说："尺有所短，寸有所长；事物总有它的不足，智慧也有不能达到的地方；占卜有时无济于事，神明也有不灵验的时候。按照您的心意，去实现您心意。龟壳和蓍草确实不能解决这些事。"

◎ 内涵外延

楚怀王（？－公元前296年）
战国时楚国君。熊氏，名槐。公元前328－前299年在位。政治腐败，剥削严重，排斥主张改革的官吏。先后败于秦齐，失去汉中（今陕西湖北之间地）等地。楚怀王三十年（公元前299年），入秦被扣留，后死于秦国。在位期间，曾乘越内乱，攻灭越国，设郡江东。

◎ 本文注释

〔1〕太卜：官名。郑詹尹：太卜的姓名。
〔2〕策：古代占卜用的蓍（shī）草。龟：龟壳。策和龟都是占卜工具。
〔3〕悃（kǔn）悃款款：忠心耿耿的样子。
〔4〕哫訾（zú zǐ）栗斯：指献媚、奉献。喔咿嚅唲（wō yī rú ér）：强颜欢笑的样子。
〔5〕突梯滑（gū）稽：圆滑迎合的意思。絜（xié）：测量圆形的东西。
〔6〕氾（fàn）：漂浮不定的样子。凫（fú）：野鸭。
〔7〕亢轭（è）：并驾。
〔8〕鹜（wù）：鸭。〔9〕数：这里指占卜。逮：及，达到。

宋玉对楚王问

《楚辞》

◎ 经典语录

下里巴人　阳春白雪　曲高和寡　故非独鸟有凤而鱼有鲲也，士亦有之

楚襄王问于宋玉曰："先生其有遗行与[1]？何士民众庶不誉之甚也？"

宋玉对曰："唯，然，有之。愿大王宽其罪，使得毕其辞。客有歌于郢中者，其始曰《下里》《巴人》，国中属而和者数千人；其为《阳阿》《薤露》，国中属而和者数百人；其为《阳春》《白雪》，国中属而和者不过数十人；引商刻羽，杂以流徵，国中属而和者，不过数人而已。是其曲弥高，其和弥寡。故鸟有凤而鱼有鲲[2]。凤凰上击九千里，绝云霓，负苍天，足乱浮云，翱翔乎杳冥之上[3]；夫藩篱之鷃[4]，岂能与之料天地之高哉！鲲鱼朝发昆仑之墟[5]，暴鬐于碣石[6]，暮宿于孟诸[7]；夫尺泽之鲵[8]，岂能与之量江海之大哉！故非独鸟有凤而鱼有鲲也，士亦有之。夫圣人瑰意琦行，超然独处。世俗之民，又安知臣之所为哉？"

楚襄王问宋玉说："先生有不检点的行为吧？为什么士人百姓对你如此不满意呢？"

宋玉回答说："嗯，是的，有这种情况。希望大王宽恕我的罪过，让我把话说完。有个客人在郢都歌唱，他开始唱《下里》《巴人》时，城中跟着唱的人有几千人；他唱《阳阿》《薤露》时，城中跟着唱的有几

○ 品画鉴宝
彩漆五弦琴（战国）　弦乐器，木质。通体以黑漆为地，底侧板均以朱、黄两色绘菱形纹、绳纹、鳞纹等，尤以跨乘双龙的人形纹格外奇异。形制独特，彩绘绚丽。

百人；他唱《阳春》《白雪》时，城中跟着唱的不过几十个人；当他提高商音，压低羽音，夹带一些流动的徵音时，跟着唱的不过几个人而已。歌曲越高雅，唱和的人就越少。所以说鸟中有凤凰，鱼中有鲲。凤凰振翅高飞九千里，超越云雾，背负青天，翱翔在幽深的天空；那篱笆上的鷃雀，怎么知道天地的高远啊！鲲鱼早晨从昆仑山脚下出发，中午在碣石山下晒鳍，晚上停宿在孟诸泽；咫尺见方的池塘中的鲵鱼，哪里晓得江海的深广啊！不只是鸟中有凤，鱼中有鲲，士人之中也有不凡之士。圣人有卓越的品行，举动不凡，超越世俗孑然一身。那些凡夫俗子，又哪能理解我的作为啊！"

◎ **内涵外延**

宋玉（生卒年不详）

战国时楚辞赋家。后于屈原。东汉王逸说他是屈原弟子，未知所据。曾事顷襄王。《史记·屈原贾生列传》说他和唐勒、景差"皆好辞而以赋见称，然皆祖屈原之从容辞令，终莫敢直谏"。

◎ **本文注释**

〔1〕遗行：有失检点的行为。
〔2〕鲲：传说中的一种大鱼。
〔3〕杳（yǎo）冥：高远幽深。〔4〕鷃：鸟名。
〔5〕墟：山脚。
〔6〕鬐（qí）：鱼的背鳍。碣石：山名，位于河北。
〔7〕孟诸：古代大湖泽名，在今河南商丘东北。
〔8〕鲵（ní）：一种小鱼。

○ 品画鉴宝 俯瞰激湍图 （明）王世昌／绘 图中绘空谷之中，涧流腾沸。一人俯览流泉，写深秋薄暮景色。

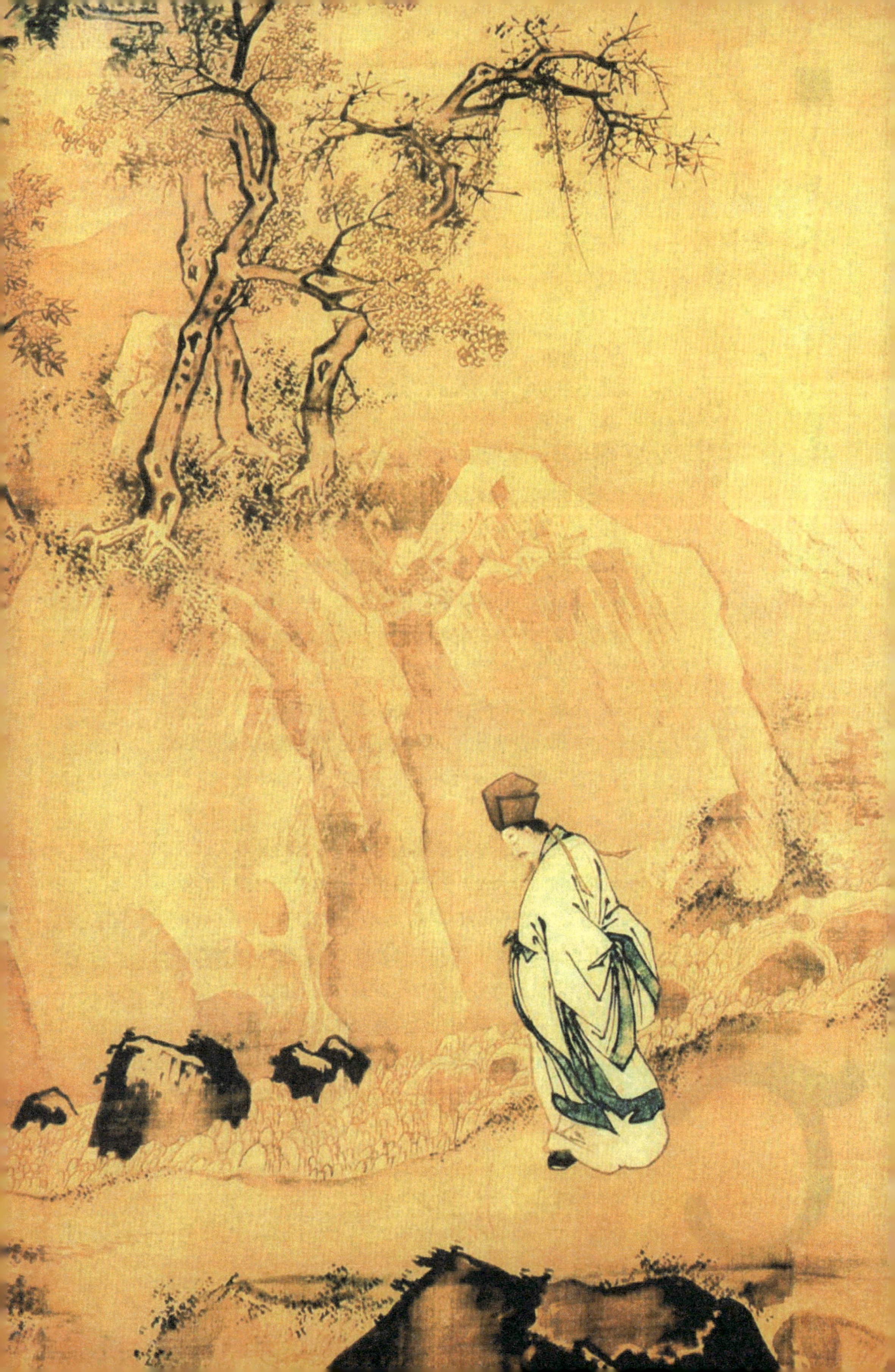

五帝本纪赞

《史记》

《史记》：中国第一部纪传体通史，西汉司马迁著。始自传说中的黄帝，止于汉武帝时期，共一百三十篇，五十二万余字，分十二本纪、十表、八书、三十世家和七十列传。记述了三千年的政治、经济、文化等方面的历史发展，在古代文献中占据了突出地位，成为一部影响深远的史学巨著，在中国文学史上也有很高的地位。

◎ 经典语录

余尝西至空峒，北过涿鹿，东渐于海，南浮江淮矣

太史公曰：学者多称五帝，尚矣[1]。然《尚书》独载尧以来，而百家言黄帝，其文不雅驯[2]，荐绅先生难言之[3]。孔子所传《宰予问五帝德》及《帝系姓》[4]，儒者或不传。余尝西至空峒[5]，北过涿鹿，东渐于海[6]，南浮江淮矣，至长老皆各往往称黄帝、尧、舜之处，风教固殊焉。总之不离古文者近是。予观《春秋》《国语》，其发明《五帝德》《帝系姓》章矣[7]，顾弟弗深考[8]，其所表见皆不虚[9]。《书》缺有间矣，其轶乃时时见于他说。非好学深思，心知其意，固难为浅见寡闻道也。余并论次，择其言尤雅者，故著为本纪书首。

太史公说：学者常称颂五帝，那已经是很久远的事情了。然而《尚书》只记载尧以来的史实，诸子百家谈论黄帝，文辞不标准顺畅，所以士大夫们也都难以引证。孔子所传的《宰予问五帝德》和《帝系姓》，儒者们多不传授学习。我曾经西至空峒，北过涿鹿山，东边到了大海，南渡江淮，到那些常常称是黄帝、尧、舜去过的地方，各个地方的风俗截然不同，总体说来以不背离古文经史记载的说法比较接近史实。我看过《春秋》《国语》，

○ 品画鉴宝
玉龙（红山文化）　此器龙体作盘卷状，背部有圆孔，供穿系。玉龙琢刻精细，造型别致。

其中对《五帝德》和《帝系姓》的阐述较明显，只是没有深究，这些记载都是可以相信的。《尚书》残缺、脱漏，但是它散失的记载常常出现在别的著作中。如果不是好学深思，领会其中的意思，确实很难向见识肤浅、孤陋寡闻的人叙述。我收集了有关记载，加以编排，选择那些言语比较典雅的，写成《五帝本纪》，作为本纪的开篇。

◎ 内涵外延

五帝者何

五帝，即传说中的五位上古帝王，原始社会末期部落或部落联盟首领，时代处于三皇之后，夏代之前。最早见于《荀子·非相篇》。按古籍记载，有四种说法：(1) 黄帝、颛顼、帝喾、唐尧、虞舜；(2) 太皞、炎帝、黄帝、少皞、颛顼；(3) 黄帝、少皞、帝喾、帝挚、帝尧；(4) 少昊（皞）、颛顼、高辛（帝喾）、唐尧、虞舜。

◎ 本文注释

〔1〕尚：通"上"，久远。〔2〕雅驯：规范典雅，合理。
〔3〕荐绅：同"缙绅"，指有学问的人。
〔4〕《宰予问五帝德》《帝系姓》：古书中的篇名。
〔5〕空峒：山名，在今甘肃平凉，又作"崆峒"。〔6〕渐（jiān）：到达。
〔7〕发明：阐述，说明。〔8〕顾弟：只是。〔9〕表见：记载反映。

孔子世家赞

《史记》

◎ 经典语录

高山仰止，景行行止　天下君王至于贤人，众矣，当时则荣，没则已焉

太史公曰：《诗》有之："高山仰止，景行行止[1]。"虽不能至，然心乡往之[2]。余读孔氏书，想见其为人。适鲁，观仲尼庙堂车服礼器，诸生以时习礼其家，余低回留之，不能去云。天下君王至于贤人，众矣，当时则荣，没则已焉。孔子布衣，传十余世，学者宗之。自天子王侯，中国言六艺者[3]，折中于夫子[4]，可谓至圣矣！

太史公说：《诗经》中有这样一句话："仰望着巍峨的高山，遵循着大路向前迈进。"虽然不能到达那种境界，但内心却非常向往。我读孔子的著作，可以想象到他的为人。到鲁国参拜孔子的庙堂、车服和礼器，儒生按时在孔庙演习礼仪，我盘桓留恋，不舍得离去。从天下历代君王到那些贤人实在太多了，他们在世时很荣耀，一旦死去就消声匿迹。孔子是一个普通百姓，他的学说却流传了十多代，为学者所尊奉。从天子王侯起，中国谈论六艺，都以孔子的思想学说为标准，孔夫子可算是至高无上的圣人了！

◎ 内涵外延

《诗经·小雅·车舝》

间关车之舝兮，思娈季女逝兮。匪饥匪渴，德音来括。虽无好友，式燕且喜。依彼平林，有集维鷮。辰彼硕女，令德来教。式燕且誉，好尔无射。虽无旨酒，式饮庶几。虽无嘉肴，式食庶几。虽无德与女，式歌且舞。陟彼高冈，析其柞薪。析其柞薪，其叶湑兮。鲜我觏尔，我心写兮！高山仰止，景行行止。四牡骓骓，六辔如琴。觏尔新婚，以慰我心。

◎ 本文注释

〔1〕高山，比喻道德崇高。景行：大道，比喻行为正大光明。
〔2〕乡：同"向"。
〔3〕六艺：指《诗》《书》《礼》《乐》《易》《春秋》。
〔4〕折中：调和取其中正，这里指作为判断的标准。

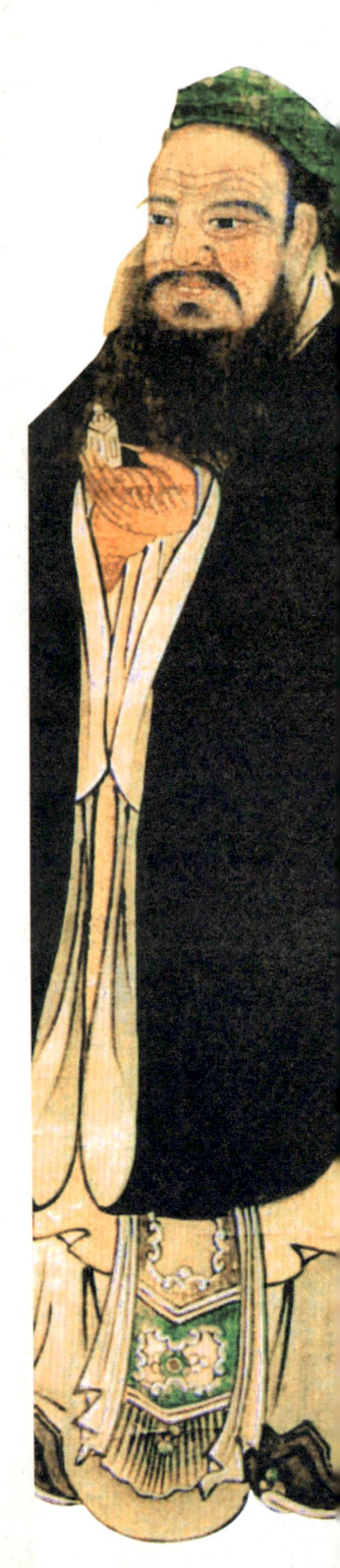

伯夷列传 《史记》

◎ 经典语录

横行天下　以暴易暴　相得益彰　于嗟徂兮,命之衰矣

夫学者载籍极博,犹考信于六艺。《诗》《书》虽缺,然虞夏之文可知也。尧将逊位,让于虞舜。舜禹之间,岳牧咸荐,乃试之于位,典职数十年,功用既兴,然后授政。示天下重器[1],王者大统,传天下若斯之难也。而说者曰,尧让天下于许由,许由不受,耻之逃隐。及夏之时,有卞随、务光者。此何以称焉? 太史公曰:余登箕山,其上盖有许由冢云。孔子序列古之仁圣贤人,如吴太伯、伯夷之伦详矣。余以所闻由、光义至高,其文辞不少概见,何哉?

孔子曰:"伯夷、叔齐,不念旧恶,怨是用希。""求仁得仁,又何怨乎?"余悲伯夷之意,睹轶诗可异焉。其传曰:伯夷、叔齐,孤竹君之二子也。父欲立叔齐,及父卒,叔齐让伯夷。伯夷曰:"父命也。"遂逃去。叔齐亦不肯立而逃之,国人立其中子。于是伯夷、叔齐闻西伯昌善养老,盍往归焉。及至,西伯卒,武王载木主,号为文王,东伐纣。伯夷、叔齐叩马而谏曰:"父死不葬,爰及干戈,可谓孝乎? 以臣弑君,可谓仁乎?"左右欲兵之。太公曰:"此义人也。"扶而去之。武王已平殷乱,天下宗周,而伯夷、叔齐耻之,义不食周粟,隐于首阳山,采薇而食之。及饿且死,作歌,其辞曰:"登彼西山兮,采其薇矣! 以暴易暴兮,不知其非矣。神农虞夏,忽焉没兮,我安适归矣? 于嗟徂兮[2],命之衰矣!"遂饿死于首阳山。由此观之,怨邪非邪?

伯夷
商末孤竹君之长子,姓墨胎氏。后商朝破灭,伯夷为保气节,"不食周粟",遂与叔齐双双躲入首阳山。最后饥饿而死。

或曰:"天道无亲,常与善人。"若伯夷、叔齐,可谓善人者非邪? 积仁絜行如此而饿死! 且七十子之徒,仲尼独荐颜渊为好学。然回也屡空,糟糠不厌,而卒蚤夭。天之报施善人,其何如哉? 盗跖日杀不辜,肝人之肉,暴戾恣睢[3],聚党数千人横行天下,竟以寿终,是遵何德哉? 此其尤大彰明较著者也。若至近世,操行不轨,专犯忌讳,而终身逸乐,富厚累世不绝。或择地而蹈之,时然后出言,行不由径,非公正不发愤,而遇

祸灾者，不可胜数也。余甚惑焉，傥所谓天道，是邪非邪？

子曰："道不同不相为谋。"亦各从其志也。故曰："富贵如可求，虽执鞭之士，吾亦为之；如不可求，从吾所好。""岁寒，然后知松柏之后凋。"举世混浊，清士乃见。岂以其重若彼，其轻若此哉？

"君子疾没世而名不称焉。"贾子曰："贪夫徇财，烈士徇名，夸者死权，众庶冯生。""同明相照，同类相求。""云从龙，风从虎，圣人作而万物睹。"伯夷、叔齐虽贤，得夫子而名益彰；颜渊虽笃学，附骥尾而行益显。岩穴之士，趋舍有时，若此类名堙灭而不称，悲夫！闾巷之人，欲砥行立名者，非附青云之士，恶能施于后世哉[4]！

学者们读的书非常多，但还要从六经当中去寻求可靠的依据。《诗经》《尚书》虽有缺失，但是虞夏两代事情的记载还是能看到。尧将要退位时，把帝位禅让给虞舜。从虞舜到夏禹四岳和九牧都一致举荐，在职位上考察他，主持政务几十年，等到功绩显示出来，才把政权交给他。这表示君位是天下最贵重的宝器，帝王有最高的地位，传位竟是这样的

○ 品画鉴宝　孔子弟子图（宋）

谨慎啊！可是有的人却说：尧把天下让给许由，许由不接受，并以此为耻，于是逃到山野做隐士。等到夏朝时，又有不接受君位的卞随、务光。这又怎么说呢？太史公说：我登箕山，据说有许由的坟墓。孔子论述古代圣贤的人，如吴太伯、伯夷等人，很详细。我认为许由、务光都很高尚，但关于他们的记载却很难见到，这是什么缘故呢？

　　孔子说："伯夷、叔齐不记旧仇，因此怨恨很少。寻求仁而得仁，又怨恨什么呢？"我对伯夷的心意感到悲伤，看了他们的诗歌又很诧异。他们的传记说：伯夷、叔齐，是孤竹君的两个儿子。父亲打算立叔齐为君。父亲死后，叔齐要把君位让给伯夷，伯夷说："这是父王之命。"便出走了。叔齐也不肯继承王位而逃走。国人只好立孤竹君的二儿子为君。伯夷、叔齐听说西伯姬昌能赡养老人，便想，何不去找他呢？到那儿时，西伯已经去世，武王载着西伯的神位，称奉文王遗命，出兵讨伐商纣。伯夷、叔齐拦住武王的马劝阻说："父亲死了没有埋葬，却大动干戈，能算是孝吗？作为臣子去杀国君，能说是仁义吗？"武王的随从要杀他们。姜太公说："此二人是仁义之士啊！"扶起他们，让他们走了。武王平定殷朝，天下归顺周朝，伯夷、叔齐却为这件事感到羞耻，坚持气节，不吃周朝的粮食，隐居首阳山中，靠采摘野菜充饥。快要饿死时，作了一首歌，歌词说："登上西山啊，采摘野菜！用残暴代替残暴啊，还不知道错误！神农、虞、夏的盛世已经过去，我将到哪里去！唉，只有一死啊，命运已经衰微！"于是他们饿死在首阳山。从这首诗中看是有怨，还是没有怨？

有人说:"上天没有偏私,总是帮助善人。"像伯夷、叔齐可以称得上善人吧!他们仁德深厚,品行高洁,却被饿死。再看孔子门下的七十名弟子,孔子唯独称赞颜回是好学之人,可是颜回却常常陷于贫困之中,连糟糠都吃不饱,终于过早死去。天报答善人,又是怎样的呢?盗跖滥杀无辜,吃人的心肝,暴虐凶恶,聚集强盗几千人横行天下,竟能寿终正寝,这是遵循什么德行呢?这是最为明显的例子啊!说到近代那些品行不端,违法乱纪的人,却一生安乐,财富丰厚几代不匮。有的人选好了地方才下脚,说话从来都很谨慎,不公正的事情不做,这样的人遭遇灾祸的不计其数。我感到疑惑,倘若有所谓天道,是呢?还是不是呢?

　　孔子说:"主张不同,就不必互相商讨。"依自己的意愿行事。所以孔子又说:"富贵如果可以求得,既使给别人做服役我也愿意;如果不可求得,就按照我喜好的去做。""天气寒冷才知道松柏是最后凋零的。"整个世界混浊时,品行高洁的人才会显露出来。这不正是重视道德,而轻视富贵吗?

　　孔子说:"君子最怕的是死后名声不被后人称颂。"贾谊说:"贪财的人为财死,忠烈的人为名献身,热衷权势的人因权丧命,普通百姓只求生存。""同是光明自然互相映照,同类事物,就会互相应求。""云从龙,风随虎,圣人出现就能看清万物。"伯夷、叔齐虽是贤人,只因为孔子称赞,才名声显著;颜回虽然好学,只因为追随孔子,才更显出他的品德。隐居山野的隐士,或进或退,都有一定时机,像这样的人,大多名声被没不能显于后世,实在是可悲啊!平民百姓,想要修养德行,树立名声,如果不依附盛名之人,怎能使名声留传后世呢?

◎ 内涵外延
孔子六艺

中国古代儒家要求学生掌握六种基本才能:礼(礼节)、乐(音乐)、射(射箭技术)、御(驾驭马车的技术)、书(文学)、数(数学)。出自《周礼·保氏》:"养国子以道,乃教之六艺:一曰五礼,二曰六乐,三曰五射,四曰五驭,五曰六书,六曰九数。"本文中开篇所说"六艺",实指"六经",与真正的六艺并非一物。

◎ 本文注释
〔1〕重器:贵重的宝器,象征国家政权。
〔2〕吁嗟:叹息声。徂(cú):通"殂",死去。〔3〕恣睢(suī):肆恶无忌。
〔4〕施(yì):延续,留传。

管晏列传

《史记》

◎ 经典语录

不以为耻　意气扬扬　仓廪实而知礼节，衣食足而知荣辱，上服度则六亲固

管仲夷吾者，颍上人也。少时常与鲍叔牙游，鲍叔知其贤。管仲贫困，常欺鲍叔[1]，鲍叔终善遇之，不以为言。已而鲍叔事齐公子小白，管仲事公子纠。及小白立为桓公，公子纠死，管仲囚焉。鲍叔遂进管仲。管仲既用，任政于齐，齐桓公以霸。九合诸侯，一匡天下，管仲之谋也。

管仲曰："吾始困时，尝与鲍叔贾，分财利，多自与，鲍叔不以我为贪，知我贫也。吾尝为鲍叔谋事而更穷困，鲍叔不以我为愚，知时有利不利也。吾尝三仕三见逐于君[2]，鲍叔不以我为不肖，知我不遭时也。吾尝三战三走，鲍叔不以我为怯，知我有老母也。公子纠败，召忽死之，吾幽囚受辱，鲍叔不以我为无耻，知我不羞小节而耻功名不显于天下也。生我者父母，知我者鲍子也。"

鲍叔既进管仲，以身下之。子孙世禄于齐，有封邑者十余世，常为名大夫。天下不多管仲之贤[3]，而多鲍叔能知人也。

管仲既任政相齐，以区区之齐在海滨，通货积财，富国强兵，与俗同好恶[4]。故其称曰："仓廪实而知礼节，衣食足而知荣辱，上服度则六亲固。""四维不张[5]，国乃灭亡。""下令如流水之源，令顺民心。"故论卑而易行。俗之所欲，因而予之，俗之所否，因而去之。

其为政也，善因祸而为福，转败而为功。贵轻重，慎权衡。桓公实怒少姬，南袭蔡，管仲因而伐楚，责包茅不入贡于周室。桓公实北征山戎，而管仲因而令燕修召公之政。于柯之会，桓公欲背曹沫之约，管仲因而信之，诸侯由是归齐。故曰："知与之为取，政之宝也。"

管仲富拟于公室，有三归、反坫[6]，齐人不以为侈。管仲卒，齐国遵其政，常强于诸侯。后百余年而有晏子焉。

晏平仲婴者，莱之夷维人也。事齐灵公、庄公、景公，以节俭力行重于齐。既相齐，食不重肉，妾不衣帛。其在朝，君语及之，即危言[7]；语不及之，即危行。国有道，即顺命；无道，即衡命。以此三世显名于诸侯。

越石父贤，在缧绁中[8]。晏子出，遭之途，解左骖赎之，载归。弗谢，入闺，久之，越石父请绝。晏子惧然，摄衣冠谢曰："婴虽不仁，免子于厄，何子求绝之速也？"石父曰："不然。吾闻君子诎于不知己[9]，

而信于知己者[10]。方吾在缧绁中，彼不知我也。夫子既已感寤而赎我，是知己；知己而无礼，固不如在缧绁之中。"晏子于是延入为上客。

晏子为齐相，出，其御之妻从门间而窥其夫。其夫为相御，拥大盖，策驷马，意气扬扬，甚自得也。既而归，其妻请去。夫问其故。妻曰："晏子长不满六尺，身相齐国，名显诸侯。今者妾观其出，志念深矣，常有以自下者。今子长八尺，乃为人仆御，然子之意自以为足，妾是以求去也。"其后夫自抑损，晏子怪而问之，御以实对，晏子荐以为大夫。

太史公曰：吾读管氏《牧民》《山高》《乘马》《轻重》《九府》及《晏子春秋》，详哉其言之也。既见其著书，欲观其行事，故次其传。至其书，世多有之，是以不论，论其轶事。

管仲世所谓贤臣，然孔子小之。岂以为周道衰微，桓公既贤，而不勉之至王，乃称霸哉？语曰："将顺其美，匡救其恶，故上下能相亲也。"岂管仲之谓乎？

方晏子伏庄公尸哭之，成礼然后去，岂所谓"见义不为无勇"者邪？至其谏说，犯君之颜，此所谓"进思尽忠，退思补过"者哉！假令晏子而在，余虽为之执鞭，所忻慕焉。

管仲，名夷吾，颍上人。年轻时常与鲍叔牙交往，鲍叔知道他很有才干。管仲家境贫寒，常占鲍叔的便宜，而鲍叔始终对他很好，不说他的闲话。后来鲍叔侍奉齐国的公子小白，管仲侍奉公子纠。小白立为齐桓公时，公子纠被杀，管仲被关进监狱。鲍叔牙向齐桓公举荐管仲。管仲既被录用，在齐国执掌政事，齐桓公因此称霸，多次会集诸侯，平定天下，这都是管仲的智谋。

管仲说："当初我贫困时，曾和鲍叔一同做生意，分钱财时，总是多分给自己，鲍叔不认为我贪心，他知道我贫穷。我曾经替鲍叔出主意，结果使他更加困窘，鲍叔不认为我笨，知道时机有利和不利。我曾经三次做官，三次被免职，鲍叔不认为我没有出息，知道我没有遇上时机。我曾经三次参加战争三次败逃，鲍叔不认为我胆怯，知道我家有老母。公子纠失败，召忽自杀，我被囚受辱，鲍叔不认为我不知羞耻，知道我不为小节感到耻辱，而以不能扬名于天下为耻。生我的是父母，了解我的是鲍叔。"

鲍叔推荐管仲后，自己甘居管仲之下。他的子孙在齐国享受世禄，

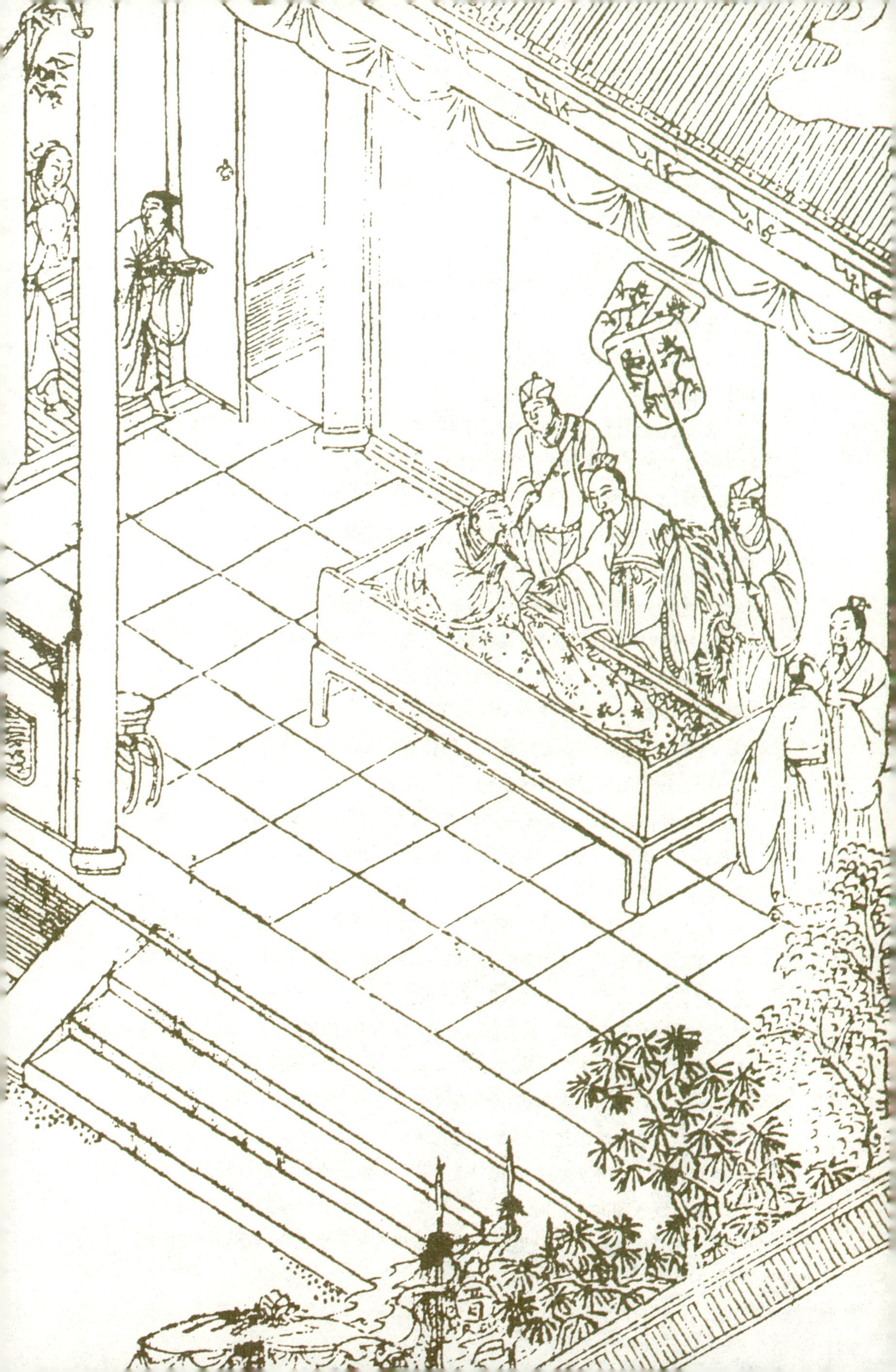

得到封地的有十多代，多是著名的大夫。天下的人不称赞管仲的贤能，而赞扬鲍叔知人善任。

管仲任齐国宰相后，凭借着小小的齐国靠海的优势，使货物行销四方，积累财富，富国强兵，所以说："谷仓储备充实了才懂得礼节，衣食充足了才分得清荣辱，君主遵循法度，宗族就能和睦相处。""礼、义、廉、耻不推行，就会亡国。""颁布命令像流水的源头，要顺应民心。"所以命令简明浅显就容易实行。百姓所要求的，就顺应给予，百姓所反对的就应该废止。

管仲执政，善于把祸事变为好事，将失败转化为成功。把握事情的轻重缓急，慎重权衡得失。齐桓公因怀恨少姬而南下袭击蔡国，管仲趁机攻打楚国，指责楚国不向周天子进贡包茅。齐桓公北征山戎，管仲就借机责令燕国修复召公的政令。齐、鲁两国在柯地会盟，齐桓公想背弃和曹沫签订的盟约，管仲力劝桓公信守盟约，以此使诸侯归顺齐国。所以说："懂得给予是为了更好的获取，这是治国的法宝。"

管仲的财富可与诸侯公室相比，拥有三归、反坫。齐国的人却并不认为他奢侈。管仲死后，齐国继续推行他的政令，在诸侯国中常处于强者的地位。又过了百余年齐国又出了晏子。

晏平仲，名婴，莱地夷维人。历仕齐灵公、庄公、景公三朝，因力行节俭而被齐国人敬重。做宰相后，仍然食不兼味，妾不穿丝绸。在朝堂上，国君有话问他，他就直言陈述；没有事情吩咐他，他就秉公办事。国君有道，就遵从政令；国君昏庸，就斟酌行事。因此晏子在三朝名声显赫，传遍各诸侯国。

越石父是个贤能的人，被囚禁在狱中。晏子外出，在路上遇见他，解下在左边驾车的马把他赎了出来，一同坐车回家。晏子没说什么，就进了内室，很久不出来，越石父请求断交。晏子十分吃惊，整好衣冠谢罪说："虽然我不见得仁德，但是把你从困境中解脱出来，你为什么这么快就和我绝交呢？"石父说："不对。我听说君子受屈于不了解他的人，而在了解他的人那里得以伸展自己的志向。我身陷牢狱时，那些人不了解我。您既然已经了解我并把我赎出来，就是了解我的人，了解我却对我无礼，还不如关在牢里好呢。"于是晏子请他进来待为上宾。

晏子做齐国的宰相时，有一天乘车外出，为他驾车的车夫的妻子从门缝中偷看她的丈夫。只见她丈夫为国相驾车，坐在伞盖下，赶着四匹马，神气十足，非常得意。不久车夫回到家里，他的妻子要求离去。丈夫问她为什么，妻子说："晏子身高不满六尺，却身居相国之位，名扬各国，今天我看他外出，思虑深远，常有甘居人下的神态。你身高八尺，给别人当车夫，却心满意足，所以我要离去。"此后她的丈夫非常检点言行。晏子感到非常奇怪，问他原因，车夫如实相告，晏子推荐他做了大夫。

太史公说：我读管仲的《牧民》《山高》《乘马》《轻重》、《九府》，以及《晏子春秋》，言论极其详细。既读了他们写的书，还想看看他们行事，所以编写此篇传记。至于他们的书，传世很多，不再赘述，只讲他们的轶事。

世人称管仲是贤能之人，可是孔子却小看他。难道是因为周王室衰微，齐桓公既然是贤君，而管仲没有勉励他实行王道，却让他称霸诸侯吗？《孝经》说："臣子要顺应君主的美德，匡正君王的过失，所以君臣能和睦相处。"难道这是在说管仲吗？

晏子伏在庄公的尸体上痛哭，尽到礼节后离去，这难道是"见义不为，没有勇气"的人吗？至于他的进言规劝，触犯君主的威严，这就是所谓"在朝竭尽忠诚，退朝弥补过失"的人啊！假使晏子还在人世，我即使为他执鞭赶车，也是我向往的呀！

◎ 内涵外延

管仲（？－公元前645年）
即管敬仲。春秋初期政治家。名夷吾，字徵仲。颍上（颍水之滨）人。早年曾经商，后由鲍叔牙推荐，被齐桓公任为卿。助齐桓公以"尊王攘夷"相号召，使其成为春秋时第一个霸主。

鲍叔牙（生卒年不详）
又称鲍叔，春秋时齐国大夫，以知人著称。少时与管仲友善，后因齐乱，随公子小白出奔莒，管仲则随公子纠出奔鲁。桓公时任其为宰相，他举管仲自代。

◎ 本文注释

〔1〕欺：这里指占便宜。〔2〕见：被。〔3〕多：称赞。
〔4〕俗：指庶民百姓。〔5〕四维：指礼、义、廉、耻。
〔6〕三归、反坫（diàn）：三归指三处建筑华丽的台；反坫指堂屋。
〔7〕危言：直言。〔8〕缧绁（léi xiè）：指捆犯人的绳索。
〔9〕诎：同"屈"。〔10〕信：同"伸"。

97

屈原列传

《史记》

◎ 经典语录

日月争光　举世混浊而我独清，众人皆醉而我独醒

屈原者，名平，楚之同姓也。为楚怀王左徒[1]。博闻强志，明于治乱，娴于辞令。入则与王图议国事，以出号令；出则接遇宾客，应对诸侯。王甚任之。

上官大夫与之同列，争宠而心害其能。怀王使屈原造为宪令，屈平属草稿未定，上官大夫见而欲夺之，屈平不与，因谗之曰："王使屈平为令，众莫不知，每一令出，平伐其功，曰：以为'非我莫能为'也。"王怒而疏屈平。

屈平疾王听之不聪也，谗谄之蔽明也，邪曲之害公也，方正之不容也，故忧愁幽思而作《离骚》。离骚者，犹离忧也。夫天者，人之始也；父母者，人之本也。人穷则反本，故劳苦倦极，未尝不呼天也；疾痛惨怛，未尝不呼父母也。屈平正道直行，竭忠尽智以事其君，谗人间之，可谓穷矣。信而见疑，忠而被谤，能无怨乎？屈平之作《离骚》，盖自怨生也。《国风》好色而不淫，《小雅》怨诽而不乱，若《离骚》者，可谓兼之矣。上称帝喾，下道齐桓，中述汤武，以刺世事。明道德之广崇，治乱之条贯，靡不毕见。其文约，其辞微，其志洁，故其称物芳；其行廉，故死而不容。自疏濯淖污泥之中，蝉蜕于浊秽，以浮游尘埃之外，不获世之滋垢，皭然泥而不滓者也。推此志也，虽与日月争光可也。

屈平既绌[2]，其后秦欲伐齐。齐与楚从亲，惠王患之，乃令张仪佯去秦，厚币委质事楚，曰："秦甚憎齐。齐与楚从亲，楚诚能绝齐，秦愿献商於之地六百里。"楚怀王贪而信张仪，遂绝齐。使使如秦受地，张仪诈之曰："仪与王约六里，不闻六百里。"楚使怒，去，归告怀王。怀王怒，大兴师伐秦。秦发兵击之，大破楚师于丹、淅，斩首八万，虏楚将屈匄[3]，遂取楚之汉中地。怀王乃悉发国中兵，以深入击秦，战于蓝田。魏闻之，袭楚至邓[4]。楚兵惧，自秦归。而齐竟怒，不救楚，楚大困。

明年，秦割汉中地与楚以和。楚王曰："不愿得地，愿得张仪而甘心焉。"张仪闻，乃曰："以一仪而当汉中地，臣请往如楚。"如楚，又因厚币用事者臣靳尚，而设诡辩于怀王之宠姬郑袖。怀王竟听郑袖，复释去张仪。

是时屈原既疏，不复在位，使于齐，顾反，谏怀王曰："何不杀张仪？"怀王悔，追张仪，不及。

其后，诸侯共击楚，大破之，杀其将唐昧。

时秦昭王与楚婚，欲与怀王会。怀王欲行，屈平曰："秦虎狼之国，不可信，不如无行。"怀王稚子子兰劝王行："奈何绝秦欢！"怀王卒行。入武关[5]，秦伏兵绝其后，因留怀王以求割地。怀王怒，不听，亡走赵，赵不内。复之秦，竟死于秦而归葬。

长子顷襄王立，以其弟子兰为令尹[6]。楚人既咎子兰以劝怀王入秦而不反也。屈平既嫉之，虽放流，眷顾楚国，系心怀王，不忘欲反，冀幸君之一悟，欲之一改也。其存君兴国而欲反覆之，一篇之中，三致意焉。然终无可奈何，故不可以反，卒以此见怀王之终不悟也。

人君无愚智贤不肖，莫不欲求忠以自为，举贤以自佐，然亡国破家相随属，而圣君治国累世而不见者，其所谓忠者不忠，而所谓贤者不贤也。怀王以不知忠臣之分，故内惑于郑袖，外欺于张仪，疏屈平而信上官大夫、令尹子兰，兵挫地削，亡其六郡，身客死于秦，为天下笑。此不知人之祸也。《易》曰："井渫不食[7]，为我心恻，可以汲。王明，并受其福。"王之不明，岂足福哉！令尹子兰闻之大怒，卒使上官大夫短屈原于顷襄王，顷襄王怒而迁之。

屈原至于江滨，被发行吟泽畔，颜色憔悴，形容枯槁。渔父见而问之曰："子非三闾大夫欤？何故而至此？"屈原曰："举世混浊而我独清，众人皆醉而我独醒，是以见放。"渔父曰："夫圣人者，不凝滞于物而能与世

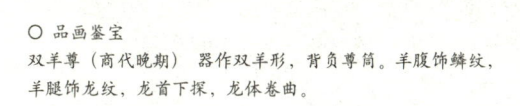

○ 品画鉴宝
双羊尊（商代晚期） 器作双羊形，背负尊筒。羊腹饰鳞纹，羊腿饰龙纹，龙首下探，龙体卷曲。

推移。举世混浊，何不随其流而扬其波？众人皆醉，何不铺其糟而啜其醨？何故怀瑾握瑜而自令见放为？"屈原曰："吾闻之，新沐者必弹冠，新浴者必振衣。人又谁能以身之察察，受物之汶汶者乎？宁赴常流而葬乎江鱼腹中耳，又安能以皓皓之白而蒙世之温蠖乎[8]！"乃作《怀沙》之赋。于是怀石遂自投汨罗以死。

屈原既死之后，楚有宋玉、唐勒、景差之徒者，皆好辞而以赋见称。然皆祖屈原之从容辞令，终莫敢直谏。其后楚日以削，数十年竟为秦所灭。

自屈原沉汨罗后百有余年，汉有贾生，为长沙王太傅，过湘水，投书以吊屈原。

太史公曰：余读《离骚》《天问》《招魂》《哀郢》，悲其志。适长沙，过屈原所自沉渊，未尝不垂涕，想见其为人。及见贾生吊之，又怪屈原以彼其材游诸侯，何国不容，而自令若是！读《鵩鸟赋》，同生死，轻去就，又爽然自失矣。

屈原，名平，和楚王同姓。担任过楚怀王的左徒。他学识渊博，记忆力强，通晓国家治乱的道理，熟悉外交辞令。在朝堂上他与怀王商议国事，发布政令；在朝堂外对外接待，应对诸侯。怀王非常信任他。

上官大夫与屈原官阶相同，为争得楚王的宠信，心里非常嫉恨屈原的才能。怀王叫屈原草拟法令，草稿还未议定，上官大夫看见了就想夺走，屈原不给，于是上官大夫在楚王跟前进谗言说："大王派屈原制定法令，大家没有不知道的，每次法令一颁布，屈原就夸耀自己的功劳，说：'除了我没有谁做得了。'"怀王听了很生气，渐渐疏远屈原。

屈原痛心怀王听信谗言，不能明辨是非，邪恶妨害了国事，正直的人不能在朝容身，所以他忧伤烦闷，沉郁深思写作了《离骚》。"离骚"，就是遭遇忧愁的意思。上天是人的起源，父母是人的根本。人在困苦时，总是追念上天和父母。所以人在劳苦疲倦时，没有不呼上天的；病痛忧伤时，没有不呼叫父母的。屈原秉性纯洁，行为端正，以忠心和智谋侍奉国君，但小人的恶语谗言，使他的处境艰难窘迫！报国之心被无耻的践踏，怎能不怨恨？屈原的《离骚》，是积怨之下而创作的。《国风》颂扬美色而有分寸，《小雅》抨击弊政而不超越君臣之道，《离骚》可以称得上二者兼而有之。上称帝喾，近述齐桓公，中叙述商汤、周武王，用来讽刺楚国的时政，阐明道德广博和国家兴衰的道理，并明白清楚地展现出来。他的文辞精炼含蓄，表现出他志趣高洁，品行端正；他讲的事物虽小，但喻义深刻；用眼前的所见作为例证，表达的意思深远。他的志向高洁，辞中常用芳草、美人来比喻；他的行为廉正，至死不为当时的权贵所宽容。他远离污浊，如金蝉脱壳一般超脱于尘埃之外，不沾染尘世的污垢，出污泥而不染。推想这种志向，可与日月争光啊！

屈原被免官后，秦国准备攻打齐国。齐国和楚国联合抗秦。秦惠王对此有所顾忌，于是命张仪假装背离秦国，携带丰厚的礼物表示要效忠楚国，说："秦国非常憎恨齐国。齐国和楚国又结有盟约，如果楚国能够断绝与齐国的关系，秦国愿意把商於之间的六百里土地划归楚国所有。"

楚怀王因为贪心而轻信了张仪，于是和齐国绝交。并派使者去接收土地，张仪抵赖说："我与贵国约定是六里，不是六百里。"楚国的使臣愤怒而去，回国复命。怀王大怒，大举兴兵攻打秦国。秦国出兵抵抗楚国，并在丹水、淅水地区大败楚军，斩杀楚军八万人，俘虏楚将屈匄，趁机侵占了楚国的汉中地区。怀王于是动用顷国之兵，深入秦国腹地作战，魏国趁楚国国内空虚偷袭楚国，一直打到邓。楚军害怕，从秦国撤兵。齐国因怀王毁约而不肯援助，楚国处境艰难。

○ 品画鉴宝
错银云纹樽(战国) 全器纹饰图案和谐完美,计三十六条龙,二十四只凤,是迄今为止发现的楚国酒具中最精美的一件。

第二年,秦国以割让汉中之地想与楚国讲和。楚怀王说:"不要土地,愿得到张仪就心满意足。"张仪听后说:"如果我一个张仪可以抵得上汉中的土地,我请求去楚国。"到楚国后,张仪用重礼贿赂权臣靳尚,并游说怀王的宠姬郑袖。怀王居然听信郑袖把张仪放了。

当时屈原已被疏远,不在朝中任职,正在齐国出使,听到这件事后立刻返回楚国,对怀王说:"为什么不杀掉张仪?"怀王也感到后悔,派人追赶张仪,没有追上。

后来,各诸侯国联合攻打楚国,大败楚军,杀死了楚国的大将唐眜。

这时,秦昭王与楚国通婚,想与怀王会面。怀王打算动身前往,屈原说:"秦国是虎狼之国,不能相信,不去为好。"怀王的小儿子子兰怂恿怀王去。子兰说:"怎么能回绝秦国的好意呢?"怀王终于去了。刚进武关,就被秦军断绝了后路,怀王被扣留,强迫他割让土地。怀王恼羞成怒,不同意,跑到赵国,赵国不肯收留。无奈只好又回到秦国,后来死在秦国,尸体运回到楚国安葬。

怀王的长子顷襄王继承王位,任命其弟子兰做令尹。楚人抱怨子兰,因为他的怂恿而使怀王一去不归,屈原也痛恨他,尽管被流放,依然眷恋楚国,惦念怀王,念念不忘回到朝廷,希望有朝一日国君能够醒悟,风气能够改变。他那种心系君主、振兴国家、救民于水火的愿望,在作品之中再三表达出来。然而夙愿难以实现,不能返回,由此可见怀王始终没有醒悟啊!

一国之君无论是愚笨还是聪明,贤能还是无能,无不希望忠臣来帮助自己,选拔贤良来辅佐自己,然而国破家亡之事连续不断出现而明君盛世几代不见一个,原因就是所谓的忠臣不忠,贤者不贤。怀王因为不懂得识别忠臣,所以在内被郑袖迷惑,在外被张仪欺骗,疏远屈原而信任上官大夫和令尹子兰,结果军队被打败,国土沦丧,丧失了六郡的土地,客死在异国他乡,被天下人所耻笑。这正是他没有知人之明引起的

祸患啊！《易经》说："井水淘干净了，没有人来喝，使我心中难过，因为井水可以汲饮，就如同贤人可以任用一样。君王贤明任用贤人，大家都能得到福佑。"君王不明，怎么能享受到福佑啊！令尹子兰听说屈原恨他，大为恼怒，上官大夫在顷襄王面前诽谤屈原，顷襄王一怒之下放逐屈原。

屈原来到江边，披散着头发，边走边吟诵，脸色憔悴，形容枯槁。渔父见了问他说："先生不是三闾大夫吗？为什么会来这儿？"屈原说："整个社会混浊只有我干净清白，世人都醉生梦死唯独我保持清醒，因此被流放。"渔父说："圣明的人，不被外物所约束，而能随世俗进退。整个社会一片混浊，何不随潮流而推波助澜呢？众人都醉生梦死，何不吃那酒糟，喝那薄酒？为什么怀有美玉一样的品德而使自己被流放？"屈原说："我听说，刚洗过头的人一定要弹弹帽子，刚洗过澡的人一定要抖抖衣服。谁能让自己去蒙受浊物呢？我宁愿跳进江水葬身鱼腹，又怎么能让高洁的心灵，蒙受世俗的污秽呢！"于是写下《怀沙赋》。怀中抱着石头，自投汨罗江而死。

屈原死后，楚国有宋玉、唐勒、景差等一批文人，都喜好文辞而以赋著称。然而他们都只是摹仿屈原委婉含蓄的文辞，始终没有人敢像屈原那样直言进谏。从此以后，楚国的疆土一天天缩小，几十年后终于被秦国灭亡。

○品画鉴宝 屈原图（明）朱约佶/绘 图写屈原被谗流放，行吟山泽间。屈原在画中面临深谷，仰望长空。表现了他不"以身之察察，受物之汶汶"的胸怀。

屈原投汨罗江后一百多年，汉代有个贾谊，做长沙王的太傅。他从湘江经过时，写了《吊屈原赋》投入江中来凭吊屈原。

太史公说：我读《离骚》《天问》《招魂》《哀郢》，为屈原的志向所感动。我到长沙，经过屈原投江的地方，不禁黯然泪下，想象屈原的为人。等看到贾谊凭吊他的文章，又责怪屈原，凭他的才学去游说诸侯，哪个国家不能容身？却让自己走上这条绝路！读到贾谊的《鹏鸟赋》，他把生和死同等看待，把去与留看得很淡，我又茫然不知所措了。

◎ **内涵外延**

屈原（约公元前340－约前278年）
中国最早的大诗人。名平，字原，又自云名正则，字灵均。战国时楚国贵族。初辅佐怀王，做过左徒、三闾大夫。顷襄王时被放逐，长期流浪沅湘流域。后因楚国的政治更加腐败，首都郢亦为秦兵攻破，他既无力挽救楚国的危亡，又深感政治理想无法实现，遂投汨罗江而死。

◎ **本文注释**

〔1〕左徒：官职，地位较高。
〔2〕绌：通"黜"，罢免。
〔3〕屈匄（gài）：楚国大将。
〔4〕邓：楚国地名，在今河南。
〔5〕武关：秦国南部关塞，在今陕西商县。
〔6〕令尹：楚国最高行政长官，相当于宰相。
〔7〕渫（xiè）：除去污泥。
〔8〕温蠖（huò）：昏愦。《楚辞》作"尘埃"。

游侠列传序

《史记》

◎ 经典语录

其言必信，其行必果　名不虚立，士不虚附

韩子曰："儒以文乱法，而侠以武犯禁。"二者皆讥，而学士多称于世云。至如以术取宰相、卿、大夫，辅翼其世主，功名俱著于春秋，固无可言者。及若季次、原宪，闾巷人也，读书怀独行君子之德，义不苟合当世，当世亦笑之。故季次、原宪终身空室蓬户，褐衣疏食不厌。死而已四百余年，而弟子志之不倦。今游侠，其行虽不轨于正义，然其言必信，其行必果，已诺必诚，不爱其躯，赴士之厄困[1]。既已存亡死生矣，而不矜其能，羞伐其德，盖亦有足多者焉。

且缓急，人之所时有也。太史公曰：昔者虞舜窘于井廪，伊尹负于鼎俎，傅说匿于傅险，吕尚困于棘津，夷吾桎梏[2]，百里饭牛，仲尼畏匡，菜色陈、蔡。此皆学士所谓有道仁人也，犹然遭此灾，况以中材而涉乱世之末流乎？其遇害何可胜道哉！

鄙人有言曰："何知仁义？已飨其利者为有德[3]。"故伯夷丑周，饿死首阳山，而文、武不以其故贬王；跖、蹻暴戾，其徒诵义无穷。由此观之，"窃钩者诛，窃国者侯，侯之门，仁义存"，非虚言也。

今拘学或抱咫尺之义，久孤于世，岂若卑论侪俗，与世浮沉而取荣名哉！而布衣之徒，设取予然诺，千里诵义，为死不顾世，此亦有所长，非苟而已也。故士穷窘而得委命，此岂非人之所谓贤豪间者邪[4]？诚使乡曲之侠，予季次、原宪比权量力，效功于当世，不同日而论矣。要以功见言信，侠客之义又曷可少哉！

古布衣之侠，靡得而闻已。近世延陵、孟尝、春申、平原、信陵之徒，皆因王者亲属，藉于有土卿相之富厚，招天下贤者，显名诸侯，不可谓不贤者矣。比如顺风而呼，声非加疾，其势激也。至如闾巷之侠，修行砥名，声施于天下，莫不称贤，是为难耳。然儒、墨皆排摈不载[5]。自秦以前，匹夫之侠，湮灭不见，余甚恨之。以余所闻，汉兴有朱家、田仲、王公、剧孟、郭解之徒，虽时扞当世之文罔[6]，然其私义廉洁退让，有足称者。名不虚立，士不虚附。至于朋党宗强比周[7]，设财役贫，豪暴侵凌孤

105

弱，恣欲自快，游侠亦丑之。余悲世俗不察其意，而猥以朱家[8]、郭解等令与豪暴之徒同类而共笑之也！

韩非子说："儒生利用文学扰乱法制，游侠以武力触犯禁令。"这二者都受到韩非子的指责，可是儒生大多被世人称赞。至于那些凭借儒术取得宰相、公卿、大夫职位的人，他们辅佐国君，功名都已载入史册，因此没有什么可说的。至于像季次、原宪那种隐居里巷的人，熟读诗书，保持独行君子之德，坚持正义，不肯与世俗同流合污，当世的人却讥笑他们。所以季次、原宪一生贫穷，连粗劣的衣食都得不到满足。他们死了已经有四百余年，后世的儒生依旧怀念他们。如今的游侠，他们的行为虽不符合国法，但是他们言必行，行必果，承诺的事情必定尽力而为，不惜牺牲自己的生命，去解救别人的危难。把别人从危难中拯救出来后他们也不夸耀自己的能力，羞于吹嘘自己的恩德，游侠也有值得称道的地方啊！

况且，危难的事情是人们常常会遇到的。太史公说：从前舜在修仓掘井时险遭不测，伊尹背着锅子和砧板做厨役，傅说隐匿在傅岩筑墙，吕尚曾陷入困境，管仲曾被监禁，百里奚曾喂过牛，孔子在匡地受到威胁，在陈、蔡绝粮挨饿。这些都是读书人所说的有道德的仁人，他们尚且有过灾难，何况普通的人而处在乱世末期呢？他们遭遇的祸害又怎么说得完啊！

俗话说："何为仁义？得谁的好处，谁就是有德的人。"伯夷认为周人灭商可耻，饿死在首阳山，但周文王、周武王的王道并未因此而受损；盗跖、庄跻残酷

○ 品画鉴宝

伯丰尊（西周）此器形制高挑修长，腹壁较直，纹饰洗练但风韵自见。内壁铸铭文四字，记伯丰作器。

暴戾，但他们的党徒却对他们的义气称赞不已。由此看来，"偷人家衣钩的人被杀，窃国的人却被封了侯，只要封了侯，就有了仁义"，这话一点不假。

现在那些学者抱着短浅的道义，长期孤立于世，哪里比得上那些议论不高、随世俗沉浮而获取功名富贵的人啊！出身平民的游侠，信守承诺，他们的义气千里传诵，为别人牺牲生命，不顾世俗的议论，这也有他们的长处，并不是谁都能做到的！所以人们在遇到危难时，肯以性命相托，这不就是人们所说的豪杰之士吗？假使让乡里的游侠与季次、原宪比较地位和能力，比较对社会所做的贡献，这两者之间是不能相提并论的，从办事的功效和说话守信用来看，游侠的义气又怎么可以轻视呢？

古代的平民游侠，他们的事迹不可能了解了。近代延陵季子、孟尝君、春申君、平原君、信陵君等人，都因为是王侯的亲属，凭借他们的土地和爵位，招揽天下贤士，扬名于诸侯，不能说他们不是贤人。这好比顺风呼喊，声音并没有加大，但随着风势喊声却传得很远。至于民间的游侠，修养自己的德行，磨炼操行，使名声传遍天下，而天下人都称赞他们的贤明，这才是很难得的。但是儒家、墨家都排斥游侠载入史册。秦朝以前，平民游侠都被埋没不能流传于世，对此我非常惋惜。据我所知，汉朝兴起后，有朱家、田仲、王公、剧孟、郭解等人，虽然他们经常触犯当世的法律，然而个人的操守却廉洁谦让，有值得称道的地方。他们的名声不是凭空建立起来的，士人也不是无缘无故依附他们的。至于那些与豪门结党营私，互相勾结，搜刮钱财奴役百姓，仗势欺凌势孤力弱的人，放纵私欲，以求快活，这不能称之为游侠。我深深惋惜世俗之人不能明察游侠的心意，而轻意把朱家、郭解和那些豪强暴戾之徒看作是一路货色而加以取笑。

◎ 内涵外延

韩非（约公元前280－前233年）

战国末哲学家，法学主要代表人物。出身韩国贵族。后世称为韩非子。和李斯都是荀子的弟子。曾建议韩王变法图强，不见用。著《孤愤》《说难》等十余万言，受到秦王政的重视，被邀出使秦国。不久因李斯、姚贾谗言，自杀于狱中。

◎ 本文注释

〔1〕厄（è）困：危急和困难。
〔2〕夷吾：辅助齐桓公成就霸业的管仲。〔3〕飨：通"享"。
〔4〕间者：杰出的人才。〔5〕排摈：排斥，摒弃。
〔6〕扞（hàn）：违犯。文网：法网，网，同"网"。
〔7〕比周：互相勾结。〔8〕猥（wěi）：随便。

滑稽列传

《史记》

◎ 经典语录

天道恢恢　乐极生悲　不鸣则已，一鸣惊人

孔子曰："六艺于治一也。《礼》以节人，《乐》以发和，《书》以导事，《诗》以达意，《易》以神化，《春秋》以道义。"太史公曰：天道恢恢[1]，岂不大哉！谈言微中，亦可以解纷。

淳于髡者，齐之赘婿也。长不满七尺，滑稽多辩，数使诸侯，未尝屈辱。齐威王之时，喜隐，好为淫乐长夜之饮，沉湎不治，委政卿大夫。百官荒乱，诸侯并侵，国且危亡，在于旦暮。左右莫敢谏。淳于髡说之以隐曰："国中有大鸟，止王之庭，三年不蜚又不鸣[2]，王知此鸟何也？"王曰："此鸟不蜚则已，一蜚冲天；不鸣则已，一鸣惊人。"于是乃朝诸县令长七十二人，赏一人，诛一人，奋兵而出。诸侯振惊，皆还齐侵地。威行三十六年。语在《田完世家》中。

威王八年，楚大发兵加齐。齐王使淳于髡之赵，请救兵。赍金百斤[3]，车马十驷，淳于髡仰天大笑，冠缨索绝。王曰："先生少之乎？"髡曰："何敢。"王曰："笑岂有说乎？"髡曰："今者臣从东方来，见道傍有禳田者[4]，操一豚蹄，酒一盂，而祝曰：'瓯窭满篝[5]，污邪满车，五谷蕃熟，穰穰满家。'臣见其所持者狭，而所欲者奢，故笑之。"于是齐威王乃益赍黄金千镒，白璧十双，车马百驷。髡辞而行，至赵。赵王与之精兵十万，革车千乘。楚闻之，夜引兵而去。

威王大说，置酒后宫，召髡赐之酒。问曰："先生能饮几何而醉？"对曰："臣饮一斗亦醉，一石亦醉。"威王曰："先生饮一斗而醉，恶能饮一石哉？其说可得闻乎？"髡曰："赐酒大王之前，执法在旁，御史在后，髡恐惧俯伏而饮，不过一斗径醉矣。若亲有严客，髡帣韝鞠䠆[6]，侍酒于

○ 品画鉴宝
四联鼎（战国）　此器四鼎相联，蹄足中部可活动内折，造型奇特，在以单鼎形制为典型的战国晚期楚鼎中极为少见。

109

前，时赐余沥，奉觞上寿，数起，饮不过二斗径醉矣。若朋友交游，久不相见，卒然相睹，欢然道故，私情相语，饮可五六斗径醉矣。若乃州闾之会，男女杂坐，行酒稽留，六博投壶，相引为曹[7]，握手无罚，目眙不禁[8]，前有堕珥，后有遗簪，髡窃乐此，饮可八斗而醉二参[9]。日暮酒阑，合尊促坐，男女同席，履舄交错，杯盘狼藉，堂上烛灭，主人留髡而送客，罗襦襟解，微闻芗泽[10]，当此之时，髡心最欢，能饮一石。故曰：'酒极则乱，乐极则悲。'万事尽然。言不可极，极之而衰。"以讽谏焉。

齐王曰："善。"乃罢长夜之饮，以髡为诸侯主客。宗室置酒，髡尝在侧。

孔子说："六艺对于治理国家的作用是一样的。《礼记》用来节制人的言行，《乐经》用来抒发美好情感，《书经》记述往事，《诗经》用来表情达意，《易经》用来推演事物的变化，《春秋》用来阐明礼义。"太史公说：天道广阔，难道不大吗！如能切中要害，也可以解除纷乱。

淳于髡，是齐国的赘婿。身高不满七尺，言语机智，善于辩论，屡次出使诸侯国，从未受屈。齐威王在位时，喜欢同别人猜谜语，喜欢无节制宴饮，通宵享乐，不理国事，把政事都委托给公卿大夫。百官荒于政务，齐国一片混乱，诸侯乘机入侵，齐国危在旦夕。身边的臣僚无人敢进谏。淳于髡用隐语劝谏齐威王说："城里有一只大鸟，栖居在王宫，三年不飞也不鸣，大王知道这只鸟为什么这样吗？"齐王说："这只鸟不飞则已，一飞冲天；不鸣则已，一鸣惊人。"于是齐威王下令七十二个县令来朝见，赏赐了一人，杀了一人，整顿军队出战。诸侯震惊，赶快退还原先侵占的齐国土地，齐国的威势持续了三十六年。这些事记载在《田完世家》中。

齐威王八年，楚国派大军攻打齐国。齐威王派淳于髡到赵国去请求援兵，让他带上黄金百斤、四马拉的车十辆，淳于髡仰天大笑，颔下的帽带子都断了。齐威王说："先生嫌少吗？"淳于髡说："怎么敢！"威王说："大笑作何解释？"淳于髡说："我刚从东方来，看见路旁有一个向土地祈祷的人，他拿着一只猪蹄和一壶酒，祷告说：'狭小的高坡地，谷物满笼，低洼的水田，收的谷物装满车子，五谷丰登，粮食堆满我家。'我看见他拿的东西少而希望得到的东西太多，所以笑他。"于是齐威王就把礼品增加到黄金一千镒，白璧十双，车马一百乘。淳于髡辞行上路，到了赵国。赵国出动精兵十万，战车千乘。楚国听说后连夜撤兵。

威王非常高兴，在后宫设宴，召见淳于髡，赐给他酒喝。威王问："先生能饮多少酒才醉呢？"淳于髡答道："我喝一斗酒会醉，一石酒也会醉。"威王说："先生喝一斗就醉了，怎么能喝一石呢？其中的道理可以说来听听吗？"淳于髡说："在大王面前赏赐的酒，执法的官员站在身旁，御史站在后面，我战战兢兢，低头伏地而饮，不过一斗就醉了。倘若父母有贵客，我卷起袖子躬身侍奉他们饮酒，他们时常赐剩酒，我多次起身捧酒祝福，不到两斗酒就醉了。如果是朋友交往，很长时间不见，突然相逢，高兴地谈论往事，互吐衷肠，喝个五六斗也就醉了。如果乡里举行集会，男女混杂坐在一起，慢慢敬饮，还做六博投壶游戏，互相招呼，分组打赌的男女握手也不受责罚，直视她们也无人禁止，前面有掉下的耳饰，后面有遗落的发簪，我喜欢这种场面，可以饮上八斗才有二三分醉意。天色将晚，酒席将散，把剩下的酒菜拼在一起，大家挤坐一处，男女同席，鞋子、木屐纵横满地，杯盘散乱，堂上的烛光熄灭，主人留下我送走其他客人，侍女解开丝罗的衣襟，可以隐隐闻到一股香味，这个时候，我感到最高兴，能喝一石酒。所以说：'饮酒过度就会生乱，乐极生悲。'任何事情都是这样。做事不能走极端，一过分就会衰败。"淳于髡委婉地劝说齐威王。

齐威王说："好！"于是停止通宵夜饮，任命淳于髡做接待诸侯的主管官员。齐国的王族宗室举行酒宴时，淳于髡常常在场。

◎ 内涵外延

淳于髡（生卒年不详）

战国时齐国人。姓淳于，曾受髡刑（剃去头发），因称淳于髡。以博学著称。齐威王在稷下招揽学者，被任为大夫。楚国攻齐，他赴赵国求援，赵王给以精兵十万，革车千乘，楚国因引兵而去。后到魏国，魏惠王拟任其为卿相，他辞去。

◎ 本文注释

〔1〕恢恢：宽阔广大。〔2〕蜚：通"飞"。
〔3〕赍（jī）：携带。〔4〕穰（ráng）：祈福。
〔5〕瓯窭（ōu lóu）：狭小的高地。篝（gōu）：竹笼，指盛粮器具。
〔6〕帣：同"卷"。鞲（gōu）：袖笼。鞠跽（jì）：躬身下跪。
〔7〕为曹：结伴。曹，辈。〔8〕眙（chì）：直视。〔9〕参：同"三"。
〔10〕芗泽：同"香泽"，香气。

太史公自序

《史记》

◎ 经典语录

拨乱反正　且士贤能而不用，有国者之耻；主上明圣而德不布闻，有司之过也

太史公曰："先人有言：'自周公卒，五百岁而生孔子。孔子卒后，至于今五百岁，有能绍明世[1]，正《易传》，继《春秋》，本《诗》《书》《礼》《乐》之际？'意在斯乎！意在斯乎！小子何敢让焉。"

上大夫壶遂曰[2]："昔孔子何为而作《春秋》哉？"太史公曰："余闻董生曰：'周道衰废，孔子为鲁司寇，诸侯害之，大夫壅之。孔子知言之不用，道之不行也，是非二百四十二年之中，以为天下仪表，贬天子，退诸侯，讨大夫，以达王事而已矣。'子曰：'我欲载之空言，不如见之于行事之深切著明也。'夫《春秋》，上明三王之道，下辨人事之纪，别嫌疑，明是非，定犹豫，善善恶恶，贤贤贱不肖，存亡国，继绝世，补敝起废，王道之大者也。《易》著天地、阴阳、四时、五行，故长于变；《礼》经纪人伦，故长于行；《书》记先王之事，故长于政；《诗》记山川溪谷、禽兽草木、牝牡雌雄，故长于风；《乐》乐所以立，故长于和；《春秋》辨是非，故长于治人。是故《礼》以节人，《乐》以发和，《书》以道事，《诗》以达意，《易》以道化，《春秋》以道义。拨乱世反之正，莫近于《春秋》。《春秋》文成数万，其指数千，万物之散聚皆在《春秋》。《春秋》之中，弑君三十六，亡国五十二，诸侯奔走不得保其社稷者，不可胜数。察其所以，皆失其本已。故《易》曰：'失之毫厘，差以千里'。故曰：'臣弑君，子弑父，非一旦一夕之故也，其渐久矣。'故有国者，不可以不知《春秋》，前有谗而弗见，后有贼而不知。为人臣者，不可以不知《春秋》，守经事而不知其宜，遭变事而不知其权。为人君父而不通于《春秋》之义者，必蒙首恶之名。为人臣子而不通于《春秋》之义者，必陷篡弑之诛，死罪之名。其实皆以为善，为之不知其义，被之空言而不敢辞。夫不通礼义之旨，至于君不君，臣不臣，父不父，子不子。君不君则犯，臣不臣则诛，父不父则无道，子不子则不孝。此四行者，天下之大过也，以天下之大过予之，则受而弗敢辞。故《春秋》者，礼义之大宗也。夫礼禁未然之前，法施已然之后；法之所为用者易见，而礼之所为禁者难知。"

壶遂曰："孔子之时，上无明君，下不得任用，故作《春秋》，垂空文

○ 品画鉴宝
错银双翼神兽（战国）　此器神兽造型精美别致，纹饰考究繁复，极具观赏性。

以断礼义，当一王之法。今夫子上遇明天子，下得守职，万事既具，咸各序其宜。夫子所论，欲以何明？"

太史公曰："唯唯，否否，不然。余闻之先人曰：'伏羲至纯厚，作《易》八卦。尧舜之盛，《尚书》载之，礼乐作焉。汤武之隆，诗人歌之。《春秋》采善贬恶，推三代之德，褒周室，非独刺讥而已也。'汉兴以来，至明天子，获符瑞，建封禅[3]，改正朔[4]，易服色[5]，受命于穆清[6]，泽流罔极，海外殊俗，重译款塞[7]，请来献见者，不可胜道。臣下百官，力诵圣德，犹不能宣尽其意。且士贤能而不用，有国者之耻；主上明圣而德不布闻，有司之过也。且余尝掌其官，废明圣盛德不载，灭功臣世家贤大夫之业不述，堕先人所言，罪莫大焉。余所谓述故事，整齐其世传，非所谓作也，而君比之于《春秋》，谬矣。"

于是论次其文。七年而太史公遭李陵之祸，幽于缧绁。乃喟然而叹曰："是余之罪也夫！是余之罪也夫！身毁不用矣！"退而深惟曰："夫《诗》《书》隐约者，欲遂其志之思也。昔西伯拘羑里，演《周易》；孔子厄陈、蔡，作《春秋》；屈原放逐，著《离骚》；左丘失明，厥有《国语》；孙子膑脚，而论兵法；不韦迁蜀，世传《吕览》；韩非囚秦，《说难》、《孤愤》；《诗》三百篇，大抵圣贤发愤之所为作也。此人皆意有所郁结，不得通其道也，故述往事，思来者。"于是卒述陶唐以来，至于麟止，自黄帝始。

○ 品画鉴宝

孔子圣迹图 圣门四科（清）改琦／绘 图绘孔子及其优秀弟子。孔子教导学生一向因材施教。弟子中最有成就的主要在四科：道德、言语、政事、文学。孔子用诗书礼乐教学生，弟子三千，兼通六艺的有七十二人，并不仅止于上述四种。

  太史公说："先父说过：'周公死后五百年有了孔子。孔子死后到现在五百年了，有谁有够继续叙述太平盛世，考定《易传》，续写《春秋》，探求《诗经》《尚书》《礼记》《乐经》的本源呢？'这意思就是在此时吧！这意思就是在此时吧！我怎敢推辞啊！"

  上大夫壶遂说："从前孔子为什么写《春秋》呢？"太史公说："我听董仲舒说：'周朝政治衰微，孔子担任鲁国司寇，诸侯担心他对自己造成危害，大夫排挤他，孔子知道自己的言论不能被采用，政治主张不能实行，于是就褒贬二百四十二年的历史，以此作为天下的标准，批评天子，斥责诸侯，声讨大夫，以阐明王道罢了。'孔子说：'我想发表空洞的言论，还不如表现在具体的事件中更加深切显明。'《春秋》这部书，上阐明夏禹、商汤、周文王治世的道理，下辨明人事的准则，区别嫌疑，明辨是非，消除犹豫，褒扬善行，谴责邪恶，推崇贤人，鄙视不肖，使亡国恢复，继续绝世，补救弊端，振兴衰业，这是王道的重大内容。《易》记叙天地、阴阳、四时、五行，所以擅长演变；《礼》阐述人伦纲常，所以擅长指导；《书》记载先王的史迹，所以擅长论述政治；《诗》记述山川、溪谷、禽兽、草木、男女，所以擅长于讲风俗。《乐》表达人的情感，所以擅长讲和谐；《春秋》辨明是非，所以擅长治理民众。因此《礼》用来节制人的行为，《乐》用来抒发和谐优美的感情，《书》用来指导政事，《诗》用来表情达意，《易》用来推演事物的变化，《春秋》用来倡导道义。把乱世治理好使其回归正道，没有比《春秋》更切近的了。《春秋》文字有几万，要义有几千，万事万物的离散聚合，都汇集在《春秋》之中。《春秋》这部书中，记载弑君的事件有三十六次，亡国的五十二个，诸侯逃跑流亡不能保全他的国家的更是不计其数，考察其中的原因，都是因为失去了根本。所以《易》说：'失之毫厘，差以千里。'又说：'臣弑君，子弑父，不是一朝一夕的缘故，而是逐渐形成的。'所以一国之君不可以不知晓《春秋》，不知晓《春秋》前面有谗人而看不见，后面有国贼而不知道。做臣子的，不可以不通晓《春秋》，不知晓《春秋》墨守常规而不知道适当地处理，遭逢变故而不知道权衡轻重缓急。为君父的，如果不通晓《春秋》的要义，一定会蒙受首恶的罪名。为人子的，如果不通晓《春秋》的要义，一定会陷入篡位弑君弑父而受到诛戮，落得个该当死罪的名声。其实他们都认为是'善'才去做，只是因为不懂得义理，结果做错了，受到言论的批评也不敢推卸。不通晓礼义的要旨，使得君不像君，臣不像臣，父亲不像父亲，儿子不像儿子。国君不像国君，就容易使臣子犯法，臣子不像臣子就可能被杀，父亲不像父亲就没有道德规范，儿子不像儿子就会不孝。这四种行为，是天下最大的罪名，用天下最大的罪名加在他们身上，他们也只能承受而不能推卸。所以《春秋》是礼义的本源啊！礼是在坏事发生之前加以防范，法是当坏事发生之后加以惩处；法纪的作用容易被人看见，而礼教的预防作用却难于被人们了解。"

壶遂说："孔子的时代，上面没有圣明的君主，下面的人才得不到任用，所以创作《春秋》，传下文章来断定礼义，当作一种法典。如今您上遇圣明的天子，下面的人能够坚守职位，万事都已具备，全都安排适当。先生的论著，想用来阐明什么呢？"

太史公说："嗯，嗯，不对，不对，不是这样的。我听先父说：'伏羲的时代极为纯朴厚道，作《易经》的八卦；尧舜的时代最兴盛，《尚书》有记载，礼乐兴起于那时；商汤周武王的时代很兴隆，诗人为之作。《春秋》称赞好事，贬斥邪恶，推崇三代的盛德，褒扬周朝，并不只是讽刺而已。'汉朝兴起以来，到当今的圣明天子，得上天祥瑞，建坛祭神，改历法，变服色，受命于上天，恩泽无尽无穷，海外不同风俗不同语言的人，通过辗转翻译，入关请求进献拜见的不可胜数。臣子百官，竭力颂扬圣德，还怕说不尽对圣德的颂扬。士人贤能而不任用，是国君的耻辱；天子英明睿智而仁德不能广播天下，是官吏的过错。我曾任太史令，废弃明君圣德不记载，埋没功臣世家贤大夫的功业不记述，丢弃先父的遗训，这是莫大的罪过啊！我所说的是叙述过去的事，整理史料传记，并不是创作，把它和《春秋》相比，是不对的。"

于是整理编写这些文章。过了七年，太史公遭到李陵之祸，被幽禁狱中。于是喟然叹息道："这是我的罪过啊！这是我的罪过啊！身体被摧残不中用了！"退一步仔细深思说："《诗》《书》文辞隐约，是想表达他们的思想啊！从前西伯被拘禁在羑里，推演了《周易》；孔子在陈、蔡遭受围困，写作了《春秋》；屈原被放逐，创作了《离骚》；左丘双目失明，才有《国语》；孙子受膑刑，才写下了兵法；吕不韦贬迁到蜀国，才使他的《吕览》在世上流传；韩非囚禁在秦国，著有《说难》《孤愤》；《诗》三百篇，大都是圣贤之人为忧愤而作的。这些人都是意气被压抑，不能实行自己的主张，所以记述往事，以供后世借鉴。"于是我记述了陶唐以来的事情，上自黄帝开始，下到当今天子捕获麒麟为止。

◎ 内涵外延

封禅大典

封禅是我国古代帝王为祭拜天地而举行的重大仪式。封，即天子登上泰山之巅设坛祭天，报天之功；禅，即天子在泰山下的小山除地祭地，报地之功。封禅具有表示君权神授、表示君主对天下的统一、祈祷风调雨顺及物阜民和等意义。在我国古代政治生活中，帝王的封禅大典可谓是最盛大最隆重的一种典礼。

◎ 本文注释

〔1〕绍：继。〔2〕壶遂：司马迁同时代的人，曾与司马迁一起编定《太初历》。
〔3〕封禅：古代帝王在泰山祭祀天地的典礼。
〔4〕正朔：指历法。正，一年中的第一天；朔，一月中的第一天。
〔5〕服色：指各种服用器物的颜色。
〔6〕穆清：指上天。〔7〕重译：辗转翻译。款塞：叩关。款，叩。

司马迁：公元前145－前90年，西汉史学家、文学家、思想家。字子长。夏阳（今陕西韩城南）人。司马谈之子。初任郎中，元封三年（公元前108年）继父职，任太史令。后因对李陵军败匈奴事有所辩解，得罪下狱，受腐刑。出狱后任中书令，发愤继续完成所著史籍。

报任少卿书

司马迁

◎ 经典语录

士为知己者用，女为说己者容　无可奈何　奋不顾身　人固有一死，死或重于泰山，或轻于鸿毛　画地为牢　网罗天下　一家之言

太史公牛马走司马迁再拜言。

少卿足下：曩者辱赐书，教以慎于接物，推贤进士为务。意气勤勤恳恳，若望仆不相师，而用流俗人之言，仆非敢如此也。仆虽罢驽，亦尝侧闻长者之遗风矣。顾自以为身残处秽，动而见尤，欲益反损，是以独抑郁而谁与语。谚曰："谁为为之？孰令听之？"盖钟子期死，伯牙终身不复鼓琴。何则？士为知己者用，女为说己者容。若仆大质已亏缺矣，虽才怀随、和，行若由、夷，终不可以为荣，适足以见笑而自点耳。书辞宜答，会东从上来，又迫贱事，相见日浅，卒卒无须臾之闲，得竭志意。今少卿抱不测之罪，涉旬月，迫季冬，仆又薄从上雍，恐卒然不可为讳，是仆终已不得舒愤懑以晓左右，则长逝者魂魄私恨无穷。请略陈固陋。阙然久不报[1]，幸勿为过。

仆闻之：修身者，智之符也；爱施者，仁之端也；取予者，义之表也；耻辱者，勇之决也；立名者，行之极也。士有此五者，然后可以托于世，而列于君子之林矣。故祸莫憯于欲利[2]，悲莫痛于伤心，行莫丑于辱先，诟莫大于宫刑。刑余之人，无所比数，非一世也，所从来远矣。昔卫灵公与雍渠同载，孔子适陈；商鞅因景监见，赵良寒心；同子参乘，袁丝变色。自古而耻之。夫中材之人，事有关于宦竖，莫不伤气，而况于慷慨之士乎？如今朝廷虽乏人，奈何令刀锯之余，荐天下之豪俊哉？

仆赖先人绪业，得待罪辇毂下二十余年矣。所以自惟：上之不能纳忠效信，有奇策材力之誉，自结明主；次之又不能拾遗补阙，招贤进能，显岩穴之士；外之不能备行伍，攻城野战，有斩将搴旗之功[3]；下之不能积

○ 品画鉴宝
胡骑狩猎图（南宋）陈居中／绘　图中表现的是狩猎的情景，人物居于画面左上和右下角，使整幅图显得空阔大气。

　　日累劳，取尊官厚禄，以为宗族交游光宠。四者无一，遂苟合取容，无所短长之效，可见于此矣。向者仆亦尝厕下大夫之列[4]，陪奉外廷末议，不以此时引纲维，尽思虑，今已亏形为扫除之隶，在闒茸之中[5]，乃欲仰首伸眉，论列是非，不亦轻朝廷、羞当世之士耶？嗟乎！嗟乎！如仆尚何言哉！尚何言哉！

　　且事本末未易明也。仆少负不羁之才，长无乡曲之誉。主上幸以先人之故，使得奏薄伎，出入周卫之中。仆以为戴盆何以望天，故绝宾客之知，亡室家之业，日夜思竭其不肖之才力，务一心营职，以求亲媚于主上。而事乃有大谬不然者。夫仆与李陵俱居门下，素非能相善也。趋舍异路，未尝衔杯酒，接殷勤之余欢。然仆观其为人，自守奇士：事亲孝，与士信，临财廉，取与义，分别有让，恭俭下人，常思奋不顾身，以殉国家之急。其素所蓄积也，仆以为有国士之风。夫人臣出万死不顾一生之计，赴公家之难，斯已奇矣。今举事一不当，而全躯保妻子之臣，随而媒蘖其短，仆诚私心痛之。且李陵提步卒不满五千，深践戎马之地，足历王庭，垂饵虎口，横挑强胡，仰亿万之师，与单于连战十有余日，所杀过当，虏救死扶伤不给，旃裘之君长咸震怖，乃悉征其左右贤王，举引弓之人，一国共攻而围之。转斗千里，矢尽道穷，救兵不至，士卒死伤如积。然陵一呼劳军，士无不起，躬自流涕，沫血饮泣，更张空眷，冒白刃，北向争死敌者。陵未没时，使有来报，汉公卿王侯皆奉觞上寿。后数日，陵败书闻，主上为之食不甘味，听朝不怡，大臣忧惧，不知所出。仆窃不自料其卑贱，见主上惨怆怛悼，诚欲效其款款之愚。以为李陵素与士大夫绝甘分少，能得人之死力，虽古之名将，不能过也。身虽陷败，彼观其意，且欲得其当而报于汉。事已无可奈何，其所摧败，功亦足以暴于天下矣。仆怀欲陈之而未有路，适会召问，即以此指推言陵之功，欲以广主上之意，塞睚眦之辞。未能尽明，明主不晓，以为仆沮贰师，而为李陵游说，遂下于理。拳拳之忠，终不能自列。因为诬上，卒从吏议。家贫，货赂不足以自赎，交游莫救视，左右亲近不为一言，身非木石，独与法吏为伍，深幽囹圄之中，谁可告愬者[6]！此正少卿所亲见，仆行事岂不然乎？李陵既生降，颓其家声，而仆又佴之蚕室，重为天下观笑。悲夫！悲夫！事未易一二为俗人言也！

仆之先，非有剖符丹书之功，文史星历，近乎卜祝之间，固主上所戏弄，倡优畜之，流俗之所轻也。假令仆伏法受诛，若九牛亡一毛，与蝼蚁何以异？而世俗又不能与死节者次比，特以为智穷罪极，不能自免，卒就死耳。何也？素所自树立使然也。人固有一死，死或重于泰山，或轻于鸿毛，用之所趋异也。太上不辱先，其次不辱身，其次不辱理色，其次不辱辞令，其次诎体受辱[7]，其次易服受辱，其次关木索、被箠楚受辱，其次剔毛发、婴金铁受辱，其次毁肌肤、断肢体受辱，最下腐刑极矣！传曰："刑不上大夫。"此言士节不可不勉励也。猛虎在深山，百兽震恐，及在槛阱之中，摇尾而求食，积威约之渐也。故士有画地为牢，势不可入，削木为吏，议不可对，定计于鲜也。今交手足，受木索，暴肌肤，受榜箠，幽于圜墙之中。当此之时，见狱吏则头抢地，视徒隶则心惕息。何者？积威约之势也。及以至是，言不辱者，所谓强颜耳，曷足贵乎？且西伯，伯也，拘于羑里；李斯，相也，具于五刑；淮阴，王也，受械于陈；彭越、张敖，南面称孤，系狱抵罪；绛侯诛诸吕，权倾五伯，囚于请室；魏其，大将也，衣赭衣、关三木；季布为朱家钳奴；灌夫受辱于居室。此人皆身至王侯将相，声闻邻国，及罪至罔加，不能引决自裁，在尘埃之中。古今一体，安在其不辱也？由此言之，勇怯，势也；强弱，形也。审矣，何足怪乎？夫人不能早自裁绳墨之外，以稍陵迟[8]，至于鞭箠之间，乃欲引节，斯不亦远乎？古人所以重施刑于大夫者，殆为此也。夫人情莫不贪生恶死，念父母，顾妻子。至激于义理者不然，乃有所不得已也。今仆不幸，早失父母，无兄弟之亲，独身孤立，少卿视仆于妻子何如哉？且勇者不必死节，怯夫慕义，何处不勉焉？仆虽怯懦，欲苟活，亦颇识去就之分矣，何至自沉溺缧绁之辱哉！且夫臧获婢妾，犹能引决，况仆之不得已乎？所以隐忍苟活，幽于粪土之中而不辞者，恨私心有所不尽，鄙陋没世而文采不表于后世也。

古者富贵而名磨灭，不可胜记，唯倜傥非常之人称焉。盖文王拘而演《周易》；仲尼厄而作《春秋》；屈原放逐，乃赋《离骚》；左丘失明，厥有《国语》；孙子膑脚，兵法修列；不韦迁蜀，世传《吕览》；韩非囚秦，《说难》《孤愤》；《诗》三百篇，大底圣贤发愤之所为作也。此人皆意有所郁结，不得通其道，故述往事，思来者。乃如左丘无目，孙子断足，终不可用，退而论书策以舒其愤，思垂空文以自见。仆窃不逊，近自托于无能之辞，网罗天下放失旧闻，略考其事，综其终始，稽其成败兴坏之纪，上计轩辕，下至于兹，为十表，本纪十二，书八章，世家三十，列传七十，凡百三十篇。亦欲以究天人之际，通古今之变，成一家之言。草创未就，会遭此祸，惜其不成，是以就极刑而无愠色。仆诚已著此书，藏之名山，传之其人，通邑大都，则仆偿前辱之责[9]，虽万被戮，岂有悔哉！然此可为智者道，难为俗人言也。

且负下未易居，下流多谤议。仆以口语，遇遭此祸，重为乡党所戮笑，以污辱先人，亦何面目复上父母之丘墓乎？虽累百世，垢弥甚耳！是以肠一日而九回，居则忽忽若有所亡，出则不知其所往。每念斯耻，汗未尝不发背沾衣也！身直为闺阁之臣，宁得自引深藏岩穴邪？故且从俗浮沉，与时俯仰，以通其狂惑。今少卿乃教以推贤进士，无乃与仆私心剌谬乎？今虽欲自雕琢，曼辞以自饰，无益，于俗不信，适足取辱耳。要之死日，然后是非乃定。

书不能悉意，略陈固陋。谨再拜。

太史公之仆司马迁再拜奉告。

少卿足下：以前承蒙您屈尊写信给我，指教我谨慎地待人接物，担负着举荐贤者的责任。信中的情意和语气诚恳，如果您抱怨我不遵从您的指教，而听信世俗之人的话，我实在不敢这样。我虽然愚笨，也曾经

聆听过德高望重之人的教诲。只是自己身体残废，处在污秽地位，动不动就被人指责，想做一些有益的事，结果反而招来损害，因此忧愁烦闷又能向谁诉说？俗话说："为谁做？让谁来听？"钟子期死后，伯牙断弦不再弹琴。为什么呢？士人为知己效力，女子为爱己者打扮。像我身体已经残缺，即使才能像随侯珠、和氏璧，德行像许由、伯夷，终究不能成为荣耀，只是被人耻笑自取侮辱罢了。来信本应及早答复，适逢我跟随皇帝东巡回来，又迫于琐事，彼此见面的时间很少，忙忙碌碌没有片刻空闲，可以让我尽抒心怀。如今少卿遭逢不测，过一个月，就临近冬季，我又将跟随皇帝到雍地去祭祀，恐怕您有什么不幸，这样我将终不能向您抒发满腔悲愤，使您与世长辞的灵魂抱怨无穷。因此，请让我向您大概陈述一下鄙陋之见。久未答复，请不要见怪。

  我听说：自我修养是智慧的象征；施人以爱，是仁义的起点；慎重取舍，是仁义的表现；懂得耻辱，是勇敢的标志；树立名声，是品行的终极目的。士人具有这五种品德，才可以立身于世，列入有道君子之列。所以祸患没有比贪求私利更悲惨的，悲伤没有比心灵受到创伤更痛苦的，行为没有比祖先受辱更丑恶的，耻辱没有比宫刑更大的。受过宫刑苟延残喘的人，是不能和任何人相比的，这不只是一个朝代，而是由来已久的。从前卫灵公与孔子出游，由宦官雍渠陪同同乘一辆车子，孔子感到耻辱而离开卫国；商鞅通过宦官景监的引见而被秦王召见，赵良为之寒心；宦官赵谈与汉文帝一起坐车，大臣袁丝严正谏阻。自古以来都以做宦官为耻。即使那些一般的人，事情牵涉到宦官，没有不挫伤志气的，何况那些抱负远大的有志之士呢！现今朝廷虽然缺乏人才，又怎么能让受过宫刑的人，去推荐天下的英才豪杰呢！

我依赖祖先的余荫，得以在京城任职，至今已经二十多年。我常想：对上，我没能进献自己的忠信，没有才干出众的声誉，以取得皇帝的信任；其次，又不能替君王拾取遗漏，补正过失，举荐贤能，发现隐居贤士；对外不能在军队中充数，攻打城市立下斩将拔旗的功劳；对下不能每日积累功劳，取得高官厚禄，为宗族增光。这四项没有一项成功，只能随声迎合取得欢心，无所建树，可以从这些看出来。从前我也曾列位于下大夫的行列，陪同外朝官员发表一些微末的议论，没有利用那个时机整顿纲常法纪，尽自己的一份心力，而今身体残废，成为打扫台阶的差役，处在地位下贱者中间，竟想昂首扬眉，议论是非，这不是轻视朝廷，羞辱当今有识之士吗？唉！唉！像我这样的人还说什么呢！还说什么呢！

事情的原委是不容易弄明白的。我少年时具有难以约束的性格，长大后没有得到乡里人的称誉。幸蒙皇上因我祖先的缘故，使我得以贡献自己的微薄技能，出入宫禁。我认为头顶着木盆又怎么能望见天，所以断绝与宾客的交往，抛开家事私事，总想竭尽自己的全部所能，恪守其职，以期得到皇上的亲近和信任。然而事情却常事与愿违。我和李陵，同朝为官，平时没有过深的交往。我们的爱好和志趣不同，不曾在一起饮过酒，在一起欢乐相处。但是我看李陵的为人，是一个能够坚守节操才志出众的人。他孝顺父母，与人交往讲信用，处理钱财很廉洁，对待取舍讲义气，分别尊卑谦让有礼，态度恭俭，对人恭敬，经常想着奋不顾身，为国家的危难勇于献身。这是他的素养，我认为他具有国士的风范。做人臣的，能出生入死奔赴国家的危难，这已经很难得了。现在办事一有不当，便立即会遭到那些只顾保全自己禄位的大臣们的夸大了的攻击，我私下确实感到惋惜。况且李陵率兵不满五千人，深入匈奴腹地，足迹到达匈奴王廷，犹如垂饵于虎口，向强悍的匈奴挑战，面对众多敌军的进攻，与匈奴单于连续作战十多天，所杀敌军超过了自己军队的人数，敌人连救死扶伤都顾不得，匈奴的首领都感到震惊，于是征集左贤王、右贤王的军队，发动会拉弓射箭的人，倾一国的兵力包围了李陵。李陵孤军转战千里，箭尽路绝，救兵不来，士卒死伤遍野。然而李陵振臂一呼，勉励士兵，士兵无不奋起，大家流着眼泪，满面血污，强忍悲痛，又张着空弓，冒着白刃，向着北面争先与敌人拼死搏斗。李陵的军队未

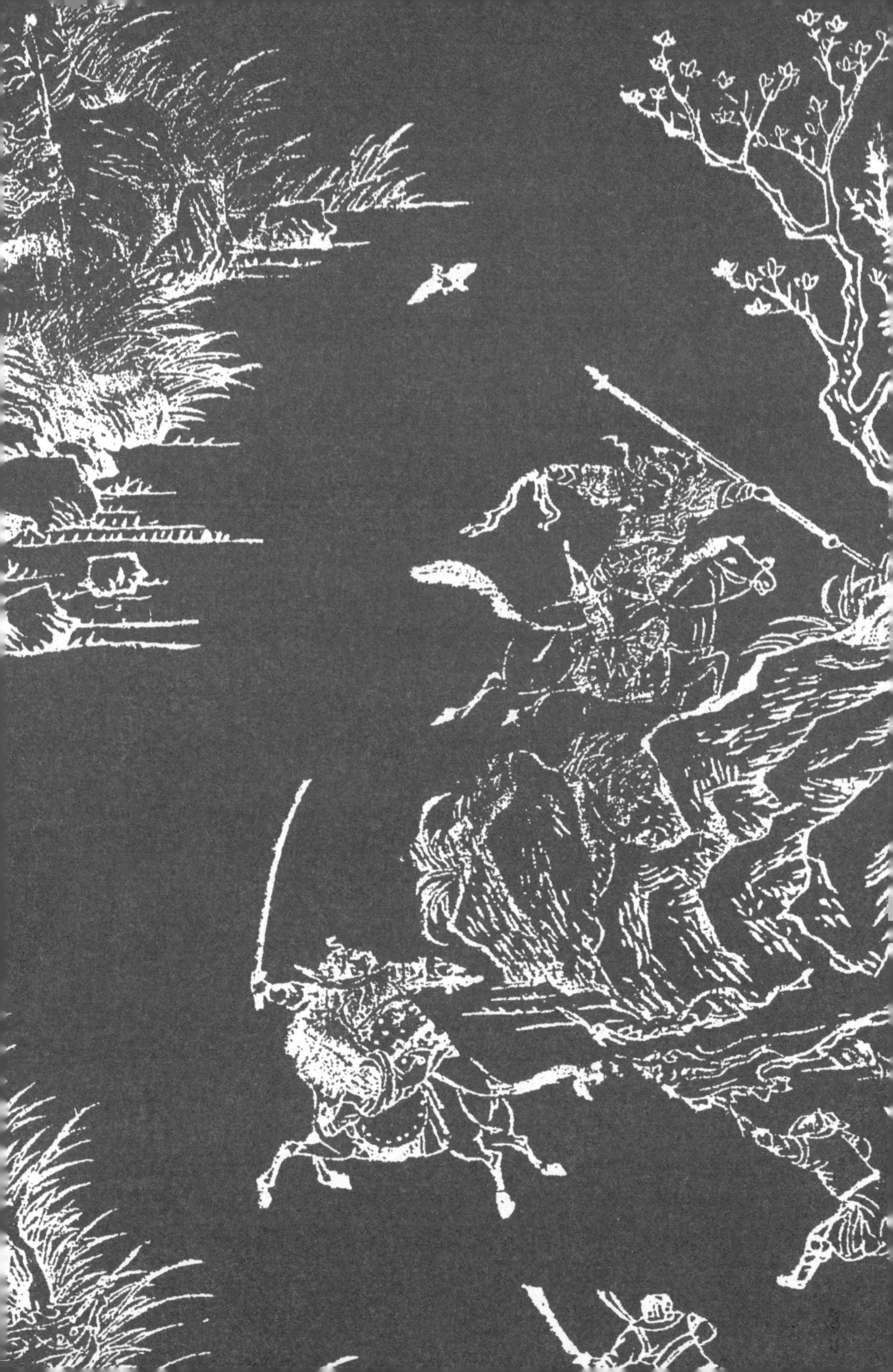

覆没时，使者送来捷报，汉朝的公卿王侯都举杯祝贺。几天后，李陵兵败的消息传来，皇上为此食不甘味，上朝听政很不高兴，大臣们忧虑恐惧，不知如何是好。我没有考虑自己地位卑贱，看见皇上悲苦想奉献自己的诚挚愚见。我认为李陵素来与官兵同甘共苦，能够使部下效死卖力，就是古代的名将也不如他。他虽然因战败而身陷险地，看他的意图，是想等到适当的时机来报效汉朝。他出此下策也是出于无奈，但他大量杀死敌人，功劳也足以告白于天下。我想禀告皇上而没有机会，适逢皇上询问，我用这种想法以说明李陵的功劳，想宽解皇上的思虑，堵塞诋毁李陵的言辞。我没能诉说清楚，皇上没有理解我的用意，以为我是在诋毁贰师将军李广利，为李陵开脱，于是把我问罪下狱。我的耿耿忠心，终于不能自我表白。因此被定了诬上的罪名，结果皇上听从了狱吏的判决。我家境贫寒，没有钱可以赎罪，朋友也没有营救的，皇上左右亲近的人也不替我说一句话，人非草木，独自落入狱吏手中，深陷在监牢里，痛苦能向谁诉说啊！这是您亲眼目睹的，我的遭遇难道不是这样吗？李陵已经生降匈奴，败坏了他家族的名声，可悲啊！这事真难对俗人说清楚。

  我的祖先，没有立下免死的功勋，掌管文史资料和天文历法，职位接近卜官和祭祀之类，这原本不过是国君所戏弄，像乐工伶人一样养起来，为世俗之人所轻视。就算我伏法被杀，也不过九牛一毛，同蝼蚁蚂蚁有什么区别？而世俗之人又不能把我与坚守气节而死的人相提并论，只认为我计穷智短，罪恶极大，不能免罪，结果自赴死路。为什么呢？是地位低贱造成的。人总有一死，有的重如泰山，有的轻如鸿毛，这是因为死的价值不同。首先不能辱没祖先，其次不能辱没自身，其次不能侮辱脸面，其次不为言辞侮辱，再次不能屈身下跪受辱，再次是换上囚衣受辱，再次是戴刑具杖责受辱，再次是剃光头发、颈戴枷锁受辱，再次是毁坏肌肤、砍断肢体受辱，最下等的是腐刑，这是最大的刑辱啊！《礼记》说："刑不上大夫。"这是说士大夫的名节不可不勉励啊！猛虎在深山，所有野兽都感到害怕，等到落入牢笼时，就摇动尾巴向人求食，这是人对它长期威摄、约束而产生的结果。所以有人画地为牢也绝不进入，有人即使木制的狱吏也绝不去面对他，而是早有定见，在未受辱时就自杀。如今手足戴上木枷，暴露肌肤，遭受鞭打，囚禁在监牢之中。在这个时候，看见狱吏就触地磕头，看见狱卒就胆战心惊。为什么呢？这是长期管制造成的。到了如此境地，还说不受辱，就是厚着脸皮了。

这种人值得尊重吗？西伯周文王，是诸侯的首领，曾被关押在羑里；李斯，一国之相，受尽了五刑；淮阳侯韩信，一国之王，在陈地被戴上镣铐；彭越、张敖，身为王侯，被关入监狱；绛侯周勃，诛灭吕太后的家族，权势凌驾于五霸，后来却被囚于请罪之室；魏其侯窦婴，身为大将，后来却穿上了罪犯的囚衣，颈上、手上、足上戴上刑具；楚将季布卖给朱家做带枷奴；灌夫在居室中受辱。这些人都位至王侯将相，名声远扬天下，等到获罪，不能下决心自杀，被囚在狱中。从古至今都一样，哪有不受辱的？照此说来，勇与怯，强与弱，是客观形势造成的。想明白这一点，还有什么值得奇怪的呢？人如果不能在法律制裁前自尽，志气逐渐衰颓，等受到杖责再想守节自杀，这不是太晚了吗？古人之所以对士大夫慎重施刑，大概就是这个缘故吧。没有谁不贪恋生命，思念父母，顾念妻子和儿女的。至于被正义公理所激发的人则不然，那是出于不得已。而今我父母早亡，没有兄弟，孤立无依。少卿你看我对妻儿还有什么顾念呢？勇者不一定为气节而死，怯弱的人仰慕道义，为什么不能勉励自己呢？我虽然怯弱，想苟且偷生，但我也清楚苟活和取义的区别，何至于自己落得坐监受辱的地步呢！那些婢妾，尚能自杀殉节，何况我已到了不得已的境地呢？我所以苟活于世，囚禁在这污浊的牢狱中，是因为我的意愿没有实现，耻于了此一生而著作不能传于后世。

古代那些富贵而名声磨灭的人，数不胜数，只有那些卓越之士才能名垂后世。文王被囚禁而推演《周易》，孔子不得志而作《春秋》，屈原遭到放逐而创作《离骚》，左丘明失明而有《国语》，孙子受膑刑而编写兵法，吕不韦贬迁蜀地而世上流传《吕览》，韩非子被囚在秦国有《说难》《孤愤》，《诗》三百篇，大都是圣明贤能的人为了抒发胸中的愤懑而作的。这些人大多怀才不遇，记述往事，希望后人以此作为借鉴。就好像左丘明瞎了眼睛，孙子断了双足，终不被重用，才退下来著书立说以抒发他们心中的愤懑，以此来表现自己的才能和主张。我自不量力，近来凭借自己拙劣的文笔，收集天下散落的传闻轶事，略加考评，综述它们的来龙去脉，考察它们成败兴亡的规律，上从黄帝开始，下至今天，写有十表，十二本纪，八书，三十世家，七十列传，共计一百三十篇。还想用以探求天地自然与人类社会的关系，通晓古今的变化，成为有独立见解的一家之言。草稿尚未完成，恰遭这场不测，因惋惜这部书不能完成，即便遭受牢狱之灾也没有怨恨。倘若我果真著成这部书，藏于名山之中，留给可传之人，流传通都大邑，我就可以抵偿以前所受到的屈辱，即使万次被杀，也没什么可后悔的！然而这些话只能对睿智的人讲，世俗人很难通晓。

　　负罪的人不易安身，下贱的人易遭非议。我因言语而遭灾祸，为乡里耻笑，并且侮辱了祖先，还有何颜面去祭奠父母？即使百代以后，侮辱更加深重！因此我愁苦异常，在家时恍恍惚惚，外出不知去往什么地方。这件耻辱之事令人汗颜，已成宦官之身，又怎能引退去做隐士呢？所以只好随着世俗浮沉，随着时势上下，从而宣泄心中极度的烦闷。现在少卿指教我推举贤士，这不是与我的想法相背吗？现在我即使想用赞美之辞来粉饰自己，也是无悖的，人们不会相信，反而自取耻辱。总之，盖棺才能论定。

　　信中不能充分表达我的心意，只是陈述一些浅陋的想法。谨再拜。

◎ 内涵外延

钟子期与俞伯牙

钟子期是春秋楚国的一个樵夫。他十分擅长听琴，因此与擅于弹琴的晋国大夫俞伯牙成为莫逆好友。后来钟子期死后，俞伯牙摔琴相祭，并发誓今生不再弹琴。这二人被后人视为好友的典范。

◎ 本文注释

〔1〕阙：同"缺"。

〔2〕憯（cǎn）：同"惨"。

〔3〕搴（qiān）：拔取。〔4〕厕：夹杂。

〔5〕闒茸（tà rǒng）：下贱，指下贱的人。〔6〕愬：同"诉"。

〔7〕诎：通"屈"。指被捆绑、囚禁时身体屈曲。

〔8〕以：同"已"。稍：渐。陵迟：迟疑。

〔9〕责：同"债"。

过秦论 上

贾谊

贾 谊：公元前200—前168年，西汉政论家、文学家。洛阳（今河南洛阳）人，博学能文，文帝初召为博士（学术顾问）。不久升迁太中大夫。后遭排挤被贬为长沙王太傅，后改任梁王太傅。

◎ 经典语录

席卷天下　斩木为兵，揭竿为旗　仁义不施，而攻守之势异也

秦孝公据崤函之固，拥雍州之地，君臣固守，以窥周室，有席卷天下、包举宇内、囊括四海之意，并吞八荒之心。当是时也，商君佐之，内立法度，务耕织，修守战之具，外连衡而斗诸侯，于是秦人拱手而取西河之外。

孝公既没，惠文、武、昭蒙故业，因遗策，南取汉中，西举巴蜀，东割膏腴之地，收要害之郡。诸侯恐惧，会盟而谋弱秦。不爱珍器重宝肥饶之地，以致天下之士，合从缔交，相与为一。当此之时，齐有孟尝，赵有平原，楚有春申，魏有信陵。此四君者，皆明智而忠信，宽厚而爱人，尊贤而重士。约从离横，兼韩、魏、燕、赵、宋、卫、中山之众。于是六国之士，有宁越、徐尚、苏秦、杜赫之属为之谋，齐明、周最、陈轸、召滑、楼缓、翟景、苏厉、乐毅之徒通其意，吴起、孙膑、带佗、儿良、王廖、田忌、廉颇、赵奢之伦制其兵。尝以什倍之地，百万之众，叩关而攻秦。秦人开关延敌，九国之师，遁逃而不敢进。秦无亡矢遗镞之费，而天下诸侯已困矣。于是从散约解，争割地而赂秦。秦有余力而制其弊，追亡逐北，伏尸百万，流血漂橹，因利乘便，宰割天下，分裂河山，强国请服，弱国入朝。施及孝文王、庄襄王，享国之日浅，国家无事。

及至始皇，奋六世之余烈，振长策而御宇内，吞二周而亡诸侯，履至尊而制六合，执敲扑以鞭笞天下，威振四海。南取百越之地，以为桂林、象郡，百越之君，俯首系颈[1]，委命下吏。乃使蒙恬北筑长城而守藩篱，却匈奴七百余里，胡人不敢南下而牧马，士不敢弯弓而报怨。于是废先王之道，燔百家之言[2]，以愚黔首。隳名城，杀豪俊，收天下之兵聚之咸阳，销锋镝[3]，铸以为金人十二，以弱天下之民。然后践华为城[4]，因河为池，据亿丈之城，临不测之溪以为固。良将劲弩，守要害之处；信臣

127

精卒，陈利兵而谁何[5]。天下已定，始皇之心，自以为关中之固，金城千里，子孙帝王万世之业也。

始皇既没，余威震于殊俗。然而陈涉瓮牖绳枢之子，氓隶之人[6]，而迁徙之徒也。材能不及中庸，非有仲尼、墨翟之贤，陶朱、猗顿之富，蹑足行伍之间，崛起阡陌之中，率罢弊之卒，将数百之众，转而攻秦。斩木为兵，揭竿为旗，天下云集而响应，赢粮而景从，山东豪俊，遂并起而亡秦族矣。

且夫天下非小弱也，雍州之地，崤函之固，自若也。陈涉之位，不尊于齐、楚、燕、赵、韩、魏、宋、卫、中山之君也；锄耰棘矜，不铦于钩戟长铩也；谪戍之众，非抗于九国之师也；深谋远虑，行军用兵之道，非及曩时之士也。然而成败异变，功业相反。试使山东之国，与陈涉度长絜大[7]，比权量力，则不可同年而语矣。然秦以区区之地，致万乘之权，招八州而朝同列，百有余年矣。然后以六合为家，崤函为宫。一夫作难而七庙隳，身死人手，为天下笑者，何也？仁义不施，而攻守之势异也。

○ 品画鉴宝
回猎图（五代）胡环／绘　此图画胡人行猎，人马描绘极为精致，毫发细腻，人的配件、马的鞍具描摹得都很精到。

秦孝公凭借崤山函谷关的天险，占据雍州的土地，君臣牢固地把守，窥视周王朝的政权，怀有征服宇内、统一华夏的雄心。就在此时，商鞅辅佐孝公，对内修定法度，努力发展农业，制造攻守的武器装备；对外推行连横策略，使诸侯互相争斗，于是秦国人轻而易举地夺得了黄河以西的大片土地。

孝公死后，惠文王、武王、昭襄王继承前代基业，奉行孝公的政策，向南攻取了汉中，西去夺得巴蜀，向东割据了肥沃的土地，征服险要的州郡。各国诸侯恐慌害怕，会盟谋划削弱秦国。他们不惜用重金和富饶的土地，来招揽天下人才，联合起来缔结盟约，互为一体。此时，齐国有孟尝君，赵国有平原君，楚国有春申君，魏国有信陵君。此四君，都明智而讲忠诚，为人宽厚又爱护他人，尊敬贤者，重视人才，他们相约合纵，拆除连横，聚集了韩、魏、燕、赵、宋、卫、中山等国的军队。于是六国的士人中，有宁越、徐尚、苏秦、杜赫等人为他们出谋划策，有齐明、周最、陈轸、召滑、楼缓、翟景、苏厉、乐毅一班人替他们相互联络沟通，有吴起、孙膑、带佗、倪良、王廖、田忌、廉颇、赵奢之辈统率军队。曾经凭借十倍于秦国的土地，上百万大军，直逼函谷关攻打秦国。秦国人开关迎敌，

○ 品画鉴宝

云纹高足杯（秦）杯身呈直口筒状，纹饰考究，为秦代罕见的佳作。

九国的军队四处逃跑不敢前进。秦国没有耗费一支箭，而各诸侯已经困乏不堪。于是合纵拆散，盟约瓦解，各国抢着割让土地以此来讨好秦国。秦国抓住各国的弱点，追杀败北的敌人，伏尸百万，流的鲜血能把大的盾牌浮起，秦国趁着有利时机，分割侵夺各国的土地。诸侯国中强国请求归伏，弱国前去朝拜。到孝文王、庄襄王的时候，他们在位的时间短，国家没有什么大事。

　　到秦始皇时，他光大了六世留下的功业，挥舞长鞭驾驭天下，吞并东、西二周，灭掉六国，登上皇帝宝座，统一天下，用棍棒、鞭子统驭天下，威震四海。向南夺取了百越，设立了桂林郡和象郡，百越的首领低下头，把绳子套在脖子上，把性命交给秦朝的下级官吏摆布。派遣蒙恬在北面修筑长城以镇守边疆，使匈奴后退七百余里，匈奴人不敢南下牧马，六国之士不敢弯弓报仇。于是秦始皇废除先王治国之道，焚烧诸子百家的书籍，使百姓愚昧无知；拆毁著名的城池，杀掉豪杰，收缴天下的兵器集中在咸阳，将刀剑熔化，铸成十二个金人，以此来削弱天下百姓的反抗。然后，以华山作为城墙，以黄河作为护城河，据守亿丈高的城楼，面临湍急的河水，以此作为坚固的屏障。派精兵良将，守卫要冲之地，忠实的臣子率领精锐的士卒，拿着锋利的武器查问过往之人。天下已经平定，秦始皇自认为关中坚固，犹如千里铜墙铁壁，是可以流传万世的帝王基业。

秦始皇死后，余威依然远震四方。然而，陈涉不过是贫苦人家之子，一个地位低下，被征去守边的兵丁。才能赶不上普通人，既没有孔、孟的贤德，又不具备陶朱、猗顿的富有。他夹杂在士卒的队伍中，发难于田野，率领几百个疲惫的士卒，掉转头来进攻强大的秦国。断削树木作为武器，举起竹杆当作旗帜。天下百姓像云一样聚集起来，纷纷响应，自己带着粮食如影随形地跟着他。崤山、函谷关以东的各路豪杰一同起兵灭掉了秦王朝。

　　秦朝的天下并没有缩小削弱，雍州的土地，崤山、函谷关的险固，依然如故。陈涉的地位，并不比齐、楚、燕、赵、韩、魏、宋、卫、中山的国君尊贵；锄头木棍也没有剑戟长矛锋利；征调去防守边地的人根本无法与九国的军队相抗衡；深谋远虑，行军方略也比不上从前的谋士。然而成败却发生了变化，功业完全相反。如果试以六国的力量同陈涉度量长短大小、比较权势，那是不可同日而语的。然而秦国凭着小小的地盘，夺取帝王的权力，攻取八州并使同等地位的诸侯入秦朝拜，其间已经一百多年了。然后，以天下为家，以崤山、函谷关作为宫墙。可是一个人发难反抗，秦朝被灭亡，国君死于他人之手，遭到天下人的讥笑，这是因为什么？这是因为不施行仁义，所以攻守的形势不同了。

◎ 内涵外延

秦孝公（公元前381－前338年）

战国时秦国君。名渠梁。公元前361－前338年在位。即位后任用商鞅实行变法。秦孝公十二年（公元前350年）将国都从雍（今陕西凤翔南）迁到咸阳（今陕西咸阳东北），进一步实行变法。从此秦国日益富强。

◎ 本文注释

[1] 俯：低下。系颈：用绳系在脖子上，表示屈服。
[2] 燔（fán）：焚烧。百家之言：诸子百家的著述。
[3] 镝（dí）：箭头，代指兵器。[4] 践：登。这里作"据"讲。
[5] 谁、何：都是表示询问的词，谁、何连用作动词，表示严加缉查盘问。
[6] 氓隶：当时对农民和奴隶的贱称。
[7] 絜（xié）：计量。

论贵粟疏

晁错

晁错：公元前200—前154年，西汉政治家，颍川（今河南禹县）人。少时学习申不害、商鞅的刑名之学。文帝时，任太常掌故。景帝时官至御史大夫。

◎ 经典语录

春耕夏耘，秋获冬藏　民者，在上所以牧之，趋利如水走下，四方无择也

圣王在上而民不冻饥者，非能耕而食之，织而衣之也，为开其资财之道也。故尧禹有九年之水，汤有七年之旱，而国无捐瘠者[1]，以畜积多而备先具也。今海内为一，土地人民之众不避禹汤，加以亡天灾数年之水旱，而畜积未及者，何也？地有余利，民有余力，生谷之土未尽垦，山泽之利未尽出也，游食之民未尽归农也。民贫则奸邪生。贫生于不足，不足生于不农，不农则不地著[2]，不地著则离乡轻家。民如鸟兽，虽有高城深池，严法重刑，犹不能禁也。夫寒之于衣，不待轻暖；饥之于食，不待甘旨；饥寒至身，不顾廉耻。人情一日不再食则饥，终岁不制衣则寒。夫腹饥不得食，肤寒不得衣，虽慈母不能保其子，君安能以有其民哉？明主知其然也，故务民于农桑，薄赋敛，广畜积，以实仓廪、备水旱，故民可得而有也。

民者，在上所以牧之，趋利如水走下，四方无择也。夫珠玉金银，饥不可食，寒不可衣，然而众贵之者，以上用之故也。其为物轻微易藏，在于把握，可以周海内而亡饥寒之患。此令臣轻背其主，而民易去其乡，盗贼有所劝，亡逃者得轻资也。粟米布帛，生于地，长于时，聚于力，非可一日成也。数石之重，中人弗胜，不为奸邪所利，一日弗得而饥寒至。是故，明君贵五谷而贱金玉。

今农夫五口之家，其服役者，不下二人，其能耕者，不过百亩，百亩之收，不过百石。春耕夏耘，秋获冬藏，伐薪樵，治官府，给徭役，春不得避风尘，夏不得避暑热，秋不得避阴雨，冬不得避寒冻，四时之间，无日休息。又私自送往迎来，吊死问疾，养孤长幼在其中。勤苦如此，尚复被水旱之灾，急政暴虐[3]，赋敛不时，朝令而暮改。当具，有者半贾而

卖[4]，亡者取倍称之息。于是有卖田宅、鬻子孙以偿债者矣[5]。而商贾大者积贮倍息，小者坐列贩卖，操其奇赢，日游都市，乘上之急，所卖必倍。故其男不耕耘，女不蚕织，衣必文采，食必粱肉，亡农夫之苦，有阡陌之得。因其富厚，交通王侯，力过吏势，以利相倾，千里游敖，冠盖相望，乘坚策肥[6]，履丝曳缟。此商人所以兼并农人，农人所以流亡者也。

今法律贱商人，商人已富贵矣；尊农夫，农夫已贫贱矣。故俗之所贵，主之所贱也；吏之所卑，法之所尊也。上下相反，好恶乖迕，而欲国富法立，不可得也。

方今之务，莫若使民务农而已矣。欲民务农，在于贵粟，贵粟之道，在于使民以粟为赏罚。今募天下入粟县官，得以拜爵，得以除罪。如此，富人有爵，农民有钱，粟有所渫[7]。夫能入粟以受爵，皆有余者也。取

○ 品画鉴宝
耕织图·插秧（南宋） 图中描绘的是农夫插秧的劳动场面。人物形态各异，神情多变化。全图清新自然，栩栩如生。

于有余，以供上用，则贫民之赋可损，所谓损有余补不足，令出而民利者也。顺于民心，所补者三：一曰主用足，二曰民赋少，三曰劝农功。今令："民有车骑马一匹者，复卒三人[8]。"车骑者，天下武备也，故为复卒。神农之教曰："有石城十仞，汤池百步，带甲百万，而亡粟，弗能守也。"以是观之，粟者，王者大用[9]，政之本务。令民入粟受爵，至五大夫以上，乃复一人耳。此其与骑马之功，相去远矣。爵者，上之所擅，出于口而无穷；粟者，民之所种，生于地而不乏。夫得高爵与免罪，人之所甚欲也。使天下人入粟于边，以受赏免罪，不过三岁，塞下之粟必多矣。

○ 品画鉴宝
陶水田、陶船（东汉） 此器表现出汉代农田耕种的景象，极具生活趣味。

　　由圣明的帝王统治国家，百姓不会挨冻受饿，这不是因为君主能够亲自耕种粮食给百姓吃，纺织衣服给百姓穿，而是替他们开辟获得财富的途径。所以尧、禹时有过连续九年的水灾，商汤时有七年的大旱，但那时却没有饥民，这是因为粮食积蓄多，事前有准备。如今天下统一，地广人多，不亚于禹、汤时代，加上多年没有发生灾情，但是储蓄的粮食却赶不上禹、汤的时代，这是为什么呢？这是因为土地未被充分利用，民众还有剩余的劳动力，可供种植的荒地没有完全开垦，自然资源没有完全开发，游手好闲的人没有全部回乡务农。贫穷就会产生奸邪。而贫穷产生于不富足，不富足缘于不勤劳耕种，不至力于耕作百姓就不会安居乡土，百姓不能安居乡土就会背井离乡。百姓像鸟兽一样居无定处，就是有高高的城墙、深深的护城河，有严令重罚，也不能禁止他们。寒冷时，对衣服不苛求轻暖；饥饿的时候，对食物不挑剔是否甘甜可口；饥寒交迫的时候就顾不得廉耻了。人的实际情况是，一天不吃两顿饭就会饥饿，一年不做衣裳就会挨冻。肚子饿了没有饭吃，身上冷了没有衣穿，就是慈母也不能保全她的儿子，君主又怎能保有他的百姓呢？君主能懂得这个道理，就要督促百姓努力从事耕种、养蚕、减轻赋税，增加粮食储备，用以充实粮仓，防备水旱等灾害，这样君主就可以拥有百姓了。

对于百姓，在于君主如何管理他们，他们追逐利益就像水往低处流一样，不会顾忌东西南北。金银珠宝，饿了不能当饭吃，冷了不能当衣穿，然而大家很看重它们，这是因为君主使用它们的缘故。这些财物又轻又小，容易收藏，拥有它出门在外也不会有饥寒之忧。这就会使臣子轻易背弃君主，使百姓轻易离开家乡，使盗贼受到诱惑，使逃亡的人得到便于携带的资财。粟米布帛在田地中长出，按节气长成，收获时需要人力，不是短时间内可以完成的。几石重的粮食，一般人搬不动，坏人不贪图，但只要一天短缺，饥寒就会降临。因此，圣明的君主重视五谷而轻视金玉。

现在农人五口之家，参加劳动的不少于二人，每户可耕种的土地超过一百亩，百亩土地的收成不超一百石。春天耕种，夏天除草，秋天收获，冬天贮藏；还要砍柴草，修理官府房屋，服徭役；春天不能躲避风尘，夏天不能躲避酷暑，秋天不能躲避阴雨，冬天不能躲避寒冷，四季之中得不到休息。亲友之间的来往，生老病死，抚养老幼，养育孤儿的费用都要从这里面支出。勤劳辛苦到这般地步，还要遭受各种水旱之灾，急征暴敛，随时摊派，早上发布的命令，晚上就改变了。交税时有粮的人，半价就出售；没有粮食的，只得借高利贷交税。于是就有了卖房卖地，卖儿卖女还债的，而那些大商人囤积货物谋取加倍的利润，小商人开店摆摊牟取暴利，每天在集市钻来游去，趁朝廷捉襟见肘之际，大发其财。所以这些人家男不耕田种地，女不养蚕织布，衣着光鲜，饭食精美丰富，他们没有付出辛劳，却能坐享田地的收获。他们凭借财富勾结王侯，势力超过普通官吏，他们为利益而相互排挤，奔走各地，络绎不绝。乘坐坚固的车子，骑着肥壮的马，脚穿丝鞋，身着绸袍。这就是商人吞并农民土地，农民外出流亡的原因。

135

现在虽然法律轻视商人，但商人已经富贵，法律尊重农民，农民却很贫贱。因此，世俗所看重的，正是君主所轻视的；官吏所轻视的，正是法律所尊重的。上下相反，好坏颠倒，却想要国家富足，法律有效，是不可能的。

　　当前最迫切的事情就是让百姓务农。要想使百姓致力于农业生产，关键在于提高粮食价格。重视粮价的办法，在于使百姓以粮食作为赏罚。这样富人可以得到爵位，农民可以得到钱财，粮食也流通了。能够纳粮受封爵位的，都是富有的人。从富有的人那里取得财物供应官府的需要，这样也减轻了农民的税赋，这就叫"损有余而补不足"，号令发出使民众受益。这样做既符合人民的心愿，又有三点好处：一、君主用度充足；二、百姓赋税减少；三、鼓励农业生产。按现行法令，百姓缴纳战马一匹，可免除三人的兵役。战马是国家战备的必需品，所以可以免除兵役。神农的教导说："即使有十仞高的石头城墙，有流着热水百步宽的护城河，有披甲百万士兵，如果没有粮食，也是守不住的。"由此看来，粮食，是君主的重要物资，是治国的根本。号召百姓纳粮受爵，封到五大夫以上，可以免除一个人的兵役。这同出一匹战马可以免除三个人的兵役相比，相差太远了。爵位是皇上专有的，只要皇上开口就无穷无尽。粮食是农民种的，从地里长出来不会缺乏。很高的爵位和免除罪罚，是人们所向往的，假如天下的人都纳粮到边疆去，用以受爵和免罪，不出三年，边境地区的粮食必定很充裕了。

◎ **内涵外延**

"疏"的体裁

"疏"是古代大臣向皇帝进言陈事的一种文书。其本义为"逐条陈述"。《明史·海瑞传》中曾有"寰再上疏丑诋，瑞亦屡疏乞休，慰留不允"的记载。西汉文学家贾谊的《陈政事疏》和《论积贮疏》是这种体裁中的翘楚之作，可与本文相媲美。

◎ **本文注释**

〔1〕捐：捐弃。瘠：瘦弱。〔2〕地著（zhuó）：定居一地，不再迁徙。
〔3〕政：同"征"。虐：或作赋。〔4〕贾：同"价"。〔5〕鬻（yù）：卖。
〔6〕坚：指好车。肥：指壮马。〔7〕渫（xiè）：分散。〔8〕复卒：免除兵役。
〔9〕大用：重要的资财。用，物资。

狱中上梁王书

邹阳

邹　阳：西汉齐人，文学家，初与严忌、枚乘俱仕吴，皆以文辩著称。后为梁孝王门客，被谗下狱，写《狱中上梁王书》申冤。

◎ 经典语录

众口铄金，积毁销骨　明珠暗投　是使布衣之士，不得为枯木朽株之资也

邹阳从梁孝王游。阳为人有智略，慷慨不苟合，介于羊胜、公孙诡之间。胜等疾阳，恶之孝王。孝王怒，下阳吏，将杀之。阳乃从狱中上书曰：

"臣闻'忠无不报，信不见疑'，臣常以为然，徒虚语耳。昔荆轲慕燕丹之义，白虹贯日，太子畏之；卫先生为秦画长平之事，太白食昴，昭王疑之。夫精变天地，而信不谕两主，岂不哀哉！今臣尽忠竭诚，毕议愿知，左右不明，卒从吏讯，为世所疑。是使荆轲、卫先生复起，而燕秦不寤也。愿大王熟察之。昔玉人献宝，楚王诛之；李斯竭忠，胡亥极刑。是以箕子阳狂，接舆避世，恐遭此患也。愿大王察玉人、李斯之意，而后楚王、胡亥之听，毋使臣为箕子、接舆所笑。臣闻比干剖心，子胥鸱夷，臣始不信，乃今知之，愿大王熟察，少加怜焉！

"语曰：'有白头如新，倾盖如故[1]。'何则？知与不知也。故樊於期逃秦之燕，藉荆轲首以奉丹事[2]；王奢去齐之魏，临城自刭，以却齐而存魏。夫王奢、樊於期非新于齐秦而故于燕魏也，所以去二国死两君者，行合于志，慕义无穷也。是以苏秦不信于天下，为燕尾生；白圭战亡六城，为魏取中山。何则？诚有以相知也。苏秦相燕，人恶之于燕王，燕王按剑而怒，食以駃騠[3]；白圭显于中山，人恶之于魏文侯，文侯赐以夜光之璧。何则？两主二臣，剖心析肝相信，岂移于浮辞哉！

○ 品画鉴宝
货币（战国）　战国时期，各国货币外形不一，有铲币、刀币等，直到秦统一中国，秦始皇下令统一货币之后，货币的外形、用料等才得以规范化。

○ 品画鉴宝

曾侯乙尊（战国） 此器外形奇异美观，饰物造型多变，装饰华丽，极具艺术性和观赏性。

"故女无美恶，入宫见妒；士无贤不肖，入朝见嫉。昔司马喜膑脚于宋，卒相中山；范雎拉胁折齿于魏，卒为应侯。此二人者，皆信必然之画，捐朋党之私，挟孤独之交，故不能自免于嫉妒之人也。是以申徒狄蹈雍之河，徐衍负石入海。不容于世，义不苟取比周于朝，以移主上之心。故百里奚乞食于道路，缪公委之以政；宁戚饭牛车下，桓公任之以国。此二人者，岂素宦于朝，借誉于左右，然后二主用之哉？感于心，合于行，坚如胶漆，昆弟不能离，岂惑于众口哉！故偏听生奸，独任成乱。昔鲁听季孙之说逐孔子，宋任子冉之计囚墨翟。夫以孔、墨之辩，不能自免于谗谀，而二国以危。何则？众口铄金，积毁销骨也。秦用戎人由余而伯中国[4]，齐用越人子臧而强威、宣。此二国岂系于俗，牵于世，系奇偏之浮辞哉？公听并观，垂明当世。故意合则吴越为兄弟，由余、子臧是矣；不合，则骨肉为仇敌，朱、象、管、蔡是矣。今人主诚能用齐秦之明，后宋鲁之听，则五伯不足侔，而三王易为比也。

"是以圣王觉寤，捐子之之心，而不说田常之贤，封比干之后，修孕妇之墓，故功业覆于天下。何则？欲善无厌也。夫晋文亲其仇，强伯诸侯；齐桓用其仇，而一匡天下。何则？慈仁殷勤，诚加于心，不可以虚辞借也。至于秦用商鞅之法，东弱韩魏，立强天下，卒车裂之；越用大夫种之谋，禽劲吴而伯中国[5]，遂诛其身。是以孙叔敖三去相而不悔，於陵子仲辞三公为人灌园。今人主诚能去骄傲之心，怀可报之意，披心腹，见情素，堕肝胆，施厚德，终与之穷达，无爱于士，则桀之犬可使吠尧，跖之客可使刺由。何况因万乘之权，假圣王之资乎！然荆轲湛七族，要离燔妻子，岂足为大王道哉？

"臣闻明月之珠,夜光之璧,以暗投人于道,众莫不按剑相眄者。何则?无因而至前也。蟠木根柢,轮囷离奇[6],而为万乘器者,以左右先为之容也。故无因而至前,虽出随珠和璧,祇怨结而不见德[7]。有人先游,则枯木朽株,树功而不忘。今夫天下布衣穷居之士,身在贫羸,虽蒙尧舜之术,挟伊管之辩,怀龙逢、比干之意,而素无根柢之容,虽极精神,欲开忠于当世之君,则人主必袭按剑相眄之迹矣。是使布衣之士,不得为枯木朽株之资也。是以圣王制世御俗,独化于陶钧之上,而不牵乎卑乱之语,不夺乎众多之口。故秦皇帝任中庶子蒙嘉之言以信荆轲,而匕首窃发;周

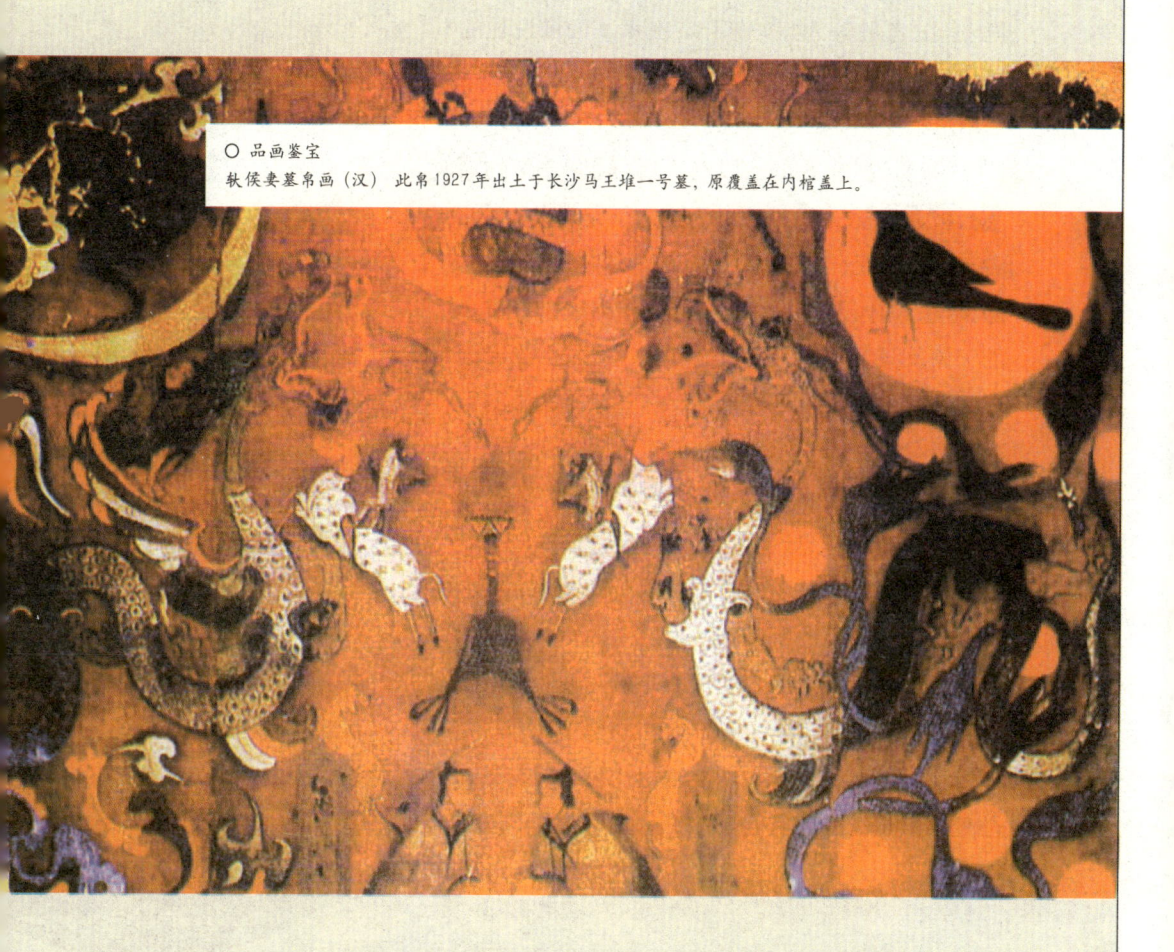

○ 品画鉴宝
轪侯妻墓帛画(汉) 此帛1927年出土于长沙马王堆一号墓,原覆盖在内棺盖上。

文王猎泾渭,载吕尚归,以王天下。秦信左右而亡,周用乌集而王。何则?以其能越挛拘之语[8],驰域外之议,独观乎昭旷之道也。今人主沉谄谀之辞,牵帷墙之制,使不羁之士与牛骥同皂[9]。此鲍焦所以愤于世也。

"臣闻盛饰入朝者,不以私污义;底厉名号者,不以利伤行。故里名'胜母',曾子不入;邑号'朝歌',墨子回车。今欲使天下寥廓之士,笼于威重之权,胁于位势之贵,回面污行,以事谄谀之人,而求亲近于左右,则士有伏死堀穴岩薮之中耳,安有尽忠信而趋阙下者哉!"

邹阳做梁孝王的门客。他为人有智谋才略,胸怀大志,不随便迎合别人,侧身于羊胜、公孙诡之间。羊胜等人嫉妒邹阳,在孝王面前说他的坏话。孝王很愤怒,把邹阳交给狱吏,要杀掉他。邹阳从狱中给孝王上书说:

"我听说'忠心的人没有不得好报,守信的人不会被人怀疑',我曾经以为这句话是对的,现在看来这不过是一句空话。从前荆轲仰慕燕太子丹的义气,为他去刺杀秦王,天空中出现白虹贯日的天象,但太子丹却担心他不去;卫先生为秦国谋划长平的事情,天上出现太白星吞掉昴星的天象,但秦昭王却不相信他。天地发生了变异,但忠信却不为太子丹和秦昭王所理解,岂不伤心啊!如今我竭尽忠诚,把我的主张全部说出来希望大王了解,可是大王却不明白我的意思,听信狱吏,使我被世人所怀疑。这是使荆轲、卫先生的事再度发生,而燕太子丹、秦昭王仍然不醒悟啊!望大王明察。从前玉工卞和向楚王献宝,楚王反而砍断了他的脚;李斯竭尽忠诚,胡亥却对他处以极刑。因此有箕子装疯,接舆隐居,就是

○ 品画鉴宝
宴乐狩猎纹豆(战国) 豆为子母口,盖呈覆豆状,顶有圆捉手。全器四组狩猎图案,共有人物九十,兽六十三,鸟二十六,鱼六,内容十分丰富,是研究战国时期社会生活的重要资料。

为躲避可能出现的祸患啊！希望大王明察卞和、李斯的心意，而不要像楚王、胡亥那样听信谗言，不要使我被箕子、接舆嘲笑。我听说比干被剖心，伍子胥的尸体被装在皮袋里投入江中，我开始不信，如今知道这些事是真的。希望大王仔细体察，稍稍加以怜惜。

"俗话说：'有的人相识多年，头发都白了，还和初次相识一样。有的人在路上相遇，停车交谈，就如同是多年的老友。'为什么呢？这是相知与不相知的缘故。所以樊於期从秦国逃到燕国，把自己的头颅交给荆轲以帮助完成太子丹的大事；王奢离开齐国逃到魏国，齐国借机攻打魏国时他登城自刎，从而使齐国退兵保存了魏国。王奢和樊於期，跟齐国、秦国是新交而和燕国、魏国是旧友，他们之所以离开齐、秦二国，为燕、魏两君而死，是因为燕、魏二君的行事符合他们的心愿，而对这两个君王仰慕无限啊。苏秦对天下不讲信义，对燕国却像尾生一样忠诚；白圭在中山战败失掉六城，逃到魏国后，却帮助魏国攻取了中山。为什么呢？是因为相知的缘故。苏秦做燕相时，有人在燕王面前诽谤他，燕王听了按剑发怒，反而杀了骃骎骏马给苏秦吃；白圭因为攻取中山而地位显贵，有人在魏文侯面前说他的坏话，文侯反而赐给他夜光璧。为什么呢？是因为这两君二臣之间，能够推心置腹，肝胆相照，怎么会因谣言而变心呢！

"所以女子无论美丑，一进后宫就会遭人嫉妒；士人不管有无才能，进入朝廷就会被人忌恨。从前司马喜在宋国受到膑刑，结果做了中山国的宰相；范雎在魏国被打断了肋骨打掉了牙齿，结果在秦国被封为应侯。这两个人都深信自己的计划能实现，抛弃朋党的私情，处于孤立的状态，因而难免遭人诋毁。因此申徒狄自沉于雍水，徐衍抱着石头自沉海底，他们不为世俗所容，坚持正义，不在朝廷中迎合别人，以改变国君的心意。百里奚曾沿路乞讨，秦穆公却将政事交给他管理；宁戚曾喂过牛，齐桓公却把国家大事托付于他。这两个人，难道是一向在朝廷做官，靠别人吹捧，然后才被两位国君重用的吗？是因为他们君臣之间心有同感，看法相合，牢固得如胶似漆，像亲兄弟一样不能离间，哪会被众口之辞所惑呢！所以偏听会产生邪恶，独信一人会酿成祸乱。从前鲁君听信季孙的话驱逐了孔子，宋君听信子冉的计策而囚禁墨翟。凭着孔子、墨子的能言善辩，尚且不能自免于遭受谗言，至使两国陷入危险局面。为什么呢？这是因为众口一词可以熔化金子，一次两次的诋毁，久而久之足以

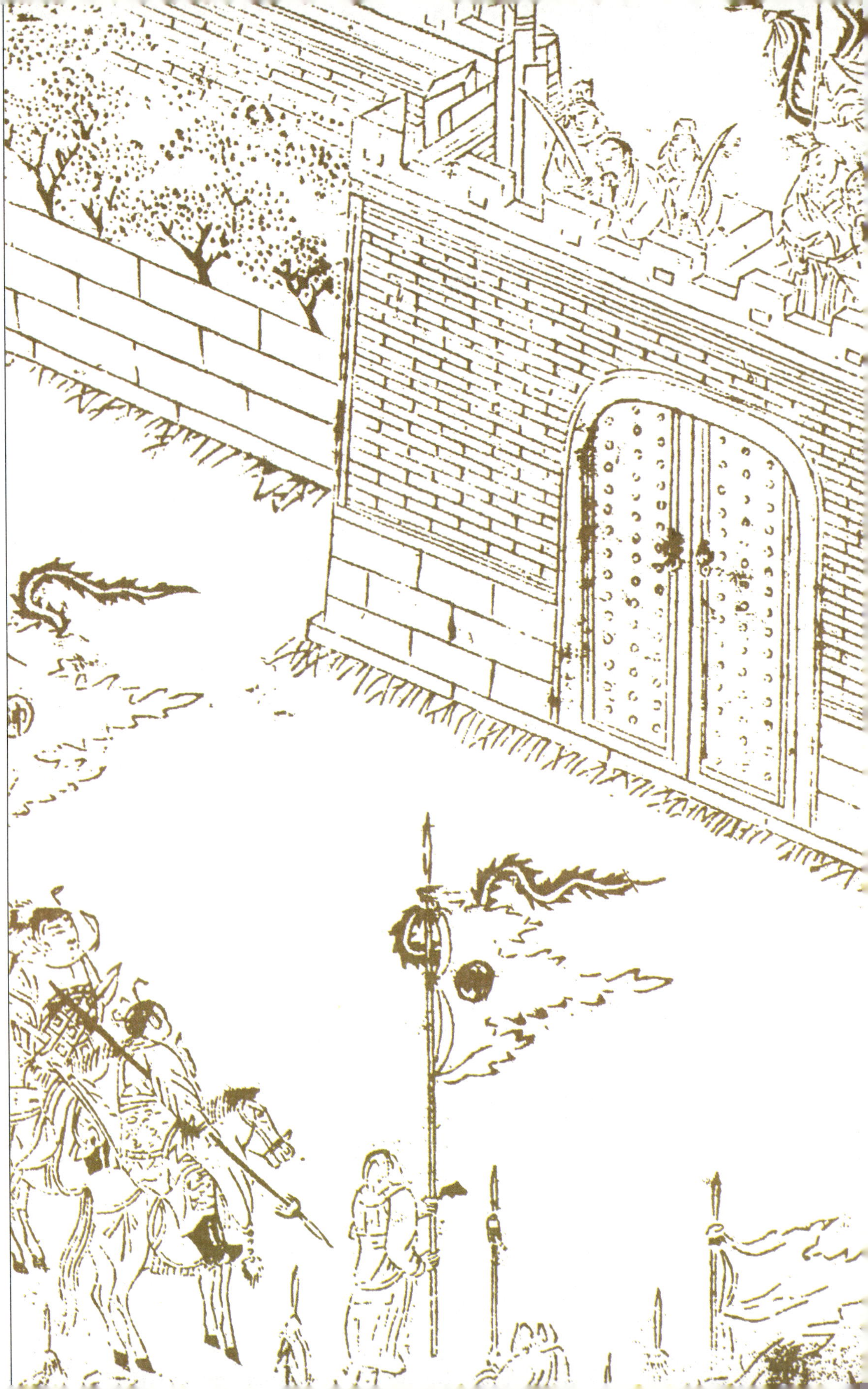

伤人。秦国起用戎人由余而称霸中国，齐国任用越人子臧而使齐威王、齐宣王国势强盛。这两个国家难道是受到世俗牵制，一面之辞所左右的吗？公正地听取意见，全面观察事物，成为当时明察的典范。只要心意相合，吴越也可以亲如兄弟，由余、子臧就是这样的；心意不合，就是亲骨肉也可以变为仇敌，丹朱、象、管叔、蔡叔就是这样的。现在君主如果能像齐王、秦王那样明察，不要像宋、鲁国君那样偏听偏信，那么五霸不足以相比，三王的功业也容易做到。

"所以圣明的君王能醒悟，放弃传位给子之的想法，不欣赏田常的'才干'，封赏比干的后代，为纣王杀死的孕妇修墓，所以功业可以覆盖天下。为什么呢？追求善行而不满足。晋文公亲近往日的仇人，从而称霸诸侯；齐桓公任用往日的仇人，从而匡正天下。为什么呢？这是因为慈爱殷勤，以诚挚之情感动民心，而不用空话去代替。至于秦孝公任用商鞅实行商鞅新法，向东削弱韩国、魏国，建立起一个强盛的秦国，但最后却车裂了商鞅；越国采用大夫文种的计谋，打败了强大的吴国而称霸中原，后来却杀掉了文种。所以孙叔敖三次辞去令尹之位而不后悔；於陵子仲辞位不就，宁愿替人家做园丁。如今君主如果去掉骄傲之心，让人甘于报效，施以厚德，始终患难与共，对士人无所吝惜，那么夏桀的狗可以使它去吠尧，盗跖的客可以使他刺许由。何况凭着强大的权势与地位呢！那么荆轲为了太子丹而弃族人生命不顾，要离为了吴王阖闾而烧死妻子，难道还有必要对大王说吗？

○品画鉴宝

立凤蟠龙大辅首（战国） 此器纹饰优美，出土于燕下都宫殿遗址，应是宫门上的饰物。

"我听说，如果将明月珠、夜光璧暗中在路上投向行人，没有人不按剑怒目而视的。为什么呢？因为是无缘无故来到眼前。弯曲的树根，盘绕弯折，而能被天子所用，是因为已被人先雕饰了。所以无缘无故地来到面前，即使是随侯珠、和氏璧，也只会结怨而不被感谢；若有人推荐，就是枯木朽株也能建立功业而不被忘记。现在天下那些处于贫饥之中的布衣士人，就是有尧、舜的谋略，有伊尹、管仲的辩才，怀着与龙逢、比干一样的忠心，而从来没有被雕琢，虽然竭尽精力，想效忠君主，那么君主必然会按剑斜视。这就使布衣士人起不到枯木朽株的作用了。所以圣王统治天下，应该像陶工操作转台一样，要有自己独特的见解，而不被肤浅的言辞所牵制，不因众说纷纭改变主张。所以秦始皇听信中庶子蒙嘉的话而相信荆轲，结果有了图穷匕见之故；周文王在泾渭狩猎，偶遇吕尚，载着一同归来，因而得到天下；秦始皇听信他人使国家灭亡；周文王任用偶遇的贤人而称王天下。这是为什么呢？是因为周文王能摆脱成见，不受拘束，独立审明宽广之道。现在君主沉溺在谄媚之中，受到近臣妻妾的牵制，使才识高远的士人与市井俗人为伍。这就是鲍焦愤世嫉俗的原因啊！

"我听说有德而入朝为官的人，不用私情玷污道义；重视声名的人，不因私利而伤害品行。所以里巷名叫'胜母'，曾子不进去；名叫'朝歌'的都城，墨子掉头离去。现在想使志向远大的士人，被威重的权力所笼络，被显赫的地位所胁迫，使他们改变初衷，玷污品行，去巴结谄谀的人，而求得君主亲近，那么士人就只有默默无闻老死于山野之间，哪里还会竭尽忠信而来到朝廷呢！"

◎ 内涵外延

荆轲（？—公元前227年）

又称庆卿，战国末期齐国人，后迁居卫国。春秋战国时期著名刺客。燕太子丹怕秦王消灭自己的国家，便孤注一掷，请荆轲前往秦国刺杀秦王嬴政，失败后被杀。

◎ 本文注释

〔1〕倾盖：这里指停车交谈。盖，车盖。
〔2〕藉：同"借"。奉：助。〔3〕駃騠（jué tí）：良马名。〔4〕伯：通"霸"。
〔5〕禽：同"擒"。〔6〕轮囷：委曲盘折。〔7〕祇：同"只"。
〔8〕挛（luán）拘：沾滞，固执。〔9〕皁：马槽。

李陵：？－公元前74年，西汉陇西成纪（今甘肃静宁西南）人，字少卿。李广孙，善骑射。武帝时为骑都尉，率兵出击匈奴，被单于大军围困，力战之后，因矢尽援绝而降。后居匈奴二十余年病死。据考证，世传《李陵答苏武书》乃后人伪作。

◎ 经典语录

夜不能寐　勇冠三军　相去万里，人绝路殊，生为别世之人，死为异域之鬼，长与足下生死辞矣

　　子卿足下：勤宣令德，策名清时[1]，荣问休畅，幸甚幸甚！远托异国，昔人所悲，望风怀想，能不依依！昔者不遗，远辱还答，慰诲勤勤，有逾骨肉，陵虽不敏，能不慨然！

　　自从初降，以至今日，身为穷困，独坐愁苦。终日无睹，但见异类，韦韝毳幕[2]，以御风雨；膻肉酪浆，以充饥渴。举目言笑，谁与为欢？胡地玄冰，边土惨裂，但闻悲风萧条之声。凉秋九月，塞外草衰，夜不能寐，侧耳远听，胡笳互动，牧马悲鸣，吟啸成群，边声四起。晨坐听之，不觉泪下。嗟乎，子卿！陵独何心，能不悲哉！

　　与子别后，益复无聊。上念老母，临年被戮[3]；妻子无辜，并为鲸鲵。身负国恩，为世所悲。子归受荣，我留受辱，命也何如！身出礼义之乡，而入无知之俗，违弃君亲之恩，长为蛮夷之域，伤已！令先君之嗣，更成戎狄之族，又自悲矣！功大罪小，不蒙明察，孤负陵心区区之意。每一念至，忽然忘生，陵不难刺心以自明，刎颈以见志，顾国家于我已矣，杀身无益，适足增羞，故每攘臂忍辱，辄复苟活。左右之人，见陵如此，以为不入耳之欢，来相劝勉。异方之乐，只令人悲，增忉怛耳！嗟乎，子

李陵答苏武书

李陵

145

卿！人之相知，贵相知心，前书仓卒，未尽所怀，故复略而言之。

昔先帝授陵步卒五千，出征绝域。五将失道，陵独遇战。而裹万里之粮，帅徒步之师，出天汉之外，入强胡之域，以五千之众，对十万之军，策疲乏之兵，当新羁之马。然犹斩将搴旗[4]，追奔逐北，灭迹扫尘，斩其枭帅[5]，使三军之士，视死如归。陵也不才，希当大任，意谓此时，功难堪矣。

匈奴既败，举国兴师，更练精兵，强逾十万，单于临阵，亲自合围。客主之形，既不相如；步马之势，又甚悬绝。疲兵再战，一以当千，然犹扶乘创痛，决命争首。死伤积野，余不满百，而皆扶病，不任干戈。然陵振臂一呼，创病皆起，举刃指虏，胡马奔走。兵尽矢穷，人无尺铁，犹复徒首奋呼，争为先登。当此时也，天地为陵震怒，战士为陵饮血！单于谓陵不可复得，便欲引还，而贼臣教之，遂使复战，故陵不免耳。

昔高皇帝以三十万众，困于平城，当此之时，猛将如云，谋臣如雨，然犹七日不食，仅乃得免。况当陵者，岂易为力哉？而执事者云云，苟怨陵以不死。然陵不死，罪也。子卿视陵，岂偷生之士而惜死之人哉？宁有背君亲、捐妻子而反为利者乎？然陵不死，有所为也。故欲如前书之言，报恩于国主耳。诚以虚死不如立节，灭名不如报德也。昔范蠡不殉会稽之耻，曹沫不死三败之辱，卒复勾践之仇，报鲁国之羞。区区之心，窃慕此耳。何图志未立而怨已成，计未从而骨肉受刑，此陵所以仰天椎心而泣血也。

足下又云："汉与功臣不薄。"子为汉

○ 品画鉴宝

苏李泣别图（明）陈洪绶／绘 此图表现的是汉代苏武和李陵的故事，左立者苏武，他右手持节，虽衣衫破烂，但仍不失汉室光荣，中间侧面立者为李陵，胡服及胡刀，两袖掩面而泣。

臣，安得不云尔乎！昔萧、樊囚絷，韩、彭菹醢，晁错受戮，周、魏见辜，其余佐命立功之士，贾谊、亚夫之徒[6]，皆信命世之才，抱将相之具，而受小人之谗，并受祸败之辱，卒使怀才受谤，能不得展。彼二子之遐举，谁不为之痛心哉！陵先将军功略盖天地，义勇冠三军，徒失贵臣之意，刭身绝域之表，此功臣义士所以负戟而长叹者也！何谓"不薄"哉！

且足下昔以单车之使，适万乘之虏，遭时不遇，至于伏剑不顾，流离辛苦，几死朔北之野。丁年奉使，皓首而归，老母终堂，生妻去帷，此天下所希闻，古今所未有也。蛮貊之人尚犹嘉子之节，况为天下之主乎？陵谓足下当享茅土之荐，受千乘之赏。闻子之归，赐不过二百万，位不过典属国，无尺土之封加子之勤。而妨功害能之臣，尽为万户侯；亲戚贪佞之类，悉为廊庙宰。子尚如此，陵复何望哉！且汉厚诛陵以不死，薄赏子以守节，欲使远听之臣望风驰命，此实难矣，所以每顾而不悔者也。

陵虽孤恩，汉亦负德。昔人有言："虽忠不烈，视死如归。"陵诚能安，而主岂复能眷眷乎？男儿生以不成名，死则葬蛮夷中，谁复能屈身稽颡，还向北阙，使刀笔之吏弄其文墨耶？愿足下勿复望陵。

嗟乎子卿！夫复何言！相去万里，人绝路殊，生为别世之人，死为异域之鬼，长与足下生死辞矣！幸谢故人，勉事圣君。足下胤子无恙，勿以为念。努力自爱。时因北风，复惠德音。李陵顿首。

子卿足下：您勤勤恳恳地宣扬美德，在太平盛世为官，美好的名声到处传扬，真是太好了，太好了。寄身异国他乡，这是前人悲伤的事，遥望家乡，怀念亲人，怎能不令人留恋。此前承您不弃，从遥远的地方给我回信，安慰教诲亲切真诚，超过了至亲骨肉，我虽然愚钝，又怎能不为之感动！

自从当初投降，直到今日，我独处困境，忧愁苦闷。终日满眼所见只是异族异物，皮衣毡帐用来抗御风雨，羊肉乳酪用来充饥解渴。举目环望，想和别人说笑，又能与谁一同为欢？塞外的冰，厚得发黑，边外大地，冰冻惨裂，只听到悲风萧瑟的声音。九月秋凉的时候，塞外草木枯黄，夜不成眠，侧耳倾听远处胡笳此起彼伏，牧马悲鸣，两者交融在一起，边地特有的声音从四方响起。清晨起来听着这些声音，不觉潸然泪下。唉，子卿！我李陵的心与别人有什么不同，又怎能不悲伤啊！

与您辞别之后，倍感无聊。想起我的老母，临近暮年惨遭杀戮；妻

147

儿无罪，也遭杀害。我辜负了朝廷的恩德，为世人所悲。您回国接受荣誉，我在匈奴蒙受耻辱，这是怎样不同的命运啊！我出身礼义之乡，却流落于愚昧无知的异乡，背弃君主和父母的恩情，永远流落蛮夷之地，伤心啊！使先父的后代，成为匈奴的族人，就更加感到悲伤！我功大罪小，没有得到君主明察，辜负了我的诚意。每想到此，便忘记了自己还活着，我不难以刺心来表明心迹，刎颈自杀来表现志向，但想到国家对我已是恩断义绝，自杀无补于事，反倒增加羞辱，所以总是勉强振作精神，忍受屈辱，于是又苟且活了下来。左右的人看见我这样，便用一些我不想听的乐事来劝慰我。异国的快乐，只能令人更加悲哀，增加内心的忧伤痛苦罢了。唉，子卿！彼此相知，贵在知心。前一封信写得匆忙，没能尽述我的情怀，所以再简略地说说。

　　当初先帝授予我五千兵马，远征匈奴。其他将军因迷失方向，未能按时会合，只有我单独与匈奴军队交战。携带征战万里的粮草，率领步兵，出征到汉土之外，进入强大的匈奴地域，凭着五千步兵，对抗匈奴十万大军，指挥疲劳之师，抵抗装备精良的匈奴骑兵。尽管如此，我们仍能斩将拔旗，追赶逃敌，像打扫灰尘一样干净利落地斩杀他们的勇将，全军将士视死如归。我虽然没有才能，却希望担当重任，我认为这时的功劳别人难以胜过。

　　匈奴失败后，举国动员，挑选出十万精兵，单于亲临战场指挥部署。两军力量本就无法相比，步兵和骑兵的力量更是相差悬殊。我军疲劳的士兵再次投入战斗，仍能以一当千，大家忍住痛苦，拼死争先。死伤的士卒积满了荒野，剩下的不满百人，而且都伤病在身，甚至拿不动武器。但是我振臂一呼，伤员、病号无不奋起，举刀杀向敌人，匈奴的骑兵四散逃走，兵器没有了，箭用光了，手无寸铁，仍然高呼杀敌，争先恐后地向前冲去。当时，天地也为我动容，战士为我饮泣。单于认为不可战胜我，准备领兵撤回，但是贼臣告密，于是使得单于再来交战，所以我的失败是不可避免的。

　　从前高皇帝带领三十万人马被匈奴围困在平城，当时猛将如云，谋臣如雨，还断粮七日，最后勉强脱身。何况我面对十万大军，难道容易对付吗？然而执政的人议论纷纷，埋怨我不以死报国。我没有死，固然有罪，可子卿你看我是那种苟且偷生，贪生怕死的人吗？又哪里会背弃君主父母，抛弃妻子儿女，反倒为自己求利呢？我李陵不死，是要有所

○ 品画鉴宝
苏武牧羊图（民国）王震／绘　图画苏武执节牧羊的情景，画出了其虽孤独而不失风度的气节。

作为，正如我给您的前一封信中所说，是想等待将来对国君报恩。我认为白白地死去不如建立名节，销声匿迹不如报答恩德。从前范蠡不为会稽之耻而殉身，曹沫不为三次打败的耻辱而死去，终于报了勾践的仇，雪了鲁国的耻。我发自内心仰慕他们的作为。哪料想壮志未酬反而结怨，计划没有实现亲人已遭杀戮，这是我李陵仰天捶胸悲伤的原因啊！

　　足下又说："汉朝待功臣不薄。"您是汉朝的臣子，哪能不这样说呢？从前萧何、樊哙被囚禁，韩信、彭越被剁成肉酱，晁错被杀，周勃、窦婴被判罪，其余辅佐天子建立功勋的人，像贾谊、周亚夫等人都是当时的杰出人才，怀有将相的才能却受到小人的谗言，都遭祸受辱，终于怀才受谤，才华未能得以施展。对这两个人的死，谁不为之痛心啊？我的祖父，功勋才略笼盖天地，忠义勇冠三军，只是失去权贵的欢心，自杀于遥远的异域，这是功臣义士负戟长叹的原因啊！又怎么能说"不薄"呢！

　　您从前以单车使臣，出使拥有强兵的匈奴，恰逢时机不好，竟至要拔剑自杀，后来颠沛流离，历尽艰辛，几乎死在北方的荒野。您壮年奉命出使，年老白发而归，老母去世，妻子改嫁，这是天下少见，从古至今所不曾有的事。就连匈奴人都赞赏您的节操，何况天下的君主呢？我认为您应当享受封侯之赏，受千乘之赐。可是我听说您回国后，受赏不过二百万，官位仅仅是典属国，没有一尺土地的封赏来嘉奖你效忠国家的功劳。而那些嫉贤妒能的臣子却封为万户侯，皇亲贵戚和贪墨之徒却成了朝廷重臣。您尚且如此，我还能指望什么呢！朝廷因我不能为名节

而死严加责罚,对您坚守节操却赏赐微薄,想使在外的臣子为此奔走效命,这实在太难了!所以我每当想到这些就不后悔。

　　虽然我有负皇恩,但是汉朝也有负于我。前人有句话说:"虽然不是忠烈之人,但也能视死如归。"我如果能为国献身,皇上难道还能顾念我吗?男子活着不能成名,葬身蛮夷中算了,谁还能够屈身叩头,回来让那些刀笔之吏罗织罪名呀?希望您别再对我抱什么希望了。

　　唉,子卿!还有什么好说呢!相隔万里,往来断绝,道路不同,生为别世之人,死为异域之鬼,永远与您生死相别了,向我的老朋友致意,希望你们努力侍奉圣君。您的儿子很好,不必挂念。愿您珍重自己,时常借着北风,带来好消息。李陵顿首。

◎ 内涵外延
苏武牧羊
汉武帝天汉元年(公元前100年),苏武奉命出使匈奴,因副使张胜参与匈奴内部斗争而被扣留,直至汉昭帝始元六年(公元前81年)才得以返回汉朝。十九年间,他受尽人身迫害、威逼利诱而坚贞不移,誓死不肯投降。匈奴单于将他流放到北海(今贝加尔湖)荒无人烟处放牧公羊,且扬言要到公羊产羔才将他释放。天汉二年(公元前99年),李陵投降匈奴,曾受单于之命前往北海劝降苏武。

◎ 本文注释
〔1〕策名:名字写在官府简册上。
〔2〕韝(gōu):套袖。毳(cuì)幕:毛毡制的帐篷。
〔3〕临年:这里指临到老年。〔4〕搴(qiān):拔取。〔5〕枭(xiāo)帅:勇将。
〔6〕亚夫:周勃的儿子,西汉名将。

诫兄子严敦书

马援

马　援：公元前14—49年，东汉扶风茂陵（今陕西兴平）人，字文渊。王莽时为新城大尹（汉中太守）。后归附刘秀。建武十七年为伏波将军，镇压征侧、征贰的起义，封新息侯。

◎ 经典语录

口无择言　画虎不成反类犬　忧人之忧，乐人之乐

　　援兄子严、敦，并喜讥议，而通轻侠客。援前在交趾[1]，还书诫之曰：吾欲汝曹闻人过失[2]，如闻父母之名，耳可得闻，口不可得言也。好议论人长短，妄是非正法，此吾所大恶也，宁死不愿闻子孙有此行也。汝曹知吾恶之甚矣，所以复言者，施衿结缡[3]，申父母之戒，欲使汝曹不忘之耳。龙伯高敦厚周慎，口无择言，谦约节俭，廉公有威。吾爱之重之，愿汝曹效之。杜季良豪侠好义，忧人之忧，乐人之乐，清浊无所失，父丧致客，数郡毕至。吾爱之重之，不愿汝曹效之。效伯高不得，犹为谨敕之士[4]，所谓"刻鹄不成尚类鹜"者也[5]。效季良不得，陷为天下轻薄子，所谓"画虎不成反类狗"者也。讫今季良尚未可知，郡将下车辄切齿[6]，州郡以为言，吾常为寒心，是以不愿子孙效也。

　　马援哥哥的儿子马严和马敦，都喜欢讥笑议论别人，并与一些轻狂的侠客有来往。以前马援在交趾的时候，来信告诫他们说：我希望你们听到别人的过失，就像听到父母的名字一样，只能听，但不可以说。好议论别人的长短，不负责任地评论政策法令，这是我最讨厌的，我宁愿死也不愿意听到子孙中有此种行为。你们知道我最痛恨这种品行，之所以再重申，就像送女儿出嫁时父母给她戴好佩巾，把训诫反复强调一样，就是希望你们不要忘记。龙伯高为人厚道，廉洁谨慎而颇具威望。我喜欢他敬重他，希望你们以他为楷模。杜季良豪侠好义，以他人之忧

151

而忧，以他人之乐为乐，不论什么人都去结交，他父亲去世时好几个郡的人都来送葬。我喜欢他敬重他，但不希望你们效仿他。学习伯高不成，还可成为谨慎的人，所谓"刻天鹅不成至少还像只野鸭"。学季良而不成，便落入轻薄子弟行列，所谓"画虎不成反类犬"。现在还说不好季良的结局如何，但郡守到任时总对他咬牙切齿，州郡的人把这事说给我听，我常常替他担心，所以不愿意子孙效仿他。

◎ 内涵外延

马革裹尸

马援英勇善战，为东汉王朝的建立和巩固立下了汗马功劳。他一生征战沙场，曾说："男儿要当死于边野，以马革裹尸还葬耳，何能卧床上在儿女子手中邪！"（南朝·宋·范晔《后汉书·马援传》）后来，人们就用"马革裹尸"代指将士英勇杀敌、战死疆场。

◎ 本文注释

〔1〕交趾：汉郡名，在岭南一带。〔2〕汝曹：你们。
〔3〕施衿（jīn）结缡（lí）：古时女儿出嫁，母亲把佩带结在女儿身上，以示至夫家勤勉家务。衿，佩带。缡，佩巾。
〔4〕谨敕（chì）：谨慎，庄重。
〔5〕鹄（hú）：天鹅。鹜（wù）：野鸭。〔6〕下车：指到任。

前出师表

诸葛亮

诸葛亮：公元181—234年，字孔明，琅琊阳都人，三国时期杰出的政治家、军事家、战略家、外交家，蜀汉丞相。谥曰忠武侯。

◎ 经典语录

妄自菲薄　作奸犯科　三顾茅庐　不知所云

臣亮言：先帝创业未半，而中道崩殂。今天下三分，益州疲弊，此诚危急存亡之秋也[1]。然侍卫之臣不懈于内，忠志之士忘身于外者，盖追先帝之殊遇，欲报之于陛下也。诚宜开张圣听[2]，以光先帝遗德，恢宏志士之气；不宜妄自菲薄，引喻失义[3]，以塞忠谏之路也。

宫中府中，俱为一体，陟罚臧否[4]，不宜异同。若有作奸犯科及为忠善者[5]，宜付有司论其刑赏，以昭陛下平明之治，不宜偏私，使内外异法也。

侍中、侍郎郭攸之、费祎、董允等，此皆良实，志虑忠纯，是以先帝简拔以遗陛下。愚以为宫中之事，事无大小，悉以咨之，然后施行，必能裨补阙漏，有所广益。将军向宠，性行淑均[6]，晓畅军事，试用于昔日，先帝称之曰能，是以众议举宠以为督。愚以为营中之事，事无大小，悉以咨之，必能使行阵和穆，优劣得所也。

亲贤臣，远小人，此先汉所以兴隆也。亲小人，远贤臣，此后汉所以倾颓也。先帝在时，每与臣论此事，未尝不叹息痛恨于桓、灵也。侍中、尚书、长史、参军，此悉贞亮死节之臣也，愿陛下亲之信之，则汉室之隆，可计日而待也。

臣本布衣，躬耕于南阳，苟全性命于乱世，不求闻达于诸侯。先帝不以臣卑鄙，猥自枉屈[7]，三顾臣于草庐之中，咨臣以当世之事，由是感激，遂许先帝以驱驰。后值倾覆，受任于败军之际，奉命于危难之间，尔来二十有一年矣。先帝知臣谨慎，故临崩寄臣以大事也。受命以来，夙夜忧叹，恐托付不效，以伤先帝之明。故五月渡泸，深入不毛。今南方已定，兵甲已足，当奖帅三军，北定中原，庶竭驽钝，攘除奸凶，兴复汉室，还于旧都。此臣之所以报先帝而忠陛下之职分也。至于斟酌损益[8]，进尽忠言，则攸之、祎、允之任也。

153

○ 品画鉴宝
青瓷扁壶（三国） 壶直颈。平口、扁圆腹。腹部上刻一装饰图案，下有十三字铭文，自报家门，实为难得。

愿陛下托臣以讨贼兴复之效；不效，则治臣之罪，以告先帝之灵。若无兴德之言，则责攸之、祎、允之咎，以彰其慢[9]。陛下亦宜自谋，以咨诹善道[10]，察纳雅言，深追先帝遗诏。臣不胜受恩感激。

今当远离，临表涕泣，不知所云。

臣诸葛亮进言：先帝统一天下的大业还未完成一半，就中途驾崩了。如今天下三国鼎立，益州疲困，处在生死攸关的紧要时刻。然而朝廷中的侍卫大臣不敢懈怠，忠诚有志的将士在外舍身奋战，是因为他们追念先帝对他们的厚恩，想把这种感恩之情献于陛下。陛下应该广泛听取意见，弘扬先帝遗留下来的美德，激励志士的斗志，不应该妄自菲薄，言谈有违道义，以致堵塞众臣进谏忠言的道路。

皇宫的侍臣和丞相府的官员是一个整体，对他们的提升、处罚、表扬、批评，不应该有所不同。如果有人违法乱纪，或者有人尽忠为善，应该交给主管官员论定应得的处罚和奖励，以昭示陛下的公正严明，不应该有所偏私，使皇宫相府的执法标准不一致。

侍中、侍郎敦攸之、费祎、董允等人，贤良诚实，忠诚纯正，所以先帝把他们选拔出来留给陛下。我认为宫中之事，无论大小，都先与他们商量，然后再实行，就一定能够防止缺失，弥补漏洞，获得更大的成效。将军向宠，性格和善，行事公正，熟悉军事，以前试用过他，先帝认为他有才能，所以群臣推举他做都督。我认为军营中的事情，无论大小都与他商量，必能使军队团结和睦，使不同的人各尽其能。

亲近贤臣，疏远小人，这是前汉兴盛的原因；亲近小人，疏远贤臣，这是后汉覆亡的原因。先帝在位时，每当同我论及此事，对桓、灵二帝无不感到痛心惋惜。侍中郭攸之、尚书陈震、长史张裔、参军蒋琬，这些都是贤贞忠诚，能够以死报国的臣子，希望陛下亲近信任他们，那么汉室的兴旺发达，就指日可待了。

　　我本来是一个平民，在南阳耕田种地，只想在乱世中保全性命，不想在诸侯中名声显赫。先帝不认为我见识鄙陋，甘愿降低身份，枉驾屈临，三次到茅屋中来看望我，征询天下的大事。我因此受到感动，于是答应愿为先帝奔走效劳。后来遇到当阳失利，我临危受命，到现在已经二十一年了。先帝知道我遇事谨慎，所以临死时把复兴汉室的大任托付给我。我自接受遗命以来，日夜忧虑，唯恐有负先帝的托付，有损先帝的知人善任。所以五月里渡过泸水，深入荒凉不毛之地。现在南方已经平定，武器装备充足，应当奖励并统帅全军，北上平定中原，我愿把自己的平庸才力贡献出来，铲除奸诈凶恶的曹魏，重振汉室，回到原来的国都，这是我报答先帝和尽忠于陛下的职责。至于对国家政事的斟酌处理，向陛下进献忠言，那就是郭攸之、费祎、董允的责任。

　　希望陛下把讨伐逆贼振兴汉室的大任交给我，如果不见成效就治我的罪，以告慰先帝的英灵。如果没有发扬德行的忠言，就追究攸之、费祎、董允等人的失职之罪。陛下也应该自己多加考虑，征求好的治国策略，明察并采纳群臣的意见，深切追念先帝的遗训。我蒙受陛下恩德，感激不尽！

　　现在就要出征远行，写奏章时禁不住泪沾衣襟，不知说了些什么。

◎ 内涵外延

刘备（公元前161－前223年）

即蜀汉昭烈帝。三国时蜀汉的建立者。公元221－223年在位。字玄德，涿郡县（今河北涿州）人。汉远支皇族。东汉末年起兵，参与镇压黄巾起义军的战争。秘杀曹操不成而逃。三顾茅庐得到诸葛亮的辅佐。与孙权联合大败曹操于赤壁，取得益州与汉中，自立为汉中王。公元221年，于成都即位称帝，国号汉，年号建章。伐东吴兵败，损失惨重，退回白帝城，因病崩逝，享年六十二岁，谥号昭烈帝，史称为刘先主。

◎ 本文注释

〔1〕秋：这里指紧要时刻。〔2〕开张圣听：意思是广开言路，听取意见。
〔3〕引喻失义：指言谈失去大义。〔4〕陟（zhì）：提升。臧：善。否（pǐ）：恶。
〔5〕科：条令。〔6〕淑均：和善公平。〔7〕猥（wěi）：谦词，相当于"辱"。
〔8〕损益：这里指取舍。〔9〕慢：疏忽，怠慢。
〔10〕咨诹（zōu）：询问。

后出师表

诸葛亮

◎ 经典语录

寝不安席，食不甘味　鞠躬尽力，死而后已

先帝虑汉、贼不两立，王业不偏安，故托臣以讨伐也。以先帝之明，量臣之才，固知臣伐贼，才弱敌强也；然不伐贼，王业亦亡。惟坐而待亡，孰与伐之？是故托臣而弗疑也。

臣受命之日，寝不安席，食不甘味。思惟北征[1]，宜先入南，故五月渡泸，深入不毛，并日而食。臣非不自惜也，顾王业不可偏安于蜀都，故冒危难以奉先帝之遗意，而议者谓为非计。今贼适疲于西，又务于东，兵法乘劳，此进趋之时也。谨陈其事如左：

高帝明并日月，谋臣渊深，然涉险被创，危然后安。今陛下未及高帝，谋臣不如良、平，而欲以长策取胜，坐安天下，此臣之未解一也。

刘繇、王朗，各据州郡，论安言计，动引圣人，群疑满腹，众难塞胸，今岁不战，明年不征，使孙策坐大，遂并江东，此臣之未解二也。

曹操智计，殊绝于人，其用兵也，仿佛孙、吴，然困于南阳，险于乌巢，危于祁连，逼于黎阳，几败北山，殆死潼关，然后伪定一时尔。况臣才弱，而欲以不危而定之，此臣之未解三也。

曹操五攻昌霸不下，四越巢湖不成，任用李服而李服图之，委任夏侯而夏侯败亡。先帝每称操为能，犹有此失，况臣驽下，何能必胜？此臣之未解四也。

自臣到汉中，中间期年耳，然丧赵云、阳群、马玉、阎芝、丁立、白寿、刘郃、邓铜等及曲长、屯将七十余人，突将无前，賨叟、青羌散骑、武骑一千余人，此皆数十年之内所纠合四方之精锐，非一州之所有。若复数年，则损三分之二也，当何以图敌？此臣之未解五也。

今民穷兵疲，而事不可息。事不可息，则住与行劳费正等，而不及早图之，欲以一州之地，与贼持久，此臣之未解六也。

夫难平者事也。昔先帝败军于楚，当此时，曹操拊手[2]，谓天下已定。然后先帝东连吴越，西取巴蜀，举兵北征，夏侯授首，此操之失计而汉事将成也。然后吴更违盟，关羽毁败，秭归蹉跌，曹丕称帝。凡事如是，难可逆料。臣鞠躬尽力，死而后已。至于成败利钝，非臣之明所能逆睹也[3]。

先帝考虑汉室和逆贼势不两立，汉室的大业不能偏居一地，所以把讨伐逆贼的大任托付给我。以先帝的圣明,衡量我的才能,本就知道敌强而我难以担当讨贼重任;但如不讨贼,帝王大业也要灭亡。与其坐以待毙,不如去讨伐逆贼。因此,先帝毫不犹豫地把这重任交给我。

我自受命之日起,便寝食不安。考虑要讨伐,必然先要安定南方,所以五月渡过泸水,深入到草木不生的蛮荒之地,两天只能吃到一天的饭食。我并非不知爱惜自己,而是帝王大业不可以偏安在蜀都这个角落,所以冒着艰险执行先帝的遗愿,但是好空谈的人却说这是不可行的计策。如今逆贼在西边被打得疲惫不堪,又忙着对东南用兵,兵法说要乘敌疲劳时进击,这正是举兵的大好时机。谨陈讨贼事宜如下:

高帝圣明可与日月同辉,谋臣深谋远虑,但仍难免历险,遭受创伤,经受了许多艰难险阻才得以安定天下。现在陛下不如高帝,谋臣比不上张良、陈平,却想以长久计策取得胜利,安坐而平定天下,这是我所不理解的第一点。

刘繇、王朗各自占据州郡,空谈安危计策,动不动引用古代圣人言

○ 品画鉴宝　武侯高卧图(明)朱瞻基/绘　图画诸葛亮敞胸露怀,头枕书匣,仰面躺在竹丛下,举止疏狂,环境出僻。人物线条洗练,墨竹用笔潇洒,得元人意韵。

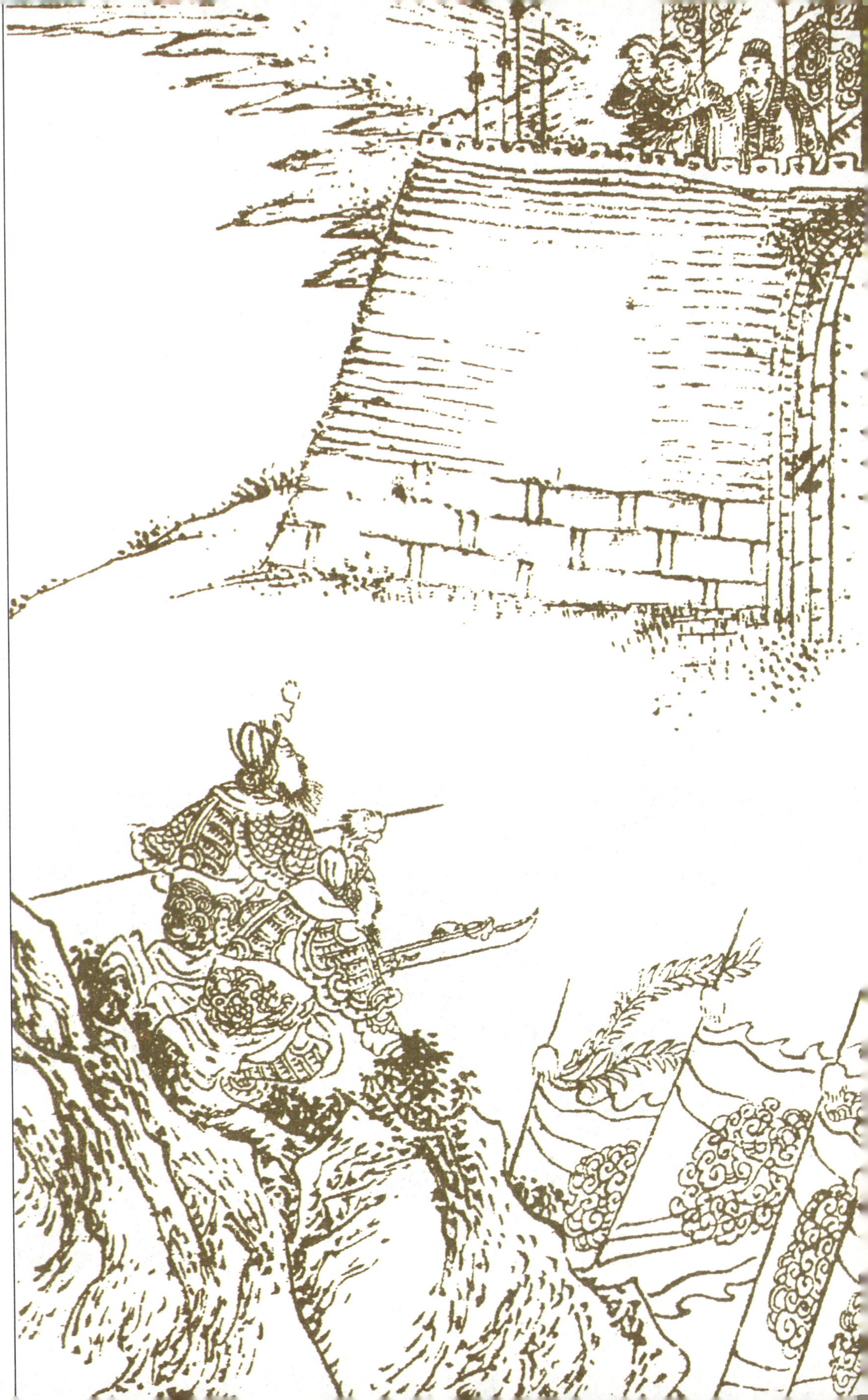

论，疑虑重重，缩手缩脚，今年不出战，明年不出征，使孙策的势力安安稳稳地发展壮大，并吞了江东，这是我所不理解的第二点。

曹操智谋出众，用兵作战像孙膑、吴起，但也曾被困于南阳，乌巢遇险，祁连遭难，黎阳被逼，几乎败于北山，差点在潼关送命，这以后才暂时安稳一时。何况我才能微弱，却想不冒风险而平定天下，这是我所不理解的第三点。

曹操五次攻打昌霸没有成功，四次渡巢湖而未能如愿，任用李服而李服却谋害他，委任夏侯渊，夏侯渊却战败身亡。先帝常常称赞曹操是能人，还会有这些失误，何况我才能低下，怎能取胜？这是我所不理解的第四点。

从我率兵到汉中，也就一年的时间，却已损失了赵云、阳群、马玉、阎芝、丁立、白寿、刘郃、邓铜等大将以及曲长、屯将七十多人，还丧失了冲锋陷阵的賨叟、青羌的骑兵一千多人，这都是几十年中从四方招集起来的精锐，并非一州所有。如果再过几年，将会折损三分之二，到那时凭什么图谋伐敌呢？这是我所不理解的第五点。

如今百姓穷困，士兵疲惫，而战事不休。战事不能停息，那么坐守和进攻所消耗的人力物力是相等的。如果不及早图谋攻敌，仅凭一州的土地，与敌人长久相持，这是我所不理解的第六点。

最难预料的是事情的变化。从前先帝在楚地失利，当时曹操拍手称快，认为天下已成定局。但是，后来先帝联合孙权，西夺巴蜀，出师北征，夏侯渊被斩，这是曹操的失算而汉室的复兴有望成功。然而，后来孙权违背盟约，关羽被杀，先帝在秭归受挫，曹丕称帝。凡事都是如此，很难预料。我只有鞠躬尽瘁，死而后已。至于成败与否，不是我能预料到的。

◎ 内涵外延

曹操（公元155－220年）

即魏武帝。三国时政治家、军事家、诗人。字孟德，小名阿瞒，沛国谯县（安徽亳州）人。从建安二年起，曹操利用他"挟天子以令诸侯"的政治优势，东征西讨，开始了他翦灭群雄，统一北方的战争。建安二十五年（公元220年）正月，曹操还军洛阳。当月，病死在洛阳，终年六十六岁。

◎ 本文注释

〔1〕思惟：思虑。〔2〕拊手：拍掌。拊：书面语"拍"。〔3〕逆：预先。

陈情表

李密

李密：公元224－287年，西晋武阳(今四川彭山县)人，一名虔，字令伯。曾任蜀汉尚书郎，以文学才辩著称于世。蜀汉灭亡，被晋武帝征召为太子洗马，以奉养祖母为由，辞不赴任。祖母死后出仕，官至汉中太守。

◎ **经典语录**

孤苦伶仃　茕茕孑立，形影相吊　气息奄奄　相依为命

　　臣密言：臣以险衅[1]，夙遭闵凶[2]。生孩六月，慈父见背[3]；行年四岁，舅夺母志。祖母刘，愍臣孤弱[4]，躬亲抚养。臣少多疾病，九岁不行。零丁孤苦，至于成立。既无叔伯，终鲜兄弟。门衰祚薄[5]，晚有儿息[6]。外无期功强近之亲，内无应门五尺之童。茕茕孑立[7]，形影相吊。而刘夙婴疾病[8]，常在床蓐。臣侍汤药，未尝废离。

　　逮奉圣朝，沐浴清化。前太守臣逵，察臣孝廉；后刺史臣荣，举臣秀才。臣以供养无主，辞不赴命。诏书特下，拜臣郎中；寻蒙国恩，除臣洗马。猥以微贱，当侍东宫，非臣陨首所能上报。臣具以表闻，辞不就职。诏书切峻，责臣逋慢；郡县逼迫，催臣上道；州司临门，急于星火。臣欲奉诏奔驰，则刘病日笃；欲苟顺私情，则告诉不许。臣之进退，实为狼狈。

　　伏惟圣朝以孝治天下，凡在故老，犹蒙矜育，况臣孤苦，特为尤甚。且臣少事伪朝，历职郎署，本图宦达，不矜名节。今臣亡国贱俘，至微至陋，过蒙拔擢，宠命优渥，岂敢盘桓，有所希冀？但以刘日薄西山，气息奄奄，人命危浅，朝不虑夕。臣无祖母，无以至今日；祖母无臣，无以终余年。母孙二人，更相为命，是以区区不能废远。臣密今年四十有四，祖母刘今年九十有六。是臣尽节于陛下之日长，报刘之日短也。乌鸟私情，愿乞终养。臣之辛苦，非独蜀之人士及二州牧伯所见明知，皇天后土，实所共鉴。

　　愿陛下矜愍愚诚，听臣微志。庶刘侥幸，卒保余年。臣生当陨首，死当结草。臣不胜犬马怖惧之情，谨拜表以闻。

　　臣李密上言：我因命运坎坷，幼年遭遇不幸。出生六个月，父亲就去世了，到四岁时，舅父强迫母亲改嫁。祖母刘氏怜悯我孤苦病弱，亲自抚养我。我从小就经常生病，九岁还不能行走。孤苦零丁，直到成人。既没有叔伯，也没有兄弟。家门衰败，福气浅薄，很晚才有儿子。外无近亲，家里没有看守门户的童仆，真是孤孤单单，形影相伴。祖母刘氏

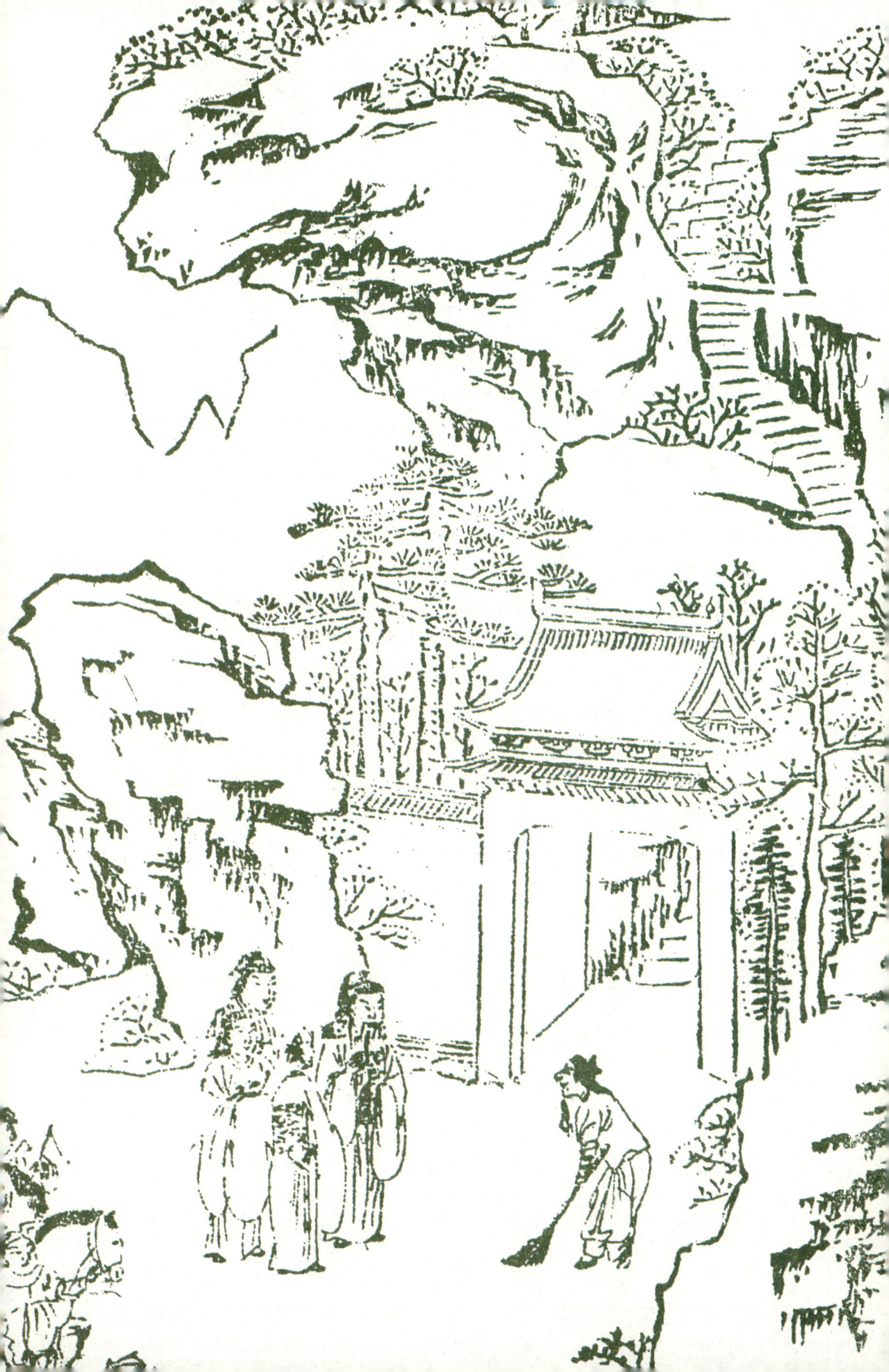

因病常年卧床不起，我侍奉汤药，不曾离开过。

到了当朝，承受清明政治的教化。前太守名逵举荐我为孝廉，后刺史名荣推举我做秀才。因祖母无人供养，辞谢举荐。现在特别下达诏书，任命我为郎中，不久又蒙皇上的恩典，授职为太子洗马。以自己的卑微之身，来侍奉太子，这种恩典不是我所能报答的。我奏表推辞不能到职。诏书急切严峻，指责我回避怠慢；县令催促我赴任；州官登门催促急如星火。我想奉诏赶往，无奈祖母的疾病一天天加重；想暂时迁就私情，陈诉却得不到允许，实在叫我进退两难。

我想圣朝以孝道治天下，凡是老人，尚且受到朝廷的怜惜养育，何况我的孤苦，更是特别深重。况且我年轻时曾侍奉伪朝，做尚书郎，原本希图官职显达，并不想夸耀名节。现在我是卑贱的俘虏，特别微贱鄙陋，却蒙提拔，恩宠优厚，又怎敢徘徊滞留另有希求？只因祖母已经风烛残年，奄奄一息，生命就要终结，朝不虑夕。如果没有祖母，就不会有我的今天；祖母如果没有我，也无法度过晚年。祖孙二人相依为命，我不愿放弃对祖母的奉养而远离她。臣今年四十四岁，祖母今年九十六岁。我尽忠陛下的时间长，供养祖母的时间却不多了。乌鸦有反哺之情，我愿奉养祖母到最后。我的苦处，不单蜀地的人士和两位长官看见了，而且天地神明也都看得清清楚楚。

希望陛下怜悯我的诚心，准许我实现这微小夙愿，或许祖母可侥幸终其天年，我活当舍命效力，死也结草报恩。我怀着惶恐畏惧的心情，恭敬上表奏报陛下。

◎ 内涵外延

李密出仕

李密在祖母去世服期满后出仕。在任温县（今河南温县）县令时，政令严明，政绩显著，以刚正见称。后迁任汉中太守，一年后罢官归田，终老林下，享年六十四岁。

◎ 本文注释

〔1〕险衅：指厄运。〔2〕夙：早，昔。闵：同"悯"，这里指所忧愁的事。〔3〕见背：和我背离，指死去。〔4〕愍（mǐn）：同"悯"，怜悯。〔5〕祚：福。〔6〕儿息：子女，后代。〔7〕茕茕（qióng）：孤独的样子。〔8〕婴：缠绕。这里指疾病缠身。

兰亭集序

王羲之

王羲之：公元321—379年，字逸少，琅邪临沂（今山东临沂）人，居会稽山阴（今浙江绍兴）。士族出身，曾任江州刺史、会稽内史、右军将军等职，世称"王右军"，是我国历史上最著名的书法家。

◎ 经典语录

崇山峻岭　曲水流觞　放浪形骸

　　永和九年，岁在癸丑，暮春之初[1]，会于会稽山阴之兰亭，修禊事也。群贤毕至，少长咸集。此地有崇山峻岭，茂林修竹。又有清流激湍，映带左右，引以为流觞曲水。列坐其次[2]，虽无丝竹管弦之盛，一觞一咏，亦足以畅叙幽情。是日也，天朗气清，惠风和畅。仰观宇宙之大，俯察品类之盛，所以游目骋怀，足以极视听之娱，信可乐也。

　　夫人之相与，俯仰一世，或取诸怀抱，晤言一室之内[3]；或因寄所托，放浪形骸之外。虽取舍万殊，静躁不同，当其欣于所遇，暂得于己，快然自足，曾不知老之将至。及其所之既倦，情随事迁，感慨系之矣。向之所欣[4]，俛仰之间，已为陈迹，犹不能不以之兴怀[5]。况修短随化[6]，终期于尽。古人云："死生亦大矣。"岂不痛哉！

　　每览昔人兴感之由，若合一契，未尝不临文嗟悼，不能喻之于怀。固知一死生为虚诞，齐彭殇为妄作。后之视今，亦犹今之视昔。悲夫！故列叙时人，录其所述。虽世殊事异，所以兴怀，其致一也。后之览者，亦将有感于斯文。

　　永和九年，是癸丑年，暮春三月的上旬，在会稽郡山阴县的兰亭聚会，举行袚禊活动。来了许多著名人物，年轻的年长的全都聚在一起。这个地方崇山峻岭，树林茂密，竹子修长。还有清澈湍急的水流，辉映环绕左右，作为流觞的曲水。大家依次而坐，虽然没有音乐助幸，但饮酒作赋，也足以抒发内心的情怀。这一天，天气晴朗，空气清新，微风和煦。仰观天地的广大，俯察审视繁盛的万物，放目流览，舒展胸怀，足以享尽耳目的欢娱，实在快乐！

　　人生居于天地之间，转眼就是百年。有些人相约处所互诉情怀；有些人则放浪形骸，寄情于山水之间。虽然取舍有别，性情各异，可当他们遇到事而喜悦时，自己暂时得意也心满意足，竟忘却衰老即将到来。等到他们对所向往的事物感到厌倦，心情也随事物的变化而改变，感慨便会随之而来。以前喜欢的事情或享受的快乐,顷刻之间已成为过去的陈迹,对这些不能不因此而发感叹。更何况人的寿命有长有短,听凭自然规律,终将归于结束。古人说:"生死是件大事啊。"哪能不令人悲痛呢!

每当看到前人发生感慨的原由,就如同符契一样相合,未尝不面对前人的文章而悲叹,心里不明白为什么会这样。本来就知道把生死等同起来是荒诞的,把长寿和短命等同起来也是荒谬的。后人看现在的人,就像现在的人看过去的人一样,是可悲的事情!因此,把当时与会的人一一记录下来,抄录他们所做的诗篇。虽然时代不同事情相异,但所发生的感慨,其情致是一样的。后代的读者,也会从这些诗文中引发感慨。

◎ 内涵外延

王羲之桌面"题字"

某次王羲之到他门生家里去,坐在一个新的几案旁,看到几案的面又光滑又干净,引起了他写字的兴趣。随后,王羲之在几案上写了几行字,留作纪念,就回去了。过了几天,那个门生有事出门去了。他的父亲进书房收拾,一看新几案给墨迹弄脏了,就用刀把字刮掉。等门生回来,几案上的字迹已经不见了。门生为这件事懊恼了好几天。

◎ 本文注释

[1] 暮春之初:三月初三日。[2] 次:处所,地方,这里指水边。
[3] 晤言:对面谈话。[4] 向:过去,从前。
[5] 兴怀:产生感慨。[6] 修短:指寿命长短。修,长的意思。化:造化,自然。

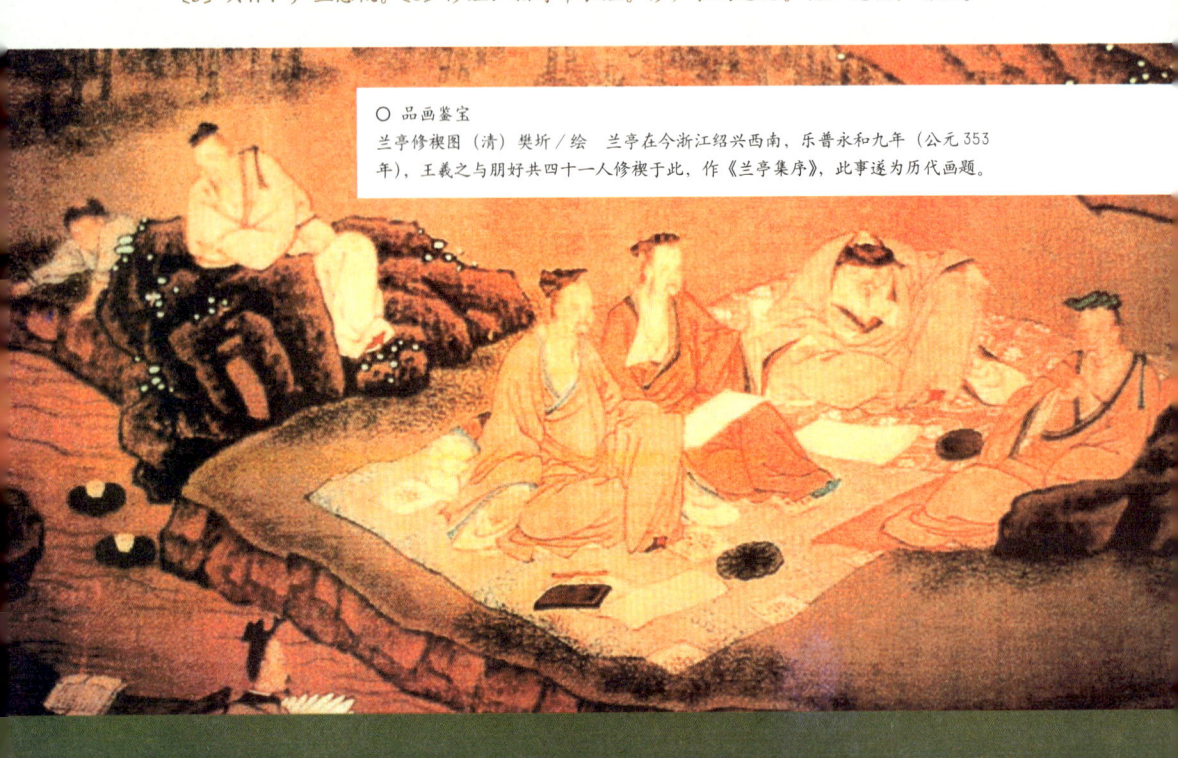

○ 品画鉴宝

兰亭修禊图 (清) 樊圻 / 绘 兰亭在今浙江绍兴西南,乐晋永和九年(公元353年),王羲之与朋好共四十一人修禊于此,作《兰亭集序》,此事遂为历代画题。

归去来辞

陶渊明

陶渊明：公元 365－427 年，字元亮，东汉伟大的文学家，入宋后改名潜，浔阳柴桑（今江西九江）人。出身没落官僚地主家庭，曾做过几任小官。他少怀壮志，在宦海挣扎过程中，知道志愿难以实现，且仕途凶险，于四十一岁时，决定辞官归隐。

◎ **经典语录**

云无心以出岫，鸟倦飞而知还　欣欣向荣

归去来兮，田园将芜，胡不归！既自以心为形役[1]，奚惆怅而独悲！悟已往之不谏[2]，知来者之可追。实迷途其未远，觉今是而昨非。舟摇摇以轻飏，风飘飘而吹衣。问征夫以前路，恨晨光之熹微。乃瞻衡宇[3]，载欣载奔。僮仆欢迎，稚子候门。三径就荒，松菊犹存。携幼入室，有酒盈樽。引壶觞以自酌，眄庭柯以怡颜。倚南窗以寄傲，审容膝之易安[4]。园日涉以成趣，门虽设而常关。策扶老以流憩，时矫首而遐观。云无心以出岫[5]，鸟倦飞而知还。景翳翳以将入，抚孤松而盘桓。

归去来兮，请息交以绝游。世与我而相违，复驾言兮焉求！悦亲戚之情话，乐琴书以消忧。农人告余以春及，将有事于西畴[6]。或命巾车，或棹孤舟。既窈窕以寻壑，亦崎岖而经邱[7]。木欣欣以向荣，泉涓涓而始流。羡万物之得时，感吾生之行休。

已矣乎，寓形宇内复几时，曷不委心任去留！胡为乎遑遑欲何之？富贵非吾愿，帝乡不可期。怀良辰以孤往，或植杖而耘耔。登东皋以舒啸[8]，临清流而赋诗。聊乘化以归尽，乐夫天命复奚疑！

回去吧，田园快要荒芜了，为什么还不回去！既然自己曾使心灵为形体所奴役，为什么惆怅而独自悲伤！认识到过去的错误已不可挽回，知道未来还可以补救。实在是误入迷途还不远，觉察今日的道路走对了而过去的错了。船在水中荡漾而轻轻地缓行，微风徐徐吹拂着衣裳。向行人打听前面的路程，只恨晨光朦胧不清。远远望见自己的陋屋，我高兴地向前飞奔。童仆前来迎接，孩子们等候在门旁。院中的小路长满荒草，松树菊花依然茂盛。拉着小孩进入屋内，有酒樽盛满酒浆。端起酒杯自斟自酌，观赏庭院中的树木是多么惬意自得。倚靠着南窗寄寓傲世的情怀，深知这狭窄小屋的安逸。每天在园中散步充满乐趣，虽然门户时常关闭。拄着拐杖漫游休息，时常抬头眺望远方。云朵自然从山峰升起，鸟儿疲倦了飞归林中。日近黄昏，夕阳将落，抚摸孤傲的青松而徘徊。

165

○ 品画鉴宝　归去来兮图·临清流而赋诗　(明)李在/绘　图中画两棵古松下，流水淙淙似有声，诗人席地而坐，展卷命题，若有所思，已入情景交融、物我两忘的境界。

　　回去吧，请让我谢绝与世俗的交游。世人和我志向不合，还出去寻求什么？亲人的真情使人快乐，独自弹琴读书足以消解忧愁。农夫告诉我春天来了，就要到田野去耕作。时而坐着小车，时而划着小船。有时循幽径进入曲折的溪谷，有时沿着小路走过山丘。树木欣欣向荣，泉水涓涓流淌。羡慕万物得到春天的滋润，感慨自己的一生将要走到尽头。

　　算了吧，寄身在世上还有多久？何不抛弃名利按自己的心意决定去留？富贵既然不是我的心愿，飞升仙境又没希望。天气好时独自出游，或将拐杖插在田中除草培苗。登上东面的山岗放声长啸，面临清清的流水吟诗诵章。姑且顺应自然的变化直到生命尽头，乐天知命还有什么疑虑！

◎ 内涵外延
归园田居

晋　陶渊明

少无适俗韵，性本爱丘山。误落尘网中，一去三十年。羁鸟恋旧林，池鱼思故渊。
开荒南野际，守拙归园田。方宅十余亩，草屋八九间。榆柳荫后檐，桃李罗堂前。
暧暧远人村，依依墟里烟。狗吠深巷中，鸡鸣桑树颠。户庭无尘杂，虚室有余闲。
久在樊笼里，复得返自然。

◎ 本文注释
〔1〕心为形役：精神被肉体所奴役。〔2〕谏：劝止，这里指挽救。
〔3〕衡宇：简陋的住房。〔4〕容膝：只能容纳双膝的居室，形容住房狭小。
〔5〕岫(xiù)：山洞。〔6〕西畴(chóu)：西边的田地，这里泛指田地。
〔7〕邱：同"丘"。〔8〕东皋(gāo)：东面水边的高地。

桃花源记

陶渊明

◎ 经典语录

芳草鲜美，落英缤纷　豁然开朗　阡陌交通　鸡犬相闻　无人问津

晋太原中[1]，武陵人捕鱼为业。缘溪行，忘路之远近。忽逢桃花林，夹岸数百步，中无杂树，芳草鲜美，落英缤纷[2]。渔人甚异之，复前行，欲穷其林。

林尽水源，便得一山。山有小口，仿佛若有光。便舍船从口入。初极狭，才通人。复行数十步，豁然开朗。土地平旷，屋舍俨然，有良田美池桑竹之属。阡陌交通[3]，鸡犬相闻。其中往来种作，男女衣著，悉如外人。黄发垂髫[4]，并怡然自乐。见渔人，乃大惊，问所从来，具答之[5]。便要还家，设酒杀鸡作食。村中闻有此人，咸来问讯。自云先世避秦时乱，率妻子邑人来此绝境[6]，不复出焉，遂与外人间隔。问今是何世，乃不知有汉，无论魏晋。此人一一为具言，所闻皆叹惋。余人各复延至其家[7]，皆出酒食。停数日，辞去。此中人语云："不足为外人道也。"

既出，得其船，便扶向路，处处志之。及郡下，诣太守，说如此，太守即遣人随其往，寻向所志[8]，遂迷，不复得路。

南阳刘子骥，高尚士也，闻之，欣然规往。未果。寻病终[9]。后遂无问津者。

晋太元年间，有位以捕鱼为业的武陵人。沿着溪水行船，忘记走了多远。忽然遇到一片桃花林，夹杂在溪流两岸，林中没有别的树，芳草鲜美，落英缤纷。渔人非常诧异。又往前行，想走完这片桃林。

桃林尽头是溪水的源头，那里有一座山。山有一个洞口，洞中好像有光亮。渔人便离船登岸从洞口进去。起初洞口非常狭窄，只能容一个人通过。再向前行几十步，豁然开朗。土地平坦开阔，房屋整齐。有肥沃的农田，美丽的池塘，桑树、竹林之类的东西。田间小道纵横交错，时而传来鸡鸣狗吠之声。人们往来耕作，男女的衣着装饰，都与外界一样，老人孩子快乐安适。

这里的人看到渔人，大为吃惊，问渔人从哪里而来，渔人都回答了他们。人们邀请渔人来到家里，摆酒杀鸡款待。村里的人听说来了一个人，都来打听消息。他们说是祖先为了逃避秦朝的祸乱，带着妻子儿女

167

和乡人来到这个与世隔绝的地方，没有再出去，于是与外边断绝了来往。询问现在是什么朝代，竟然不知道有汉朝，更不必说魏、晋了。渔人把所知道的事情详细地告诉他们，听了都很惊叹，其余的人也都相继邀请渔人到家里做客，用酒饭款待。渔人住了几天便告辞离去。临走时这里的人叮嘱他说："不要把这里的情形告诉外面的人。"

渔人出了洞口，找到了他的船，沿着来时的路，处处都作了记号。回到武陵郡后，向太守报告了这件事情。太守立即派人跟随渔人前往，他们寻找以前作的记号竟迷了路，再也没能找到那条路径。

南阳的刘子骥，是个高尚的读书人，听说这件事，打算亲自去寻找，但没有去成，不久就病死了。以后就再也没有去寻找的人了。

◎ 内涵外延

桃花源诗

《桃花源记》为陶渊明散文名篇，文后并附"桃花源诗"。其诗曰：

嬴氏乱天纪，贤者避其世。黄绮之商山，伊人亦云逝。
往迹浸复湮，来径遂芜废。相命肆农耕，日入从所憩。
桑竹垂余荫，菽稷随时艺。春蚕收长丝，秋熟靡王税。
荒路暧交通，鸡犬互鸣吠。俎豆犹古法，衣裳无新制。
童孺纵行歌，斑白欢游诣。草荣识节和，木衰知风厉。
虽无纪历志，四时自成岁。怡然有余乐，于何劳智慧。
奇踪隐五百，一朝敞神界。淳薄既异源，旋复还幽蔽。
借问游方士，焉测尘嚣外。愿言蹑轻风，高举寻吾契。

◎ 本文注释

[1] 太原：应作"太元"。东晋孝武帝司马曜的年号。
[2] 落英：落花。
[3] 阡陌：田间小路，南北为阡，东西为陌。
[4] 黄发：指老年人。垂髫（tiáo）：指儿童。髫，小儿垂发。
[5] 具：备，全部。[6] 绝境：和外界隔绝的地方。
[7] 延：迎，请。
[8] 寻向所志：寻找前时所作的标志。[9] 寻：不久。

○ 品画鉴宝

桃源问津图（清）钱慧安／绘 此图取材陶渊明的《桃花源记》。线描活泼流畅，色彩明快艳丽，有文人画风格。

五柳先生传

陶渊明

◎ 经典语录

不求甚解　忘怀得失　短褐穿结，箪瓢屡空

先生不知何许人也，亦不详其姓字。宅边有五柳树，因以为号焉。闲静少言，不慕荣利。好读书，不求甚解。每有会意，便欣然忘食。性嗜酒，家贫不能常得。亲旧知其如此，或置酒而招之。造饮辄尽[1]，期在必醉。既醉而退，曾不吝情去留。环堵萧然，不蔽风日；短褐穿结，箪瓢屡空，晏如也。常著文章自娱，颇示己志。忘怀得失，以此自终。

赞曰：黔娄之妻有言[2]："不戚戚于贫贱，不汲汲于富贵。"其言兹若人之俦乎[3]？衔觞赋诗，以乐其志。无怀氏之民欤？葛天氏之民欤？

先生不知道是什么地方的人，也不清楚他的姓名和字号，他的住宅旁边有五棵柳树，因此就称为五柳先生。五柳先生喜好闲静，寡言少语，不羡慕荣华富贵。他喜欢读书，但并不咬文嚼字，每当有心得体会时，连吃饭都忘记了。他爱喝酒，但家里很穷，不能常得到酒喝。亲戚朋友知道这种情况，有时便备了酒招待他。他去喝酒，总是一饮而尽，希望喝醉，醉了就回去，不会舍不得离去。他家里四壁空空，破得遮不住风雨，粗布短衣满是补丁，经常没有吃喝，但安乐自在。常常写文章自我欣赏，颇能表达自己的志趣。他能忘掉世俗的得失，愿意这样度过自己的一生。

赞语说：黔娄的妻子有句话："不为贫贱忧愁，不为富贵奔走。"仔细体会这句话，这五柳先生就是黔娄一类的人吧？饮酒写诗，自娱自乐。他是古朴淳厚的无怀氏时的人吧？是古朴淳厚的葛天氏时的人吧？

◎ 内涵外延

古人的"号"

古人在名、字以外，往往又有一号，称为"别号"。所谓"名以正体，字以表德，号以寓怀"。古人取号，有以地名为之，如李白的"李青莲"；有以情趣为之，如欧阳修的"六一居士"；有以奇语为之，如唐伯虎的"江南第一风流才子"，等等。

◎ 本文注释

[1] 造：到，去。辄(zhé)：就。尽：指喝完。
[2] 黔娄：春秋时人，清贫自守，不愿出仕。[3] 俦(chóu)：同类。

为徐敬业讨武曌檄

骆宾王

骆宾王：约公元640—684年，浙江义乌人，"初唐四杰"之一，担任过武功、长安两县主簿及侍御史等官职，武后时，因多次上书言事，被贬为临海丞。

◎ **经典语录**
豺狼成性　天地不容　委以重任　叱咤风云

伪临朝武氏者，性非和顺，地实寒微。昔充太宗下陈，曾以更衣入侍。洎乎晚节[1]，秽乱春宫。潜隐先帝之私，阴图后房之嬖。入门见嫉，蛾眉不肯让人；掩袖工谗，狐媚偏能惑主。践元后于翚翟，陷吾君于聚麀。加以虺蜴为心，豺狼成性，近狎邪僻[2]，残害忠良，杀姊屠兄，弑君鸩母。人神之所同嫉，天地之所不容。犹复包藏祸心，窥窃神器。君之爱子，幽之于别宫；贼之宗盟，委之以重任。呜呼！霍子孟之不作，朱虚侯之已亡。燕啄皇孙，知汉祚之将尽；龙漦帝后，识夏庭之遽衰。

敬业皇唐旧臣，公侯冢子。奉先君之成业，荷本朝之厚恩。宋微子之兴悲，良有以也；袁君山之流涕，岂徒然哉！是用气愤风云，志安社稷。因天下之失望，顺宇内之推心，爰举义旗，以清妖孽。南连百越，北尽山河，铁骑成群，玉轴相接。海陵红粟，仓储之积靡穷；江浦黄旗，匡复之功何远！班声动而北风起[3]，剑气冲而南斗平。暗呜则山岳崩颓，叱咤则风云变色。以此制敌，何敌不摧！以此图功，何功不克！

公等或居汉地，或叶周亲[4]，或膺重寄于话言，或受顾命于宣室。言犹在耳，忠岂忘心？一抔之土未干[5]，六尺之孤何托？倘能转祸为福，送往事居[6]，共立勤王之勋，无废大君之命。凡诸爵赏，同指山河。若其眷恋穷城，徘徊歧路，坐昧先几之兆，必贻后至之诛。请看今日之域中，竟是谁家之天下！

僭窃帝位的武氏，本性不良，出身贫寒低贱。以前是太宗的才人，曾利用服侍皇帝更衣的机会得到宠幸。到了后来，又与太子关系暧昧。隐瞒和太宗的私情，暗中图谋在后宫的宠幸。她嫉妒入宫的妃嫔，不肯让人以美色与她争宠；善以掩袖作态，巧施谗毁，卖弄姿色，迷惑主上。窃据皇后名位，陷君王于乱伦。加之心如蛇蝎，性同豺狼，亲近奸邪小人，残害忠良大臣，杀姊屠兄，谋害君主，毒死母亲。使人神共恨，天地不容。又包藏祸心，阴谋篡夺帝位。君王的爱子被幽禁别宫，武氏的宗族却委以重任。唉！能扭转国家危亡的霍子孟不再兴起，诛杀奸臣贼党的朱虚侯已经亡故。赵飞燕杀死皇孙，预示着汉朝将要灭亡；龙涎帝后，标志着夏朝的衰败。

徐敬业是大唐的旧臣，公侯长子。继承先辈的功业，蒙受朝廷厚恩。宋微子触景生悲，确实有道理；桓君山痛哭流涕，难道是徒然的吗？因此，义愤而激起风云，志在安定社稷。乘着天下百姓对武氏的失望，顺着百姓的心意，举起义旗，清除妖孽。南连百越，北达三河，铁骑战车相连。海陵的陈米，仓库储积无数；长江边黄旗成片，显示吉兆，匡复国家之功，指日可待。战马嘶鸣似北风卷起，剑气冲天似与南斗相平。怒气勃发使山岳崩溃，怒吼则风云变色。用这样的力量讨伐敌人，什么敌人能不被摧败？什么功业能不成功？

诸公或是异姓功臣，或是唐朝宗室，或接受重托分封在外，或受顾命于朝廷。先帝的遗言尚在耳边回响，忠诚的誓言难道就忘记了？埋葬先帝的黄土还没有干，幼小的君王交托于何人？倘若能够转祸为福，送别先帝侍奉继位的幼君，共同建立扶助皇室的功勋，不弃先帝遗命。有功的一定受爵，可以共指山河立誓。如果留恋孤单的城池，徘徊在歧路上，看不清微妙有利的征兆，必将遭到贻误先机的惩罚。请看今日之域中，竟是谁家之天下！

◎ 内涵外延

徐敬业（？－公元684年）

即李敬业。唐曹州离狐（今山东菏泽）人。历任太仆少卿，眉州刺史。光宅元年（公元684年）坐赃贬柳州司马，与唐之奇、杜求仁、骆宾王等在扬州起兵，反对武则天临朝，求得状貌类似太子贤者奉以为主，自称匡复府上将，领扬州大都督。后为武后大将李孝逸击败，至海陵（今江苏泰州）界，被部下杀死。

◎ 本文注释

〔1〕洎（jì）：到，及。〔2〕近狎：亲近而态度不庄重。〔3〕班声：这里指战马。〔4〕叶：同"协"，共，同。〔5〕一抔（póu）之土：指皇帝的陵墓。〔6〕往：死者，指高宗。居：生者，指中宗。

○ 品画鉴宝
鎏金朵带银熏炉（唐）　此器做工精湛，构思巧妙，堪称唐代金银器中的瑰宝。

滕王阁序

王勃

王勃：公元650—676年，字子安，绛州龙门（今山西稷山县）人。少时聪明多才，十四岁应举及第，任朝散郎，沛王府修撰，因故触怒唐高宗，被逐出王府。后游蜀中，曾一度任虢州参军，因得罪同僚被革职。

◎ 经典语录

人杰地灵　千里逢迎，高朋满座　落霞与孤鹜齐飞，秋水共长天一色　萍水相逢
时运不齐，命运多舛　老当益壮　一介书生

南昌故郡，洪都新府。星分翼轸，地接衡庐。襟三江而带五湖，控蛮荆而引瓯越。物华天宝，龙光射牛斗之墟；人杰地灵，徐孺下陈蕃之榻。雄州雾列，俊采星驰。台隍枕夷夏之交，宾主尽东南之美。都督阎公之雅望，棨戟遥临[1]；宇文新州之懿范，襜帷暂驻。十旬休暇，胜友如云；千里逢迎，高朋满座。腾蛟起凤，孟学士之词宗；紫电青霜，王将军之武库。家君作宰，路出名区；童子何知，躬逢胜饯。

时维九月，序属三秋。潦水尽而寒潭清，烟光凝而暮山紫。俨骖騑于上路[2]，访风景于崇阿。临帝子之长洲，得仙人之旧馆。层峦耸翠，上出重霄；飞阁流丹，下临无地。鹤汀凫渚，穷岛屿之萦回；桂殿兰宫，列冈峦之体势。披绣闼，俯雕甍[3]，山原旷其盈视，川泽纡其骇瞩[4]。闾阎扑地，钟鸣鼎食之家；舸舰迷津，青雀黄龙之轴[5]。虹销雨霁，彩彻云衢。落霞与孤鹜齐飞[6]，秋水共长天一色。渔舟唱晚，响穷彭蠡之滨；雁阵惊寒，声断衡阳之浦。

遥襟俯畅，逸兴遄飞。爽籁发而清风生，纤歌凝而白云遏。睢园绿竹，气凌彭泽之樽；邺水朱华，光照临川之笔。四美具，二难并[7]。穷睇眄于中天，极娱游于暇日。天高地迥，觉宇宙之无穷；兴尽悲来，识盈虚之有数[8]。望长安于日下，指吴会于云间。地势极而南溟深，天柱高而北辰远。关山难越，谁悲失路之人；萍水相逢，尽是他乡之客。怀帝阍而不见，奉宣室以何年？呜呼！时运不齐，命途多舛[9]；冯唐易老，李广难封。屈贾谊于长沙，非无圣主；窜梁鸿于海曲，岂乏明时？所赖君子安贫，达人知命。老当益壮，宁移白首之心；穷且益坚，不坠青云之志。酌贪泉而觉爽，处涸辙以犹欢。北海虽赊，扶摇可接；东隅已逝，桑榆非晚。孟

○ 品画鉴宝

滕王阁图（元）夏永／绘　作者取材王勃《滕王阁序》，工笔细描画出了滕王阁的庄严与大美。

尝高洁，空怀报国之心；阮籍猖狂，岂效穷途之哭？

勃，三尺微命，一介书生。无路请缨，等终军之弱冠；有怀投笔，慕宗悫之长风。舍簪笏于百龄，奉晨昏于万里。非谢家之宝树，接孟氏之芳邻。他日趋庭，叨陪鲤对；今晨捧袂，喜托龙门。杨意不逢，抚凌云而自惜；钟期既遇，奏流水以何惭？

呜呼！胜地不常，盛筵难再；兰亭已矣，梓泽丘墟。临别赠言，幸承恩于伟饯；登高作赋，是所望于群公。敢竭鄙诚，恭疏短引。一言均赋，四韵俱成：

滕王高阁临江渚，佩玉鸣鸾罢歌舞[10]。

画栋朝飞南浦云，朱帘暮卷西山雨。

○ 品画鉴宝

花鸟莲瓣纹高足银杯（唐）饮酒器。银质镀金。整个造型宛如一朵初开的莲花，纹饰呈现出一派草木峥嵘，鸟雀欢跃的景象。

闲云潭影日悠悠，物换星移几度秋。
阁中帝子今何在？槛外长江空自流。

  滕王阁在旧时的豫章郡，现称洪都府。在天上属于翼、轸二星的分野，地方与衡山、庐山相接。处在三江之上而居五湖之中，控制楚地连接江浙。物产精华是天然的珍宝，古剑的光芒直射牛、斗之区；人物杰出，地域灵秀，陈蕃为徐孺子设榻。雄伟的州城在烟雾中若隐若现，英俊的人才如流星般奔驰。洪州城处在荆楚和扬州交界，宾主全是东南俊杰。都督阎公有很高的名望，跟随仪仗远道而来。宇文刺史具有美好的风范，赴任途中到此暂留。正逢十休假，朋友云集；千里相逢，高朋满座。文采如蛟龙腾空，凤凰起舞，孟学士是文坛领袖；兵器如紫电、清霜般寒光闪闪，王将军武略超群。家父在交趾担任县令，我探亲路过贵地；我这个晚辈知道什么，竟遇上如此盛大的宴会。

  时当九月，秋高气爽。积水干涸，寒潭清澈，天空云烟凝集，傍晚的山色青紫斑驳。驾车上路，寻访名胜风景。到达昔日帝子的长洲，登上仙人驻足的旧宫。山峦叠翠，直插云霄；楼阁飞动，鲜艳欲滴，向下看不清地面。白鹤、野鸭憩息的小洲，行曲回绕没有尽头；桂树木兰建造的宫殿，随着山峦起伏。推开雕花的阁门，俯视华丽的屋脊，山峰平原尽收眼底，河流泽泊迂回弯曲，看了令人心惊。房屋到处都是，不少是钟鸣鼎食的富贵人家；船只拥塞渡口，船头雕上了青雀和黄龙。彩虹消散，雨后放晴，阳光照彻云天。落霞伴随着孤雁向天际飞去，秋水和长空浑然一色。傍晚，舟船中传出悠扬的歌声，一直传到鄱阳湖畔；群雁因寒冷发出的惊叫声，回荡在衡山南面的水滨。

　　登高望远，胸襟开阔，豪情兴致勃然而生。箫管引来徐徐清风，悠扬的歌声使白云停住了远去的脚步。像当年睢园宴饮，豪气胜过陶渊明；又像邺下的荷花，光彩映照谢临川的文笔。良辰、美景、赏心、乐事四样美好的事物都具备了，贤主、嘉宾难得欢聚。尽情观赏天地间的美景，假日里尽情欢乐。天高地远，感觉到宇宙的无穷；兴尽悲来，兴衰贵贱命中都有定数。远眺长安在夕阳之下，指点吴会在云彩之中。地势的尽头南海最深，天柱至高处北极星最远。关山难以飞越，谁来怜悯失意之人？萍水之间偶然相逢，都是异乡之客。怀念朝廷而不得召见，何时才能在宣室侍奉君王？唉！时机命运不同，人生旅途坎坷。冯唐容易老去，李广难得封侯。委屈贾谊被贬长沙，不是没有圣明的君主；迫使梁鸿匿隐海滨，难道没有遇上清明的时代？不过是君子安于贫贱，通达事理的人知道命运。年老应更加豪壮，岂能在白头时改变志节？遭遇困难，应该更加坚强，不能抛弃自己高尚的志向。喝了贪泉心境依旧清爽，身处逆境仍然心情坦荡。北海虽远，乘着大风可以到达；美好的晨光已经过去，珍惜黄昏也还为时不晚。孟尝操行高洁，空怀报国热情；阮籍狂放不羁，岂能效法他穷途未路时的哭声？

　　我地位卑微，一介书生。没有请缨报国的机会，而年龄已经和终军相等；有投笔从戎之志，仰慕宗

悫乘长风破万里浪的气概。如今舍弃一生功名，去万里之外朝夕侍奉父亲。我不是谢玄那样的好子弟，但荣幸地能和许多贤士交往。不日我将聆听父亲的教诲，仿效孔鲤趋庭时的应对；今天能在这里揖见阎公，高兴得像登上龙门。没有碰上推荐人才的杨得意，只能诵凌云之赋而自己惋惜；既然遇上钟子期那样的知音，奏一曲流水又有什么羞愧？

唉！名胜之地不能常有，盛大的宴会难以再遇；兰亭宴已成陈迹，金谷名园已成废墟。临别之时以言相赠，有幸在这盛大的宴会上承受主人的盛恩；登高作赋，寄希望于参与盛会的诸公。谒尽我鄙陋的诚意，恭恭敬敬地写出这篇短短的序文。大家都要赋诗一首，写成四韵八句。

　　　　滕王高阁临江渚，佩玉鸣鸾罢歌舞。
　　　　画栋朝飞南浦云，朱帘幕卷西山雨。
　　　　闲云潭影日悠悠，物换星移几度秋。
　　　　阁中帝子今何在？槛外长江空自流。

◎ **内涵外延**

《滕王阁序》的传说

传说王勃写完《滕王阁序》时，当场技惊四座，众人无不赞服。但当中却有人说王勃这篇文章乃是剽窃之作。王勃也不争辩，在序后作诗，写道："阁中帝子今何在？槛外长江〇自流。"并说谁能填上诗中空缺的字，就自认是剽窃。说罢扬长而去。余下众人猜测半天，也没有定论。这时一位老者忽然醒悟，道："这是一个'空'字呀！"

◎ **本文注释**

〔1〕棨（qǐ）戟：用丝绸做套或经过油漆的木戟，是大官出行时所用的一种仪杖。
〔2〕俨：同"严"，整治。骖騑（cān fēi）：驾在车前两侧的马。上路：大路。
〔3〕甍（méng）：屋脊。〔4〕纡（xū）：广大。骇瞩（zhǔ）：看了惊异。
〔5〕舳（zhú）：同"舳"，船后持舵的地方，这里借指船。
〔6〕鹜（wù）：鸭子，这里指野鸭。〔7〕二难：指主贤、客嘉，难以并得。
〔8〕盈虚：月圆月缺，指事业成败，人生贵贱，仕途顺逆等。数：定数。
〔9〕舛（chuǎn）：不顺。
〔10〕鸣鸾（luán）：安在车上的铃，形状像鸾，车行时发出响声。

与韩荆州书

李白：公元701－762年，字太白，唐代伟大诗人。祖籍陇西成纪(今甘肃)。生于碎叶城（今中亚巴尔喀什湖南）。五岁随父迁居绵州昌明青莲乡（今四川江油县），故自号青莲居士。自青年时期出蜀到各地漫游。天宝初年，任职翰林供奉，因蔑视权贵被排挤出京。安史之乱受牵连，被流放夜郎（今贵州遵义附近），中途遇赦放还。

◎ 经典语录

生不用封万户侯，但愿一识韩荆州　身价十倍　扬眉吐气　雕虫小技

李白

　　白闻天下谈士相聚而言曰："生不用封万户侯，但愿一识韩荆州。"何令人之景慕一至于此！岂不以周公之风，躬吐握之事，使海内豪俊奔走而归之！一登龙门，则声价十倍。所以龙蟠凤逸之士，皆欲收名定价于君侯。君侯不以富贵而骄之，寒贱而忽之，则三千之中有毛遂，使白得颖脱而出，即其人焉。

　　白，陇西布衣，流落楚汉。十五好剑术，遍干诸侯；三十成文章，历抵卿相[1]。虽长不满七尺，而心雄万夫。王公大人，许与气义。此畴曩心迹，安敢不尽于君侯哉！君侯制作侔神明，德行动天地，笔参造化，学究天人。幸愿开张心颜，不以长揖见拒[2]。必若接之以高宴，纵之以清谈，请日试万言，倚马可待。今天下以君侯为文章之司命，人物之权衡，一经品题，便作佳士。而今君侯何惜阶前盈尺之地，不使白扬眉吐气，激昂青云耶？

　　昔王子师为豫州，未下车，即辟荀慈明；既下车，又辟孔文举。山涛作冀州，甄拔三十余人，或为侍中、尚书，先代所美。而君侯亦一荐严协律[3]，入为秘书郎；中间崔宗之、房习祖、黎昕、许莹之徒，或以才名见知，或以清白见赏。白每观其衔恩抚躬[4]，忠义奋发。白以此感激，知君侯推赤心于诸贤之腹中，所以不归他人，而愿委身国士[5]。倘急难有用，敢效微躯。

　　且人非尧舜，谁能尽善？白谟猷筹画，安能自矜？至于制作，积成卷轴，则欲尘秽视听，恐雕虫小技[6]，不合大人。若赐观刍荛，请给纸笔，兼之书人。然后退扫闲轩，缮写呈上。庶青萍、结绿，长价于薛、卞之门。幸推下流，大开奖饰。唯君侯图之！

　　我听一些读书人在一起闲谈时说："活着不用被封为万户侯，只希

望能见韩荆州。"为什么令人景仰到如此地步呢？还不是因为您有周公的风范，亲自做吐哺握发的善举，使天下有德有才的人都投奔到您的门下！一经您的推荐，便名声大噪。所以，那些有才华的饱学之士，都想从您这得到认可和评价。您不因为自己地位高贵而傲视他们，也不因为他们贫贱而轻视他们，在这些门客中肯定有毛遂那样的，假使给我展示才能的机会，我就是毛遂那种人。

我是陇西的平民，流落楚汉之地。十五岁就喜好剑术，到处结交官吏；三十岁时写得一手好文章，多次拜访朝廷大臣。虽然我高不足七尺，可是雄心成丈超过万人。王公大臣称赞我的气节和道义。这是我的心事，怎敢不尽情向您倾诉呢？您的功业可与神明相比，您的品德感动天地，文章阐述自然规律，探讨天道人事。希望您敞开胸襟，舒展容颜，不因为我礼节不周就拒不接见。如果用盛大的宴会来招待我，任我畅谈，请让您用万字长文来考我，我在顷刻间就可以写成。如今天下的人都把您评定的文章作为标准，一经您的口评，便被公认为品学兼优。您何必舍不得阶前一尺的地方，不让我李白扬眉吐气，意气奋发呢？

当初王允出任豫州刺史，没到任，就聘用荀爽；上任不久，又聘用孔融。山涛任冀州刺史，筛选三十多人，有的做了侍中、尚书等高官。这些均为前代所称道。而您也曾举荐严协律，入朝担任秘书郎。其间，还有崔宗之、房习祖、黎昕、许莹等

人，有的因为颇具才气而被您所知，有的因为品行端正而被您赏识。我每次看见他们感恩戴德，感激奋发，十分感动，知道您能真心对待有才能的人，这就是我不肯依附别人，而愿意把自己托附给您的原因。倘若急难之中有用我之处，我愿意献身。

况且，人不是尧、舜，谁能十全十美？我在谋划计策方面不敢自我夸耀？至于撰写诗文，已经积下很多诗稿想请您过目，恐怕这种雕虫小技，您不屑一顾。若您肯屈尊看看我的诗文，就请给我纸笔。然后回去清扫静室，誊写清楚献上。或许青萍剑、结绿玉石，因得到薛烛和卞和的赏识而身价倍增。希望您推荐我这地位低下的人，多予奖励赞誉，请您考虑。

◎ 内涵外延
孔融（公元前153－前208年）
汉末文学家。字文举，鲁国鲁县（今山东曲阜）人。曾任北海相，时称孔北海。又任少府，大中大夫等职。所作散文，锋利简洁，多讥讽之辞。又能诗。为"建安七子"之一。因触怒曹操被杀。

◎ 本文注释
〔1〕历抵：一一拜访。〔2〕长揖：深深地拱手。〔3〕协律：官名，管乐律。
〔4〕抚躬：手按自己身躯，有"扪心自问"之意。
〔5〕国士：全国中最贤之士。指韩荆州。〔6〕雕虫小技：比喻微不足道的技能。

○ 品画鉴宝
太白骑鲸图 （明）徐良／绘　图中画李白身着官服，拱手仰首，骑鲸于巨浪之中，神情生动。

吊古战场文

李华

李　华：公元715－766年，唐代散文家，字遐叔，赵州赞皇（今河北赞皇）人，开元进士。官至监察御史。安史之乱后被贬官，后又被启用至检校史部员外郎。

◎ 经典语录

荼毒生灵　将信将疑　从古如斯，为之奈何

浩浩乎！平沙无垠，敻不见人[1]。河水萦带，群山纠纷。黯兮惨悴，风悲日曛。蓬断草枯，凛若霜晨。鸟飞不下，兽铤亡群[2]。亭长告余曰："此古战场也，常覆三军。往往鬼哭，天阴则闻。"伤心哉！秦欤？汉欤？将近代欤？

吾闻夫齐魏徭戍，荆韩召募。万里奔走，连年暴露。沙草晨牧，河水夜渡。地阔天长，不知归路。寄身锋刃，腷臆谁诉[3]？秦汉而还，多事四夷。中州耗斁，无世无之。古称戎夏，不抗王师。文教失宣，武臣用奇。奇兵有异于仁义，王道迂阔而莫为。呜呼！噫嘻！

吾想夫北风振漠，胡兵伺便。主将骄敌，期门受战[4]。野竖旄旗，川回组练[5]。法重心骇，威尊命贱。利镞穿骨，惊沙入面。主客相搏，山川震眩。声析江河，势崩雷电。至若穷阴凝闭，凛冽海隅，积雪没胫，坚冰在须；鸷鸟休巢，征马踟蹰；缯纩无温，堕指裂肤。当此苦寒，天假强胡，凭陵杀气，以相剪屠。径截辎重，横攻士卒。都尉新降，将军覆没。尸填巨港之岸，血满长城之窟。无贵无贱，同为枯骨，可胜言哉！鼓衰兮力尽，矢竭兮弦绝。白刃交兮宝刀折，两军蹙兮生死决[6]。降矣哉，终身夷狄；战矣哉，骨暴沙砾！鸟无声兮山寂寂，夜正长兮风淅淅。魂魄结兮天沉沉，鬼神聚兮云幂幂。日光寒兮草短，月色苦兮霜白。伤心惨目，有如是耶！

吾闻之：牧用赵卒，大破林胡；开地千里，遁逃匈奴。汉倾天下，财殚力痡。任人而已，其在多乎？周逐猃狁，北至太原，既城朔方，全师而还。饮至策勋，和乐且闲，穆穆棣棣[7]，君臣之间。秦起长城，竟海为关，荼毒生灵，万里朱殷[8]。汉击匈奴，虽得阴山，枕骸遍野，功不补患。苍苍

181

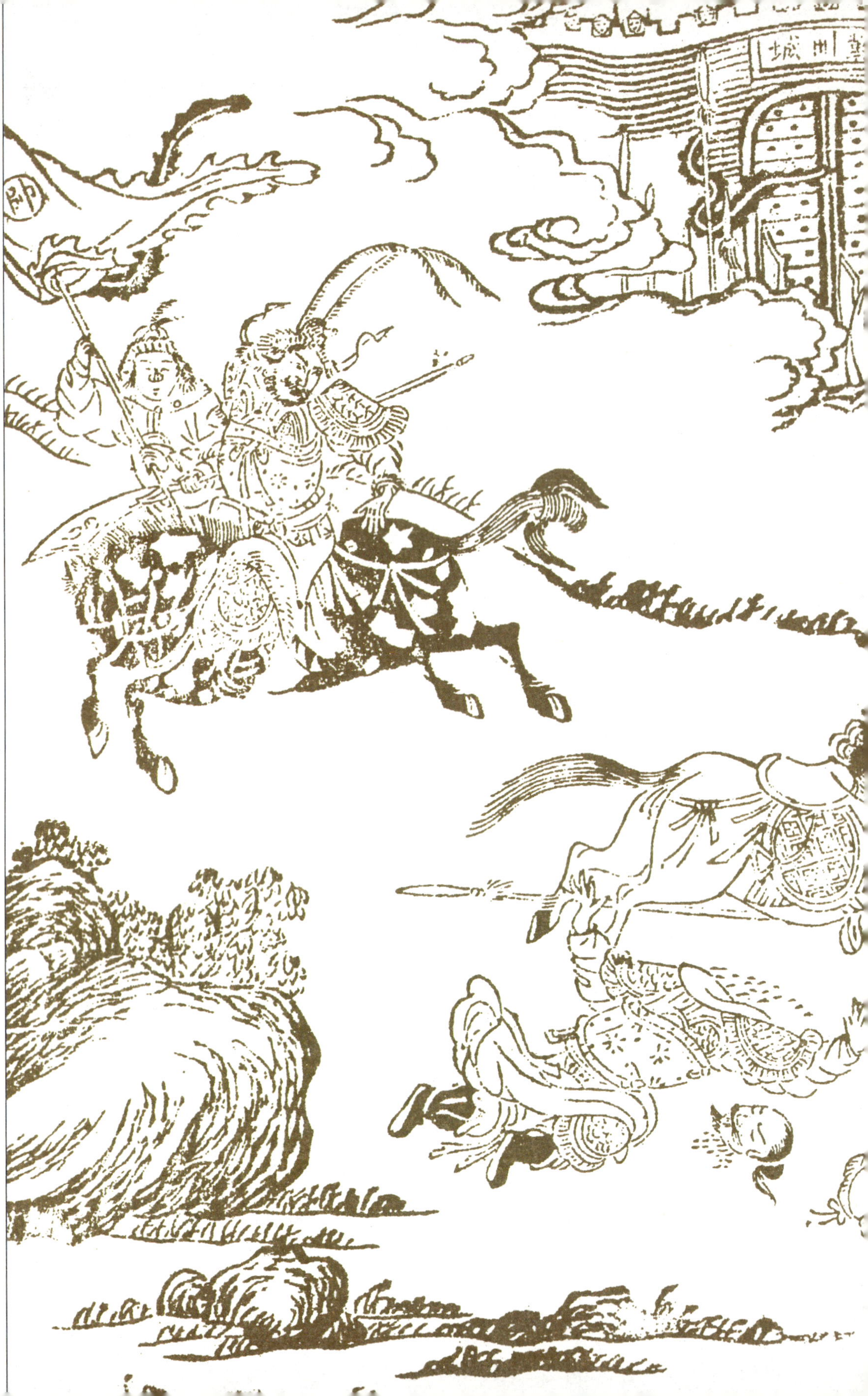
州城

蒸民,谁无父母?提携捧负,畏其不寿。谁无兄弟?如足如手。谁无夫妇?如宾如友。生也何恩?杀之何咎?其存其没,家莫闻知。人或有言,将信将疑。**悁悁心目**[9],寝寐见之。布奠倾觞,哭望天涯。天地为愁,草木凄悲。吊祭不至,精魂何依?必有凶年,人其流离。呜呼噫嘻!时邪命邪?从古如斯,为之奈何?守在四夷。

　　广阔的沙漠无边无际,荒凉得不见人迹。河水蜿蜒如带,群山交错耸立。景色暗淡,风声悲泣,日光昏暗。飞蓬折断,茅草枯萎,寒气凛冽,像下了晨霜。鸟儿惊飞不停,野兽狂奔离散。亭长告诉我说:"这是古代的战场,这里常常覆没三军。在阴雨时分往往能听到鬼魂的哭泣。"伤心啊!这是秦代?汉代?还是近代的战场呢?

　　我听说从前齐国、魏国征派徭役去戍守边塞,楚国、韩国召募兵员去打仗。万里跋涉,露宿野外。清晨在沙草上放牧,夜晚穿过结冰的河流。天高地远,不知道何处是归路。置身刀枪之间,苦闷的心情向谁倾诉?秦汉以来,四方边境战事频繁。中原凋敝破败,没有哪朝不是这样。古人说少数民族和中原地区的诸侯,都不敢和帝王之师相抗拒。后世不施行仁义,武将施展奇谋诡计;诡计暴力有悖于仁义,王道被认为迂阔而不实行。唉!

　　我想北风掀动沙漠时,胡兵乘机偷袭。主将骄傲轻敌,在营门前仓惶应战。原野上竖起战旗,身着战袍的将士在平川上奔跑。严厉的军法令人胆寒,主将威严,士兵命贱。利箭穿骨,沙石扑面。敌我厮杀,惊天动地。激战杀声似要将江河撕裂,攻势猛烈,犹如电闪雷鸣。至于天气阴沉,乌云笼罩的日子里,边塞寒气凛冽,积雪没腿,冰凌挂在胡须上。猛禽躲在巢中,战马徘徊,棉衣不能保暖,指头、皮肤冻裂。这种严寒的天气,似乎老天总是帮助胡人,凭着肃杀之气,前来抢掠屠杀,恣意截取辎重,蛮横攻杀士卒。都尉刚刚投降,将军战死。死尸堆积在大河岸边,鲜血流满长城的窟穴。无论贵贱,都变成枯骨。悲惨的情状,难以用语音描述。鼓声低落气力使尽,箭已射尽弓弦断绝。白刃交加刀剑断裂,两军相迫生死对决。投降吧,从此身陷夷、狄。拼命吧,尸骨暴露荒野。鸟无声啊山林沉寂,黑夜冗长风声凄凄。魂魄不散天空阴沉,鬼神聚集愁云惨淡。日光寒冷百草不长,月色凄苦映照白霜。令人惨不忍睹的事情,有像这样的吗?

○ 品画鉴宝

明妃出塞图 （明）宫素然／绘 图中绘西汉元帝时宫女王嫱（字昭君）远嫁匈奴呼韩邪单于的情景。

  我听说，李牧率领赵国士兵，大破林胡；开疆拓土千里，将匈奴赶跑。汉朝倾尽天下的财力，结果财尽力疲。只要用人得当，又岂在人多呢？周朝驱逐猃狁，北面打到太原，在北方筑起城墙，军队凯旋。祷告祖先，记载功勋，君臣之间，和睦安闲，融洽恭敬。秦朝修筑长城，关隘直到海边，残害生灵，血染万里。汉朝攻击匈奴，虽然夺取阴山，却尸骸遍野，功劳抵不过损失。众生百姓，谁无父母？即使精心供养，惟恐不得长寿。谁无兄弟？亲如手足。谁无夫妇？相敬如宾。活着难道是谁的恩德？杀害他们是因为他们犯了什么罪？是生是死，家人无从而知。或有人传言，又将信将疑。心中愁忧，只能在梦中相聚。洒酒祭奠，哭望天涯。天地为之忧愁，草木为之悲泣。吊祭不到，魂灵将归依何处？大战之后必有荒年，百姓又要流离。唉！可叹呀！是时运不顺呢？还是命运不济呢？自古以来一直如此。这又有什么办法呢！只有推行仁德，使四方各族为天子守卫疆域。

◎ **内涵外延**

李牧（？－公元前229年）

战国末年赵将。长期防守赵的北边，甚得军心，击败东胡、林胡、匈奴。赵王迁三年（公元前233年）率军攻秦，在肥（今河北藁城西）大败秦军，因功封武安君。后因赵王中秦反间计，被杀死。

◎ **本文注释**

〔1〕夐（xiòng）：远，辽阔。〔2〕铤（tǐng）：快跑。
〔3〕愊（bì）臆：忧郁愤闷。〔4〕期门：这里指守卫军营之门。
〔5〕组练：战士穿的甲衣，这里指战士。〔6〕麈（cù）：迫近。
〔7〕棣棣（dì）：娴雅的样子。〔8〕朱殷：指血。〔9〕涓涓（juān）：忧愁的样子。

陋室铭

刘禹锡

刘禹锡：公元772－842年，字梦得，洛阳（今河南洛阳）人，唐代著名文学家、哲学家。二十一岁中进士，官至监察御史。因参加王叔文政治革新运动而长期被贬，晚年回到洛阳，任太子宾客。

◎ 经典语录

山不在高，有仙则名；水不在深，有龙则灵 谈笑有鸿儒，往来无白丁

　　山不在高，有仙则名；水不在深，有龙则灵。斯是陋室，惟吾德馨[1]。苔痕上阶绿，草色入帘青。谈笑有鸿儒，往来无白丁[2]。可以调素琴[3]，阅金经[4]。无丝竹之乱耳，无案牍之劳形[5]。南阳诸葛庐[6]，西蜀子云亭。孔子云："何陋之有？"

　　山不在高，只要有神仙就有名气；水不在深，只要有蛟龙就会有灵气。这小屋虽简陋，只因我道德高尚而远近闻名。碧绿的苔藓布满台阶，青翠的草色映入窗帘。一起谈的都是学问渊博的学者，往来的没有无知识的人。既可以奏雅致的琴，又可以安静地阅读佛经。没有嘈杂的音乐扰乱心境，没有官府公文劳神伤形。如同南阳诸葛亮的草庐，又象西蜀子云亭。孔子说："这有什么鄙陋呢？"

◎ 内涵外延

扬雄（公元前53－18年）
一作杨雄。西汉哲学家、文学家、语言学家。字子云。蜀郡成都人。成帝时为给事黄门郎。王莽时，校书天禄阁，官大夫，以文章名世。原有集，已散佚，明人辑有《杨子云集》。

◎ 本文注释

[1] 馨（xīn）：散布很远的香气。
[2] 白丁：平民，此处指没有学问的人。
[3] 素琴：不加装饰的琴。[4] 金经：用泥金书写的佛经。
[5] 案牍（dú）：官府公文。
[6] 诸葛庐：诸葛亮隐居于南阳时住的草庐。

阿房宫赋

杜 牧

杜 牧：公元803－853年，字牧之，京兆万年（今陕西西安）人，出身官僚士族家庭，二十六岁进士及第，曾任湖州刺史，官至中书舍人，是晚唐著名诗人。

◎ **经典语录**

钩心斗角　后人哀之而不鉴之，亦使后人而复哀后人也

　　六王毕，四海一。蜀山兀，阿房出。覆压三百余里，隔离天日。骊山北构而西折，直走咸阳。二川溶溶，流入宫墙。五步一楼，十步一阁，廊腰缦回，檐牙高啄[1]，各抱地势，钩心斗角[2]。盘盘焉，囷囷焉[3]，蜂房水涡，矗不知其几千万落[4]。长桥卧波，未云何龙？复道行空，不霁何虹？高低冥迷，不知西东。歌台暖响，春光融融；舞殿冷袖，风雨凄凄。一日之内，一宫之间，而气候不齐。

　　妃嫔媵嫱，王子皇孙，辞楼下殿，辇来于秦，朝歌夜弦，为秦宫人。明星荧荧，开妆镜也；绿云扰扰，梳晓鬟也；渭流涨腻，弃脂水也；烟斜雾横，焚椒兰也；雷霆乍惊，宫车过也；辘辘远听，杳不知其所之也。一肌一容，尽态极妍；缦立远视，而望幸焉。有不得见者，三十六年。

　　燕赵之收藏，韩魏之经营，齐楚之精英，几世几年，取掠其人，倚叠如山。一旦不能有，输来其间。鼎铛玉石[5]，金块珠砾，弃掷逦迤，秦人视之，亦不甚惜。

　　嗟乎！一人之心，千万人之心也。秦爱纷奢，人亦念其家，奈何取之尽锱铢[6]，用之如泥沙？使负栋之柱，多于南亩之农夫；架梁之椽，多于机上之工女；钉头磷磷，多于在庾之粟粒[7]；瓦缝参差，多于周身之帛缕；直栏横槛，多于九土之城郭；管弦呕哑，多于市人之言语。使天下之人，不敢言而敢怒。独夫之心，日益骄固。戍卒叫，函谷举，楚人一炬，可怜焦土。

　　呜呼！灭六国者，六国也，非秦也；族秦者，秦也，非天下也。嗟夫！使六国各爱其人，则足以拒秦。秦复爱六国之人，则递三世可至万世而为君[8]，谁得而族灭也？秦人不暇自哀，而后人哀之。后人哀之而不鉴之，亦使后人而复哀后人也。

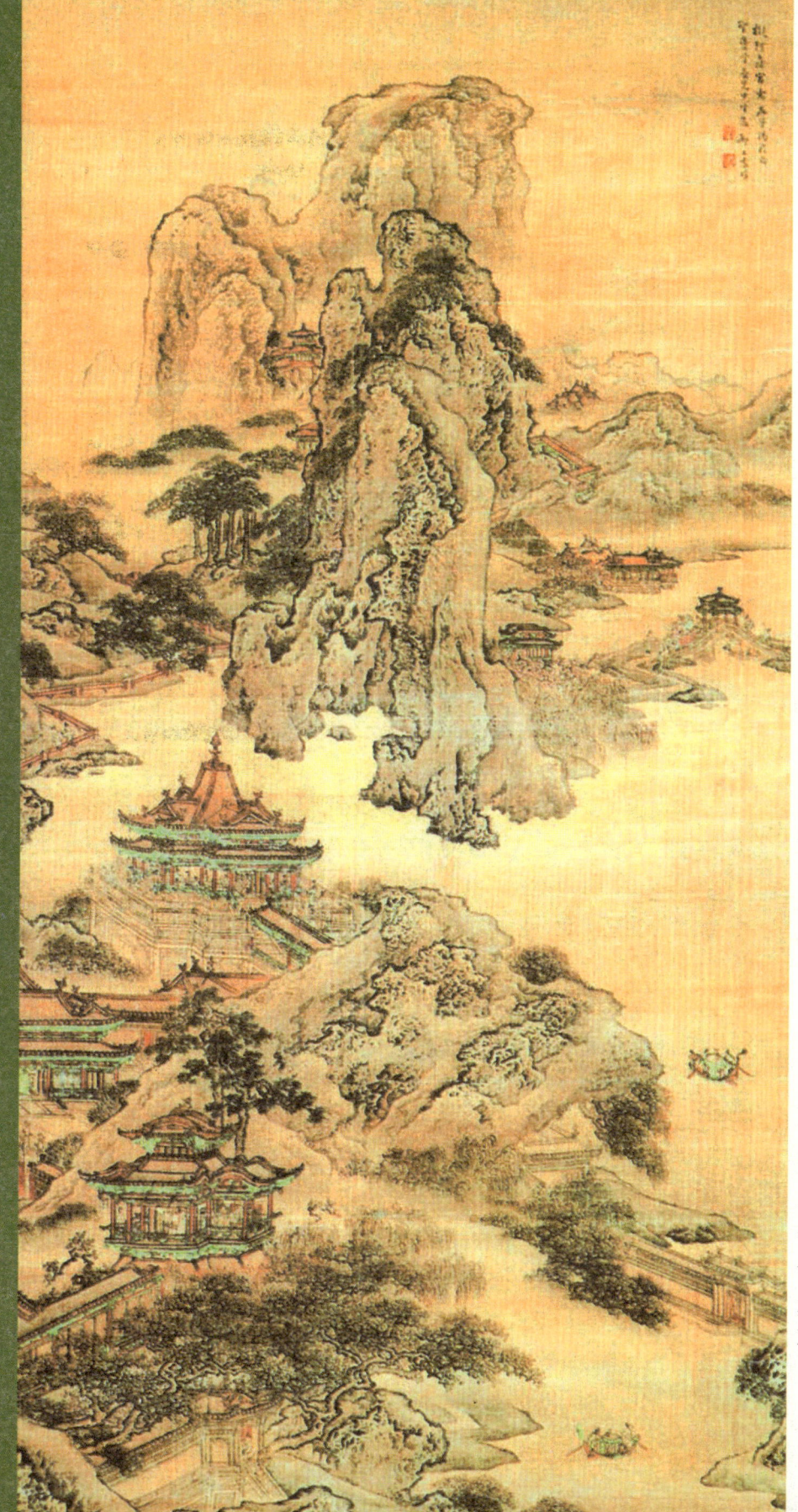

○品画鉴宝 阿房宫图（清）袁耀／绘 作者用唐朝诗人杜牧『阿房宫赋』的文意，拟写阿房宫胜景，整体气势宏大，局部则各显精神，是袁耀晚期的至精之作。

六国灭亡,天下统一。蜀山的树木被砍伐一空,阿房宫才得以建成。阿房宫占地三百多里,遮天蔽日。从骊山北开始起建一直向西延伸,直到咸阳。渭水、樊川两河水波荡漾,流入宫墙。五步一楼,十步一阁;走廊如绸带一般婉延曲折,檐角突起,如鸟向空中高啄;楼阁密集依照修建,地势起伏回环,回廊钩连。周转回旋,错落有致,像蜂房一样密集,又像激流中的漩涡,高高耸立,不知有几千几万座院落。长桥横卧在水波之上,没有云彩怎么出现了飞龙?不是雨后初晴,怎么出现了彩虹?幽冥迷离,无法辨别南北西东。歌台上歌声柔美,有如和煦的春风;舞殿中长袖清凌,好似风雨凄凄。一天之内,一宫之中,气候竟然如此不同。

六国的妃嫔媵嫱,王子王孙,辞别故国的宫殿楼阁,乘车到秦国,清晨歌舞,暮中弹琴,成了秦国宫人。星光闪烁,是她们打开了妆台的镜子;碧云缭绕,是她们在清晨梳理发髻;渭河中涨起一层油腻,是她们丢弃的胭脂水粉;烟雾迷漫,是她们在焚烧椒兰。雷声骤起,是宫车驶过;车轮声渐渐远去,不知驶往何方。宫人的肌肤容颜妩媚娇妍,久久伫立凝视远方,希望得到皇帝的宠幸。有些宫女,三十六年没有见过皇帝一面。

燕国赵国收藏的奇珍,韩国魏国聚敛的异宝,齐国楚国搜集的精品,不知经过多少代,从老百姓那里掠夺得来,堆积如山。一旦国破家亡不能保有,都运送到秦国。宫中把宝鼎当作铁锅,把美玉当作石头,把黄金视为土块,把珍珠当作砂砾,四处抛弃,秦人见了,也不觉得可惜。

唉!一个人的心,和千万人的心是一样的呀!秦始皇喜欢奢侈,百姓也顾念自己的家庭;为什么向他们索取时一点儿都不放过,使用起来又像泥沙一样?阿房宫中架梁的柱子,比田里耕种的农夫还多;架梁的椽木,比织布机上的织女还多;钉头多的像仓库里的谷粒;瓦缝参差错落,比衣服上的丝缕还多;栏槛纵横交错,比九州的城郭还多;管弦之声,比闹市上的说话声还要嘈杂。使天下的人敢怒不敢言,秦始皇的独夫之心,越来越骄横。陈胜振臂一呼天下响应,刘邦攻破函谷关,项羽一把大火,把阿房宫化作一片焦土。

唉!灭亡六国的是六国本身,而不是秦国;灭亡秦朝的是秦朝自己,而不是天下的百姓。唉!假使六国国君能爱护他们的百姓,完全可以抵抗秦国。假使秦始皇也能爱护六国百姓，那么一定可以传到三世，甚至传到万世，谁能消灭它呢？秦人无暇哀叹自己的灭亡，而后人替他们哀叹。后人为秦朝的灭亡哀叹而不引以为戒，又要使后来的人再为他们而哀叹。

◎ 内涵外延

没有名字的阿房宫

秦始皇修建阿房官，拟定在整个宫殿建筑群工程完毕的时候再"更择名命名之"。但阿房宫工程量实在浩大，直到秦朝覆灭，项羽火烧阿房宫时，这座宫殿尚未有一个正式的名字。于是大家只好以"阿房"两个字暂名了。但是"阿房"这个古怪的名字到底是什么意思？学术界众说纷纭，尚未有定论。于是令这座梦一样的宫殿，更是充满了谜一样的色彩。

○ 品画鉴宝 彩绘车马（秦）

◎ 本文注释

〔1〕檐牙：屋檐突出的部分。〔2〕钩心斗角：指廊腰勾连，檐牙相对。

〔3〕囷囷 (qūn)：曲折的样子。〔4〕落：座。

〔5〕铛 (chēng)：铁锅。

〔6〕锱铢 (zī zhū)：古代重量单位，一铢约合旧市制单位的二十四分之一两。

〔7〕庾 (yǔ)：露天谷仓。〔8〕递：传。

昆玉谷窝

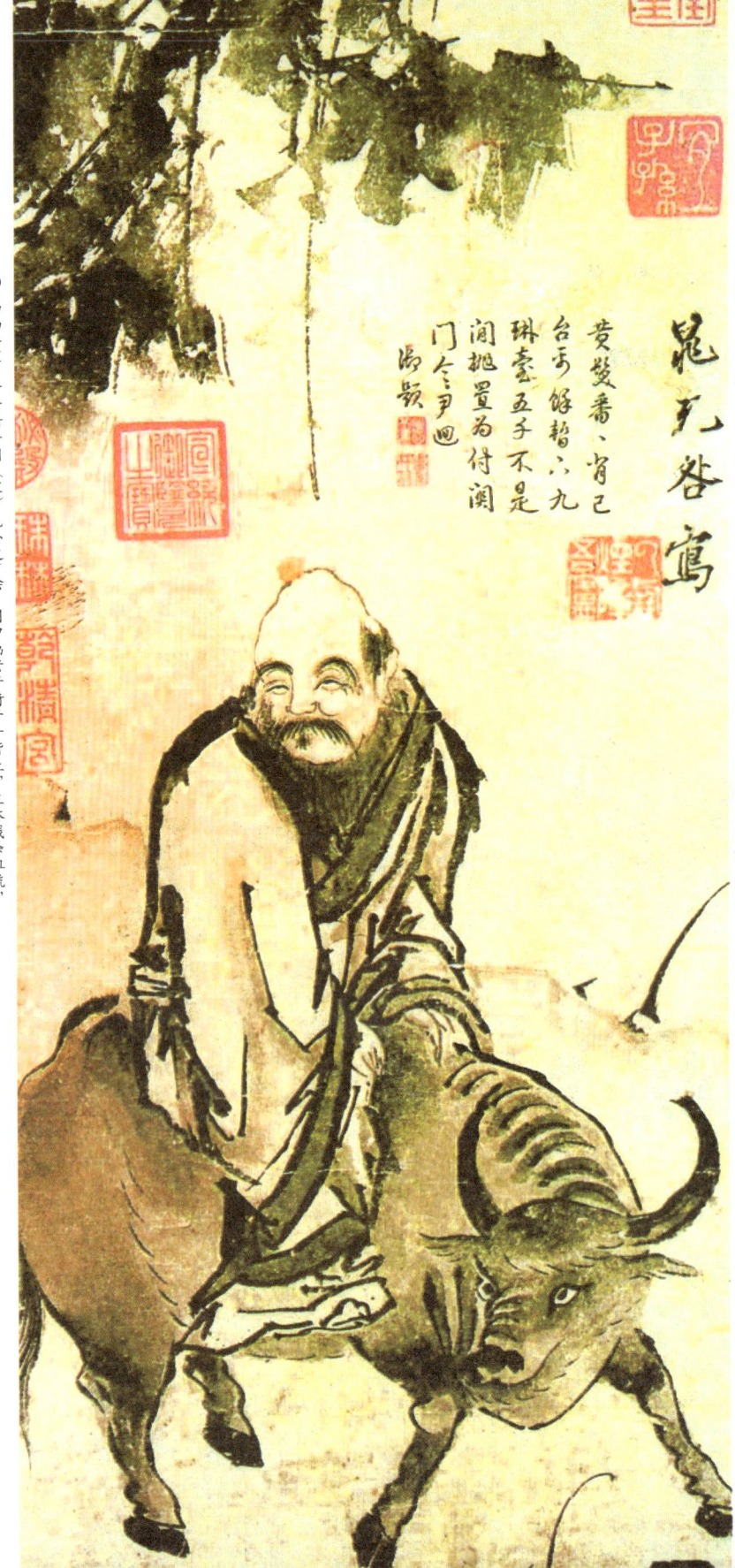

苍髪番、肖己
台弓馀韶六九
琳壶五子不是
闲抛置为待闲
门今弓回
渭颖

○ 品画鉴宝　老子骑牛图（宋）晁朴之／绘　图中画老子骑于牛背上，主体线条粗疏，背景淡墨扫出。老子面带慈祥微笑，似为悟出道的精神而高兴。

韩　愈：公元768—824年，唐文学家、哲学家。字退之，河南南阳（今河南孟县）人，自称郡望昌黎，世称韩昌黎。父母早亡，由兄嫂抚养。刻苦自学，贞元进士，任监察御史。因政见不同两次被贬职。

◎ 经典语录

坐井观天　煦煦为仁，孑孑为义　入者主之，出者奴之；入者附之，出者污之

　　博爱之谓仁，行而宜之之谓义，由是而之焉之谓道，足乎己无待于外之谓德。仁与义为定名，道与德为虚位。故道有君子小人，而德有凶有吉。老子之小仁义，非毁之也，其见者小也。坐井而观天，曰天小者，非天小也。彼以煦煦为仁[1]，孑孑为义[2]，其小之也则宜。其所谓道，道其所道，非吾所谓道也。其所谓德，德其所德，非吾所谓德也。凡吾所谓道德云者，合仁与义言之也，天下之公言也。老子之所谓道德云者，去仁与义言之也，一人之私言也。

　　周道衰，孔子没，火于秦，黄老于汉，佛于晋、魏、梁、隋之间。其言道德仁义者，不入于杨，则入于墨；不入于老，则入于佛。入于彼，必出于此。入者主之，出者奴之；入者附之，出者污之。噫！后之人其欲闻仁义道德之说，孰从而听之？老者曰："孔子，吾师之弟子也。"佛者曰："孔子，吾师之弟子也。"为孔子者，习闻其说，乐其诞而自小也[3]，亦曰"吾师亦尝师之"云尔。不惟举之于其口，而又笔之于其书。噫！后之人虽欲闻仁义道德之说，其孰从而求之？甚矣，人之好怪也！不求其端，不讯其末，惟怪之欲闻。

　　古之为民者四[4]，今之为民者六；古之教者处其一，今之教者处其三。农之家一，而食粟之家六；工之家一，而用器之家六；贾之家一，而资焉之家六。奈之何民不穷且盗也！

　　古之时，人之害多矣。有圣人者立，然后教之以相生相养之道。为之君，为之师，驱其虫蛇禽兽而处之中土。寒然后为之衣，饥然后为之食。木处而颠，土处而病也[5]，然后为之宫室。为之工以赡其器用[6]，为之贾以通其有无，为之医药以济其夭死，为之葬埋祭祀以长其恩爱，为之礼以次其先后，为之乐以宣其湮郁[7]，为之政以率其怠倦，为之刑以锄其强梗。相欺也，为之符玺斗斛权衡以信之；相夺也，为之城郭甲兵以守之。害至而为之备，患生而为之防。今其言曰："圣人不死，大盗不止。掊斗折衡，而民不争。"呜呼！其亦不思而已矣！如古之无圣人，人之类灭久矣。何

原道

韩　愈

也？无羽毛鳞介以居寒热也，无爪牙以争食也。

是故君者，出令者也；臣者，行君之令而致之民者也；民者，出粟米麻丝，作器皿，通货财，以事其上者也。君不出令，则失其所以为君；臣不行君之令而致之民，则失其所以为臣；民不出粟米麻丝，作器皿，通货财，以事其上，则诛。今其法曰："必弃而君臣，去而父子，禁而相生相养之道。"以求其所谓清净寂灭者[8]。呜呼！其亦幸而出于三代之后，不见黜于禹、汤、文、武、周公、孔子也。其亦不幸而不出于三代之前，不见正于禹、汤、文、武、周公、孔子也。

帝之与王，其号虽殊，其所以为圣一也。夏葛而冬裘，渴饮而饥食，其事虽殊，其所以为智一也。今其言曰："曷不为太古之无事？"是亦责冬之裘者曰："曷不为葛之之易也？"责饥之食者曰："曷不为饮之之易也？"传曰[9]："古之欲明明德于天下者，先治其国；欲治其国者，先齐其家；欲齐其家者，先修其身；欲修其身者，先正其心；欲正其心者，先诚其意。"然则古之所谓正心而诚意者，将以有为也。今也欲治其心，而外天下国家，灭其天常，子焉而不父其父，臣焉而不君其君，民焉而不事其事。孔子之作《春秋》也，诸侯用夷礼则夷之，进于中国则中国之。经曰："夷狄之有君，不如诸夏之亡。"《诗》曰："戎狄是膺，荆舒是惩。"今也举夷狄之法，而加之先王之教之上，几何其不胥而为夷也？

夫所谓先王之教者，何也？博爱之谓仁，行而宜之之谓义，由是而之焉之谓道，足乎己无待于外之谓德。其文《诗》《书》《易》《春秋》，其法礼乐刑政，其民士农工贾，其位君臣父子师友宾主昆弟夫妇，其服麻丝，其居宫室，其食粟米果蔬鱼肉。其为道易明，而其为教易行也。是故以之为己，则顺而祥；以之为人，则爱而公；以之为心，则和而平；以之为天下国家，无所处而不当。是故生则得其情，死则尽其常；郊焉而天神假，庙焉而人鬼飨。曰："斯道也，何道也？"曰："斯吾所谓道也，非向所谓老与佛之道也。"尧以是传之舜，舜以是传之禹，禹以是传之汤，汤

韩愈（公元768—824年）在创作理论上，韩愈认为道（即仁义）是目的和内容，文是手段和形式，文道合一，以道为主。并提出"不平则鸣"的论点。认为作者对现实的不平情绪是深化作品思想的原因。在作品风格方面，他强调"奇"，以奇诡为善。

192

以是传之文、武、周公，文、武、周公传之孔子，孔子传之孟轲，轲之死，不得其传焉。荀与扬也，择焉而为精，语焉而不详。由周公而上，上而为君，故其事行；由周公而下，下而为臣，故其说长。然则如之何而可也？曰："不塞不流，不止不行。人其人，火其书，庐其居，明先王之道以道之，鳏、寡、孤、独、废、疾者有养也，其亦庶乎其可也！"

博爱叫做仁，做事有分寸叫做义，从仁义出发立身行事叫做道，自我修养完善而不求之于外叫做德。仁和义都有具体内容的定名，道和德是不大具体的名称。所以道有君子之道和小人之道的区别，德有凶德和吉德的不同。老子轻视仁义，但不是有意诋毁，只因为他见识短浅。就像坐井观天，说天很小，其实并不是天小。他把和颜悦色当作仁，把谨小慎微当作义，所以他轻视仁义就不足为奇了。他所说的道，是把他所认为的当作道，不是我所说的道；他所说的德，是把他所认为的德当作德，不是我所说的德。我所讲的道和德，是包含了仁和义而说的，是天下公认的。老子所说的道德，是脱离了仁义而说的，这只是他个人的说法。

周朝衰败，孔子去世，诗书史籍被秦朝焚毁，道家学说盛行于汉、晋、魏、梁、隋几个朝代又受到佛教的影响。那时谈论仁义道德的人，不是信奉杨朱的学说，就是信奉墨翟的学说；不是推崇道家，就是推崇佛教。推崇那家，就一定会排斥这家。推崇那家，就奉其为宗主；排斥这家，就贬其为隶属。推崇一说就无限夸大，排斥一说就加以诋毁。唉！后世的学者想了解仁义道德的学说，倒底听谁的呢？老子的信徒说："孔子是我们先师的弟子。"信奉佛教的人说："孔子是我们佛祖的弟子。"推崇孔子学说的人，听惯了他们的说法，也乐于接受荒诞的言论而自贱，也说："我们的祖师也曾向老子、佛教学习过呢。"不但嘴上说，而且还记载在他们的著作上。唉！后世的人虽然想知道仁义道德的学说，又从哪里去探求呢？人们喜欢怪诞言论的风气也太厉害了！不探究事物的起源，不考察它的结果，只爱听一些荒诞无稽之说。

古时候把百姓分为士、商、农、工四种人，现在又加上僧、道成为六种；古时候教民者只有一家，现在的教民者有三家。务农的一家，而吃粮食的有六家；做工匠的一家，而使用器具的有六家；经商的一家，而靠他们供应物资的有六家。像这样，又怎么能使百姓不穷困而沦为盗贼啊！

古时候，人类所遇到的灾害很多。圣人出现后，教给他们相互合作共同生存的方法；做他们的君主，做他们的老师，驱赶虫蛇禽兽，让他们定居在中原。冷了教给他们做衣服，饿了教给他们种庄稼。住在树上容易掉下来，住在洞穴中容易生病，于是又教给他们建造房屋。教给他们做工使器具充足，教给他们经商让他们互通有无，教给他们寻医问药拯救他们不至于年轻而亡，为他们倡导葬埋祭祀，以增长恩爱感情，为他们制定礼仪，使他们尊卑长幼有序，教给他们创作音乐，来抒发胸中的抑郁苦闷，为他们制定政令，以督促那些懒惰松懈的人，为他们设立刑法以铲除凶残顽固之徒。因为有欺骗的行为，就教给他们用符玺、斗斛、权衡使他们诚信；因为有争夺的事，就教给他们修筑城墙、派兵防守。灾害降临，让人们早作准备，防止祸患发生，教给人们事前预防。现在老子一派的人却说："圣人不死，大盗就不会消灭。劈斗拆秤，百姓就不会争夺。"唉！他们也不仔细想想！如果古时候没有圣人，人类早就灭亡了。为什么呢？因为人类没有羽毛、鳞甲可以抵御寒冷，没有锐爪利牙以争夺食物。

○ 品画鉴宝
职贡图（唐）阎立本／绘　此图为传世名作之一。

所以，君王是发布命令的，臣子是执行君王命令并使之传达到百姓中去的，百姓是生产粮食丝麻、制作器皿、流通货物来侍奉上面的人的。君王不发布命令，就失去了做君王的职责；百姓不生产粮食丝麻、制作器皿、流通货物来供给上面的人，就要受到责罚。现在的佛法说："必须抛弃你的君臣礼节，断决你的父子之情，禁绝你们互相合作维持生活的方法。"以求得他们所谓的"清净""寂灭"的境界。唉！这些荒诞说法侥幸出现在夏、商、周三代之后，没有被夏禹、商汤、文王、武王、周公、孔子斥责贬黜，又不幸没有出现在夏、商、周三代之前，没能得

孔子（公元前551—前479年），名丘，字仲尼。春秋后期鲁国人，享年七十二岁，葬于曲阜城北泗水之上，即今日孔林所在地。曾修《诗》《书》，定《礼》《乐》，序《周易》，作《春秋》。其思想及学说对后世产生了极其深远的影响。

到夏禹、商汤、文王、武王、周公、孔子的纠正。

五帝和三王，名号虽然不同，但是他们成为圣人的原因是相同的。夏天穿麻布衣，冬天穿皮衣，渴了喝水，饿了吃饭，这些事情虽然不同，但都是睿智相同的。如今有人说："为什么不回复到远古时代的无为而治呢？"这就像指责冬天穿皮衣的人说："为什么不穿麻布衣服，那多方便？"指责肚子饿了而吃饭的人说："为什么不饮水，那样多容易？"《礼记》说："古时候想显明他的圣明品德，必先治理他的国家；想治理他的国家，必先整治他的家；想整治他的家，必先自身修养；想修养他的自身，必先端正他的思想；想端正思想，必先确定他的诚意。"然而古时候所说正心诚意，是要有所作为的。如今一些人要颐养心性，置国家于不顾，背弃纲常伦理。儿子不孝敬父亲，臣子不忠于君王，百姓不从事他们应当从事的事情。孔子作《春秋》时，诸侯使用夷人礼节的，就把他们当作夷人，夷人使用中原礼节的，就把他们看作中原的诸侯。《论语》说："夷狄虽有国君，也不如华夏没有国君。"《诗经》说："抗击狄，惩罚荆舒。"现在却要把夷狄的教化置于先王的教化之上，那么，即使大家没有成为夷狄，又有什么区别呢？

195

所谓先王的教化是什么呢？博爱大众叫做仁，做事有分寸叫做义，从仁义出发立身行事叫做道，自我修养完善而不求之于外叫做德。他的典籍是《诗》《书》《易》《春秋》，他的法度是礼、乐、刑、政，他的百姓是士、农、工、商，他的序位是君臣、父子、师友、宾主、兄弟、夫妇，他的衣着是麻布和丝绸，他的居处是宫室，他的食物是粮食、果蔬和鱼肉。先王的教化作为道理容易明白，易于实行。因此，用来律己就顺利吉祥；用来对待他人，就仁爱公正；用来修养心性就平静舒畅；用来治理天下国家，就没有一项措施不恰当。因此，活着能言行没有失漏，死时也能得到善终；祭天时天神降临，祭祖，祖宗享受供品。有人问："这种道，是什么道啊？"我说："这就是我所说的道，不是前面说的老子和佛教的道。"尧把它传给舜，舜传给禹，禹传给汤，汤传给文王、武王、周公，文王、武王、周公传给孔子，孔子传给孟轲，孟轲死后，就没再得到流传了。荀卿和扬雄从中吸取了一些东西但选择不精，论述不精辟。从周公以前继承道的都做君王，因此道得以推行；从周公以后继承道的多为臣子，所以他们的言论可以长远流传。

那么怎样做才合适呢？我说：佛道不堵塞，不禁止，儒家学说就得不到流行、推广。让僧尼道士还俗，焚烧布道的书，把寺观改作民房，阐明先王之道来教导他们。鳏夫、寡妇、孤儿、年老无依靠者、残废和患病之人都能得到生活保障。这样做就差不多可以了！

◎ **内涵外延**

中国佛教的缘起

东汉永平七年，汉明帝梦见一个金人自西方而来。第二天，汉明帝把这个梦告诉给大臣们，博士傅毅启说："臣听说，西方有佛，就像您梦到的那样。"汉明帝于是就派大臣蔡愔等十余人出使西域拜求佛经、佛法。蔡愔等人于公元65年，踏上了"西天取经"的万里征途。在大月氏国遇到印度高僧摄摩腾、竺法兰，便诚恳邀请二位高僧东赴中国弘法布教。公元67年，二位印度高僧应邀和东汉使者一道，用白马驮载佛经、佛像同返国都洛阳。

◎ **本文注释**

[1] 煦煦：和悦的样子。[2] 孑孑（jié）：细小的样子。
[3] 诞：荒诞。自小：贬低自己，自卑。[4] 四：指士、农、工、商。
[5] 土处：穴居。[6] 赡：供给。[7] 宣：抒发。湮郁：抑郁、闭塞的情绪。
[8] 清净、寂灭：佛教的教义。清净，指离开一切恶行、烦恼、污垢。
[9] 传：解释经义、传示后人的书。这里指《礼记》。

原毁

韩愈

◎ 经典语录

古之君子，其责己也重以周，其待人也轻以约

　　古之君子，其责己也重以周[1]，其待人也轻以约。重以周，故不怠；轻以约，故人乐为善。闻古之人有舜者，其为人也，仁义人也。求其所以为舜者，责于己曰："彼人也，予人也。彼能是，而我乃不能是！"早夜以思，去其不如舜者，就其如舜者。闻古之人有周公者，其为人也，多才与艺人也[2]。求其所以为周公者，责于己曰："彼人也，予人也。彼能是，而我乃不能是！"早夜以思，去其不如周公者，就其如周公者。舜，大圣人也，后世无及焉；周公，大圣人也，后世无及焉。是人也[3]，乃曰："不如舜，不如周公，吾之病也。"是不亦责于身者，重以周乎？其于人也，曰："彼人也，能有是，是足为良人矣；能善是，是足为艺人矣。"取其一，不责其二；即其新，不究其旧。恐恐然惟惧其人之不得为善之利。一善易修也，一艺易能也。其于人也，乃曰："能有是，是亦足矣。"曰："能善是，是亦足矣。"不亦待于人者，轻以约乎？

　　今之君子则不然。其责人也详[4]，其待己也廉[5]。详，故人难于为善；廉，故自取也少。己未有善，曰："我善是，是亦足矣。"己未有能，曰："我能是，是亦足矣。"外以欺于人，内以欺于心，未少有得而止矣。不亦待其身者已廉乎？其于人也，曰："彼虽能是，其人不足称也；彼虽善是，其用不足称也。"举其一，不计其十；究其旧，不图其新。恐恐然惟惧其人之有闻也。是不亦责于人者已详乎？夫是之谓不以众人待其身，而以圣人望于人，吾未见其尊己也。

○ 品画鉴宝　朱漆九霄环佩七弦琴（北宋）

虽然，为是者有本有原，怠与忌之谓也。怠者不能修，而忌者畏人修。吾尝试之矣，尝试语于众曰："某良士，某良士。"其应者，必其人之与也；不然，则其所疏远，不与同其利者也；不然，则其畏也。不若是，强者必怒于言，懦者必怒于色矣。又尝语于众曰："某非良士，某非良士。"其不应者，必其人之与也；不然，则其所疏远，不与同其利者也；不然，则其畏也。不若是，强者必说于言，懦者必说于色矣。是故事修而谤兴，德高而毁来。呜呼！士之处此世，而望名誉之光，道德之行，难已！

将有作于上者，得吾说而存之[6]，其国家可几而理欤[7]！

古代君子，要求自己严格而全面，要求他人宽厚而简约。对自己严格而全面，所以不会懈怠；对他人宽厚而简约，所以别人乐于做好事。听说古代有个叫舜的人，是仁义之人。他们探求舜所以成为舜的原因，责备自己说："他是人，我也是人。他能这样，而我为什么不能！"于是日思夜想，去除那些不如舜的地方，发扬那些和舜相同的地方。听说古代有个周公，为人多才多艺。探求周公所以成为周公的原因，责备自己说："周公是人，我也是人。周公能做到这样，我为什么不能呢！"于是日思夜想，去掉那些不如周公的地方，发扬那些和周公相同的地方。舜，是大圣人，后代无人能及；周公，也是大圣人，后代无人能及。那古代的君子却说："不如舜，不如周公，是我的缺陷。"不就是要求自己严格而全面吗？对于别人，他说："那人能如此，就算是好人了；能擅长某种技艺，就足够算作有才能的人了。"肯定他的一点长处，不再苛求还有第二点；只注重他的现在，不追究他的过去。担心别人做了好事而得不到应得的好处。一种好的品质容易养成，一种技艺容易掌握。对于别人他说："能够有这种长处，也就足够了。"这不是对待别人，宽厚而简约吗？

现在的君子就不是这样的。对别人很苛刻，对待自己却很宽容。要求别人苛刻，所以别人很难把事情做好；对自己要求过低，所取得的收获也会很小。自己没有什么长处，却说："我在这方面还行，也就足够了。"对外欺骗别人，对内欺骗自己，没有收获就停止不前。这不是对自己要求太低了吗？对于别人，他们却说："他虽然能做这种事情，但还不值得称道。"举出别人一个缺点，不考虑别人的十个优点；只追究别人的过去，不考虑别人的现在。唯恐别人享有好的声誉。这不是要求别人太苛刻了吗？这就叫做不用一般的人的标准要求自己，却用圣人的标准要求别人，我看不出这是他对自己的尊重。

然而，他们这样做是有原因的，就是懒惰和妒忌。懒惰的人不思提高，妒忌的人害怕别人进步。我曾经尝试着对人说："某某是好人，某某是好人。"凡是附和的，必定是那个人的朋友；不然的话也一定是跟他关系一般，没有利害关系的人；再不然，就是害怕他的人。如果不是这样，强硬的人必定会在言语中表露出来，懦弱的人反映在神色上。我又曾经对大家说："某某不是好人，某某不是好人。"那些不附和我的人，必定和那个人是朋友；不然，就是关系一般，跟他没有利害关系的人；再不然，就是害怕他的人。否则，强硬的人必定在言语中表示高兴，懦弱的人必定喜形于色。所以事情办好了，诽谤随之而来，道德高尚了，诋毁就接踵而至。唉！士人处在这种年代里，期待声誉昭著，道德推行，难啊！

位居显赫而想有所作为的人，要记住我所说的话，那么国家差不多能治理好了吧！

◎ **内涵外延**
舜（生卒年不详）
舜是中国传说中父系氏族社会后期部落联盟的领袖。姓姚，名重华。相传因四岳推举，尧命他摄政。后又将政位禅让给禹。舜因为宽政待民，厚德载物，受到后人的尊崇。因此用他的名字来表示帝王英明仁和，如：舜恩、舜韶、舜巡等。

◎ **本文注释**
[1] 责：要求。[2] 艺：技能。
[3] 是人：这些人，指古代君子。[4] 详：详尽，全面。[5] 廉：少。
[6] 说：同"悦"。[7] 存之：牢记它。理：治，唐人避高宗李治讳，称治为理。

杂说一

韩愈

◎ 经典语录
然龙乘是气，茫洋穷乎玄间，薄日月，伏光景，感震电，神变化，水下土，汩陵谷，云亦灵怪矣哉

  龙嘘气成云，云固弗灵于龙也。然龙乘是气，茫洋穷乎玄间[1]，薄日月，伏光景[2]，感震电，神变化，水下土[3]，汩陵谷[4]，云亦灵怪矣哉！云，龙之所能使为灵也。若龙之灵，则非云之所能使为灵也。

  然龙弗得云，无以神其灵矣。失其所凭依，信不可欤。异哉！其所凭依，乃其所自为也。《易》曰："云从龙。"既曰龙，云从之矣。

  龙吐气成云，云不会比龙更神灵。然而龙乘着云气，腾云驾雾游遍无极的苍穹，靠近日月，遮蔽住它们的光辉，激起电闪雷鸣，变化风雨，雨落滋润大地，在山谷之中奔流，云也是有灵性的啊！云，是龙使它灵异。至于龙的灵异就不是云能赋予它的了。

  但是龙得不到云，就无法有神奇的变化。失掉它所依靠的东西，显然不行。奇怪啊！它所依靠的正是它自己产生出来的。《易经》说："云从龙。"既然叫做龙，云自然会跟从它了。

◎ 内涵外延
曹操眼中的龙
古人对龙充满崇拜，很多人都对其报以溢美之词。其中以《三国演义》第二十一回《曹操煮酒论英雄，关公赚城斩车胄》当中曹操的语言最为精彩，他说："龙能大能小，能升能隐；大则兴云吐雾，小则隐介藏形，升则飞腾于宇宙之间，隐则潜伏于波涛之内。方今春深，龙乘时变化，犹人得志而纵横四海。"

◎ 本文注释
[1]茫洋：云雾腾腾、浩渺无际的样子。穷：尽。玄间：天空。
[2]伏：掩蔽。景：同"影"。[3]水：降雨。下土：大地。
[4]汩（gǔ）：水奔流的样子。

杂说四

韩愈

◎ 经典语录

世有伯乐，然后有千里马。千里马常有，而伯乐不常有

世有伯乐，然后有千里马。千里马常有，而伯乐不常有。故虽有名马，只辱于奴隶人之手[1]，骈死于槽枥之间[2]，不以千里称也。

马之千里者，一食或尽粟一石[3]，食马者不知其能千里而食也。是马也，虽有千里之能，食不饱，力不足，才美不外见，且欲与常马等不可得。安求其能千里也？

策之不以其道[4]，食之不能尽其材，鸣之而不能通其意[5]，执策而临之[6]，曰："天下无马。"呜呼！其真无马邪？其真不知马也！

世上有了伯乐，然后才能有千里马。千里马常常有，但是伯乐不常有。所以即使有好马，也只能埋没在养马人手中，和平常马一样死在马厩里，不会以日行千里而闻名。

能日行千里的马，一顿要吃一石粮食，养马人不知道它是千里马，只按一般马的方法喂养它。这样的马，虽然有日行千里的才能，但是由于没有吃饱，脚力不足，才能和长处显露不出来，想和普通的马一样都办不到，又如何能日行千里呢？

驾驭它不按驾驭千里马的方法，饲养它不供给它足够的食量，听到它的嘶鸣声不能理解它的意思，手执马鞭对着它说："天下无好马！"唉！难道真的是没有好马吗？是真的不能识别好马啊！

◎ 内涵外延

穆王八骏

在中国文化中，提及千里马就不能不说到周穆王的"八骏"。关于周穆王的"八骏"，目前流传两种说法，一说八匹骏马分别叫做绝地、翻羽、奔霄、超影、逾辉、超光、腾雾、挟翼。还有一种说法，认为八匹马分别以其毛色命名，叫做：赤骥、飞黄、白义、骅骝、绿耳、逾轮、渠黄、盗骊。

◎ 本文注释

[1] 奴隶人：地位低下的仆役，马夫。
[2] 槽枥：养马的地方。槽，马槽，盛饲料的器具。枥，马棚。[3] 食(sì)：同"饲"。
[4] 策：本指马鞭，这里指鞭打驱赶。
[5] 鸣：吆喝。一说为马嘶鸣。[6] 临：面对。

师说

韩愈

◎ **经典语录**

师者，所以传道、受业、解惑也　闻道有先后，术业有专攻

　　古之学者必有师。师者，所以传道、受业、解惑也。人非生而知之者，孰能无惑？惑而不从师，其为惑也，终不解矣。生乎吾前，其闻道也固先乎吾，吾从而师之；生乎吾后，其闻道也亦先乎吾，吾从而师之。吾师道也[1]，夫庸知其年之先后生于吾乎？是故无贵无贱，无长无少，道之所存，师之所存也。

　　嗟乎！师道之不传也久矣，欲人之无惑也难矣！古之圣人，其出人也远矣，犹且从师而问焉；今之众人，其下圣人也亦远矣，而耻学于师。是故圣益圣，愚益愚；圣人之所以为圣，愚人之所以为愚，其皆出于此乎！

　　爱其子，择师而教之，于其身也，则耻师焉，惑矣！彼童子之师，授之书而习其句读者也[2]，非吾所谓传其道、解其惑者也。句读之不知[3]，惑之不解，或师焉，或不焉，小学而大遗，吾未见其明也。巫医、乐师、百工之人[4]，不耻相师；士大夫之族，曰师曰弟子云者，则群聚而笑之。问之，则曰："彼与彼年相若也，道相似也。位卑则足羞，官盛则近谀。"呜呼！师道之不复可知矣。巫医、乐师、百工之人，君子不齿。今其智乃反不能及，其可怪也欤！

　　圣人无常师。孔子师郯子、苌宏、师襄、老聃[5]。郯子之徒，其贤不及孔子。孔子曰："三人行，则必有我师。"是故弟子不必不如师，师不必贤于弟子。闻道有先后，术业有专攻，如是而已。

　　李氏子蟠[6]，年十七，好古文，六艺经传皆通习之[7]，不拘于时，学于余。余嘉其能行古道，作《师说》以贻之。

○ 品画鉴宝

鎏金仰莲荷叶纹纹银碗（唐）　此器锤鍱成型，纹饰鎏金。花口，腹壁斜收，平底，荷叶形圈足。造型优美，纹饰新颖。

○ 品画鉴宝

杏坛弦歌图（明）诚意／绘　此图将孔门讲学、弦歌不辍的盛况形象地展现了出来。

古代求学的人一定有老师。老师，就是传授圣贤之道、讲授六艺、解答疑难的人。人不是一生下来就什么全都懂，谁能没有疑难问题呢？有问题却不向老师求教，那问题就永远不能解决。在我之前出生的，他懂得道理自然比我早，我向他学习；出生比我晚的，他懂得道理如果比我早，我也向他学习。我学习的是道理，哪能管他是在我之前出生还是在我之后出生的。因此，无论贵贱，也不分老幼，道理在哪里，老师就在哪里。

唉！很长时间没有流传从师问道的风尚了，想要人们没有疑惑是很难的。古代的圣人远远超出一般人，尚且还要向老师求教；现在的普通人远远低于圣人，却耻于向老师学习。因此，圣人更加圣明，愚人更加愚蠢，圣人之所以圣明，愚人之所以愚蠢，大概就是这个缘故吧！

人们爱自己的孩子，挑选好的老师教他，而自己却耻于向老师学习，真是太糊涂了！那些教孩子的老师，只是教孩子读书断句的人，还不是我所说的传授道理、解除困惑的人。不懂得断句，知道向老师求教，心里有疑惑不能解开，却不向老师求教，小事学习而大事遗弃，我看不出这是明智。巫医、乐师和各种工匠，不以互相学习为耻辱；士大夫这一类的人，说到"老师""弟子"这些话的时候，就聚在一起嘲笑。问他们原因，就说："某人和某人年纪相仿，学问也差不多。称地位低的人为老师实在很羞耻，称官职高的人为老师则近于谄谀。"唉！从师求学的传统不能得到恢复，由此可知了！巫医、乐师和各种工匠，君子不屑与他们为伍，而如今见识却反而不如他们，这难道不是怪事吗！

圣人没有固定的老师。孔子曾经向郯子、苌弘、师襄、老聃请教。郯子这些人，他们的学问不如孔子。孔子说："三人同行，其中一定有可以做我老师的人。"因此，学生不一定不如老师，老师不一定要比学生高明。懂得道理有先后，学术、技能也各有所长，如此而已。

李家有个孩子名叫蟠，十七岁，爱好古文，六艺和传文全都学习，不受时俗的影响，在我这里求学。我欣赏他能行古人从师之道，故写了这篇《师说》赠给他。

◎ 内涵外延

韩愈和韩湘子

韩愈一生遵从儒家思想，反对清净寂灭、神权迷信。但有趣的是，传说他的孙侄就是八仙中的韩湘子。韩愈曾为其作诗《左迁至蓝关示侄孙湘》一首，诗中"云横秦岭家何在，雪拥蓝关马不前"的句子，成为了脍炙人口的经典之作。

◎ 本文注释

〔1〕师道：从师学习的道理。
〔2〕句读(dòu)：古人将一句话中语意尽处叫作"句"，句中停顿处叫作"读"。
〔3〕不：同"否"。
〔4〕巫医：古代从事降神召鬼，替人祈祷等迷信活动的人，并替人看病。
〔5〕老聃：姓李名耳，春秋时期的思想家，道家的创始人，又被尊称为"老子"。
〔6〕李氏子蟠(pán)：李蟠，韩愈的学生，唐德宗贞元十九年考中进士。
〔7〕六艺：六经，指《易》《礼》《乐》《诗》《书》《春秋》。经：六经的正文。

进学解

韩愈

◎ 经典语录

业精于勤，荒于嬉；行成于思，毁于随

国子先生晨入太学，招诸生立馆下，诲之曰："业精于勤，荒于嬉；行成于思，毁于随。方今圣贤相逢，治具毕张，拔去凶邪，登崇俊良。占小善者率以录，名一艺者无不庸。爬罗剔抉，刮垢磨光。盖有幸而获选，孰云多而不扬？诸生业患不能精，无患有司之不明；行患不能成，无患有司之不公。"

言未既，有笑于列者曰："先生欺余哉！弟子事先生，于兹有年矣。先生口不绝吟于六艺之文，手不停披于百家之编[1]。记事者必提其要，纂言者必钩其玄。贪多务得，细大不捐。焚膏油以继晷，恒兀兀以穷年。先生之业，可谓勤矣。觝排异端，攘斥佛老。补苴罅漏，张皇幽眇。寻坠绪之茫茫，独旁搜而远绍。障百川而东之，回狂澜于既倒。先生之于儒，可谓劳矣。沉浸醲郁，含英咀华，作为文章，其书满家。上规姚姒，浑浑无涯，周《诰》、殷《盘》，佶屈聱牙，《春秋》谨严，《左氏》浮夸，《易》奇而法，《诗》正而葩；下逮《庄》《骚》，太史所录，子云相如，同工异曲。先生之于文，可谓闳其中而肆其外矣。少始知学，勇于敢为。长通于方，左右具宜。先生之于为人，可谓成矣。然而公不见信于人，私不见助于友。跋前踬后，动辄得咎。暂为御史，遂窜南夷。三年博士，冗不见治[2]。命与仇谋，取败几时。冬暖而儿号寒，年丰而妻啼饥。头童齿豁[3]，竟死何裨？不知虑此，反教人为？"

先生曰："吁！子来前！夫大木为㕚[4]，细木为桷[5]，欂栌侏儒[6]，椳闑扂楔[7]，各得其宜，施以成室者，匠氏之工也。玉札丹砂，赤箭青芝，牛溲马勃，败鼓之皮，俱收并蓄，待用无遗者，医师之良也。登明选公，杂进巧拙，纡余为妍，卓荦为杰，校短量长，惟器是适者，宰相之方也。昔者孟轲好辩，孔道以明，辙环天下，卒老于行。荀卿守正，大论是宏，逃谗于楚[8]，废死兰陵。是二儒者，吐辞为经，举足为法，绝类离伦，优入圣域，其遇于世何如也？今先生学虽勤而不由其统，言虽多而不要其中，文虽奇而不济于用，行虽修而不显于众。犹且月费俸钱，岁靡廪粟，子不知耕，妇不知织，乘马从徒，安坐而食。踵常途之役役[9]，窥陈编以盗窃。然而圣主不加诛，宰臣不见斥，非其幸欤？动而得谤，名亦随之。投闲置散，乃分之宜，若夫商财贿之有亡，计班资之崇庳，忘己量

○ 品画鉴宝
竹林静读图扇面 （清）任颐／绘　图绘一高士在清幽竹林中静心读书的情景，人物神态俊逸，极具书生雅趣。

之所称，指前人之瑕疵，是所谓诘匠氏之不以杙为楹〔10〕，而訾医师以昌阳引年，欲进其豨苓也。"

　　国子先生清晨来到太学，召集学生站在学舍下面，教导他们说："学业靠勤奋而精进，由于玩乐而荒废；德行因为深思熟虑而完善，因为随意而毁败。如今圣主贤臣相聚，法令都建立起来了，铲除凶险邪恶的人，选拔才智兼备的人。有一点优点的人都已录用，有一技之长的人没有不任用的。经过搜寻，去掉不好的，留下优秀的，加以培养。可能会有侥幸得到选拔的，但谁还能说因博学而不被录用呢？读书人只担心学业不能精深，不要担心主管官员不明察；只怕品行不能养成，不必担心主管官员不公正。"
　　话还没有说完，有学生就在队列里笑着说："先生是在欺骗我们吧！学生跟您学习，已有好几年了。先生口中不断吟诵六经的文章，手中不停地翻阅诸子百家的书。对记录的事实您一定要提出它的要点，对于立论的著作您一定要探索它精妙的义理。对学问永不满足，争取得到更多的收益，问题无论大小都不放过。点起灯烛，夜以继日，一年到头，苦读不知疲倦。先生的学业，称得上很勤勉了。您抵制异端邪说，反对佛、道。补充儒学的不足，阐发它隐微深奥的道理。探求失传了的儒学，独自广泛地搜求，远承先哲的遗教。堵住异学泛滥，引导他们归入正途，挽转狂澜使它流入正道。先生对于儒学，算得上是辛劳了。沉浸在内容深刻的典籍里，仔细品味文章中的精髓，撰写文章，家中堆满书籍。向上取法《尚书》《虞书》《夏书》的广博无极，《周书》和《商书》文字艰涩难读，《春秋》谨严精妙，《左传》文采华美，《易经》变化奇妙而有法则，《诗经》内容雅正而华丽；向下学习《庄子》《离骚》，司马迁的《史记》，扬雄和司马相如的辞赋，风格不同但美妙无比。先生对于文章，所涉及的内容丰富，文辞奔放。少年时刚开始学习，就敢于大胆实践。长大以后深明大义，处理事情合乎情理。先生对于为人处世，可以说成熟完美了。但是于公得不到信任，在私不能得到朋友的帮助。举步为艰，动不动就获罪惹祸。刚担任监察御史，就被贬到偏远的南方。做了三年国子博士，职位闲散难以发挥政治才能。命运仿佛跟仇人相勾结，使您总不得志。即使冬天暖和的日子里，您的儿女也哭喊叫冷；在丰收之年您的妻子也因为吃不饱而哭泣。先生头秃齿脱。这样到死，又有什么益处？您自己不考虑这些，反倒教别人跟着做？"

先生说："唉！你到前边来！大木料做梁，小木料做椽子，斗拱、短柱、门枢、门中短木、门闩、门两旁的长木，都各得所用，用它们建造成房屋，这是木匠的技巧。地榆、朱砂、天麻、龙、车前、马屁菌，坏了的鼓皮，都收藏起来，以备使用，没有遗漏，这样做是高明医师的精良医理。提拔人才，明确清楚，任用人才，态度公正，各种人才都能得到引进，以不露锋芒为美，才智出众为英才，衡量各人才能的长短高低，做到人尽其才，这是宰相治国有术。从前孟轲喜欢辩论，孔子的学说才得以传播，他周游天下，在旅途中过完一生。荀卿坚持正道，把儒学发扬光大，为了逃避谗言跑到楚国做官，后被贬为平民，老死在兰陵。这两位儒学大师的言论

○品画鉴宝　高贤读书图　(明) 陈洪绶/绘

成为经典,举止成为准则,他们超凡出众,达到圣人的境界。但是在社会上的地位又如何呢?现在我学习虽然勤奋,可是不能完全遵循儒学的理论;学说言论虽然很多,可是还没能把握住儒家学说的关键;文章虽然出众,却于世无补;德行虽然端正,却未超凡显露。尚且月月领取俸钱,年年浪费国库的粮米,儿子不懂得耕地,妻子不会织布。出门时骑着马,还有随从跟着侍侯,安享其成。循规蹈矩,以古人言论为准而没有创见。虽然这样,圣明的君主不责罚我,宰相也没有斥逐,这不是我的幸运吗?举手投足可能受到诽谤,名誉也跟着受到损害。被安置在闲散的位置,那是理所应当。至于俸禄的有无,好比官位的高低,忘记了自己的才能和什么职位相称,去指责上级的过失,这好比责问木匠为什么不用小木桩做柱子,指责医生不用菖蒲使人延年益寿一样。"

◎ 内涵外延

司马相如(约公元前179—前118年)

西汉词赋家。字长卿,蜀郡成都(今属四川)人。景帝时为武骑常侍,因病免。所作《子虚赋》为武帝所赏识,因得召见,又作《上林赋》,武帝用为郎。曾奉使西南,后为孝文园令。为汉代大赋的代表作家,对后人影响较大。

○品画鉴宝 山水人物笔筒(清) 此器上山水人物,花草树木刻画淋漓,栩栩如生。构图完美,层次分明,刀法简洁有力,显示出民间工匠高超的琢玉水平。

◎ 本文注释

〔1〕披:翻阅。

〔2〕冗(rǒng)不见(xiàn)治:职位闲散,不足以显露治理之才。

〔3〕头童齿豁(huō):指韩愈因生活的折磨,以至未老先衰。童,山无草木叫童。头童,即秃顶。豁,落。齿豁,即齿落。

〔4〕宋(máng):房梁。

〔5〕桷(jué):屋椽。

〔6〕欂栌(bó lú):斗拱,即柱顶上承托栋梁的方木。侏儒:梁上短柱。

〔7〕椳(wēi):门臼。闑(niè):门中央所立短木。扂(diàn):门栓。楔:竖在门左右的木柱。

〔8〕逃谗于楚:因为遭到忌恨,荀子逃到楚国避祸。

〔9〕役役:拘谨的样子。

〔10〕杙(yì):小木桩。楹(yíng):柱头。

讳辩

韩愈

◎ 经典语录

凡事父母得如曾参，可以无讥矣。作人得如周公、孔子，亦可以止矣。

愈与李贺书，劝贺举进士。贺举进士有名，与贺争名者毁之，曰："贺父名晋肃，贺不举进士为是，劝之举者为非。"听者不察也，和而倡之，同然一辞。皇甫湜曰[1]："若不明白，子与贺且得罪。"愈曰："然。"

律曰："二名不偏讳[2]。"释之者曰："谓若言'徵'不称'在'，言'在'不称'徵'是也。"律曰："不讳嫌名[3]。"释之者曰："谓若'禹'与'雨'，'丘'与'蓲'之类是也。"今贺父名晋肃，贺举进士，为犯二名律乎？为犯嫌名律乎？父名晋肃，子不得举进士；若父名仁，子不得为人乎？

夫讳始于何时？作法制以教天下者，非周公、孔子欤？周公作诗不讳，孔子不偏讳二名，《春秋》不讥不讳嫌名。康王钊之孙实为昭王；曾参之父名皙，曾子不讳"昔"。周之时有骐期[4]，汉之时有杜度[5]，此其子宜如何讳？将讳其嫌，遂讳其姓乎？将不讳其嫌者乎？汉讳武帝名"彻"为"通"[6]，不闻又讳车辙之"辙"为某字也。讳吕后名"雉"为"野鸡"[7]，不闻又讳治天下之"治"为某字也。今上章及诏，不闻讳"浒""势""秉""机"也[8]。惟宦官宫妾，乃不敢言"谕"及"机"，以为触犯。士君子立言行事，宜何所法守也？今考之于经，质之于律，稽之以国家之典，贺举进士为可邪？为不可邪？

凡事父母，得如曾参，可以无讥矣。做人得如周公、孔子，亦可以止矣。今世之士，不务行曾参、周公、孔子之行，而讳亲之名，则务胜于曾参、周公、孔子，亦见其惑也。夫周公、孔子、曾参卒不可胜。胜周公、孔子、曾参，乃比于宦官宫妾。则是宦官宫妾之孝于其亲，贤于周公、孔子、曾参者邪？

我给李贺写信，劝他去考进士。李贺在被举荐之列，于是同李贺争名的人就诋谤他，说："李贺的父亲名叫晋肃，李贺不去考进士是对的，劝他考进士是不对的。"听到这话的人不加分辩，随声附和，于是众口一辞。皇甫湜说："如果不把这事说清楚，您与李贺都要获罪。"我说："是的。"

律令上说:"两个字的名字不必都避讳。"解释的人说:"这就好比说'徵'字就不说'在'字,说'在'字就不说'徵'字那样。"律令上又说:"同音的字不避讳。"解释的人说:"譬如'禹'和'雨','丘'和'䓛'一类字就是这样。"李贺的父亲名叫晋肃,李贺考进士,是犯了"二名律"呢?还是犯了"嫌名律"呢?父亲的名字叫"晋肃",儿子就不能考进士,如果父亲叫"仁",儿子就不能叫人了吗?

　　避讳是从什么时候开始出现的?创立礼法来教导天下的人不是周公、孔子吗?周公作诗不忌讳,孔子不避讳母亲名中的两个字,《春秋》

○ 品画鉴宝
女孝经图(北宋)　图中展示了古代女性在封建礼教制度下的一个生活侧面,具有历史意义。

不讥刺不避讳同音字。周康王名钊，他的孙子（应该是儿子）谥为昭王；曾参的父亲名叫晳，曾子不忌讳同音的"昔"字。周朝有个人叫骐期，汉朝有个人叫杜度，他们的儿子该怎样避讳呢？为了避讳同音的字，连姓也要避讳呢？还是不避讳同音字呢？汉朝避讳武帝的名字"彻"为"通"，没有听说把车辙的"辙"字改为某字。避讳吕后的名，把"雉"叫做"野鸡"，但没听说过把治天下的"治"也改为其他字。现在的奏章和诏书中，不曾听说避讳"浒""势""秉""机"等字。只有宦官和宫女，才不敢说"谕"字和"机"字，认为会触犯皇帝的名讳。士君子说话做事，应该遵循什么样的规则呢？现在考察经典，质对律文，核对国家的制度，李贺考进士是可以呢？还是不可以呢？

凡是侍奉父母能够象曾参那样，就无可指责了。做人能像周公、孔子那样，也就到了顶点了。现在世上的读书人，不认真仿效曾参、周公、孔的品行，而在避讳父母的名讳方面却要求胜过曾参、周公、孔子，从这里可以看出他们是糊涂的。周公、孔子、曾参是无法超越的。如果在避讳方面超过周公、孔子、曾参，就如同和宦官、宫女一样的。宦官、宫女对亲人的孝顺，难道会胜过周公、孔子、曾参吗？

◎ 内涵外延

李贺（公元790－816年）
唐诗人。字长及，福昌（今河南宜阳西）人。唐皇室远支，家世早已没落，父亲李晋肃官职低微而早死，李贺因避父讳（"晋"和"进"同音），未得应考进士，只任过奉礼郎，一生不得志，终年二十七岁。其诗多感遇伤时之作，世称"鬼才"。

◎ 本文注释

〔1〕皇甫湜（shì）：字持正，韩愈弟子，唐宪宗元和年间中进士，官至工部郎中。
〔2〕二名不偏讳：唐代律书规定，君王或尊长的名字，如果是两个字，只讳一个字即可。
〔3〕嫌名：指名字的同音字。〔4〕骐期：春秋时期楚国人。〔5〕杜度：东汉人。
〔6〕"汉讳"句：汉武帝姓刘名彻，所以当时把"彻侯"改为"通侯"。
〔7〕吕后：名雉，汉高祖刘邦的皇后。雉（zhì）：俗称野鸡。
〔8〕浒、势、秉、机：分别与虎、世、昞、基同音。唐太祖名虎，唐太宗名世民，唐世祖名昞，唐玄宗名隆基。但奏章中不讳"浒""势""秉""机"等字。

争臣论

韩愈

◎ 经典语录

君子居其位，则思死其官。未得位，则思修其辞以明其道　席不暇暖

或问谏议大夫阳城于愈[1]：可以为有道之士乎哉？学广而闻多，不求闻于人也。行古人之道，居于晋之鄙[2]，晋之鄙人，薰其德而善良者几千人。大臣闻而荐之，天子以为谏议大夫[3]。人皆以为华，阳子不色喜。居于位五年矣，视其德如在野，彼岂以富贵移易其心哉？

愈应之曰：是《易》所谓"恒其德贞，而夫子凶"者也。恶得为有道之士乎哉[4]？在《易·蛊》之上九云："不事王侯，高尚其事。"《蹇》之六二则曰："王臣蹇蹇[5]，匪躬之故。"夫亦以所居之时不一，而所蹈之德不同也。若《蛊》之上九，居无用之地，而致匪躬之节；以《蹇》之六二，在王臣之位，而高不事之心，则冒进之患生[6]，旷官之刺兴。志不可则[7]，而尤不终无也。今阳子在位，不为不久矣。闻天下之得失，不为不熟矣。天子待之，不为不加矣。而未尝一言及于政。视政之得失，若越人视秦人之肥瘠，忽焉不加喜戚于其心。问其官，则曰谏议也；问其禄，则曰下大夫之秩也；问其政，则曰我不知也。有道之士，固如是乎哉？

且吾闻之："有官守者，不得其职则去；有言责者，不得其言则去。"今阳子以为得其言乎哉？得其言而不言，与不得其言而不去，无一可者也。阳子将为禄仕乎？古之人有云：仕不为贫，而有时乎为贫。谓禄仕者也。宜乎辞尊而居卑，辞富而居贫，若抱关击柝者可也。盖孔子尝为委吏矣[8]，尝为乘田矣[9]，亦不敢旷其职，必曰会计当而已矣，必曰牛羊遂而已矣。若阳子之秩禄，不为卑且贫，章章明矣，而如此其可乎哉？

或曰：否，非若此也。夫阳子恶讪上者[10]，恶为人臣招其君之过而以为名者，故虽谏且议，使人不得而知焉。《书》曰："尔有嘉谟嘉猷，则入告尔后于内，尔乃顺之于外，曰：'斯谟斯猷，惟我后之德。'"夫阳子之用心，亦若此者。

○ 品画鉴宝

刻花金铛（唐）酒器。金质。构思新颖，形式多变，给人以生动活泼之感。

愈应之曰：若阳子之用心如此，滋所谓惑者矣。入则谏其君，出不使人知者，大臣宰相者之事，非阳子之所宜行也。夫阳子，本以布衣隐于蓬蒿之下，主上嘉其行谊，擢在此位。官以谏为名，诚宜有以奉其职，使四方后代，知朝廷有直言骨鲠之臣[11]，天子有不僭赏、从谏如流之美[12]。庶岩穴之士，闻而慕之，束带结发，愿进于阙下而伸其辞说[13]，致吾君于尧舜，熙鸿号于无穷也。若《书》所谓则大臣宰相之事，非阳子之所宜行也。且阳子之心，将使君人者恶闻其过乎？是启之也。

或曰：阳子之不求闻而人闻之，不求用而君用之，不得已而起，守其道而不变，何子过之深也？

愈曰：自古圣人贤士，皆非有求于闻用也。闵其时之不平，人之不义，得其道，不敢独善其身，而必以兼济天下也。孜孜矻矻[14]，死而后已。故禹过家门不入[15]，孔席不暇暖[16]，而墨突不得黔[17]。彼二圣一贤者，岂不知自安佚之为乐哉？诚畏天命而悲人穷也。夫天授人以贤圣才能，岂使自有余而已？诚欲以补其不足者也。耳目之于身也，耳司闻而目司见，听其是非，视其险易，然后身得安焉。圣贤者，时人之耳目也；时人者，圣贤之身也。且阳子之不贤，则将役于贤以奉其上矣；若果贤，则固畏天命而闵人穷也，恶得以自暇逸乎哉？

或曰：吾闻君子不欲加诸人，而恶讦以为直者[18]。若吾子之论，直则直矣，无乃伤于德而费于辞乎？好尽言以招人过，国武子之所以见杀于齐也，吾子其亦闻乎？

愈曰：君子居其位，则思死其官。未得位，则思修其辞以明其道。我将以明道也，非以为直而加人也。且国武子不能得善人，而好尽言于乱国，是以见杀。《传》曰："惟善人能受尽言。"谓其闻而能改之也。子告我曰："阳子可以为有道之士也。"今虽不能及已，阳子将不得为善人乎哉？

有人问我：谏议大夫阳城可算是有道德修养的吧？他见多识广，但并不求世上虚名。他遵循古人之道隐居在晋的乡野，那儿附近的人，受到他品德的感化而变好的有几千人。他被朝中一些大臣保举做官，他被天子任命为谏议大夫。大家都认为很荣耀，阳城的脸上没现出喜色。他在这个职位上干了五年了，看他的德行就同在乡野的时候一样，他难道会因为富贵而改变初衷吗？

我回答说：这是《易经》所说的始终保持柔顺的德操，对男子来说是不祥的。怎能算是有道之士呢？《易经·蛊卦》上九爻辞说："不为官时，要保持高尚的节操。"《蹇卦》六二爻辞说："朝臣进谏并不是为了自身利益的缘故。"这是因为所处的时间不一样，而所实行的原则也不相同。如果象《蛊卦》上九爻辞所说的处在闲散之位时，却履行尽忠职守的原则；而处在《蹇卦》六二爻辞所说的在职时，却以不侍奉王侯为高尚，那么前者就会产生贪求仕禄的忧患，后者就会招来玩忽职守的指责，这种志向不宜效仿，而过失不可避免。现在阳城身居官职的时间不算短了，听到的天下的得失，不能算不熟悉了。天子对待他不能算不厚了，但是他没说一句涉及朝政的话题。他看待政事的得失，就像越国人看秦国人的肥瘦，十分淡漠，无动于衷。问他的官职，说是谏议大夫；问他的俸禄，说是下大夫的品级；问他朝政，却说我不知道。有道德修养的人，难道就是这样吗？

　　我还听说："没有尽职的官员应辞掉官职，有进言责任的人，不能向君王进言也要辞职。"如今阳子是有进言责任的人吧？应该进言而不进言，与不能进言而又不辞职，二者都是不对的。阳子难道是为了俸禄而做官的吗？古人说：做官不是因为穷，但有时也有因为穷。说的就是

为俸禄而做官的人。这种人应该辞去高位而身居卑职，弃富贵而居贫寒，就像守门打更之类的差使就可以了。据说孔子曾经做过仓库管理员，还曾经做过牧场小吏，他也不敢玩忽职守，说一定使账目清楚，一定要使牛羊肥壮，像阳子那样的官级俸禄，不算低下卑贱，这十分明了，而他这样做不妥吧？

有人说：不，不是这样的。阳子厌恶说上司坏话的人，厌恶做臣子的揭露君主的过失而为自己博取名声的人，所以虽然进谏、议论，但是却不让人知道。《尚书》说："如果你有好的谋略，进去告诉你的君主，在公开场合应附和说：'这些好的计划，建议是出于我们君主的圣明。'"那阳城的用心，也是如此吧。

我回答说：假使阳城的用心是这样的，那就更令人不解了！进宫规劝君主，出来不让别人知道，这是大臣宰相的事情，不是阳城所应该做的。阳城本是一个平民，隐居草莽，皇上赞赏他的品行道德，提拔到这个位置上，官名为谏议大夫，就确实应该履行自己的职责，使世人和子孙后代，知道朝廷有刚正敢于直言进谏的臣子，天子有不滥赏、从谏如流的美德，使那些隐居的贤士会心生羡慕，于是整理衣冠，结好头发，愿意到朝廷阐述自己的见解，使我们的君主成为尧、舜那样的圣主，留名千秋万代。像《尚书》所说的，那是大臣宰相的事，不是阳城所应该做的。况且阳城的用心，是要使君主讨厌听到自己的过失吧？这是诱导君主文过饰非啊。

有人说：阳城不想出名而出了名，不求任用而君主任用他，是不得已才出来的，坚持不改变作风。为什么你对他如此苛刻？

我说："自古以来的圣贤之士，都不是追求名声而被任用的，只因为忧虑世道，百姓的疾苦，懂得了圣明的道德学说，不敢仅仅修养自身，而一定要为大众谋利，勤恳劳碌，到死方休。所以大禹过家门三次而不入，孔子周游列国坐席都不曾坐热过，墨子的烟囱也没有烧黑过。这两个圣人一个贤人，难道不知道享受安逸快乐吗？他们确实是畏惧天命而又同情百姓的疾苦，上天授给人的圣贤才智，难道只是使自己有余就算了吗？实在是要用来去弥补他人的不足。耳朵、眼睛对身体来说，耳朵管听而眼睛管看，听辨是非，看出安危，这样身体才能够得到安全。圣贤是世人的耳目；世人是圣贤的身体。假使阳城不贤，那么他就应该被人奴役去侍奉君主；假使阳城果真是贤人，那么本来就应该畏惧天命而同情百姓的疾苦。怎么能贪图自己的闲适安逸呢？

有人说：我听说君子不想把自己的意见强加于人，厌恶好指责别人以表现自己正直的人。至于您的言论，已经直率了，未免有些损伤德行、浪费口舌吧？直言不讳地揭露别人的过失，这正是国武子被齐国杀死的原因啊，您大概也听说过吧？

我说：君子在他的官位上，就准备好以身殉职；君子不在其位，就应著书阐明自己的道理。我就是要阐明道理，不是要强加于人。国武子没有遇到好人，却在纷乱腐败的国家直言不讳，所以被杀。《国语》说："只有好人才能够采纳直言。"意思是说他听到批评后能够改正。您告诉我说："阳城算得上是有道之士。"虽然阳城现在还够不上有道之士的标准，难道他将来不能成为一个好人吗？

◎ 内涵外延

周易六十四卦

在古时，人们通过线段的断、连来表示事物的"阴阳"。将这些线段每六个一组，组合出来的图形就是我们今天看到的《周易》中的六十四种卦象。这些卦象分别被赋予了自然、社会中的不同含义，各自都有自己的名称。本文中提到的"蹇"和"蛊"便是其中的两个卦象。

◎ 本文注释

〔1〕阳城：字亢宗，定州北平（今北京市）人。唐德宗时考中进士，隐居中条山，后被德宗召为谏议大夫。居官五年，天天饮酒而不言事，所以韩愈写《争臣论》激发他，阳城仍不在意。
〔2〕晋：这里指今山西夏县一带。鄙：边境。这句指阳城隐居中条山。
〔3〕谏议大夫：官名，做皇帝侍从，规劝皇帝过失。〔4〕恶：同"何"。
〔5〕蹇蹇（jiǎn）：艰难的样子。〔6〕冒进：侥幸求进，指在利禄方面钻营。
〔7〕则：准则，仿效。〔8〕委吏：主管粮仓的小吏。
〔9〕乘田：春秋时鲁国范围之吏，主管六畜的饲养放牧。〔10〕讪（shàn）：讥讽。
〔11〕直言骨鲠（gěng）：形容人有话要说就像鱼骨头长在喉咙里不能不吐一样。鲠，鱼骨头。
〔12〕僭（jiàn）赏：滥赏。〔13〕阙下：宫阙下面，指朝廷当中。
〔14〕孜孜：勤勉。矻矻（kū）：劳累。
〔15〕"故禹过"句：传说大禹治水，三次经过家门而不入。
〔16〕"孔席"句：据说孔子的坐席来不及坐暖和，又忙于到别国去游说。
〔17〕"而墨突"句：据说墨子的烟囱来不及烧黑，又忙着外出了。突，烟囱。黔，黑。
〔18〕讦（jié）：斥责别人的短处，或揭发别人的隐私。

217

与于襄阳书

韩愈

◎ 经典语录

千百载乃一相遇焉 故高才多戚戚之穷，盛位无赫赫之光

　　七月三日，将仕郎守国子四门博士韩愈[1]，谨奉书尚书阁下[2]：

　　士之能享大名，显当世者，莫不有先达之士，负天下之望者为之前焉。士之能垂休光，照后世者，亦莫不有后进之士，负天下之望者，为之后焉。莫为之前，虽美而不彰；莫为之后，虽盛而不传。是二人者，未始不相须也。然而千百载乃一相遇焉。岂上之人无可援，下之人无可推欤？何其相须之殷，而相遇之疏也？其故在下之人负其能，不肯谄其上，上之人负其位，不肯顾其下。故高材多戚戚之穷，盛位无赫赫之光。是二人者之所为，皆过也。未尝干之[3]，不可谓上无其人；未尝求之，不可谓下无其人。愈之诵此言久矣，未尝敢以闻于人。

　　侧闻阁下抱不世之才，特立而独行，道方而事实，卷舒不随乎时，文武唯其所用。岂愈所谓其人哉！抑未闻后进之士，有遇知于左右，获礼于门下者。岂求之而未得邪？将志存乎立功，而事专乎报主，虽遇其人，未暇礼也？何其宜闻而久不闻也！

　　愈虽不材，其自处不敢后于恒人。阁下将求之而未得欤？古人有言："请自隗始[4]。"愈今者惟朝夕刍米仆赁之资是急，不过费阁下一朝之享而足也。如曰吾志存乎立功，而事专乎报主，虽遇其人，未暇礼焉，则非愈之所敢知也。世之龊龊者，既不足以语之；磊落奇伟之人，又不能听焉。则信乎命之穷也！

　　谨献旧所为文一十八首，如赐览观，亦足知其志之所存。愈恐惧再拜。

　　七月三日，将仕郎任国子监四门博士韩愈，恭敬呈信给尚书阁下：

　　读书人能够享有盛名、显荣于当世，没有谁不是因为有德高望重的前辈做引导；读书人之所以能够美誉流传，照耀后世，没有谁不是因为有享有声望的后辈为他传扬。没有人引导，即使才德美好也不能彰明，没有人做为后继者，即使功业很大也不能流传。这两种人，未尝不互相依赖，但是千

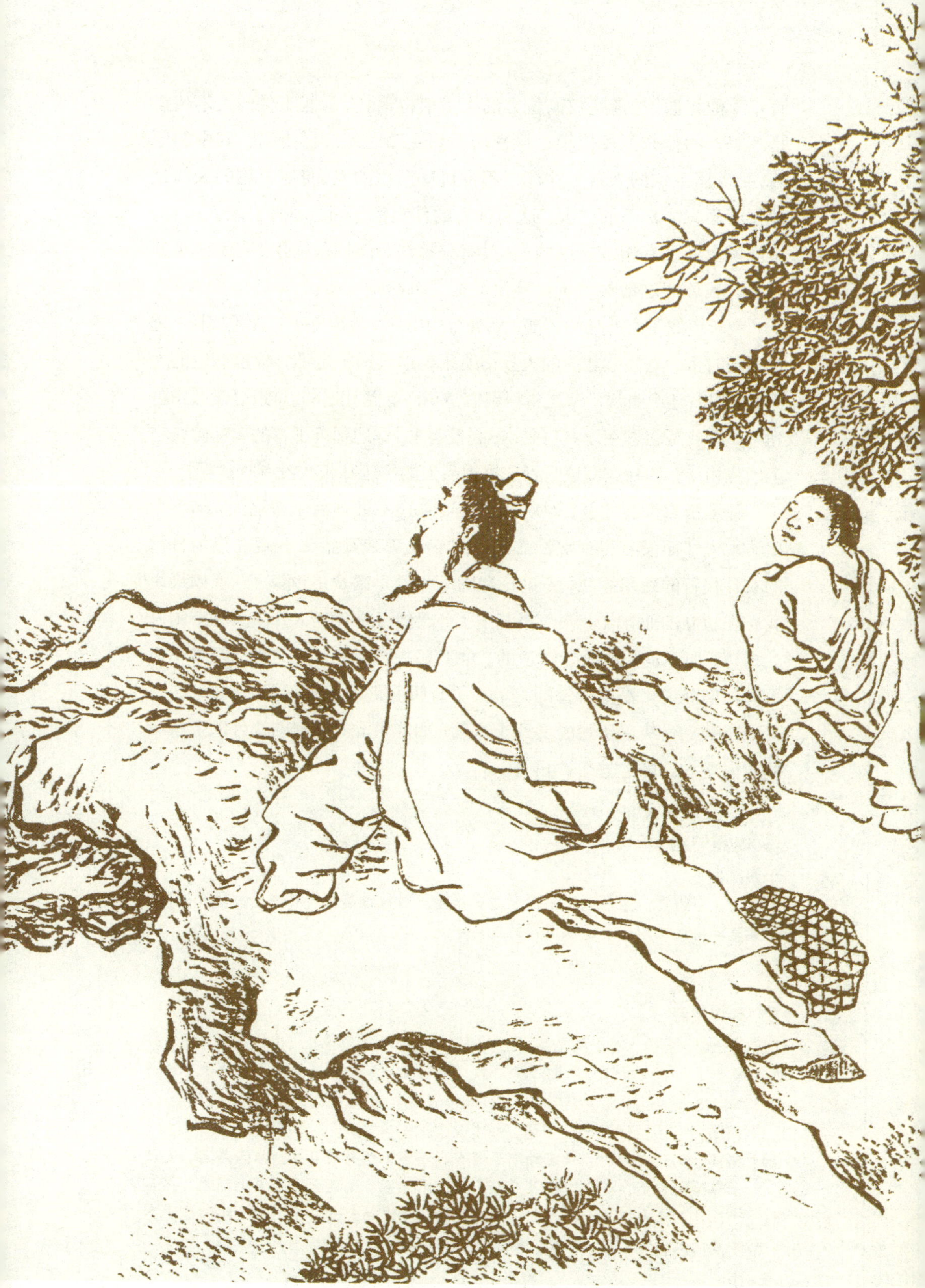

百年才能相遇。难道是权高位显的人不值得请托，身居下位的人不值得推荐吗？为什么互相依赖这样密切而相互知遇却这样少啊？其中的原因，是身居下位的人自负才能而不肯讨好上位的人，身居上位的人倚仗地位而不肯体察下面的人。这两种人的作为都不对。不肯去求人推荐，不能说上面没有奖掖后进的人；没有去探访，不能说下面没有值得举荐的人。我琢磨这话很久了，还没敢把它讲给别人听。

我听说阁下有非凡的才能，立身行为出众，道德方正且注重实际，进退不随时俗，有文武才能的人量力所用，这难道不是那种提携后进的人吗？但是我还没听说后辈之中得到您赏识而受到礼遇的。难道是没有物色到吗？抑或是您志在建立功业，一心报答主上，遇到可举荐的人却没有空闲以礼相待？为什么应该听到您提携后人的事迹却长久没有听到呢？

韩愈虽然没有才能，但对自己的要求还不敢落后于普遍人。阁下大概访求人才而没有得到吧？古人说："请从郭隗开始"。我现在只为日常的衣食住行的费用着急，不过花费阁下一顿早餐费用就够了。您如果说我志在建立功业，做事一心报答主上，遇到可推荐的人，却没有空闲以礼相待。那不是我所敢于知道的。世上那些平庸无远见之辈，既然不值得向他们陈说，磊落奇伟的人，又不肯听我诉说，那就只好认命了。

谨献上我从前所写的文章十八篇，如能赏光过目，也就可以了解我的志向所在。韩愈惶恐，再拜。

◎ 内涵外延

于襄阳生平

于襄阳，名由页，字名元，深得唐德宗器重。因做过襄州大都督，故称于襄阳。本文是韩愈所写的一封请求引荐的信。

◎ 本文注释

〔1〕将仕郎：官阶，属于从九品。国子四门博士：唐代国子监（国家最高学府）设国子、太学、四门、广文、律、书、算七馆，各馆教授称博士，韩愈当时为四门博士。

〔2〕尚书：官名。〔3〕干：干谒，指求见显达的人。

〔4〕隗（wěi）：即郭隗，战国时期燕国人。燕昭王想招揽贤才，振兴燕国，去征求郭隗的意见，郭隗给燕昭王讲了一个用五百金买匹死千里马的故事。然后说，君王若要招揽人才，先从郭隗开始，郭隗尚且被任用，何况比郭隗更有才能的人呢？

应科目时与人书

韩愈

◎ 经典语录

若俛首帖耳，摇尾而乞怜者，非我之志也

月日[1]，愈再拜。

天池之滨[2]，大江之濆[3]，曰有怪物焉，盖非常鳞凡介之品汇匹俦也。其得水，变化风雨，上下于天不难也。其不及水，盖寻常尺寸之间耳[4]。无高山、大陵、旷途、绝险为之关隔也，然其穷涸，不能自致乎水，为猵獭之笑者[5]，盖十八九矣。

如有力者，哀其穷而运转之，盖一举手一投足之劳也。然是物也，负其异于众也，且曰："烂死于沙泥，吾宁乐之。若俛首帖耳，摇尾而乞怜者，非我之志也。"是以有力者遇之，熟视之若无睹也。其死其生，固不可知也。

今又有有力者当其前矣。聊试仰首一鸣号焉，庸讵知有力者不哀而穷，而忘一举手一投足之劳，而转之清波乎？其哀之，命也；其不哀之，命也；知其在命而且鸣号之者，亦命也。

愈今者，实有类于是。是以忘其疏愚之罪，而有是说焉。阁下其亦怜察之！

某月某日，韩愈再拜。

大海之滨，大江之边，据说有种怪物，不同于一般的鳞甲类动物。它得到水，可兴风作浪，上天下地都不难。一旦脱离水，就只能蜷缩在很小的范围内，虽然没有高山大丘、宽阔的道路、险峻的地势阻隔它，但也只能被困在干涸的地方，无法自如回到水中，因而受到大大小小的水獭的嘲笑。

假使有人同情它的窘境而帮它回到水中，也不过举手投足之劳。但是，这怪物却因它与众不同而自负，还说："烂死在泥沙之中我也乐意，像那些俯首帖耳、摇尾乞怜做法，不是我的意愿。"所以，有力的人遇到它，竟熟视无睹。它是死是活，实在无法预料。

现在又有一个有力的人出现在它的面前，它试着抬头鸣叫一声，怎会知道有力的人是否同情它的困境，以举手之劳，把它移动到水中去呢？同情它，是命中注定；不同情它，也是命中注定；知道一切都是命中注定还要向他鸣叫，也是命中注定。

221

我如今的处境,和这怪物相似。所以不顾粗鄙愚昧之过,发表了这样的议论。还望阁下同情体察。

◎ **内涵外延**

古时动物分类

古代人将动物分为"羽介鳞毛"四大类。其中,羽指鸟类;介指有甲类动物(如龟鳖)和虫类等;鳞指鱼类、爬虫类等;毛指哺乳类等。正文中所说的"盖非常鳞凡介之品汇匹俦也",即是指此。

◎ **本文注释**

〔1〕月日:本文是唐德宗贞元九年(公元793年),韩愈以进士身份参加博学宏词科时所写的。
〔2〕天池:《庄子》寓言中的南海。〔3〕濆(fén):水边。
〔4〕寻常:指很近的距离,按古代长度单位,八尺为一寻,二寻为一常。
〔5〕獱獭(bīn tǎ):獭,水中的动物,食鱼为主,又称水獭。獱,小水獭。

送孟东野序

韩愈

◎ 经典语录

杂乱无章　大凡物不得其平则鸣。草木之无声，风挠之鸣。水之无声，风荡之鸣

　　大凡物不得其平则鸣。草木之无声，风挠之鸣。水之无声，风荡之鸣。其跃也，或激之；其趋也，或梗之；其沸也，或炙之。金石之无声，或击之鸣。人之于言也亦然，有不得已者而后言。其歌也有思，其哭也有怀。凡出乎口而为声者，其皆有弗平者乎！

　　乐也者，郁于中而泄于外者也，择其善鸣者而假之鸣。金、石、丝、竹、匏、土、革、木八者[1]，物之善鸣者也。维天之于时也亦然，择其善鸣者而假之鸣。是故以鸟鸣春，以雷鸣夏，以虫鸣秋，以风鸣冬。四时之相推敓[2]，其必有不得其平者乎！

　　其于人也亦然，人声之精者为言，文辞之于言，又其精也，尤择其善鸣者而假之鸣。其在唐、虞、咎陶[3]、禹，其善鸣者也，而假以鸣。夔弗能以文辞鸣[4]，又自假于《韶》以鸣[5]。夏之时，五子以其歌鸣。伊尹鸣殷[6]，周公鸣周。凡载于《诗》《书》六艺，皆鸣之善者也。周之衰，孔子之徒鸣之，其声大而远。传曰："天将以夫子为木铎。"其弗信矣乎？其末也，庄周以其荒唐之辞鸣。楚，大国也，其亡也，以屈原鸣。臧孙辰、孟轲、荀卿，以道鸣者也。杨朱、墨翟、管夷吾、晏婴、老聃、申不害、韩非、慎到、田骈、邹衍、尸佼、孙武、张仪、苏秦之属，皆以其术鸣。秦之兴，李斯鸣之。汉之时，司马迁、相如、扬雄，最其善鸣者也。其下魏、晋氏，鸣者不及于古，然亦未尝绝也。就其善者，其声清以浮，其节数以急，其辞淫以哀，其志驰以肆，其为言也，乱杂而无章。将天丑其德莫之顾邪？何为乎不鸣其善鸣者也！

　　唐之有天下，陈子昂、苏源明、元结、李白、杜甫、李观，皆以其所能鸣。其存而在下者，孟郊东野始以其诗鸣。其高出魏、晋，不懈而及于古，其他浸淫乎汉氏矣。从吾游者，李翱、张籍其尤也。三子者之鸣信善矣。抑不知天将和其声，而使鸣国家之盛邪？抑将穷饿其身，思愁其心肠，而使自鸣其不幸邪？三子者之命则悬乎天矣。其在上也奚以喜？其在下也奚以悲？东野之役于江南也，有若不释然者，故吾道其命于天者以解之。

　　大凡事物不平衡时，就要发出声音。草木本无声音，风吹动它便会发出声音。水没有声音，风激荡它发出声音。水流飞溅是因为受到

外物的冲击；水流得很急，是因为水道被阻塞；水的沸腾，是因为用火烧它。金属、石头没有声音，敲打它们就会发出声音。人们发表言论也是这样，是因为有不可抑制的感触而发表言论。他们唱歌是因为相思，他们哭泣是因为有所伤怀。凡是从口中发出而成为声音，大概都是有所不平吧！

音乐是将郁结于心的感情抒发出来的声音，选择那些善鸣的器物借助它们发声。金、石、丝、竹、匏、土、革、木这八种乐器，是器物中音色优美的。自然界对时令也是如此，选择发声的物体发出声音。所以鸟在春天鸣叫，雷在夏天轰响，虫在秋天低语，风在冬天怒吼。四季的推移变化，也必定有不安定的因素吧！

对于人来说也是如此，人声的精华是语言，文辞又是言语的精华，选择善于辞令的人来发表议论。在唐尧、虞舜的时代，咎陶和大禹是善于辞令的人，借助他们发表议论。夔不能用文辞表达感情，就借《韶》乐来抒发。夏朝的时候，太康的五个弟弟用歌表达思想。伊尹鸣于商朝，周公鸣于周朝。凡是记载在《诗经》《尚书》等六部经书中的著述，都是最优秀的。周朝衰败时，孔子和他的弟子们的言论影

孟郊（公元751－814年）

字东野。湖州武康（今浙江德清）人。唐代诗人。早年贫困，曾游两湖、广西，无所遇合，屡试不第。四十六岁始中进士，五十岁为溧阳尉。元和初，任河南水陆转运从事，试协律郎，定居洛阳。元和九年，在阌乡（今河南灵宝）因病去世。张籍私谥为贞曜先生。孟郊专写古体诗，现存诗五百多首，以短篇五言古体诗最多。

响很大，流传久远。《论语》说："上天要将夫子作为宣扬教化的木铎啊。"难道不是真的吗？周朝末年，庄周以气势宏大的文章发表言论。楚是大国，在它灭亡之际，屈原以楚辞而鸣。臧孙辰、孟轲、荀卿，以儒学而鸣。杨朱、墨翟、管夷吾、晏婴、老聃、申不害、韩非、慎到、田骈、邹衍、尸佼、孙武、张仪、苏秦一班人，都以他们的策略主张著名于当时的年代。秦朝兴起，李斯为它而鸣。汉代司马迁、司马相如、扬雄，是最善于文辞的作者。到了魏、晋时，善于言论者比不上古人，但也没有断绝。其中的佼佼者，他们的文辞清丽而浮夸，节奏繁杂而急促，辞句淫靡而哀伤，思想颓废而放荡，著作杂乱无章。也许是上天厌恶他们的丑鄙而不加以眷顾吧？不然为什么不让那些擅长言辞的人来出声呢？

唐朝统治天下以后，陈子昂、苏源明、元结、李白、杜甫、李观，以各自的才能吟诗咏唱。现在活着而处于下位的孟东野以诗歌表露情感。他的诗歌超越魏、晋，不懈的努力探索可以赶得上古人，其余作品也接近汉代的水平。同我交往的人中，李翱、张籍是最突出的。孟东野、李翱、张籍三人的诗文确实优秀。是天意使他们的声音和谐，歌颂国家的兴盛？还是使他们倍受饥饿穷困的煎熬让他们为不幸悲歌呢？这三个人的命运，取决于上天。那么他们处在高位又何以为喜？身居下位又有什么可悲的呢？东野去江南赴任，仿佛有些失意的样子，所以用命运之说来宽解他。

◎ 内涵外延

孟郊骂钦差

传说某日正值幼年的孟郊在道边行乞，恰遇钦差大臣来寻访民情。孟郊看到这位钦差大臣作威作福，便上前要与他对对联。钦差大臣语含讥讽地出了上联："小小猫儿寻食吃。"孟郊不慌不忙地对出下联说："大大老鼠偷皇粮。"原来那钦差当真在暗中克扣赈灾钱款，被小孟郊给一语道破了。

◎ 本文注释

[1] 金、石、丝、竹、匏、土、革、木：传统乐器的制作材料，代指各类乐器。
[2] 推敚：推移变化。敚：同"夺"。
[3] 咎陶（gāo yáo）：相传为虞舜的臣，为舜掌司法造律立狱。
[4] 夔（kuí）：虞舜时的乐官。
[5] 《韶》：夔所作的乐曲名。[6] 伊尹：殷代贤相。

送李愿归盘谷序

韩愈

◎ **经典语录**

采于山，美可茹；钓于水，鲜可食

太行之阳有盘谷，盘谷之间，泉甘而土肥，草木丛茂，居民鲜少。或曰：谓其环两山之间，故曰盘。或曰：是谷也，宅幽而势阻[1]，隐者之所盘旋[2]。友人李愿居之[3]。

愿之言曰："人之称大丈夫者，我知之矣。利泽施于人，名声昭于时。坐于庙朝，进退百官，而佐天子出令。其在外，则树旗旄，罗弓矢，武夫前呵，从者塞途，供给之人，各执其物，夹道而疾驰。喜有赏，怒有刑。才畯满前[4]，道古今而誉盛德，入耳而不烦。曲眉丰颊，清声而便体，秀外而惠中[5]，飘轻裾[6]，翳长袖[7]，粉白黛绿者[8]，列屋而闲居，妒宠而负恃，争妍而取怜。大丈夫之遇知于天子，用力于当世者之所为也。吾非恶此而逃之，是有命焉，不可幸而致也。穷居而野处，升高而望远，坐茂树以终日，濯清泉以自洁。采于山，美可茹；钓于水，鲜可食。起居无时，惟适之安。与其有誉于前，孰若无毁于其后；与其有乐于身，孰若无忧于其心。车服不维[9]，刀锯不加，理乱不知[10]，黜陟不闻[11]。大丈夫不遇于时者之所为也，我则行之。伺候于公卿之门，奔走于形势之途，足将进而趑趄。口将言而嗫嚅[12]，处污秽而不羞，触刑辟而诛戮，侥幸于万一，老死而后止者，其于为人贤不肖何如也？"

昌黎韩愈闻其言而壮之。与之酒，而为之歌曰："盘之中，维子之宫；盘之土，可以稼；盘之泉，可濯可沿；盘之阻，谁争子所？窈而深，廓其有容；缭而曲，如往而复。嗟盘之乐兮，乐且无央。虎豹远迹兮，蛟龙遁藏。鬼神守护兮，呵禁不祥。饮且食兮寿而康，无不足兮奚所望；膏吾车兮秣吾马，从子于盘兮，终吾生以徜徉。"

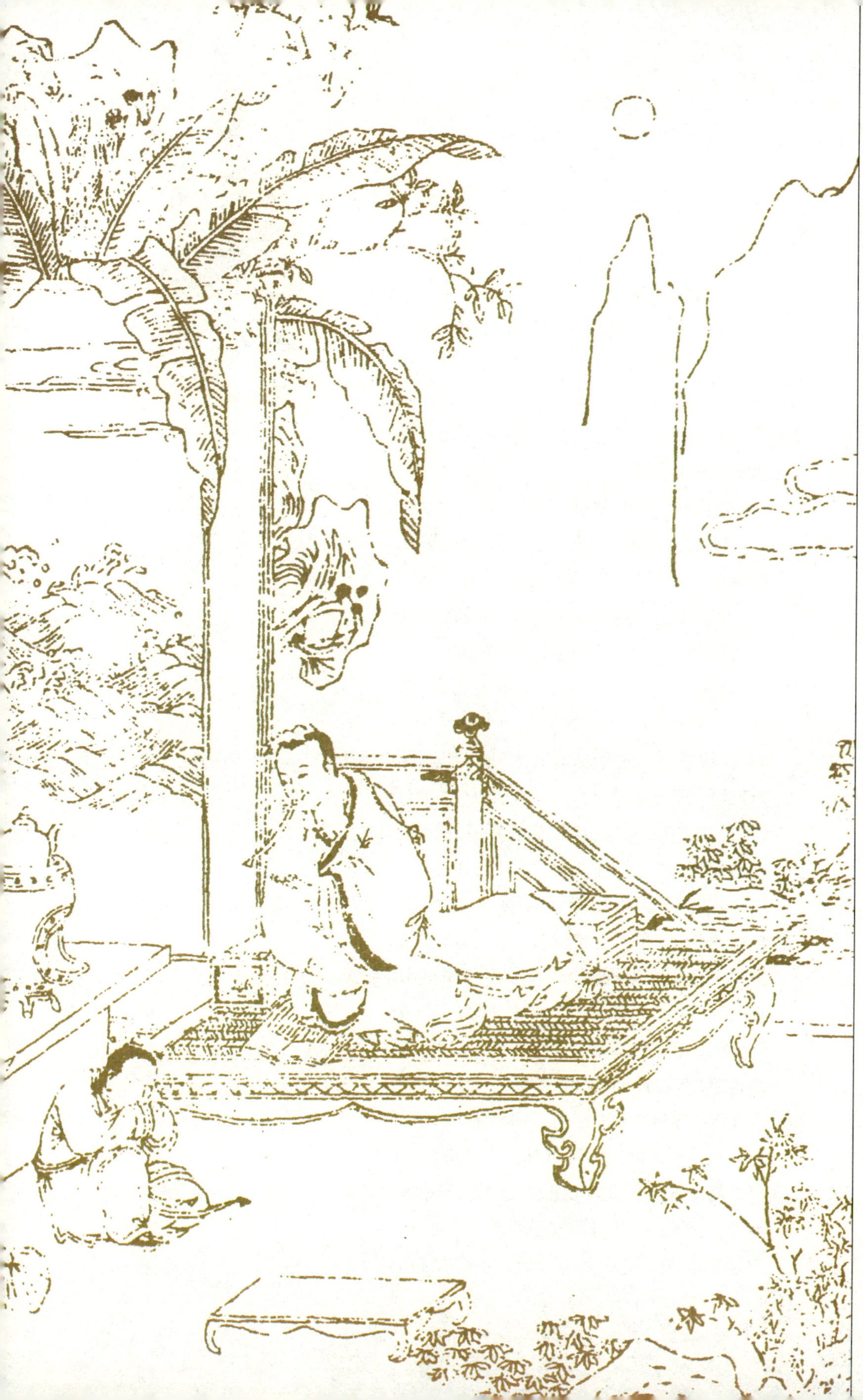

太行山南麓有一个盘谷。盘谷中泉水甘甜，土地肥沃，草木茂盛，人烟稀少。有人说：因为它被环绕在两山之间，所以称作盘。有人说：这个山谷，环境幽静地势险要，是隐士盘桓的地方。我的朋友李愿就住在那里。

李愿说："那些被称为大丈夫的我知道。利益恩泽施予他人，名声显赫于当朝。在朝堂上参政，任免百官，辅佐天子颁布政令。他们出巡，树立旗帜，罗列弓箭，武士在前开道，随从塞满道路，供给物品的仆役，在道路上往来奔跑。高兴时有奖赏，发怒时就处罚。在身边聚集了许多才学出众的人，讲古论今地颂扬他的德，听了也不觉得絮烦。那些弯眉秀目、声音清亮、体态轻盈、外貌秀美、天资聪慧、拂着轻盈的衣襟、长袖掩映、浓妆艳抹的美女，被安排在一间间的后房中悠闲居住着，妒忌别人得宠，以自己的色艺，争娇斗艳以博宠爱。这些都是被皇上赏识，坐拥极大权势的大丈夫的所作所为。我并不是厌恶这些才逃避，是命中注定的，不能侥幸取得。住在穷乡僻野，登高远望，坐在茂盛的树下悠闲度日，在清泉中沐浴，保持清洁。山上采摘野果，味美可口；垂钓的鱼虾，味鲜可食。作息不定时，只求舒适安闲。与其当面受人赞誉，不如背后无人诋毁；与其身体享受快乐，不如心中无忧无虑。不受功利的束缚，不会受到刑

○ 品画鉴宝

越窑褐彩如意云纹镂孔熏炉（唐） 此炉为焚香用具，造型别致，为唐代越窑瓷器佳品。

罚，不理会朝政的好坏，不关心官职升降。这是不得志的大丈夫的所为，我就是这样做的。伺候于公卿的门下，奔走于权贵之间，想迈步踌躇不前，想开口又吞吞吐吐，处在污秽的环境不觉得羞耻，触犯刑法就被杀戮，为了侥幸得到一个机会，直到死才罢休，这样的为人好不好呢？"

昌黎韩愈听了李愿的话，称赞他的豪放，为他斟酒，并且为他写了一首歌："盘谷中间，是你的居室；盘谷的土地，可以播种五谷；盘谷的泉水，可以洗浴，可以闲游；盘谷的地势险阻，谁来和你争夺住所？盘谷幽静深远，空阔得可包容万物，回环曲折，好像是在向前走，不觉又绕回原处，盘谷的快乐啊，没有尽头！虎豹远离啊，蛟龙躲藏；鬼神守护啊，抵御不祥。饮食无忧长寿健康，没有什么不满足啊，没有更多的奢望，润滑我的车轮，喂饱我的马，跟着你去盘谷啊，让我终身逍遥漫游。"

◎ 内涵外延

绿的独特用法

绿，在古语中有"颜色昏暗，乌黑色"的含义。所以常被文人用来描述人的头发，如绿鬓、绿媛、绿云等。又如唐朝白居易的《闺妇》："斜凭绣床愁不动,红绡带缓绿鬟低。"宋朝苏轼的词《浣溪沙·春情》："道字娇讹苦未成，未应春阁梦多情。朝来何事绿鬟倾？"都属此用法。

◎ 本文注释

[1] 宅幽：地方很幽静。势阻：形势很险要。[2] 盘旋：逗留往来。
[3] 李愿：住在盘谷的一位隐士，称为盘谷子。
[4] 旗旄 (máo)：旗帜。旄，旗的一种，旗杆上附有牦牛尾或鸟的羽毛。才畯：才能出众的人。畯，同"俊"。
[5] 惠：通"慧"，聪敏。[6] 裾 (jū)：衣襟。[7] 翳 (yì)：遮蔽。
[8] 粉白黛绿：形容女子打扮得妖艳妩媚。黛，画眉的青黑色颜料。
[9] 车服：官员们所坐的车子和穿的衣服。
[10] 理乱：治乱。因为避唐高宗李治的名讳，所以，说"理乱"。
[11] 黜 (chū)：降。陟 (zhì)：升。
[12] 嗫嚅 (niè rú)：想说话又说不出口的样子。

祭十二郎文

韩愈

◎ 经典语录

天之涯，地之角　自今以往，吾其无意于人世矣

年月日[1]，季父愈闻汝丧之七日[2]，乃能衔哀致诚，使建中远具时羞之奠[3]，告汝十二郎之灵[4]。

呜呼！吾少孤，及长，不省所怙，惟兄嫂是依。中年兄殁南方[5]，吾与汝俱幼，从嫂归葬河阳。既又与汝就食江南，零丁孤苦，未尝一日相离也。吾上有三兄[6]，皆不幸早世。承先人后者，在孙惟汝，在子惟吾，两世一身，形单影只。嫂尝抚汝指吾而言曰："韩氏两世，惟此而已！"汝时尤小，当不复记忆。吾时虽能记忆，亦未知其言之悲也！

吾年十九，始来京城。其后四年，而归视汝。又四年，吾往河阳省坟墓，遇汝从嫂丧来葬。又二年，吾佐董丞相于汴州[7]，汝来省吾，止一岁，请归取其孥。明年，丞相薨，吾去汴州，汝不果来。是年，吾佐戎徐州，使取汝者始行，吾又罢去，汝又不果来。吾念汝从于东，东亦客也，不可以久，图久远者，莫如西归，将成家而致汝。呜呼！孰谓汝遽去吾而殁乎！吾与汝俱少年，以为虽暂相别，终当久相与处，故舍汝而旅食京师，以求斗斛之禄。诚知其如此，虽万乘之公相，吾不以一日辍汝而就也！

去年，孟东野往，吾书与汝曰："吾年未四十，而视茫茫，而发苍苍，而齿牙动摇。念诸父与诸兄，皆康强而早世，如吾之衰者，其能久存乎？吾不可去，汝不肯来，恐旦暮死，而汝抱无涯之戚也。"孰谓少者殁而长者存，强者夭而病者全乎！呜呼！其信然邪？其梦邪？其传之非其真邪？信也，吾兄之盛德而夭其嗣乎？汝之纯明而不克蒙其泽乎？少者强者而夭殁，长者衰者而存全乎？未可以为信也。梦也，传之非其真也，东野之书，耿兰之报，何为而在吾侧也？呜呼！其信然矣！吾兄之盛德而夭其嗣矣！汝之纯明宜业其家者，不克蒙其泽矣！所谓天者诚难测，而神者诚难明矣！所谓理者不可推，而寿者不可知矣！虽

然,吾自今年来,苍苍者或化而为白矣,动摇者或脱而落矣,毛血日益衰,志气日益微,几何不从汝而死也!死而有知,其几何离?其无知,悲不几时,而不悲者无穷期矣!汝之子始十岁,吾之子始五岁,少而强者不可保,如此孩提者,又可冀其成立邪?呜呼哀哉!呜呼哀哉!

汝去年书云:"比得软脚病,往往而剧。"吾曰:"是疾也,江南之人,常常有之。"未始以为忧也。呜呼!其竟以此而殒其生乎?抑别有疾而致斯乎?汝之书,六月十七日也。东野云,汝殁以六月二日;耿兰之报无月日。盖东野之使者,不知问家人以月日,如耿兰之报,不知当言月日。东野与吾书,乃问使者,使者妄称以应之耳。其然乎?其不然乎?

今吾使建中祭汝,吊汝之孤与汝之乳母。彼有食可守以待终丧,则待终丧而取以来;如不能守以终丧,则遂取以来。其余奴婢,并令守汝丧。吾力能改葬,终葬汝于先人之兆,然后惟其所愿。

呜呼!汝病吾不知时,汝殁吾不知日;生不能相养以共居,殁不能抚汝以尽哀,敛不凭其棺,窆不临其穴[8]。吾行负神明,而使汝夭,不孝不慈,而不得与汝相养以生,相守以死。一在天之涯,一在地之角,生而影不与吾形相依,死而魂不与吾梦相接,吾实为之,其又何尤?彼苍者天,曷其有极!自今以往,吾其无意于人世矣!当求数顷之田于伊、颍之上,以待余年。教吾子与汝

231

子,幸其成;长吾女与汝女,待其嫁,如此而已。

呜呼!言有穷而情不可终,汝其知也邪?其不知也邪?呜呼哀哉!尚飨。

某年某月某日,叔父韩愈在听到你去世消息的第七天,才向你表达悲痛心意,派建中从远地备办应时的鲜美食物作为祭品,祭告你十二郎的魂灵。

唉!我幼年丧父,等到长大成人后,都不知道父亲的模样,全仰仗哥哥嫂嫂。哥哥中年死在南方,我和你都还年幼,跟随嫂嫂回河阳安葬了哥哥。接着又同你到江南谋生,孤苦零丁,却从未分离过。我上边有三位兄长,都不幸早亡。后嗣孙辈中只有你,子辈中只有我。子孙两代各剩下一个人,形影孤单。大嫂曾经抚摸着你,指着我说:"韩门两代人中只有你们两个了!"你那时还小,不会记得了。我当时虽然能记住,但也体会不到话中的悲痛啊!

我十九岁,初次来到京城。过了四年,才回去看你。又过了四年,我去河阳祭扫祖坟,碰到你护送嫂嫂回来安葬灵柩。再过两年,我在汴州辅助董丞相,你来探望我,住了一年,你要回去接妻子儿女。第二年,董丞相去世,我离开汴州,你没能来。这一年,我在徐州参佐军务,派去接你的人刚动身,我又罢职离开,你又没有来成。我想你跟我来东边,也是客居他乡,不能久住,从长远考虑,不如回到西边,打算安顿好家再叫你来。唉!谁

能料到你这么快就离开我而去了啊！我和你都还年轻，认为虽然暂时分别，终有一天会长久住在一起，所以我丢下你到京城谋生，以求得微薄的俸禄。如果知道会是这样，即使做地位尊贵的公卿宰相，我也不会离开你一天而去上任。

去年，孟东野到江南，我给你写信说："我年纪还不到四十，却已视力模糊，须发斑白，牙齿松动。想到伯叔和各位兄长，都在强壮时过早去世，像我这样衰弱的人，能够得长久吗？我不能离去，你又不愿来，如果有一天我死去，使你抱无尽的悲痛啊！"谁能料到年轻的死了而年长的还活着，健康的人夭折了，衰弱的却能保全呢！唉！真是这样呢？还是做梦呢？或许传来的消息不可靠？如果是真的，为什么我的兄长具有美德，他的儿子会过早地夭亡呢？你那样纯正贤明，难道不能承受他的福泽吗？年轻强壮的过早死去，年长体弱的却能活着吗？实在不能信以为真啊！这是在做梦？还是消息不是真的？可为什么东野的书信，耿兰送来的讣告却放在我的身旁？唉！这是真的！我哥哥具有美好的德行却早早死去了后代啊！你如此纯正聪明，应该继承家业，却不能承受他的福泽啊！真所谓苍天难测，神灵难以明白啊！这实在是常理无法推断，寿命不能预知啊！虽然如此，我从今年以来，花白的头发已经全白了，松动的牙齿脱落了，体质日见衰弱，精神一天天不济，不用多久也会随你而去了。如果死后有知，那我们就不会分别太久了；如果死后无知，这悲伤不会太久，而不悲伤的日子倒是无穷无尽的啊！你的儿子刚十岁，我的儿子才五岁。年轻强健的都不能保全，像这样的幼童，能指望他们长大自立吗？唉！悲痛啊！唉！悲痛啊！

你去年的信中说："近来得了脚气病，时常犯得很厉害。"我回信说："这种病，江南人经常会得。"就没把它当回事。唉！难道竟然因为这种病送掉你的性命吗？还是另有病才到这个地步呢？你的来信写于六月十七日，东野说你六月二日去世，耿兰报丧，没有写年月日。大概东野派来的人不知道向家人问明日期，正如耿兰报丧不知道应当说明你的忌日。东野给我写信，才问使者，这人随便说一个日子回复他。是这样呢？或者不是这样呢？

现在我派建中前来祭奠你，慰问你的遗孤和你的乳母。他们有吃的可以守到丧期结束，等服丧期满再把他们接来。如果他们不能守到丧期结束，那就马上把他们接来。其余的奴婢，都叫他们为你守丧。如果我有能力改葬，一定把你安葬在祖先的墓地，这样才算了却我的心愿。

唉！你生病我不知道时间，你去世我不知道日子；活着的时候我们没能生活在一起相互照顾，你死后我不能抚尸痛哭表达我哀伤之情。我没能在你入殓时守着你的灵柩，下葬时我没有亲临你的墓穴。我的行为有负神明，使你早早死去，我不孝顺不慈爱，因而不能和你相养以生，一直相守而死。一个在天边，一个在地角，你活着的时候不和我形影相依，你死后魂魄不在我的梦中相遇，这是我造成的，又能怨谁？苍天啊，悲伤哪有尽头！从今以后，我不再对人世有所留恋！不如在伊、颍河畔置几顷田地，度过余生。教育我的儿子和你的儿子，希望他们长大成才；养育我的女儿和你的女儿，等待她们出嫁。就这样吧。

唉！话有说完的时候，可是哀痛之情却不可终止，你知道呢？还是不知道呢？唉！悲伤哀痛啊！请享用祭品吧！

◎ 内涵外延

诔

诔是古代的一种文体，用于叙述死者生前事迹，表达生者哀悼之情。这种文体多用于上级对下级。如在《红楼梦》第七十八回《老学士闲征诡画词，痴公子杜撰芙蓉诔》中，贾宝玉得知自己最喜欢的贴身丫环晴雯已经去世，飞升为上天的芙蓉花神，于是为她写了一篇《芙蓉女儿诔》。

◎ 本文注释

[1] 年月日：旧说指贞元十九年（公元803年）五月二十六日，按祭文内容当是六月二十六日。

[2] 季父：小叔父。兄弟排行，古时用伯、仲、叔、季做次序。

[3] 建中：人名。时羞：应时的新鲜菜肴。奠：这里指祭品。

[4] 十二郎：名老成，韩愈的侄子，在族中排行十二，所以称十二郎。韩愈的大哥无子，所以过继十二郎为子，韩愈二岁丧父，由大哥大嫂抚养，因此从小和十二郎生活在一起。

[5] 兄殁(mò)南方：大历十二年（公元777年），韩愈的大哥由起居舍人贬韶州（治所在今广东省韶关市西）刺史，后死于任所，时年四十二岁。

[6] 三兄：韩愈只有韩会、韩介两个胞兄，"三"疑有误传。

[7] 董丞相：董晋。贞元十二年（公元796年）七月，董晋任宣武军节度使，汴、宋、亳、颍等州观察使，韩愈在他手下任推官。

[8] 窆(biǎn)：下葬。穴：墓穴。

祭鳄鱼文

韩愈

◎ 经典语录

朝发夕至　冥顽不灵　今与鳄鱼约，尽三日，其率丑类南徙于海，以避天子之命吏

　　维年月日，潮州刺史韩愈，使军事衙推秦济，以羊一、猪一，投恶溪之潭水，以与鳄鱼食，而告之曰：

　　昔先王既有天下，列山泽[1]，罔绳擉刃[2]，以除虫蛇恶物为民害者，驱而出之四海之外。及后王德薄，不能远有，则江、汉之间，尚皆弃之以与蛮、夷、楚、越，况潮，岭海之间，去京师万里哉！鳄鱼之涵淹卵育于此[3]，亦固其所。

　　今天子嗣唐位，神圣慈武，四海之外，六合之内[4]，皆抚而有之。况禹迹所掩，扬州之近地，刺史、县令之所治，出贡赋以供天地宗庙百神之祀之壤者哉！鳄鱼其不可与刺史杂处此土也。刺史受天子命，守此土，治此民，而鳄鱼睅然不安溪潭，据处食民畜、熊、豕、鹿、獐，以肥其身，以种其子孙，与刺史亢拒[5]，争为长雄。刺史虽驽弱，亦安肯为鳄鱼低首下心，伈伈睍睍[6]，为民吏羞，以偷活于此邪！且承天子命以来为吏，固其势不得不与鳄鱼辨。

　　鳄鱼有知，其听刺史言：潮之州，大海在其南，鲸鹏之大，虾蟹之细，无不容归，以生以食，鳄鱼朝发而夕至也。今与鳄鱼约，尽三日，其率丑类南徙于海，以避天子之命吏。三日不能，至五日；五日不能，至七日；七日不能，是终不肯徙也。是不有刺史听从其言也。不然，则是鳄鱼冥顽不灵，刺史虽有言，不闻不知也。夫傲天子之命吏，不听其言，不徙以避之，与冥顽不灵，而为民物害者，皆可杀！刺史则选材技吏民，操强弓毒矢，以与鳄鱼从事，必尽杀乃止。其无悔！

　　某年某月某日，潮州刺史韩愈派军事衙推秦济，把一头羊、一头猪，投进恶溪的深潭里，给鳄鱼吃，并告诉它说：

　　从前五帝三王统治天下，焚烧山野河泽的草木，用绳网捕捉，用锋利的刀枪消除掉那些危害百姓的虫蛇猛兽，把它们驱赶到四海之外。到了后代，帝王仁德浅薄，不能统治远方疆土，

○ 品画鉴宝

堆塑会乐俑陶罐（唐）此陶罐是陪葬品，作用同"魂瓶"，为驱邪辟恶，保护墓主人灵魂的安宁。

连长江、汉水流域，都丢弃给了蛮、夷、荆、越等异族，何况潮州处在五岭和南海之间，离京城有万里之遥呢！鳄鱼在这里潜伏、繁殖，是它们最适宜的地方。

当今天子继承唐朝皇位，神圣仁慈而又英武，四海之外，普天之下，都归唐朝统辖。何况是大禹足迹到过的地方，与古代扬州邻近，是刺史、县令所治理的区域，是进献贡品、缴纳赋税，以供天子祭祀天地、宗庙和各种神明的地方！鳄鱼不可以和刺史同住在这个地方的。刺史奉天子的命令，镇守这方土地，管理这里的人民，而鳄鱼竟不安份地呆在溪底，反而占据地方，吃百姓的牲畜及熊、猪、鹿、獐来养肥自身，繁殖自己的子孙，和刺史对抗，争个高低。刺史虽然软弱无能，又怎么肯向鳄鱼低头屈服、畏畏缩缩、不敢正视，使百姓和官吏蒙羞，在这里苟且偷生呢！而且我奉天子之命来这里做官，在这种情势下，不得不和鳄鱼争个高低。

若鳄鱼通晓人意，就听刺史话：潮州这地方，大海在它的南边，大到鲸鱼鹏鸟，小到鱼虾螃蟹，没有不能容纳的，依靠大海生存获取食物，鳄鱼早上动身晚上就可以到达。现在，我和鳄鱼约定：三天之内，带领着你的同类南迁到大海去，以回避天子的命官。三天不行，就五天；五天不行，就七天；如果七天还不行，就是根本不肯迁徙了。是不把刺史放在眼里，不肯听从刺史的话。要不然，就是鳄鱼愚蠢而没有灵性，虽然刺史说了这一番话，却不闻不知。藐视天子派遣的官吏，不听他的话，不迁徙躲避，愚蠢而没有灵性，害民害物的东西都应该杀掉！刺史就要挑选有才干技艺的官吏百姓，拿着强弓毒箭，和鳄鱼较量，定要斩尽杀绝才肯罢休。可不要后悔！

◎ **内涵外延**

古代的鳄鱼

鳄鱼在我国古代被称之为"忽律"，又一说称之为"忽雷"。因其生性凶残，所以视作与虎狼同列。《水浒传》中，梁山步军头领朱贵的外号就叫做"旱地忽律"。

◎ **本文注释**

〔1〕列：同"烈"。〔2〕罔：同"网"。〔3〕涵淹：潜藏。

〔4〕六合：指天、地、四方。〔5〕亢拒：即抗拒。

〔6〕伈伈（xǐn）：恐惧的样子。睍睍（xiàn）：眯着眼睛看东西，害怕而不敢正视的样子。

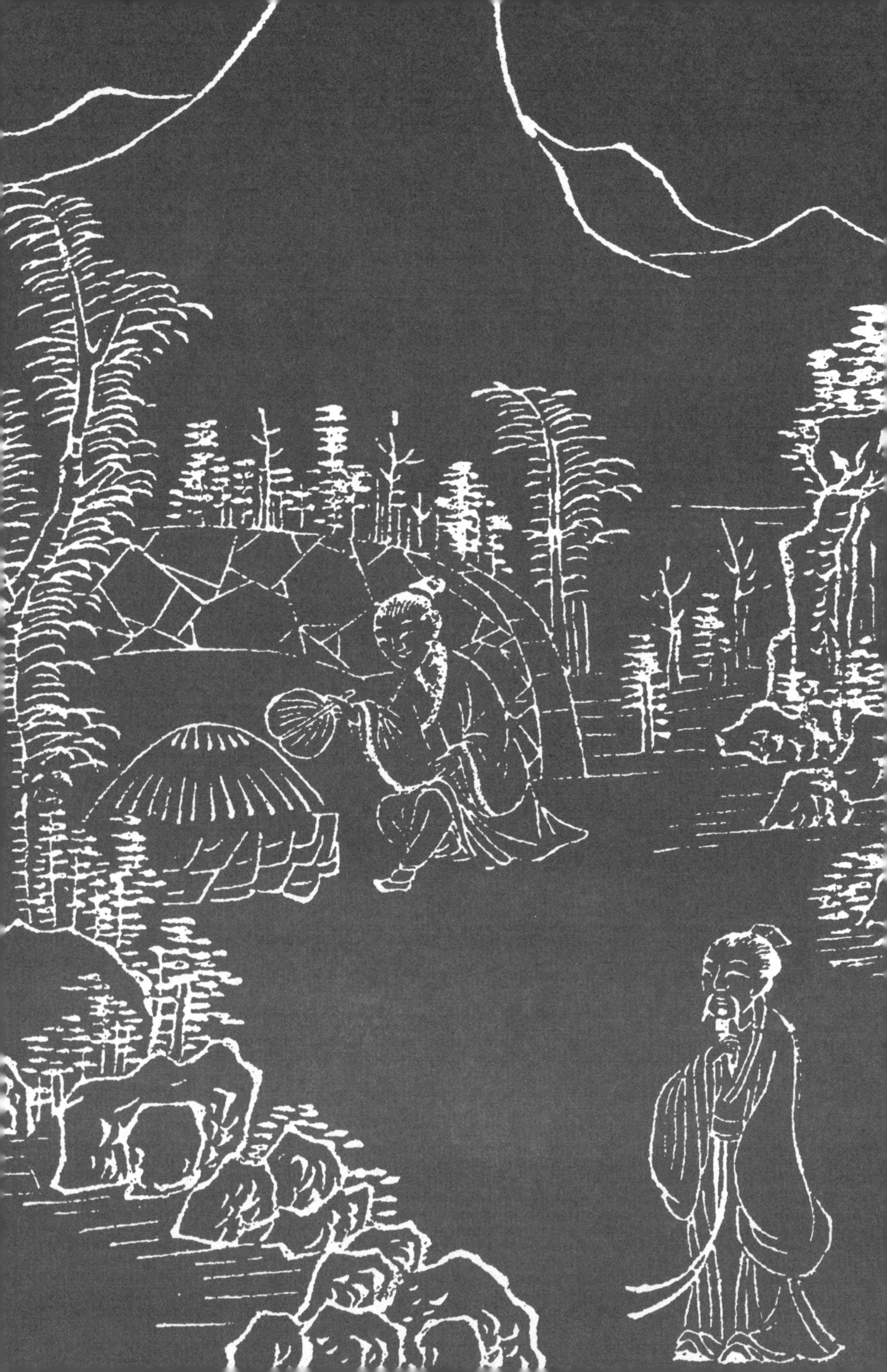

柳子厚墓志铭

韩愈

◎ 经典语录

崭露头角　落陷阱，不一引手救，反挤之，又下石焉者

　　子厚，讳宗元[1]。七世祖庆，为拓跋魏侍中，封济阴公。曾伯祖奭，为唐宰相，与褚遂良、韩瑗俱得罪武后，死高宗朝。皇考讳镇，以事母弃太常博士，求为县令江南。其后以不能媚权贵，失御史。权贵人死，乃复拜侍御史。号为刚直，所与游皆当世名人。

　　子厚少精敏，无不通达。逮其父时，虽少年，已自成人，能取进士第，崭然见头角，众谓柳氏有子矣。其后以博学宏词，授集贤殿正字。俊杰廉悍，议论证据今古，出入经史百子，踔厉风发[2]，率常屈其座人，名声大振，一时皆慕与之交；诸公要人，争欲令出我门下，交口荐誉之。

　　贞元十九年，由蓝田尉拜监察御史。顺宗即位，拜礼部员外郎。遇用事者得罪[3]，例出为刺史；未至，又例贬永州司马。居闲益自刻苦，务记览，为词章，泛滥停蓄，为深博无涯矣，而自肆于山水间。

　　元和中，尝例召至京师，又偕出为刺史，而子厚得柳州。既至，叹曰："是岂不足为政邪？"因其土俗，为设教禁，州人顺赖。其俗以男女质钱[4]，约不时赎，子本相侔[5]，则没为奴婢。子厚与设方计，悉令赎归。其尤贫力不能者，令书其佣，足相当，则使归其质。观察使下其法于他州，比一岁，免而归者且千人。衡湘以南，为进士者，皆以子厚为师。其经承子厚口讲指画为文词者，悉有法度可观。

　　其召至京师而复为刺史也，中山刘梦得禹锡亦在遣中，当诣播州。子厚泣曰："播州，非人所居，而梦得亲在堂，吾不忍梦得之穷，无辞以白其大人，且万无母子俱往理。"请于朝，将拜疏，愿以柳易播，虽重得罪，死不恨。遇有以梦得事白上者，梦得于是改刺连州。呜呼！士穷乃见节义。今夫平居里巷相慕悦，酒食游戏相征逐，诩诩强笑语以相取下，握手出肺肝相示，指天日涕泣，誓生死不相背负，真若可信。一旦临小利害，仅如毛发比，反眼若不相识，落陷阱，不一引手救，反挤之，又下石焉者，皆是也。此宜禽兽夷狄所不忍为，而其人自视以为得计，闻子厚之风，亦可以少愧矣。

　　子厚前时少年，勇于为人，不自贵重顾藉，谓功业可立就，故坐废退。既退，又无相知有气力得位者推挽，故卒死于穷裔，材不为世用，道不行

柳子厚

于时也。使子厚在台省时，自持其身，已能如司马、刺史时，亦自不斥。斥时有人力能举之，且必复用不穷。然子厚斥不久，穷不极，虽有出于人，其文学辞章，必不能自力以致必传于后如今，无疑也。虽使子厚得所愿，为将相于一时，以彼易此，孰得孰失，必有能辨之者。

子厚以元和十四年十一月八日卒，年四十七。以十五年七月十日，归葬万年先人墓侧。子厚有子男二人，长曰周六，始四岁；季曰周七，子厚卒乃生。女子二人，皆幼。其得归葬也，费皆出观察使河东裴君行立。行立有节概，重然诺，与子厚结交。子厚亦为之尽，竟赖其力。葬子厚于万年之墓者，舅弟卢遵。遵，涿人，性谨慎，学问不厌。自子厚之斥，遵从而家焉，逮其死不去。既往葬子厚，又将经纪其家，庶几有始终者。

铭曰：是惟子厚之室，既固既安，以利其嗣人。

子厚，名宗元。他的七世祖柳庆，做过北魏的侍中，封为济阴公。曾伯祖柳奭，做过唐朝的宰相，跟褚遂良、韩瑗得罪了武则天，在高宗时

239

被杀。父亲名镇，为了奉养母亲，放弃了太常博士的官职，请求去江南做县令。后来，又因为不能谄媚权臣，丢掉了御史官职。权臣死后，再次被任命为侍御史。人们称赞他刚毅正直，跟他结交的都是当时的名人。

子厚小时候就十分精明聪慧，没有不明白的事。他父亲在世时，他虽然年轻，但已自立成材，能够考取进士，显示了他的才华。大家都说柳家有个好儿子。后来又通过博学宏辞科的考试，被任命为集贤殿正字。他才智出众，端正勇敢，讨论问题能引经据典，精通经史及诸子百家，言辞犀利，意气风发，常使在坐的人折服，名声大振，一时间人们都钦慕他愿和他交往；达官权贵争着想要他成为自己的门客，众口一词地推荐他。

贞元十九年，他由蓝田县尉提升为监察御史。顺宗即位后，任命他为礼部员外郎。遇到当权者获罪，他受牵连按惯例被贬出京城做刺史，还没到任，又被贬为永州司马。闲居在永州，他更加刻苦，专心阅读和写作。他的诗文汪洋恣肆，凝炼厚重，深广渊博，同时他又纵情于山水之间。

元和年间，他与同时被贬官的人依例被召回京城，又被派出做刺史，子厚得到的任所是柳州。到任后，他感叹地说："这里难道就不能做出政绩吗？"他按照当地的风俗，制定教令、禁令，州民都顺从信服。当地有种风俗，拿儿女作抵押来借钱，约定期限不能按时赎回，等到本利相等时，就把抵押的子女收作奴婢。子厚为他们想方设法，让他们都把子女赎回。对那些特别贫穷无力赎回的，就让他们记下被质押人每天应得的工钱，等到工钱和借款本利相等时，就责令债主归还被质押人。观察使把这种办法推广到别的州，到了一年，免为奴婢而回家的近千人。衡山、湘江以南考进士的人，都把子厚当作老师。那些受过子厚亲自指教的人，文章都很有章法，值得一看。

他被召回京城而又被派为刺史的时候，中山人刘梦得（禹锡）也在被派遣之列，应当去播州。子厚流着眼泪说："播州不是人能居住的地方，而且梦得家中还有母亲，我不忍心看到梦得的困苦，他无法把这种情况禀告母亲，而且没有母子同去播州的道理。"他决定向朝廷请求，准备上书，情愿用柳州换播州，即使再次获罪，死也无怨。恰巧有人把梦得的情况上奏给皇上，梦得于是被改任为连州刺史。唉！士人在困境中才能表现出高尚的节操。如今那些平日居住在巷中的人，相互倾慕喜悦，宴饮游乐相互邀请，恭维献媚，强装笑语以示谦虚，手拉着手倾诉肺腑之言，指着青天白日流泪发誓，不论生死决不背弃朋友，简直像真的一样。可是一旦遇到细小的利害冲突，哪怕只有毛发般大小，就翻脸不认人，对方掉进陷阱，不伸手相救，反而落井下石。这样的人到处都有。这种事连野蛮人甚至禽兽都不忍心做，可是他们却自以为得意，听到子厚的风范，也应该知道羞愧了吧！

　　子厚年轻的时候，勇于帮助别人，不珍重爱惜自己，以为可以很快建功立业，因此受到牵连被贬斥。既被贬谪，又没有知心朋友或有权力、职位高的人推荐，最终死在荒远的地方，才能未被当世所用，政治主张不能在当时推行。假使子厚在御使台、尚书省时，能像后来任司马、刺史时一样小心谨慎，也自然不会被贬斥。被贬斥后若有人极力保举他，一定会被重新起用而不至于穷困潦倒。可是如果子厚被贬

斥的时间不长，穷困未达到极点，虽然能出人头地，他作文学辞章，一定不会下苦功夫，达到今天这样流传后代的水平，这是毫无疑问的。即使让子厚实现了他的愿望，在一个时期内出将入相，用文学上的成就来换功名，得与失，一定有人能够明辨的。

子厚在元和十四年十一月初八去世，年仅四十七岁。元和十五年七月初十，在万年县祖坟旁安葬。子厚有两个儿子，大的叫周六，只有四岁；小的叫周七，子厚去世之后才出生的。两个女儿都还幼小。子厚能够回乡安葬，费用都是由观察使裴行立先生负担的。行立有操守，讲信用，和子厚是朋友。子厚对他也很尽心，最终还是依靠他才得以归葬。把子厚安葬到万年县祖坟的，是他的表弟卢遵。卢遵是涿州人，性情恭谨，好学不倦。自从子厚被贬谪，卢遵就跟他住在一起，直到子厚死了也不离开。他已经把子厚安葬，又准备料理子厚的家务，可以说是一位有始有终的人。铭文是：这里是子厚安息的地方，既稳固又安静，有利于他的后代。

◎ 内涵外延

墓志铭

古代的一种文体。由志和铭两部分组成。志叙述死者姓氏、籍贯、生平等，多用散文撰写；铭则统括全篇，是对死者的褒扬、悼念或安慰之词，多用韵文撰写。另外，也有只作碑志或只作碑铭的。

◎ 本文注释

〔1〕讳（huì）：避讳。对死者不直呼其名，名前加一"讳"字，表示尊敬。
〔2〕踔（zhuō）厉：精神振奋，议论纵横。
〔3〕用事者：执掌政权的人，指王叔文。
〔4〕质：抵押。〔5〕子本：利息和本金。

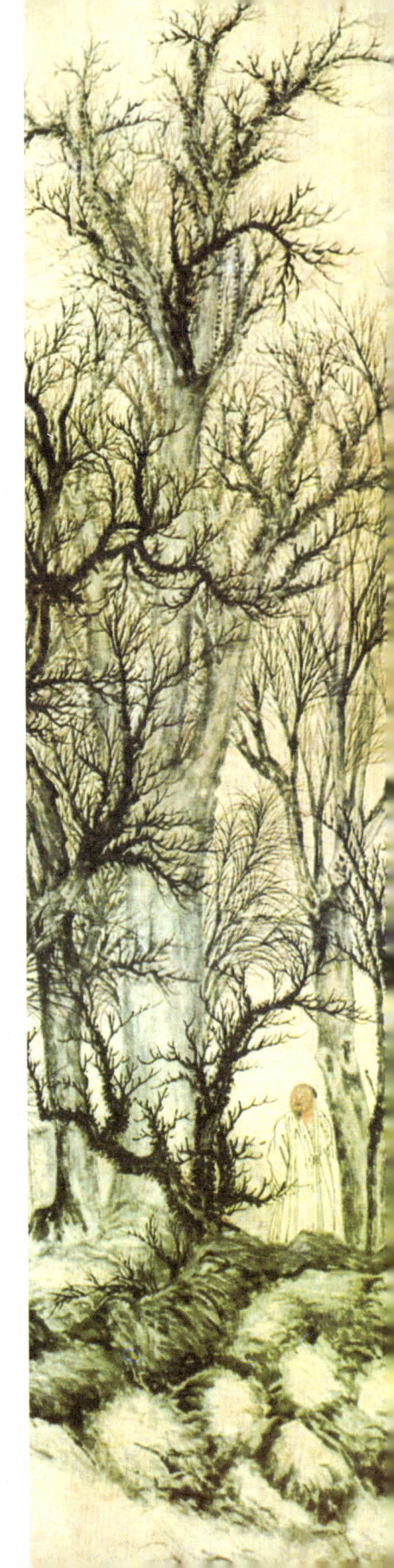

驳复仇议

柳宗元

> 柳宗元：公元773—819年，唐文学家、哲学家。字子厚。河东解（今山西运城）人，世称柳河东。贞元进士，授校书郎，调蓝田尉。升监察御史里行。与刘禹锡等参加主张改革的王叔文集团，任礼部员外郎。失败后贬为永州司马。后迁柳州刺史，故又称柳柳州。与韩愈倡导古文运动，并称"韩柳"，同列"唐宋八大家"。

◎ 经典语录

礼之所谓仇者，盖以冤抑沉痛，而号无告也；非谓抵罪触法，陷于大戮

臣伏见天后时，有同州下邽人徐元庆者[1]，父爽，为县尉赵师韫所杀[2]，卒能手刃父仇，束身归罪。当时谏臣陈子昂建议[3]，诛之而旌其闾[4]，且请编之于令，永为国典。臣窃独过之。

臣闻礼之大本，以防乱也。若曰无为贼虐，凡为子者杀无赦。刑之大本，亦以防乱也。若曰无为贼虐，凡为治者杀无赦。其本则合，其用则异，旌与诛莫得而并焉。诛其可旌，兹谓滥，黩刑甚矣[5]。旌其可诛，兹谓僭[6]，坏礼甚矣。果以是示于天下，传于后代，趋义者不知所向，违害者不知所立，以是为典可乎？

盖圣人之制，穷理以定赏罚，本情以正褒贬，统于一而已矣。向使刺谳其诚伪[7]，考正其曲直，原始而求其端，则刑礼之用，判然离矣。何者？若元庆之父，不陷于公罪，师韫之诛，独以其私怨，奋其吏气，虐于非辜，州牧不知罪，刑官不知问，上下蒙冒，呼号不闻；而元庆能以戴天为大耻，枕戈为得礼[8]，处心积虑，以冲仇人之胸，介然自克[9]，即死无憾，是守礼而行义也。执事者宜有惭色，将谢之不暇，而又何诛焉？其或元庆之父，不免于罪，师韫之诛，不愆于法[10]，是非死于吏也，是死于法也。法其可仇乎？仇天子之法，而戕奉法之吏[11]，是悖骜而凌上也[12]。执而诛之，所以正邦典，而又何旌焉？

且其议曰："人必有子，子必有亲，亲亲相仇，其乱谁救？"是惑于礼也甚矣。礼之所谓仇者，盖其冤抑沉痛而号无告也，非谓抵罪触法，陷于大戮。而曰：彼杀之，我乃杀之。不议曲直，暴寡胁弱而已。其非经背圣，不亦甚哉！

《周礼》："调人，掌司万人之仇。""凡杀人而义者，令勿仇，仇之则死。""有反杀者，邦国交仇之。"又安得亲亲相仇也？《春秋·公羊传》曰："父不受诛，子复仇可也。父受诛，子复仇，此推刃之道[13]，复仇不除害。"今若取此以断两下相杀，则合于礼矣。且夫不忘仇，孝也；不爱死，义也。元

243

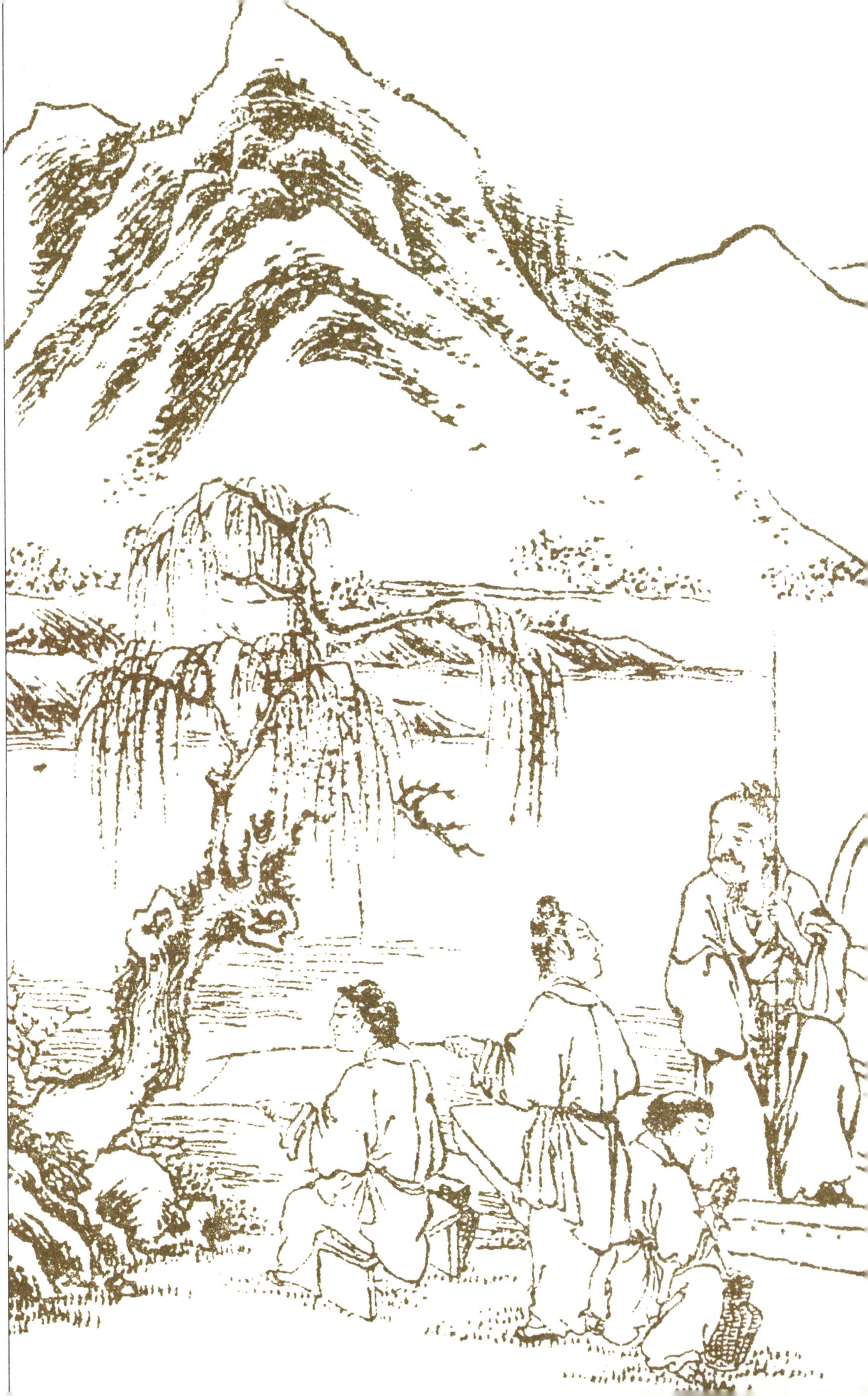

庆能不越于礼，服孝死义，是必达理而闻道者也。夫达理闻道之人，岂其以王法为敌仇者哉？议者反以为戮，黩刑坏礼，其不可以为典，明矣。

请下臣议附于令，有断斯狱者，不宜以前议从事。

谨议。

臣从记载上看到，武后时，同州下邽有个名叫徐元庆的，他的父亲徐爽被县尉赵师韫杀死，他最终亲手杀掉父亲的仇人，然后自缚投案认罪。当时的谏官陈子昂建议处以死刑，而后在他的家乡予以表彰，并且要求把这案例编入法令，永远作为国家的律典。臣认为这是错误的。

臣听说礼的根本作用是防止暴乱，比如说，不许杀人行凶，被害人是儿子为父亲报仇，要判死刑而不能赦免。刑的根本目的就是防止暴乱的，比如说，不能杀人行凶，那么凡是做官的人，杀害不该杀的当杀不赦。礼和刑的本质是一致的，但采用的手法却不同，奖惩不能用在同一事上。诛杀应该表彰的人，这叫做滥杀，属乱用刑法。表彰应该处罚的人，这叫做过失，破坏礼义太严重了。如若这案例昭示给天下，传给后代，那么追求正义的人将会迷失方向，使想避免祸患的人不知道怎样处世。把这作为国法行吗？

圣人制定礼法，是彻底探求事理以决定赏罚，根据实际情况确定奖惩，无非把礼和刑统一在防止暴乱这个目标上。假使能查明事情的真假，辨明是非，推究案件的本末，找到原因，那么，刑和礼的运用就明显区分开了。为什么呢？如果元庆的父亲没有违犯国法，赵师韫杀他，只是个人恩怨，施展官威，迫害无辜的人，州官不追究其罪，刑部不予察问，上下包庇蒙骗，百姓鸣冤叫屈不予理睬。元庆以与杀父母的仇人同活在一个世上为耻，睡觉也要头枕武器把复仇看作是合乎礼的事，时刻都想用武器刺进仇人的胸膛，努力克制自己，即使丧命也不遗憾。这是守礼行义啊，执政的官吏应该感到惭愧，向他道歉都来不及，又怎么能杀他呢？如果元庆父亲犯了罪，赵师韫杀他并不违法，这就不是死于官吏之手，而是死于法律。法律难道是可以仇视的吗？仇视天子的法令，杀害执法的官吏，这是悖逆法律，犯上作乱，应将这种人明正典刑，以严肃国法，还表扬他做什么呢？

并且陈子昂的奏议还说："人们都有儿子，儿子也都有父母，为了亲人就互相仇杀，这种混乱状况谁来制止？"这是太不明礼了。礼所说

245

的仇，是指含冤受屈无处申诉，不是指犯了罪，触犯法律，被处以死刑的情况。如果说：他杀了人，我就杀他。不问是非曲直，只是欺负孤单势弱罢了。这样违反经典、背离圣人教诲，不是太过分了吗？

按照《周礼》的规定："调人这种官，是负责处理人们之间仇怨的。""凡是杀人而合乎礼义的，就规定不准报仇；报仇要处死刑。""杀死当杀的人而反遭杀戮，全国的人都仇视他。"这样，又怎么会发生因为爱亲人而互相仇杀呢？《春秋·公羊传》说："父亲无辜被杀，儿子报仇是可以的。父亲犯罪被杀，儿子还要报仇，这样你来我往仇杀，虽然报了仇但不能根除祸害。"现在如果拿这个原则来判断他们双方的互相杀害，就符合礼了。再说，不忘记替父报仇，这是孝；不吝惜死，这是义。元庆能够不超越礼，尽孝行义，一定是通晓事理懂道义。这样一个人他会与王法为敌吗？陈子昂的主张处死他，这是滥用刑法破坏礼制，不能列为国家法典，这是很明显的。

请求朝廷颁发臣下的提议，附在有关法令的后面。有类似的案件，不应该再按从前的办法处理。

谨提出我的意见。

◎ 内涵外延

文章背景

武则天时，徐元庆杀死了自己的杀父仇人赵师韫，并去投案自首。当时陈子昂认为杀人者应当处以死刑，同时应该表彰这种为父报仇的刚烈。这个观点博得了当时多数人的赞同。但柳宗元却持反对意见，于是写下《驳复仇议》，指出了陈子昂观点上的自相矛盾之处。

◎ 本文注释

〔1〕同州：唐代州名，包括今陕西渭水以北、洛水以东、黄梁以南的地方。
　　下邽(guī)：今陕西渭南县东北。
〔2〕赵师韫(yùn)：当时做下邽县尉，枉法杀死徐元庆之父徐爽。
〔3〕陈子昂：字伯玉，唐初著名诗人。武则天时，任右拾遗，为谏官。
〔4〕闾(lǘ)：里巷的大门。〔5〕黩(dú)：滥用。〔6〕僭(jiàn)：越礼。
〔7〕刺：侦察，调查。〔8〕枕戈：枕着武器睡觉。〔9〕自克：控制自己。
〔10〕愆(qiān)：违背。〔11〕戕(qiāng)：杀害。
〔12〕悖骜(bèi ào)：逆乱，傲慢。〔13〕推刃：这里指没完没了地互相残杀。

桐叶封弟辨

柳宗元

◎ 经典语录

凡王者之德，在行之何若　若戏而必行之，是周公教王遂过也

　　古之传者有言[1]：成王以桐叶与小弱弟戏[2]，曰："以封汝。"周公入贺。王曰："戏也。"周公曰："天子不可戏。"乃封小弱弟于唐[3]。

　　吾意不然。王之弟当封邪，周公宜以时言于王，不待其戏而贺以成之也；不当封邪，周公乃成其不中之戏[4]，以地以人与小弱弟者为之主，其得为圣乎？且周公以王之言，不可苟焉而已，必从而成之邪？设有不幸，王以桐叶戏妇寺，亦将举而从之乎？

　　凡王者之德，在行之何若。设未得其当，十易之不为病[5]；要于其当，不可使易也；而况以其戏乎！若戏而必行之，是周公教王遂过也[6]。

　　吾意周公辅成王，宜以道，从容优乐，要归之大中而已，必不逢其失而为之辞；又不当束缚之，驰骤之，使若牛马然，急则败矣。且家人父子尚不能以此自克[7]，况号为君臣者邪！是直小丈夫缺缺者之事[8]，非周公所宜用，故不可信。

　　或曰："封唐叔，史佚成之[9]。"

周公

姓姬，名旦，亦称叔旦，历史上的第一代周公。西周时期的政治家、军事家、思想家、教育家，被尊为"元圣"，儒学先驱。周文王的第四子，周武王的同母弟。因采邑在周，称为周公。

　　古书上有这样一种说法：成王拿桐叶给年幼的弟弟开玩笑说："用这个来封你。"周公进去祝贺。成王说："我在开玩笑。"周公说："天子不能开玩笑。"于是，成王把唐地封给了年幼的弟弟。

　　我并不这样认为。成王的弟弟如果应当受封，周公则应及时告诉成王，不能等到成王开了玩笑才去祝贺促成这件事。如果不应当受封，周公把这个不恰当的玩笑变成事实，把土地和人民封给了年幼的弟弟，使之成为一国之君。周公这样能算圣明吗？大概周公只是认为君王不能随便说话罢了，为什么一定要顺从并促成它呢？假如君主用桐叶与嫔妃和

太监开玩笑，也要照办执行吗？

　　君主的德行，在于他施政如何。如若做得不当，即使十次改变也不为过；关键在于恰当，不能随意更改，何况是拿来开玩笑呢？如果开玩笑也一定要实行，那就是周公唆使成王铸成过错。

　　我认为周公辅佐成王，应该用正道，从容不迫，总之要引导他归于适中，一定不要迎合他的错误，并为他掩饰，也不应该限制他，或是驱赶他，使他像牛马一样。催逼得太紧就要坏事。即使父子之间也不能用这种办法来约束，何况君臣的名分呢！这只不过是耍小聪明的人所做的事，不是周公所宜采用的，因此不可相信。

　　有人说："封唐地给叔虞，是太史尹佚促成的。"

◎ 内涵外延

君无戏言

古代人认为，皇上作为万民的主宰，一言一行都要成为表率。因此大臣们往往要求君主必须言出法随，不能信口开河——这也就是我们常说的君无戏言。本文所说的"桐叶封弟"便是一个很好的例子。

◎ 本文注释

[1] 传者：编写史书的人。这里指《吕氏春秋》的编者吕不韦和《说苑》的作者刘向。两书中均载有周公促成桐叶封弟的故事。

[2] 成王：周武王的儿子，姓姬，名诵，十三岁继位。以桐叶：拿桐叶作圭（古代帝王用作凭证的玉制礼器）。小弱弟：指成王年幼的弟弟叔虞。

[3] 唐：西周国名，故地在今山西省翼城县西。

[4] 中（zhòng）：合适，恰当。[5] 不为病：不算过错。

[6] 遂过：顺成过错，将错就错。[7] 克：克制，约束。

[8] 缺缺（quē）：疏薄狡猾的样子。

[9] 史佚（yì）：周武王时的太史（官名）尹佚。

捕蛇者说

柳宗元

◎ 经典语录

苛政猛于虎也　吾恂恂而起，视其缶，而吾蛇尚存，则弛然而卧

永州之野产异蛇，黑质而白章[1]，触草木，尽死，以啮人，无御之者。然得而腊之以为饵，可以已大风、挛踠、瘘、疠，去死肌，杀三虫[2]。其始，太医以王命聚之，岁赋其二。募有能捕之者，当其租入。永之人争奔走焉。

有蒋氏者，专其利三世矣。问之，则曰："吾祖死于是，吾父死于是，今吾嗣为之十二年，几死者数矣。"言之，貌若甚戚者。余悲之，且曰："若毒之乎[3]？余将告于莅事者[4]，更若役，复若赋，则何如？"

蒋氏大戚，汪然出涕曰："君将哀而生之乎？则吾斯役之不幸，未若复吾赋不幸之甚也。向吾不为斯役，则久已病矣。自吾氏三世居是乡，积于今六十岁矣，而乡邻之生日蹙[5]。殚其地之出，竭其庐之入，号呼而转徙，饥渴而顿踣，触风雨，犯寒暑，呼嘘毒疠，往往而死者相藉也[6]。曩与吾祖居者，今其室十无一焉；与吾父居者，今其室十无二三焉；与吾居十二年者，今其室十无四五焉。非死则徙尔，而吾以捕蛇独存。悍吏之来吾乡，叫嚣乎东西，隳突乎南北[7]，哗然而骇者，虽鸡狗不得宁焉。吾恂恂而起，视其缶，而吾蛇尚存，则弛然而卧。谨食之，时而献焉。退而甘食其土之有，以尽吾齿。盖一岁之犯死者二焉，其余则熙熙而乐，岂若吾乡邻之旦旦有是哉？今虽死乎此，比吾乡邻之死，则已后矣，又安敢毒邪？"

余闻而愈悲。孔子曰："苛政猛于虎也！"吾尝疑乎是。今以蒋氏观之，犹信。呜呼！孰知赋敛之毒有甚是蛇者乎？故为之说，以俟夫观人风者得焉[8]。

永州的野外出产一种奇异的蛇，黑底白花，它碰触到草木，草木就会枯死，如果人被它咬了，则无药可治。但是把它风干后做成药，可以治疗麻疯、手足弯曲、颈肿和恶疮，去掉坏死的肌肉，杀死人体内的寄生虫。当初，太医以皇帝的命令来征集这种毒蛇，每年征收两次。招募能捕捉这种蛇的人，用蛇代替他的赋税。永州人都争着做这事。

有家姓蒋的，他家三代以捕蛇为生。我问他，便说："我的祖父就死在这上头，我的父亲死在这上头，现在我做这事已经十二年，有好几

249

次差点死掉。"言语中带有悲伤。我同情他，于是说："你怨恨这件事吗？我可以让管这件事的官吏，更换你的差事，恢复你的赋税，怎么样？"

姓蒋的人更加悲伤，流着泪说："先生您是可怜我想让我活下去吗？那么我在这差事上遭到的不幸，还远远不及赋税所带来的不幸呀。如果我不干这差事，那么早就困苦不堪了。自从我家三代定居在这里，到现在已经有六十年了，而乡邻们的生活一天比一天困难。拿出地里的全部出产，交出家里的全部收入，哭着喊着到处流浪，因饥渴而倒毙，遭受风吹雨打，冒着寒暑，呼吸着有毒的疫气，死的人一批接一批。从前和我祖父住在一起的，现在十家中剩不下一家了；和我父亲同时的，现在十家也不过两三家了；和我一起住了十二年的，现在十家难得有四五家了，不是死了，就是搬到别处去了。唯独我靠捕蛇生存下来。凶横的官差一到我们村里，到处狂吼乱叫，破坏骚扰，闹得鸡犬不宁。我提心吊胆地爬起来，看看瓦罐里，我的蛇还在，便又放心地睡下。我细心地喂养它，到时候就交上去，回来就可以甘美地吃着自己地上收获的东西，来度过我的一生。一年中我冒生命危险不过两次，其余的时间还是快乐的，哪里像乡邻那样天天受到死的威胁呢？现在就算死在捕蛇这个差事上，比起乡邻来也已经在后面了，又怎么敢怨恨呢？"

我听了之后，更加悲痛。孔子说："暴政比老虎更凶猛！"我曾经怀疑过这个说法，现在以蒋家的情况看，才知道确实如此。唉！谁料想赋税会比毒蛇还厉害呢？所以我写了这篇短文，以供考察民情的人参考。

◎ 内涵外延

礼记·檀弓下

孔子过泰山侧，有妇人哭于墓者而哀。夫子式而听之，使子路问之，曰："子之哭也，壹似重有忧者。"而曰："然。昔者吾舅死于虎，吾夫又死焉，吾子又死焉。"夫子问："何为不去也？"曰："无苛政。"夫子曰："小子识之，苛政猛于虎也！"

◎ 本文注释

〔1〕质：底色。章：花纹。
〔2〕三虫：三尸虫。道家将人的脑、胸、腹称为三尸，三尸有虫，人就要生病。
〔3〕若：你。〔4〕莅（lì）事者：视事者，即管理地方事务的官员。莅：到临，视。
〔5〕日蹙（cù）：一天比一天困苦。
〔6〕相藉（jiè）：一个压一个地倒在一起。〔7〕隳（huī）突：破坏骚扰。
〔8〕俟（sì）：等待。观人风者：视察民情的官吏。为避李世民讳，改"民"为"人"。

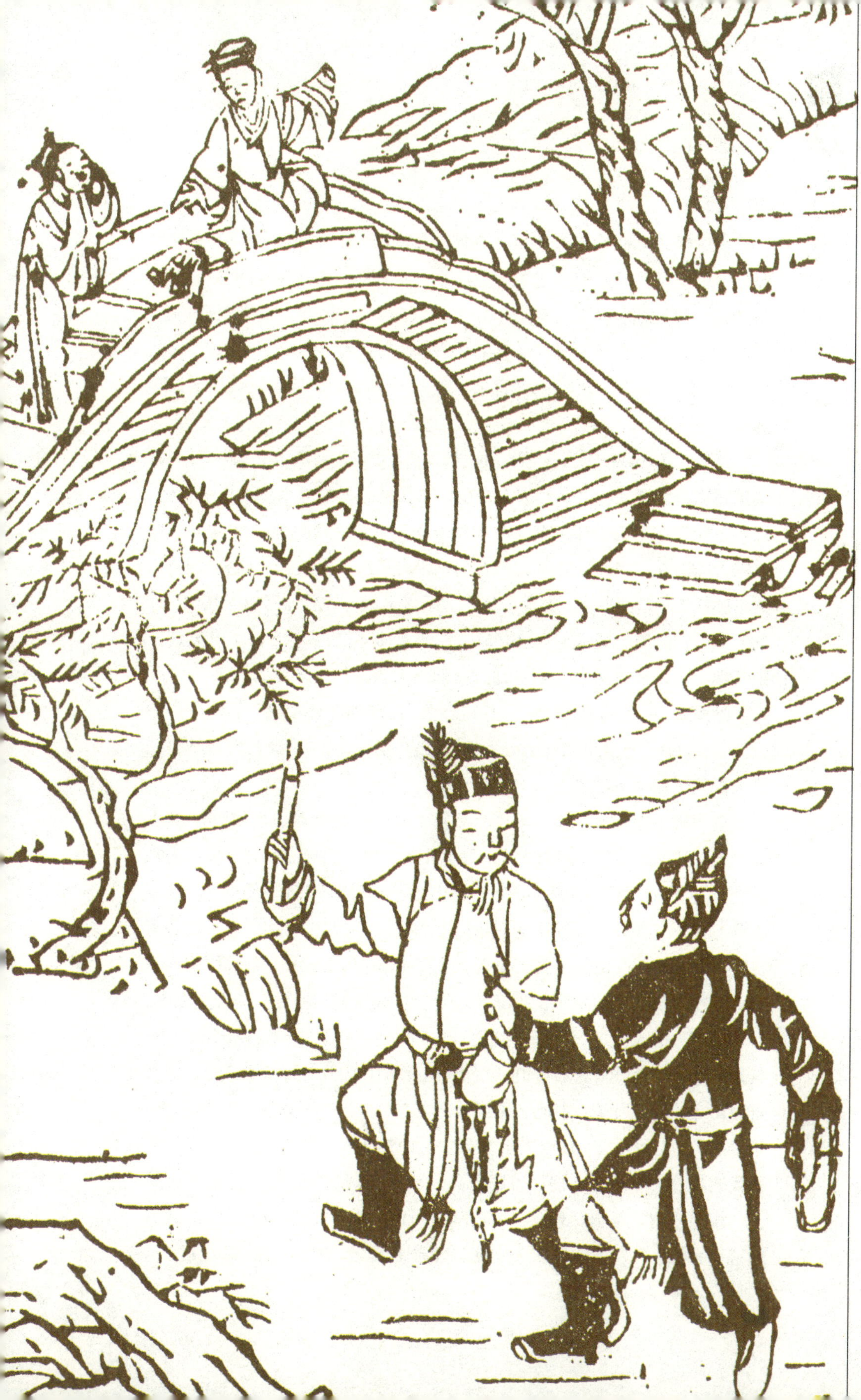

梓人传

柳宗元

◎ 经典语录

夫绳墨诚陈，规矩诚设，高者不可抑而下也，狭者不可张而广也

裴封叔之第[1]，在光德里。有梓人款其门[2]，愿佣隙宇而处焉。所职寻引规矩绳墨[3]，家不居砻斫之器[4]。问其能，曰："吾善度材。视栋宇之制，高深圆方短长之宜，吾指使而群工役焉。舍我，众莫能就一宇。故食于官府，吾受禄三倍；作于私家，吾收其直大半焉[5]。"他日，入其室，其床阙足而不能理，曰："将求他工。"余甚笑之，谓其无能而贪禄嗜货者[6]。

其后，京兆尹将饰官署[7]，余往过焉。委群材，会众工。或执斧斤[8]，或执刀锯，皆环立向之；梓人左持引，右执杖，而中处焉。量栋宇之任，视木之能举，挥其杖曰："斧！"彼执斧者奔而右。顾而指曰："锯！"彼执锯者趋而左。俄而斤者斫，刀者削，皆视其色，俟其言，莫敢自断者。其不胜任者，怒而退之，亦莫敢愠焉。画宫于堵[9]，盈尺而曲尽其制，计其毫厘而构大厦，无进退焉。既成，书于上栋曰："某年某月某日某建"。则其姓字也。凡执用之工不在列。余圜视大骇，然后知其术之工大矣。

继而叹曰：彼将舍其手艺、专其心智，而能知体要者欤？吾闻劳心者役人，劳力者役于人，彼其劳心者欤？能者用而智者谋，彼其智者欤？是足为佐天子相天下法矣，物莫近乎此也。

彼为天下者，本于人。其执役者为徒隶[10]，为乡师、里胥[11]，其上为下士，又其上为中士，为上士，又其上为大夫，为卿，为公。离而为六职[12]，判而为百役。外薄四海[13]，有方伯连率。郡有守，邑有宰，皆有佐政。其下有胥吏，又其下皆有啬夫版尹[14]，以就役焉。犹众工之各有执技以食力也。彼佐天子相天下者，举而加焉，指而使焉，条其纲纪而盈缩焉，齐其法制而整顿焉。犹梓人之有规矩绳墨以定制也。择天下之士，使称其职；居天下之人，使安其业。视都知野，视野知国，视国知天下，其远迩细大[15]，可手据其图而究焉。犹梓人画宫于堵而绩于成也。能者进而由之，使无所德；不能者退而休之，亦莫敢愠。不炫能，不矜名[16]，不亲小劳，不侵众官，日与天下之英才讨论其大经。犹梓人之善运众工而不伐艺也。夫然后相道得而万国理矣。

相道既得，万国既理[17]，天下举首而望曰："吾相之功也。"后之人循迹而慕曰："彼相之才也。"士或谈殷周之理者，曰伊、傅、周、召[18]，

其百执事之勤劳[19],而不得纪焉。犹梓人自名其功而执用者不列也。大哉,相乎！通是道者所谓相而已矣。

其不知体要者反此。以恪勤为公[20],以簿书为尊[21],炫能矜名,亲小劳,侵众官,窃取六职百役之事,听听于府庭[22],而遗其大者远者焉。所谓不通是道者也。犹梓人而不知绳墨之曲直、规矩之方圆、寻引之短长,姑夺众工之斧斤刀锯以佐其艺,又不能备其工,以至败绩,用而无所成也。不亦谬欤？

或曰："彼主为室者,傥或发其私智,牵制梓人之虑,夺其世守,而道谋是用[23],虽不能成功,岂其罪邪？亦在任之而已。"

余曰："不然。夫绳墨诚陈,规矩诚设,高者不可抑而下也,狭者不可张而广也。由我则固,不由我则圮。彼将乐去固而就圮也[24],则卷其术,默其智,悠尔而去,不屈吾道,是诚良梓人耳。其或嗜其货利,忍而不能舍也,丧其制量,屈而不能守也。栋桡屋坏[25],则曰：'非我罪也。'可乎哉？可乎哉？"

余谓梓人之道类于相,故书而藏之。

梓人盖古之审曲面势者,今谓之都料匠云[26]。余所遇者,杨氏,潜,其名。

裴封叔的住宅在光德里。有一个建筑师来敲他的门,想租一间空闲房来住。他随身携带的只是量尺、圆规、曲尺、墨斗,家中不放磨石、锯斧一类工具。我问他有什么本领,他说:"我善于计算木料。看一幢房屋的构造,算出高、深、圆、方、短、长的正确尺码,然后我指挥,木工照我的吩咐去做。没有我,他们连一所房子都造不起来。所以,在官府做工,我的工资是一般工匠的三倍;给私人干活,我要拿全部工钱的一大半。"有一天,我走进他的屋子,看见他的床少了一条腿,自己却不会修理,说:"准备请别的木工替我修。"我觉得他很可笑,认为他是没有本领而贪得钱财的人。

后来,京兆尹要整修官衙。我去探望。那里堆积了许多木料,聚集了许多工匠,有的拿着斧头,有的拿着刀和锯子,站成圆圈围着那建筑师,建筑师就左手拿着量尺,右手拿着指挥棒站在中央,估量房屋的规模,再选择木料承受能力,挥动那根棒说:"用斧头劈!"拿斧头的人跑到右边去。回过

头来用棒指着另一根木头说："用锯子锯！"拿锯子的木工奔到左边去。一会儿，拿斧子的劈着，拿刀的削着，都看他的脸色，等他的吩咐，没有敢自作主张的。对那些不能胜任的，便辞退他们，也没有谁敢埋怨。那建筑师把房屋图样画在墙上，图一尺见方，可是却详尽地描绘出了整个房屋的结构。精确计算去造大房子，没有一点出入。竣工后，在梁上写：某年某月某日某人建造。就是他的姓名，所有具体干活的木工都没被写上去。我十分惊讶，这才知道他的技术有很大的价值。

接着，我叹息说：他大概是放弃了手艺，专靠才智，而能够抓住根本的人吧？我听说，劳心的人指使别人，用体力的人受人指使，他大概属于劳心人吧？有技能的人来管理，有计谋的人出主意，他算是有计谋的人吧！这完全可以作为辅佐天子治理天下的人去效法的，再没有比它更相似的事情了。

治理天下的方法以人为根本。那些干活奔走的，是徒隶，是乡师里胥，他们上面是下士，再上面是中士，是上士，再往上是大夫，是卿，是公。分工而成为六部，还有各种各样的差役。国土外接四方边境，有方伯和连率这样的封疆大吏。各郡有郡守，各县有县令，他们都有辅助政事的人员。再往下有差役，再下面还有啬夫和版尹。他们各司其职，犹如诸多的工匠靠各自手艺劳动吃饭。那辅佐天子治理天下的官员，选拔人才委以官职，指示他们工作，订立治国的纲纪加以调整，统一法律来整顿各项工作，就像那建筑师有圆规、曲尺、墨斗来确定房屋结构一样。选拔天下有才能的人，使他们的能力与职务相称，让天下的百姓安居乐业，看到国都就了解郊野，看到郊野就了解各地，看到各地就了解天下的情况。不论远近大小，都可以像手按图纸来推究了解，就像那建筑师把房屋的蓝图画在墙上按图完成工程一样。有才能的提拔上来加以使用，不需什么感恩戴德；不能胜任的免掉他，也没有谁敢埋怨。不炫耀自己的才能，不夸大自己的名声，不埋头做小事情，不侵犯各种官员的权力，每日和天下的杰出人才讨论治国的根本策略，就像那建筑师善于调派工匠，自己却不卖弄技艺一样。这样就掌握了做宰相的法则，使天下得到治理，于是天下百姓抬头仰望说："这是我们宰相的功劳呀！"读书人有时谈到殷、周的盛世，都称赞伊尹、傅说、周公、召公，那些做具体工作的官吏，他们的辛勤劳动是不记载于史书的，也就像建筑师写下自己的名字，其他干具体活的人都不能列上名字一样。宰相的责任很重要！懂得这个道理的人，便是所说的宰相。

　　那些不能掌握事情根本的人与此相反，他们把谨慎勤恳看作为公，把办理公文看成头等大事，炫耀才能，抬高自己的名声，亲自处理琐碎小事，侵犯官员的职权，窃取六部和百官的各种差事，在衙门里争论不休，却把那些重大的事情、长远的打算抛在一边，这是不懂为官之道的人啊。这就好比那建筑师不会用墨斗来量曲直，用圆规、曲尺来量长短，抢过工匠的斧头、刀和锯子，帮助他们干活，又不能掌握手艺以致失败，什么也做不成。这不是太荒谬了吗！

　　有人说："那负责建房子的人，要是拿出他自己的意见，牵制那建筑师的计划，违背传统的守则，而采用道听途说的议论，导致房子不能造成，难道是建筑师的责任吗？关键在于信任是否专一。"我说："不是这样，墨线画好了，方圆曲直确定好了，高的不能压低，窄的不能

○品画鉴宝
人物册之一　(清)黄慎／绘　此图人物表情鲜活，动作生动。"劳力者"的神韵跃然纸上，呼之欲出。

加宽，照我的做就坚固，不照我的去做就会倒塌，屋主要是愿意放弃坚固而采取使房子倒塌的主张，那我就收起我的技术和智慧，远远地离去，不放弃原则。这才是好建筑师啊！如果贪图钱财，宁愿忍让，丧失正确的设计，不坚持原则，最后梁断屋塌却说：'这不是我的过错。'可以吗，可以吗？"

我认为这建筑师的方法和宰相治国的手法相类似，所以记下并保存起来。

建筑师大概就是古时审视度量材料曲直形状的人，现在称"都料匠"的。我所碰到的这位，姓杨，名潜。

◎ 内涵外延

劳心与劳力

《孟子·滕文公上》中有载："或劳心，或劳力。劳心者治人，劳力者治于人。治于人者食人，治人者食于人；天下之通义也。"阐述了管理者与被管理者之间的关系。《梓人传》中的"吾闻劳心者役人，劳力者役于人" 就是从本句中演化而出。

◎ 本文注释

〔1〕裴封叔：人名，柳宗元的妹夫。〔2〕梓人：原指木匠，后用以称建筑师。
〔3〕寻、引：量长短的工具。八尺为寻，十丈为引。
〔4〕砻（lóng）：磨砺。斫（zhuó）：砍削。
〔5〕直：通"值"，工钱。〔6〕货：钱财。
〔7〕京兆尹：长安城的地方最高长官。〔8〕斤：斧头。
〔9〕堵：墙壁。〔10〕徒隶：服劳役的人。
〔11〕乡师、里胥：管理乡里的小吏。
〔12〕六职：有不同说法。《礼记·曲礼下》称司土、司木、司水、司草、司器、司货为六职。
〔13〕薄（bó）：逼近。〔14〕啬（sè）夫：乡官，掌管诉讼和赋税。
〔15〕迩（ěr）：近。〔16〕矜：夸耀。〔17〕理：即治。
〔18〕伊：伊尹，商汤时的贤相。傅：傅说（yuè），商代武丁时的贤相。
〔19〕百执事：负责各种具体事务的官吏。
〔20〕恪（kè）：谨慎。〔21〕簿书：官府文书。
〔22〕听听（yín）：争辩的样子。
〔23〕道谋是用：即"用道谋"，采用过路人七嘴八舌的意见。
〔24〕圮（pǐ）：坍塌。〔25〕桡（náo）：折断。
〔26〕都料匠：大木匠，管理木工并计划工程材料的人。

小石城山记

柳宗元

◎ 经典语录

吾疑造物者之有无久矣。及是，愈以为诚有

自西山道口径北[1]，逾黄茅岭而下，有二道。其一西出，寻之无所得；其一少北而东，不过四十丈，土断而川分，有积石横当其垠[2]。其上为睥睨梁欐之形[3]；其旁出堡坞[4]，有若门焉。窥之正黑，投以小石，洞然有水声，其响之激越，良久乃已。环之可上，望甚远。无土壤而生嘉树美箭，益奇而坚，其疏数偃仰，类智者所施设也。

噫！吾疑造物者之有无久矣。及是，愈以为诚有。又怪其不为之于中州，而列是夷狄，更千百年不得一售其伎[5]，是固劳而无用。神者倘不宜如是，则其果无乎？或曰："以慰夫贤而辱于此者。"或曰："其气之灵，不为伟人而独为是物，故楚之南少人而多石。"是二者，余未信之。

从西山路口一直向北，翻过黄茅岭有两条路。一条向西延伸，沿途没有找到胜景；另一条路稍偏向北再向东去，在不到四十丈的地方，路被截断，河水分流，有堆积的石头横挡在路端。它的上面堆出似矮墙、房梁的模样；它的旁边，还耸出一座天然构成的堡垒，有个像门一样的山洞。朝里看，黑洞洞的，把小石子丢下去，深幽地传出水声，响声高亢嘹亮，久久回响。绕着可以登上山顶，望得很远。上面没有泥土，却生长着优美的树木和竹林，显得更奇特、坚实。它们长得疏密相间，好像是有心人精心布置的。

啊！我疑心造物者是否存在已经很久了。等看到这些，就越发认为确实存在。但又奇怪为什么不把这种景色安置在中原地区，却把它放在这偏僻的地方，以致千百年也不能向人们显示出它的美妙景色，这实在是劳而无功。神奇的造物者或许不应该这样做，那么造物主究竟有没有？有人说："这是用来安慰那些贤明而被辱没的人的。"有人说："这天地的灵气不孕育卓越的人物，唯独造就这样的景色，所以楚地的南部伟人少而奇石多。"这两种说法，我都不相信。

◎ 内涵外延

小石城山

柳宗元被贬永州期间，为后世留下了极其优秀的作品，其中最负盛名的"永州八记"已成为我国古代山水游记名作。本文写于元和九年（公元814年），是"永州八记"中的最后一篇。小石城山在芝山愚溪之北约一华里处。

○ 品画鉴宝　竹溪六逸图（清）华岩／绘　画中一片葱郁竹林里，六位隐逸之士正在闲谈清修。表现出作者对文人隐逸生活的追求和向往。

◎ 本文注释

〔1〕径北：一直往北。〔2〕垠（yín）：边际，尽头。

〔3〕睥睨（pì nì）：即"埤堄"，城墙上的矮墙。梁欐（lì）：正梁。

〔4〕堡坞（wù）：用于守卫的小城堡，碉堡。〔5〕伎：同"技"，技艺。

黄冈竹楼记

王禹偁

王禹偁：公元954—1001年，北宋著名文学家。字元之，济州巨野（今山东巨野县）人。进士出身，官至翰林。因直言进谏提倡朴素作风屡遭贬斥。

◎ 经典语录

江山之外，第见风帆沙鸟、烟云竹树而已

　　黄冈之地多竹，大者如椽，竹工破之，刳去其节[1]，用代陶瓦，比屋皆然，以其价廉而工省也。

　　子城西北隅[2]，雉堞圮毁[3]，蓁莽荒秽[4]，因作小楼二间，与月波楼通。远吞山光，平挹江濑，幽阒辽夐[5]，不可具状。夏宜急雨，有瀑布声；冬宜密雪，有碎玉声。宜鼓琴，琴调和畅；宜咏诗，诗韵清绝；宜围棋，子声丁丁然；宜投壶，矢声铮铮然。皆竹楼之所助也。

　　公退之暇，被鹤氅衣，戴华阳巾，手执《周易》一卷，焚香默坐，消遣世虑。江山之外，第见风帆沙鸟、烟云竹树而已。待其酒力醒，茶烟歇，送夕阳，迎素月，亦谪居之胜概也。

　　彼齐云、落星[6]，高则高矣；井幹、丽谯[7]，华则华矣，止于贮妓女，藏歌舞，非骚人之事，吾所不取。

　　吾闻竹工云：竹之为瓦，仅十稔[8]。若重复之，得二十稔。噫！吾以至道乙未岁，自翰林出滁上，丙申移广陵，丁酉又入西掖，戊戌岁除日，有齐安之命，己亥闰三月到郡。四年之间，奔走不暇，未知明年又在何处，岂惧竹楼之易朽乎？后之人与我同志，嗣而葺之，庶斯楼之不朽也。

　　黄冈这个地方盛产竹子，大的像椽条，竹工把它劈开，削掉竹节，用它来代替瓦，家家户户都是这样，因为它既便宜又省工。

　　在子城的西北角，上面的矮墙都倒塌毁坏了，杂草丛生，我就借这地方建了两间小竹楼，和月波楼相连。远望山色尽收眼底，平视过去，江滩、碧波尽收眼底，幽寂辽远，无法一一描绘。夏天适合听急雨，声音有如瀑布飞溅；冬天适合听飘雪，如同玉屑撒落。这里适宜弹琴，音调幽雅流畅；适宜咏诗，韵味清雅隽永；适宜下棋，落子丁丁作响；适宜投壶，箭投进壶里发出铮铮的响声。这些雅趣都是竹楼给予的。

◎ 品画鉴宝

竹溪读易图（清）禹之鼎／绘 图绘一洒脱文人手持《易经》一卷，竹溪边静坐，清除心中杂念。与《黄冈竹楼记》中所述"公退之暇"有相同的雅致。

办公闲暇之余，身披鹤氅，头戴华阳巾，手持《易经》一卷，焚香静坐，消除心中的杂念。江水山色之外，只见风帆、水鸟、烟云和翠竹。等到酒醒之后，茶品完了，目送夕阳下山，迎来明月挂天，这也是贬居生活中的佳景啊！

那齐云楼、落星楼，高是够高了；井幹楼、丽谯楼，华丽是华丽了，但只是用来蓄养乐妓舞女的，不是文人墨客应做的事，我也不屑去做。

我听竹工说："竹片做的瓦只能用十年。如果铺两层，可以用二十年。"唉！我在至道乙未年间，由翰林学士被贬为滁州刺史，丙申年调到广陵，丁酉年又到中书省任职，咸平元年除夕，任命我为黄州刺史，咸平二年闰三月到达郡城。四年之中，四处奔走不暇，不知明年又会在什么地方，难道还怕竹楼容易朽坏吗？希望接替的人和我有共同的志趣，继续修缮竹楼，那么这座竹楼就可能不朽坏吧！

◎ 内涵外延

鹤氅

"鹤氅"又叫"神仙道士衣"，就是斗篷、披风之类的御寒长外衣。又一说是鸟羽制成的裘。"鹤氅"一词，晋代就已有之。后世多用它来形容仙风道骨的出世生活。宋代大诗人陆游就有"薄晚悠然下草堂，纶巾鹤氅弄秋光"（《八月九日晚赋》）的句子。

◎ 本文注释

[1] 刳（kū）：剖，削。[2] 子城：大城所附属的小城。

[3] 雉堞：城上的女墙，即垛口。[4] 榛莽：丛生的草木。

[5] 闃（qù）：静无人声。敻（xiòng）：远。

[6] 齐云、落星：都是楼名。齐云楼在吴县（今江苏省苏州市）治子城上，唐恭王所建。或称五代韩浦所建。落星楼在建邺（今江苏省南京市）东北，三国孙权所建。

[7] 井幹、丽谯：都是楼名。井幹（hán）楼在长安，汉武帝所建。丽谯楼为三国时曹操所建。

[8] 稔（rěn）：谷子一熟为一稔，引申指一年。

书《洛阳名园记》后

李格非

李格非：字文叔，北宋济南（今山东济南）人，女词人李清照之父，登进士第，曾任礼部员外郎，提点京东刑狱。擅长作诗赋文，注重经学研究，著有《礼记说》等。

◎ 经典语录

且天下之治乱，候于洛阳之盛衰而知；洛阳之盛衰，候于园囿之废兴而得

　　洛阳处天下之中，挟崤、黾之阻[1]，当秦、陇之襟喉，而赵、魏之走集[2]，盖四方必争之地也。天下常当无事则已；有事，则洛阳必先受兵。予故尝曰："洛阳之盛衰，天下治乱之候也。"

　　唐贞观、开元之间[3]，公卿贵戚，开馆列第于东都者[4]，号千有余邸。及其乱离，继以五季之酷[5]，其池塘竹树，兵车蹂躏，废而为丘墟；高亭大榭[6]，烟火焚燎，化而为灰烬，与唐共灭而俱亡，无馀处矣。予故尝曰："园囿之兴废，洛阳盛衰之候也。"

　　且天下之治乱，候于洛阳之盛衰而知；洛阳之盛衰，候于园囿之兴废而得。则《名园记》之作，予岂徒然哉？

　　呜呼！公卿大夫方进于朝，放乎一己之私，自为之，而忘天下之治忽[7]，欲退享此，得乎？唐之末路是已。

　　洛阳处于全国的中心，挟崤山和渑塞的险阻，正当通往秦陇的咽喉，又是赵、魏之间必经之路，是各方必定争夺的地方。天下太平则罢；如有战乱，那么，洛阳必定首当其冲。所以，我曾经说过："洛阳的繁荣和衰落，是天下治乱的征兆。"

○ 品画鉴宝　牡丹仕女图（明）唐寅／绘

262

唐朝贞观、开元年间，皇亲国戚在东都洛阳修建馆舍府第的号称一千多家。等到战乱一起，随后又是五代连年不断的兵祸，那些池塘、竹、树，被战车蹂躏践踏，而成为废墟；那些楼阁亭榭，被战火焚烧，化为灰烬，随唐朝一同灭亡，一处也没留下。所以，我曾经说过："园囿的兴废，是洛阳盛衰的征兆。"

　　既然天下的太平或动乱，看洛阳的兴衰就知道；洛阳的盛衰，从园囿的兴废就明白，那么，写《洛阳名园记》，难道是毫无意义吗？

　　唉！公卿大夫正在朝廷做官时，如果放纵自己的私欲，为自己谋利，而忘记了天下的太平和动乱，想退职后享受这些园囿，能行吗？唐朝就是例证！

◎ 内涵外延

《洛阳名园记》

李格非一生苦心于词、赋、文章的著述，提倡为文诚实，善于评论文章。北宋后期，统治阶级生活腐化，到处建造台榭园囿以供享乐。李格非写了《洛阳名园记》一文共十九篇，逐一描写了富郑公园、董氏西园、董氏东园、环溪等十九座名园的盛景。

◎ 本文注释

〔1〕殽：即崤山，主峰在今河南省。黾(miǎn)：渑池，古时"九塞"之一，在今河南渑池县。

〔2〕走集：奔走会集，这里指来往必经之地。赵、魏：今河南、河北、山西一带。

〔3〕贞观：唐太宗年号。开元：唐玄宗年号。

〔4〕东都：唐以洛阳为陪都，称东都。

〔5〕五季：指五代，即后梁、后唐、后晋、后汉、后周。

〔6〕榭(xiè)：高台上的亭阁。

〔7〕治忽：治乱。

岳阳楼记

范仲淹：公元989—1052年，北宋政治家、文学家。字希文，苏州吴县（今江苏苏州）人，进士出身，官任枢密副使等职。

◎ 经典语录

百废俱兴　浩浩汤汤　气象万千　心旷神怡　喜洋洋　不以物喜，不以己悲　先天下之忧而忧，后天下之乐而乐

范仲淹

庆历四年春，滕子京谪守巴陵郡。越明年，政通人和，百废俱兴。乃重修岳阳楼，增其旧制，刻唐贤、今人诗赋于其上，属予作文以记之。

予观夫巴陵胜状，在洞庭一湖。衔远山，吞长江，浩浩汤汤[1]，横无际涯。朝晖夕阴，气象万千。此则岳阳楼之大观也，前人之述备矣。然则北通巫峡，南极潇湘[2]，迁客骚人，多会于此，览物之情，得无异乎？

若夫霪雨霏霏，连月不开，阴风怒号，浊浪排空；日星隐曜，山岳潜形；商旅不行，樯倾楫摧[3]；薄暮冥冥[4]，虎啸猿啼。登斯楼也，则有去国怀乡，忧谗畏讥，满目萧然，感极而悲者矣。

至若春和景明[5]，波澜不惊；上下天光，一碧万顷；沙鸥翔集，锦鳞游泳；岸芷汀兰，郁郁青青；而或长烟一空，皓月千里，浮光跃金，静影沉璧[6]；渔歌互答，此乐何极！登斯楼也，则有心旷神怡，宠辱皆忘，把酒临风，其喜洋洋者矣。

嗟夫！予尝求古仁人之心，或异二者之为。何哉？不以物喜，不以己悲。居庙堂之高，则忧其民；处江湖之远，则忧其君。是进亦忧，退亦忧。然则何时而乐耶？其必曰"先天下之忧而忧，后天下之乐而乐"欤？噫！微斯人[7]，吾谁与归？

庆历四年春天，滕子京被贬到岳州任知州。第二年，政事通顺，百姓安乐，很多废弛的事情都兴办起来。于是重新修建岳阳楼，扩大原来的规模，把唐代贤士和当代名士的诗赋铭刻在上面。嘱咐我写篇文章记述这件事。

我看巴陵的美景，集中在洞庭湖上。它口衔远山，吞吐长江，浩浩荡荡，宽广无边。早上阳光明媚，傍晚夕阳斜照，景色变化万千。这是在岳阳楼上看见的壮阔景象，前人的描述很详尽了。然而洞庭湖往北连通巫峡，往南延伸到潇湘，贬职的官吏和路过的诗人，多来这里聚会，他们观赏景致后的感情，难道会没有什么不同吗？

若是阴雨连绵，几个月都不放晴；阴风怒吼，浑浊的波浪拍击天空；日月星辰没有了光辉，峰峦潜藏起身影；商旅不能通行，桅杆倾倒，船桨折断；傍晚天色昏暗，虎啸猿啼。这时登上岳阳楼，心中就会有离开国都，怀念家乡，担心诽谤，怕人讥笑的情怀，感到满目凄凉，令人感慨万分。

至于春光和煦、艳阳高照的时候，风平浪静；水天一色，碧波万顷；水鸟飞翔栖落，鱼儿浮游水中；岸边和洲上的兰草，芬芳馥郁，秀色青青；有时烟云消散，皓月千里；月光随水波浮动，闪烁耀眼的金光，明月倒影如沉在水中的白璧；渔歌此唱彼和，这乐趣哪有止境！这时登上岳阳楼，就会心旷神怡，忘却一切荣辱得失，端起酒杯临风畅饮，充满无限喜悦。

唉！我曾经研究过古代仁人志士的情怀，或许和上述两种心情不同。为什么呢？他们不因外物和个人得失而高兴悲伤。在朝廷做大官，就为老百姓操心；隐居为民，就为君王担忧。身处朝廷也忧虑，隐居村野也忧虑，那么什么时候才快乐呢？他们一定会说"忧在天下人忧患之前，乐在天下人快乐之后而乐"吧！唉！除了这样的人，我还能和谁交往呢？

◎ 内涵外延
四大名楼
中国的四大名楼分别是：湖北武汉的黄鹤楼，湖南岳阳的岳阳楼，江西南昌的滕王阁，山东蓬莱的蓬莱阁。这四处名胜古来都有文人墨客为其留下传世华章。除本文外，黄鹤楼有唐代阎伯瑾撰写的《黄鹤楼记》；滕王阁有唐代王勃撰写的《滕王阁序》；蓬莱阁有宋代朱处约撰写的《蓬莱阁记》。

◎ 本文注释
[1] 汤汤：同"荡荡"(shāng)，水势盛大的样子。
[2] 极：尽，直通。潇湘：湖南省中部的两条水名，潇水在零陵汇入湘江，往北注入洞庭。
[3] 樯 (qiáng)：桅杆。楫 (jí)：船桨。[4] 薄：迫近。[5] 景：这里指阳光。
[6] 璧：玉器。[7] 微：非，没有。斯人：这样的人，指古之仁人。

义田记

钱公辅

钱公辅：字君倚，常州武进（今江苏）人，进士及第，曾在江宁任知州，官至知制诰，属较保守一派。

◎ **经典语录**

公之忠义满朝廷，事业满边隅，功名满天下，后必有史官书之者，予可无录也

范文正公[1]，苏人也。平生好施与，择其亲而贫、疏而贤者，咸施之。

方贵显时，置负郭常稔之田千亩[2]，号曰"义田"，以养济君族之人。日有食，岁有衣，嫁娶凶丧皆有赡。择族之长而贤者主其计，而时共出纳焉。日食，人一升。岁衣，人一缣[3]。嫁女者五十千[4]，再嫁者三十千。娶妇者三十千，再娶者十五千。葬者如再嫁之数。葬幼者十千。族之聚者九十口，岁入给稻八百斛，以其所入，给其所聚，沛然有馀而无穷。屏而家居俟代者与焉[5]，仕而居官者罢莫给。此其大较也。

初，公之未贵显也，尝有志于是矣，而力未逮者二十年[6]。既而为西帅[7]，及参大政[8]，于是始有禄赐之入，而终其志。公既殁，后世子孙修其业，承其志，如公之存也。公虽位充禄厚，而贫终其身。殁之日，身无以为敛[9]，子无以为丧。惟以施贫活族之义，遗其子而已。

昔晏平仲敝车羸马。桓子曰："是隐君之赐也。"晏子曰："自臣之贵，父之族，无不乘车者；母之族，无不足于衣食者；妻之族，无冻馁者[10]；齐国之士，待臣而举火者三百余人。如此，而为隐君之赐乎，彰君之赐乎？"于是齐侯以晏子之觞，而觞桓子[11]。予尝爱晏子好仁，齐侯知贤，而桓子服义也。又爱晏子之仁有等级，而言有次第也。先父族，次母族，次妻族，而后及其疏远之贤。孟子曰："亲亲而仁民，仁民而爱物。"晏子为近之。今观文正公之义田，贤于平仲。其规模远举，又疑过之。

呜呼！世之都三公位，享万钟禄[12]，其邸第之雄，车舆之饰，声色之多，妻孥之富，止乎一己而已。而族之人不得其门者，岂少也哉？况于施贤乎。其下为卿，为大夫，为士，廪稍之充[13]，奉养之厚，止乎一己而已。而族之人，操壶瓢为沟中瘠者，又岂少哉？况于它人乎。是皆公之罪人也。

公之忠义满朝廷，事业满边隅，功名满天下，后世必有史官书之者，予可无录也。独高其义，因以遗其世云。

范文正公是苏州人，生平喜欢施舍，选择那些关系亲近而贫穷或关系远而贤明的人，都给予救济。

在他显贵的时候，购置了靠近城边的千亩良田，称为义田，用来周济同族的人。每天有饭吃，每年有衣穿，婚丧嫁娶，生老病死都予以资助。选族中德高望重者掌管账目，按时结算。每天每人一升米；每年每人一匹细绢。闺女出嫁的发给钱五十千，再次改嫁的发给三十千，娶媳妇发给三十千，再次娶媳妇发给十五千，办丧事与再嫁发给的数目相等，孩子的丧事发钱十千。全族聚居九十余口人，从每年收获中供给稻子八百斛。用千亩田收入的粮食，供给那些聚居的族人，绰绰有余，而没有不够的时候。在家里等待缺额的也享受义田分配。出仕的则停止供应。这是它的一般情况。

起初，范文正公还没做官的时候，就已经有这种愿望，但是力不从心，搁置了二十年。后来他做了陕西的统帅，接着做了参知政事，于是才有俸禄和赏赐的收入，从而实现了他的愿望。他去世后，他的后代子孙继续他的事业，继承他的遗志，就像他活着时一样。他虽然位高禄厚，却一生清贫，死的时候，连装敛遗体出丧都没钱办理，他只是把救济穷人、养活家族的道义留给了他的儿子而已。

从前齐国的晏婴坐破车，驾的是瘦马。陈桓子说："你这是隐藏君主的赏赐。"晏子说："自从我做官以后，父亲的亲族，外出没有不乘坐车的；母系的亲族，没有不丰衣足食的；我妻子的亲族，没有受冻挨饿

的。齐国的士人，靠我养活才能有饭吃的有三百多个人。这样，算是隐藏君主的赏赐呢，还是彰明君主的赏赐呢？"于是齐侯用晏子的酒罚陈桓子。我仰慕晏子好仁，齐侯知贤，陈桓子服义。又爱晏子的仁爱有亲疏层次之分，说话条理分明。他先说父族，再说母族，再次说妻族，最后说关系疏远的贤士。孟子说："爱自己的亲人才能爱民众，爱民众才能爱惜万物。"晏子的行为与此接近。现在看文正公的义田，超越了晏子，他的规划长远，似乎也是超过了晏子的。

唉！世上身居三分爵位，享受万钟俸禄的人，他们住宅雄伟，车辆华丽，歌伎繁盛，妻妾儿女众多，但这一切只是自己一个人享受，同族的人却连门都不能进，这种人还少吗？何况是没关系的贤人呢？那些职位低的卿、大夫俸禄优厚，但这一切仅仅是满足他个人而已，同族的人拿着破碗讨饭饿死在沟里，难道还少吗？何况对其他人呢？这些都是文正公的罪人啊！

文正公的忠义誉满朝廷，功业遍于边疆，功名满天下，后代一定有史官来记录下来，我可以不记述，只是特别推崇他的义举，记下来留给后世。

◎ 内涵外延

苏幕遮·怀旧

北宋 范仲淹

碧云天，黄叶地。秋色连波，波上寒烟翠。
山映斜阳天接水。芳草无情，更在斜阳外。
黯乡魂，追旅思。夜夜除非，好梦留人睡。
明月楼高休独倚。酒入愁肠，化作相思泪。

◎ 本文注释

〔1〕范文正公：即范仲淹，"文正"是他的谥号。
〔2〕负郭：距城很近。稔（rěn）：庄稼成熟。〔3〕缣（jiān）：细绢。
〔4〕千：指铜钱，宋朝时一千文为一缗（mín）。
〔5〕屏（bǐng）：弃，指丢了官。俟（sì）代：等待缺额。〔6〕逮：达到。
〔7〕西帅：宋神宗庆历三年，范仲淹出任陕西路安抚经略招讨使。
〔8〕参大政：庆历三年，范仲淹进任参知政事。
〔9〕敛：通"殓"，给死者穿衣下棺。〔10〕馁（něi）：饥饿。
〔11〕觞桓子：罚桓子饮酒。〔12〕钟：古容量单位。〔13〕廪稍：公家给予的粮食。

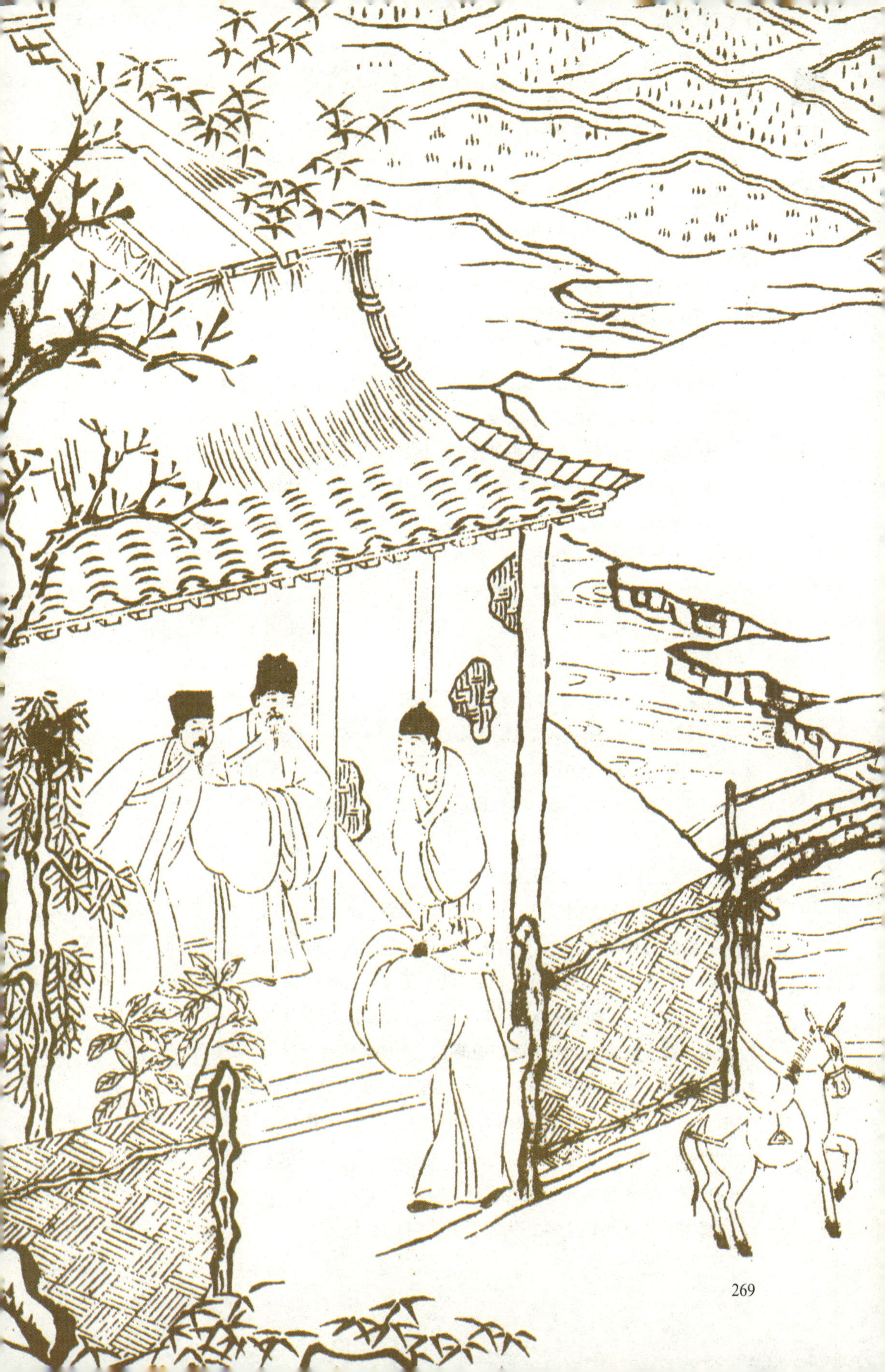

朋党论

欧阳修

欧阳修：公元1007－1072年，字永叔，号醉翁，庐陵（今江西吉安）人。幼年丧父，家境贫寒。宋仁宗天圣年间中进士，为谏官，正直敢言，站在革新派范仲淹一面，因而屡遭贬谪，后官至枢密副使、参知政事。晚年渐趋保守。

◎ **经典语录**

所守者道义，所行者忠信，所惜者名节。以之修身，则同道而相益；以之事国，则同心而共济，终始如一，此君子之朋也

　　臣闻朋党之说，自古有之，惟幸人君辨其君子小人而已[1]。大凡君子与君子，以同道为朋；小人与小人，以同利为朋。此自然之理也。

　　然臣谓小人无朋，惟君子则有之。其故何哉？小人所好者，利禄也；所贪者，货财也。当其同利之时，暂相党引以为朋者，伪也。及其见利而争先，或利尽而交疏，则反相贼害，虽其兄弟亲戚，不能相保。故臣谓小人无朋，其暂为朋者，伪也。君子则不然。所守者道义，所行者忠信，所惜者名节。以之修身，则同道而相益；以之事国，则同心而共济，终始如一，此君子之朋也。故为人君者，但当退小人之伪朋，用君子之真朋，则天下治矣。

　　尧之时，小人共工、驩兜等四人为一朋[2]，君子八元、八恺十六人为一朋。舜佐尧，退四凶小人之朋，而进元恺君子之朋，尧之天下大治。及舜自为天子，而皋、夔、稷、契等二十二人，并立于朝，更相称美，更相推让，凡二十二人为一朋，而舜皆用之，天下亦大治。《书》曰："纣有臣亿万，惟亿万心；周有臣三千，惟一心。"纣之时，亿万人各异心，可谓不为朋矣，然纣以亡国。武王之臣三千人为一大朋，而周用以兴[3]。后汉献帝时，尽取天下名士囚禁之，目为党人。及黄巾贼起，汉室大乱，后方悔悟，尽解党人而释之，然已无救矣。唐之晚年，渐起朋党之论。及昭宗时，尽杀朝之名士，或投之黄河，曰："此辈清流，可投浊流。"而唐遂亡矣。

　　夫前世之主，能使人人异心不为党，莫如纣；能禁绝善人为朋，莫如汉献帝；能诛戮清流之朋，莫如唐昭宗之世。然皆乱亡其国。更相称美推让而不自疑，莫如舜之二十二臣，舜亦不疑而皆用之。然而后世不诮舜为二十二人朋党所欺[4]，而称舜为聪明之圣者，以能辨君子与小人也。周武之世，举其国之臣三千人共为一朋，自古为朋之多且大莫如周，然周用此以兴者，善人虽多而不厌也。

　　嗟乎！治乱兴亡之迹，为人君者，可以鉴矣。

我听说"朋党"的说法，自古就有，只是希望君主能分辨清君子和小人罢了。大凡君子和君子，因道义结成朋党；小人和小人，因私利结成朋党。这是自然的道理。

但是我认为小人没有朋党，只有君子才有。为什么呢？因为小人喜好的是利禄，贪求的是钱财。在他们私利相同时，就相互勾结为朋党，是虚的。等到看见私利就争先抢夺，一但利益结束交情就会疏远，反过来就互相残害，即使是他的兄弟亲人，也不能保全。所以我说小人没有朋党，他们结成朋党是暂时的。君子不是这样。他们以道义为重，奉行忠信，珍惜名节。用这些来修养自身，相互促进；用这些来报效国家，就会团结协力，同舟共济，始终如一，这就是君子的朋党。所以做皇帝的，只须排斥小人的假朋党，重用君子的真朋党，天下就能治理好。

唐尧的时候，共工、驩兜等四人结成朋党，君子八元、八恺十六个人结为朋党。舜辅助尧，驱逐四凶的朋党，任用八元、八恺的君子朋党，尧的天下得到大治。等到舜继位后，皋陶、夔、稷、契等二十二人同在朝廷为官，互相赞美，互相谦让，二十二个人成为一个朋党，而舜全都任用他们，天下得到大治。

《尚书》上说："纣王有亿万臣民，就有亿万条心；周武王有臣子三千，却只有一条心。"纣王的时候，亿万人各有不同的心思，不能结成

○ 品画鉴宝
杏园雅集图之一 （明）谢环／绘　全图色调鲜明，人物肖像的描绘精益求精，经营布局得宜，不仅体现了明宣德年间绘画艺术的高水平，也是历史上一幅不可多得的艺术珍品。

欧阳修（公元1007－1072年）

欧阳修一生写了五百余篇散文，各体兼备，有政论文、史论文、记事文、抒情文和笔记文等。在文学创作上，以散文的成就为最高。苏轼评其文时说："论大道似韩愈，论本似陆贽，纪事似司马迁，诗赋似李白。"但欧阳修虽素慕韩文的深厚雄博，汪洋恣肆，但并不亦步亦趋。

朋党，纣王因此亡国。周武王的臣子三千人结成一个朋党，周朝因此而兴盛。等到汉献帝的时候，把天下的名士全部囚禁起来，视之为党人。之后黄巾军起义，汉王朝大乱，这时方才悔悟，全部赦免了他们，但是局面已经无可挽回。唐朝末年，渐渐兴起朋党的议论。昭宗时，杀死朝廷的名士，将尸体抛于黄河中，说："这班人自命清流，可以把他们抛进浊流！"不久唐朝也灭亡了。

前代的君主当中，能够使人人异心不成为朋党的，没有谁比得上纣王；能够禁绝好人成为朋党的，没有谁比得上汉献帝；能够杀戮清流朋党的，没有谁比得上唐昭宗。却都因祸乱而亡国。互相称赞、谦让，丝毫不猜疑的，没有谁比得上舜的二十二个臣子，舜毫不怀疑，全部任用。然而后世的人并没有指责舜被二十二个人结成的朋党所蒙蔽，反而赞颂舜是英明的圣主，因为他能够分辨清君子和小人。周武王的时候，全国的三千臣子结成一个朋党，自古以来，结成朋党的人数量之多，规模之大，没有比得上周朝的，然而周朝却因此而兴盛，那是因为好人虽然多却不嫌多啊。

啊！前代治乱兴亡的经验，做君王的，可以作为借鉴了。

◎ 内涵外延

汉献帝（公元181－234年）

即刘协。东汉皇帝。公元189－220年在位。即位时东汉政权已名存实亡，他成为董卓的傀儡。建安元年（公元196年）他被曹操迎都于许（今河南许昌），此后又成为曹操的傀儡。建康元年（公元220年）操子曹丕代汉称帝，他被废为山阳公。

◎ 原文注释

〔1〕幸：希望。

〔2〕共工、驩兜（huān dōu）：传说共工、驩兜、三苗、鲧（gǔn）为尧时的四个恶人，合为"四凶"。

〔3〕用：因。〔4〕诮（qiào）：讥诮，责备。

纵囚论

欧阳修

◎ 经典语录

罪大恶极　杀无赦　是以尧、舜、三王之治，必本于人情，不立异以为高，不逆情以干誉

信义行于君子，而刑戮施于小人。刑入于死者，乃罪大恶极，此又小人之尤甚者也。宁以义死，不苟幸生[1]，而视死如归，此又君子之尤难者也。

方唐太宗之六年，录大辟囚三百余人，纵使还家[2]，约其自归以就死；是以君子之难能，期小人之尤者以必能也。其囚及期，而卒自归无后者，是君子之所难，而小人之所易也。此岂近于人情哉？

或曰：罪大恶极，诚小人矣；及施恩德以临之，可使变而为君子。盖恩德入人之深，而移人之速，有如是者矣。曰：太宗之为此，所以求此名也。然安知夫纵之去也，不意其必来以冀免[3]，所以纵之乎？又安知夫被纵而去也，不意其自归而必获免，所以复来乎？夫意其必来而纵之，是上贼下之情也[4]；意其必免而复来，是下贼上之心也。吾见上下交相贼以成此名也，乌有所谓施恩德与夫知信义者哉？不然，太宗施德于天下，于兹六年矣，不能使小人不为极恶大罪，而一日之恩，能使视死如归，而存信义，此又不通之论也。

然则何为而可？曰：纵而来归，杀之无赦。而又纵之，而又来，则可知为恩德之致尔。然此必无之事也。若夫纵而来归而赦之，可偶一为之尔。若屡为之，则杀人者皆不死，是可为天下之常法乎？不可为常者，其圣人之法乎？是以尧、舜、三王之治，必本于人情，不立异以为高，不逆情以干誉[5]。

信义施行于君子，而刑罚施行于小人。被判为死罪的人，是罪大恶极的，是小人中最坏的。宁可为信义而死，不愿苟且偷生，而视死如归，是君子当中最难能可贵的。

唐太宗贞观六年，审理死囚三百多人，将他们释放回家，与他们约定好日期回来再接受死刑。这是用君子难以做到的事情，来希望小人里面最坏的一定做到。那些死囚到日期后果然自动返回，连一个迟到的都没有。这是君子难以做到的事情，而小人却轻易做到了。这难道近乎人情吗？

有人说：罪大恶极，确实是小人啊；等到恩德施加到他们身上时，可以使他们变为君子。因为恩德深入人心，能很快改变人的品行，所以出现这种情形。我说：唐太宗做这件事，正是为了求得这种好名声。但是，怎么知道释放他们，不是料定到他们一定会如期归来希望求得赦

273

免，因此才释放的呢？又怎么知道被释放出去的人，不是料定自动归来而会获得赦免，因此才返回的呢？料想到他们一定会按时回到监狱，因而释放他们，这是上面窥测下面的心思；料定一定会被赦免，这是下面揣度上面的心理。我在这件事中只看见上下互相窥测而成就这个好名声，哪里有施予恩德和懂得信义的事呢？否则，唐太宗布施恩德于天下，到当时已经六年了，还不能使小人不做罪大恶极的事，而一天的恩德，却能使他们视死如归，保持信义，这不合乎逻辑。

那么，怎么做才行呢？回答是：释放了回来的依然杀掉。然后再释放下一批，如果他们仍然按时回来，就可知道真是布施恩德的结果了。但这是不可能的事。像这样释放后又能自动回来从而赦免的事，只能偶尔做一次。如果屡次这样做，那么，杀人犯就不会死了，这能够作为治理天下的常法吗？不能作为治理天下的做法，难道是圣人的法律吗？因此，尧、舜和夏商周治理天下，一定会根据人情，不会通过标新立异来显示高尚，违背情理来猎取名誉。

◎ 内涵外延

古文中的"论"

"论"是我国古代议论文的一种文体，它包括论政、论史、论学等内容，重在说理。如《六国论》《过秦论》等。我国古代论文源远流长。先秦诸子散文，如《孟子》《韩非子》，实际上都是论说文。本篇《纵囚论》也是这种类型之一。

◎ 本文注释

〔1〕苟幸：苟且，侥幸。〔2〕纵：释放。
〔3〕冀：希望。意：意料、估计。〔4〕贼：揣测。〔5〕干誉：求取名誉。

○ 品画鉴宝　锁谏图（唐）阎立本／绘　此图画十六国汉的廷尉陈元达向皇帝刘聪冒死进谏。人物形象生动，气氛渲染十分得宜。

五代史伶官传序

欧阳修

◎ 经典语录

及仇雠已灭,天下已定,一夫夜呼,乱者四应,仓皇东出,未及见贼而士卒离散,君臣相顾,不知所归

呜呼!盛衰之理,虽曰天命,岂非人事哉?原庄宗之所以得天下[1],与其所以失之者,可以知之矣。

世言晋王之将终也[2],以三矢赐庄宗,而告之曰:"梁[3],吾仇也;燕王[4],吾所立;契丹,与吾约为兄弟[5],而皆背晋以归梁。此三者,吾遗恨也。与尔三矢,尔其无忘乃父之志[6]!"庄宗受而藏之于庙。其后用兵,则遣从事以一少牢告庙[7],请其矢,盛以锦囊,负而前驱,及凯旋而纳之。

方其系燕父子以组,函梁君臣之首[8],入于太庙,还矢先王,而告以成功。其意气之盛,可谓壮哉。及仇雠已灭,天下已定,一夫夜呼,乱者四应,仓皇东出[9],未及见贼而士卒离散,君臣相顾,不知所归。至于誓天断发,泣下沾襟,何其衰也!岂得之难而失之易欤!抑本其成败之迹,而皆自于人欤?

《书》曰:"满招损,谦得益。"忧劳可以兴国,逸豫可以亡身,自然之理也。故方其盛也,举天下之豪杰,莫能与之争;及其衰也,数十伶人困之,而身死国灭,为天下笑。夫祸患常积于忽微,而智勇多困于所溺,岂独伶人也哉?

啊!国家盛衰的道理,虽说是天意,难道不是与人事息息相关吗?推究后唐庄宗得到天下和失掉天下的原因,就可以明白了。

世人传说晋王临终之际,赐给庄宗三枝箭,并告诉他说:"梁是我的仇人;燕王是我扶植的;契丹与我订立兄弟之盟,可他们都背叛我而投靠梁。这三件事,是我的遗恨。给你三枝箭,是要你不要忘记你父亲的心愿。"庄宗接过了三枝箭,并把它供奉在宗庙里。此后每逢出战,都会举行祭祀仪式并祷告,恭敬地拿出箭来,装在锦囊里面,背在身上在前面开路,等获胜归来再把箭送还宗庙。

当他用绳索捆着燕王父子,用木匣装着梁王君臣的首级,送进宗庙,把箭交回先王灵前,昭告功业已成时,其意气风发之豪情溢于言表。等到仇敌消灭,天下平定,一个人在夜间一声呼喊,叛乱者四方响应,庄宗张惶失措地东进,还没看见叛贼,士兵便溃散逃跑了,君臣面面相

觑，不知该向何方走。君臣只能相对哭泣，割发指天盟誓，怎么会如此衰败呀！难道是得天下难而失天下易吗？或者推演他的成功和失败的经过，是人力所为吧？

《尚书》上说："自满招来损失，谦虚使人受益。"忧患勤劳可以使国家兴盛，安逸享乐将导致灭亡，这是自然的道理。所以，在他强盛的时候，所有天下豪强没有人能够与他相抗衡；到他没落时，几十个伶人围困他，落得个国破身亡，被天下人耻笑。祸患常常是由一些细小的事积累起来的，聪明勇敢的人很容易被自己溺爱的人或事所困扰，哪里仅仅是伶人所致啊！

◎ 内涵外延

祭品的等级差

古代祭祀所用祭品，行祭前需先饲养于牢，所以称之为"牢"。祭祀时，用牛、羊、猪为祭品的称之为"太牢"。仅有猪、羊为祭品的情况称之为"少牢"。太牢与少牢之间有着森严的等级差。天子祭祀用太牢，诸侯祭祀用少牢。这是不可逾越的。

◎ 本文注释

〔1〕原：推究、研究。庄宗：指五代时后唐庄宗李存勖（xù）。

〔2〕晋王：李存勖的父亲李克用。他本是西突厥沙陀人，因出兵帮助唐朝镇压黄巢起义有功，官封晋王。

〔3〕梁：指五代时由朱温所建立的后梁。朱温本是黄巢起义的将领，投降唐朝后成为实力强大的地方军阀，后篡唐称帝。

〔4〕燕王：指唐末卢龙节度使刘仁恭。

〔5〕契丹，与吾约为兄弟：契丹是我国古代民族，公元十世纪初，耶律阿保机统一北方各族，建立契丹国。唐朝末年，耶律阿保机曾率兵入侵李克用的地盘，李克用与之讲和，结为兄弟。

〔6〕乃：你的。〔7〕一少牢：古时祭祀时用一只羊一头猪作祭品时，称"一少牢"。

〔8〕函梁君臣之首：用木匣装着梁国国君朱友贞等人的头。公元923年，李存勖灭梁，朱温之子朱友贞为了避免落入仇人之手，命部将皇甫麟杀死他。随后皇甫麟也刎颈自杀。函，本指木匣。

〔9〕"仓皇东出，未及见贼而士卒离散"以下六句：暴乱发生后，李克用的养子大将军李嗣源乘机起事，争夺帝位。庄宗由洛阳率兵去开封平乱，到了万胜（今河南中牟县境），便听说李嗣源已进入开封，只好回师洛阳，途中士兵逃散了一半，到洛阳近郊时，他哭着对将领们说："你们跟随我多年，患难同当，富贵同享，现在到了这步田地，都没有办法来挽救危局了吗？"将领们面面相觑，哭成一团，纷纷割下头发，对天发誓，要以死报国。

五代史宦者传论

欧阳修

◎ 经典语录

能以小善中人之意，小信固人之心，使人主必信而亲之

自古宦者乱人之国[1]，其源深于女祸。女，色而已；宦者之害，非一端也。盖其用事也近而习，其为心也专而忍[2]。能以小善中人之意[3]，小信固人之心，使人主必信而亲之。待其已信，然后惧以祸福而把持之。虽有忠臣、硕士列于朝廷，而人主以为去己疏远，不若起居饮食、前后左右之亲为可恃也。故前后左右者日益亲，则忠臣、硕士日益疏，而人主之势日益孤。势孤，则惧祸之心日益切，而把持者日益牢。安危出其喜怒，祸患伏于帷闼，则向之所谓可恃者，乃所以为患也。

患已深而觉之，欲与疏远之臣图左右之亲近[4]，缓之则养祸而益深，急之则挟人主以为质。虽有圣智，不能与谋。谋之而不可为，为之而不可成，至其甚，则俱伤而两败。故其大者亡国，其次亡身，而使奸豪得借以为资而起[5]，至抉其种类[6]，尽杀以快天下之心而后已。此前史所载宦者之祸常如此者，非一世也。

夫为人主者，非欲养祸于内，而疏忠臣、硕士于外，盖其渐积而势使之然也。夫女色之惑，不幸而不悟，则祸斯及矣。使其一悟，捽而去之可也[7]。宦者之为祸，虽欲悔悟，而势有不得而去也。唐昭宗之事是已[8]。故曰"深于女祸"者，谓此也，可不戒哉？

自古以来宦官乱政，远比因女色造成的祸害要深远得多。女人不过使人君迷恋美色；宦官的危害，却不止一个方面。因为他常与君主相伴容易博得信任，他的心思专横又残忍，用巧智迎合君主的心意，用小信逐渐强化君主对自己的印象，使君主信任并亲近他。一旦获得信任，就用祸福之变威吓，以达到把持君主的目的。虽然朝廷有忠臣贤士，可是人君认为这些人和自己关系疏远，不如那些与自己朝夕相处侍候左右的人可靠。所以，跟在身边的宦官一天比一天亲近，忠臣贤士被一天天疏远，而人君却越发孤立。处境孤立，害怕祸乱的心情就一天比一天加剧，而宦官的操控就越发牢固。安危取决于宦官的喜怒，祸患隐藏在宫廷之中。那么，以前所谓可靠的人，却正是祸乱的罪魁祸首。待到察觉时祸害已很深了。想和久已疏远的臣子商量除掉身边的宦官，行动迟缓，会使祸患加深；操之过急，有君主被劫为人质的危险。即使有圣明聪慧的

277

人，也无法为人君谋划。就是措施也不能实行，实行了也成功不了，事态扩大有可能两败俱伤。有可能会导致国家灭亡，其次是危及到君主的性命。同时使得居心叵测之徒以此为口实起来作乱，直到挖出宦官及同党并全部杀掉使天下人心大快方能罢休。史书上记载的宦官之祸经常是这样的，不是某一代才有。

作为君主谁也不存心想在宫廷内部滋养祸患，在外疏远忠臣贤士，是由于日积月累发展而成。对于女色的迷惑，如果沉迷当中不能醒悟，当然会招惹灾祸。人君一旦觉悟，揪出去丢开就行了。而宦官之祸，即使皇帝醒悟了，恐已形成难以铲除的局面，唐昭宗的事情就是如此。所以说"宦官为害，比女祸更严重"，说的就是这种情况，难道不应以此为戒吗？

◎ 内涵外延

宦官的历史

世界上最早的宦官制度出现于古埃及。中国早在夏商周的时代就出现了宦官。唐代，宦官由内侍省、掖廷局、宫闱局、奚官局、内仆局、内府局管理。明清两代，则有更为苛刻的条理限制宦官的权利。直到辛亥革命推翻了封建统治，宦官制度才在中国彻底消除。

◎ 本文注释

〔1〕宦者：即后代所谓太监，由阉割后的男子充任，在宫廷内侍奉皇帝及其家属。

〔2〕忍：隐忍，不露其情。

〔3〕中（zhòng）：合。〔4〕图：设法对付。

〔5〕资：借口。〔6〕抉：挖出。

〔7〕捽（zuó）：揪。

〔8〕唐昭宗之事：唐昭宗（李晔）因宦官专权为祸，密谋尽诛宦官，事泄，昭宗被宦官劫持到凤翔，朱温兵围凤翔，尽杀宦官，随后弑昭宗，灭了唐王朝。

◎ 品画鉴宝

仕女图 （明）陈洪绶 绘 图以工笔写持扇、拈梅、棒盘等仕女三人，金莲轻移，神情专注，正陶醉在寒尽春早的欣喜之中。人物造型夸张，笔迹圆转。

丰乐亭记

欧阳修

◎ 经典语录

俯仰左右，顾而乐之　用武之地　休养生息

修既治滁之明年[1]，夏，始饮滁水而甘。问诸滁人，得于州南百步之近。其上则丰山，耸然而特立；下则幽谷，窈然而深藏；中有清泉，滃然而仰出[2]。俯仰左右，顾而乐之。于是疏泉凿石，辟地以为亭，而与滁人往游其间。

滁于五代干戈之际[3]，用武之地也。昔太祖皇帝，尝以周师破李璟兵十五万于清流山下，生擒其将皇甫晖、姚凤于滁东门之外[4]，遂以平滁。修尝考其山川，按其图记，升高以望清流之关，欲求晖、凤就擒之所，而故老皆无在者，盖天下之平久矣。

自唐失其政，海内分裂，豪杰并起而争，所在为敌国者，何可胜数？及宋受天命，圣人出而四海一。向之凭恃险阻，铲削消磨。百年之间，漠然徒见山高而水清；欲问其事，而遗老尽矣。今滁介江淮之间，舟车商贾、四方宾客之所不至。民生不见外事，而安于畎亩衣食[5]，以乐生送死。而孰知上之功德，休养生息，涵煦于百年之深也[6]！

修之来此，乐其地僻而事简，又爱其俗之安闲。既得斯泉于山谷之间，乃日与滁人仰而望山，俯而听泉。掇幽芳而荫乔木，风霜冰雪，刻露清秀，四时之景，无不可爱。又幸其民乐其岁物之丰成，而喜与予游也。因为本其山川，道其风俗之美，使民知所以安此丰年之乐者，幸生无事之时也。

夫宣上恩德，以与民共乐，刺史之事也[7]。遂书以名其亭焉。

我治理滁州的第二年，夏天，才喝到滁州的泉水，觉得是如此的甘甜。询问当地人泉水的源头，在滁州南边不过百步远的地方找到的。它的上面是高高耸立的丰山；下面是深谷，幽暗深藏；中间有一湾清澈的泉水，水势很大，从下面喷涌而出。环顾四周，很喜欢这个地方。于是派人疏导泉水，凿开山石，开辟出一块平地来修建亭子，可以让滁州人去那里游览。

在兵慌马乱的五代时期，滁州是兵家必争之地。从前太祖皇帝曾经率领后周的军队在清流山下打败了李璟的十五万大军，在滁州东门外生擒了他的将领皇甫晖和姚凤，平定了滁州。我曾经考察这段山水，按照图的标记，登高眺望清流关，想找到皇甫晖、姚凤被捉的地方，但是当年的父老都已下世，原来天下太平已经很久了。

279

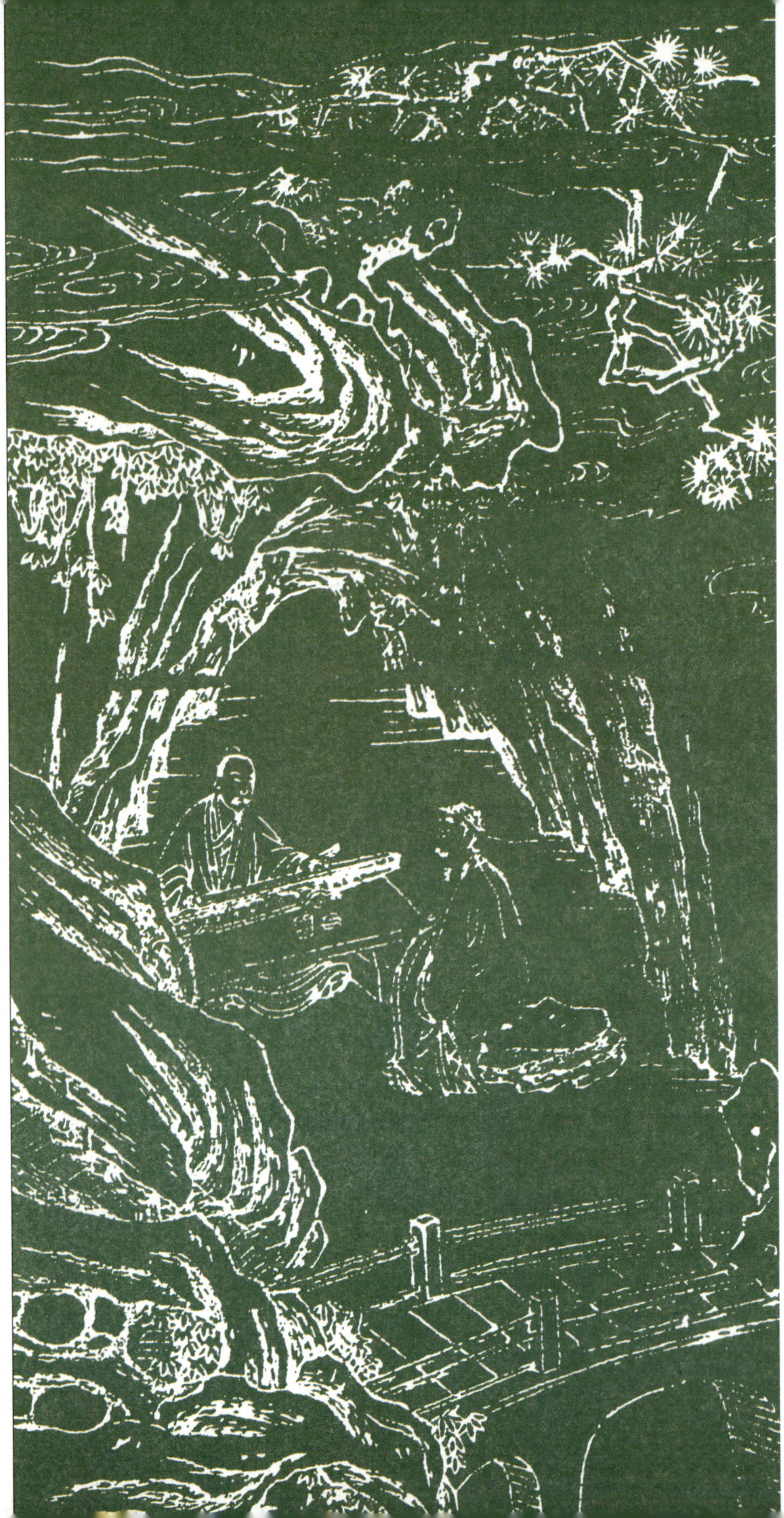

自从唐朝失势后，天下分裂，群雄并起争夺天下，彼此成为对立之国的，多得数不清。直到宋朝承受天命，圣人出现使天下统一。从前所倚仗的险阻山势，经过百年沧桑已消失殆尽，现在人们只是淡然欣赏着高耸的山峦和清清的流水；想要打听当时的情况，那些历经世事变迁的老人都已不在世了。如今滁州处在长江、淮河之间，是车船商贩及四方宾客鞭长莫及的地方，百姓的生活与外世隔绝，安心于农事，满足于自给自足的衣食生活，一直到死。又有谁知道是皇帝的功德，使百姓休养生息，承受着已有百余年的深恩呢！

　　我来到这里，喜欢它的僻静，公务简练，又喜爱这儿的风俗安闲。在山谷里那股泉水旁边，每天跟滁州人仰望丰岭，俯听潺潺泉水声。春天，采摘幽谷中的花草；夏天，在树荫下乘凉；秋冬风雪之时，峭立的山峦更显清丽，四季分明的景色，令人留恋。又恰逢这里的百姓因为丰收而雀跃，喜欢与我同乐。我便以我的观点向他们描述这里民俗的美好，使百姓知道能够安享这种丰年的快乐，应归功于太平无事的时代。

　　宣扬皇上的恩德，和百姓共享欢乐，这是地方官的职责，于是写丰乐二字为此亭题名。

◎ 内涵外延

李璟（公元916—961年）

五代时南唐国主。本名景通，后名璟。字伯玉。徐州（今属江苏）人。公元943年嗣位称帝。周世宗南征，璟割江北地奉表称臣，并去帝号。在位十九年，庙号元宗，也称中主。其词今存四首，蕴藉含蓄，在晚唐五代词中意境较高。后人把他及其子煜（后主）的作品合刻为《南唐二主词》。

◎ 本文注释

〔1〕滁：州名，治所在今安徽滁州市，欧阳修于庆历六年被贬为滁州知州。

〔2〕滃（wěng）然：形容水大。

〔3〕五代：唐朝灭亡后，中原地区相继建立梁、唐、晋、汉、周五个王朝，史称"五代"。

〔4〕皇甫晖、姚凤：南唐将领，周世宗征南唐，赵匡胤攻破滁州，活捉二人。

〔5〕畎亩：指田地。畎，是田间小沟。

〔6〕涵煦（hán xù）：覆育，意思是皇恩如天，覆盖着万物生长繁育。

〔7〕刺史：唐代时州行政长官为刺史，宋代为知州，这里以刺史称知州。

醉翁亭记

欧阳修

◎ 经典语录

峰回路转　醉翁之意不在酒，在乎山水之间也　水落石出　觥筹交错

环滁皆山也。其西南诸峰，林壑尤美。望之蔚然而深秀者，琅琊也。山行六七里，渐闻水声潺潺，而泻出于两峰之间者，酿泉也。峰回路转，有亭翼然临于泉上者，醉翁亭也。作亭者谁？山之僧智仙也。名之者谁？太守自谓也。太守与客来饮于此，饮少辄醉，而年又最高，故自号曰醉翁也。醉翁之意不在酒，在乎山水之间也。山水之乐，得之心而寓之酒也[1]。

若夫日出而林霏开[2]，云归而岩穴暝，晦明变化者，山间之朝暮也。野芳发而幽香，佳木秀而繁阴，风霜高洁，水落而石出者，山间之四时也[3]。朝而往，暮而归，四时之景不同，而乐亦无穷也。

至于负者歌于途，行者休于树，前者呼，后者应，伛偻提携，往来而不绝者，滁人游也。临溪而渔，溪深而鱼肥；酿泉为酒，泉香而酒洌[4]；山肴野蔌[5]，杂然而前陈者，太守宴也。宴酣之乐，非丝非竹，射者中[6]，奕者胜，觥筹交错，起坐而喧哗者，众宾欢也。苍颜白发，颓然乎其间者，太守醉也。

已而夕阳在山，人影散乱，太守归而宾客从也。树林阴翳，鸣声上下，游人去而禽鸟乐也。然而禽鸟知山林之乐，而不知人之乐；人知从太守游而乐，而不知太守之乐其乐也。醉能同其乐，醒能述以文者，太守也。太守谓谁？庐陵欧阳修也。

环绕滁州城的都是山。西南面的那些山峰、林木和山谷最为秀美。放眼望去林木茂盛而秀丽的是琅琊山。顺山路行走六七里，渐渐听到潺潺的流水声，从两座山峰之间奔泻而出的是酿泉。沿山势回旋转折向上，有一座四角翘起像鸟儿张开翅膀一样的亭子座落泉水边，这就是醉翁亭。建亭子的是谁？是山里的智仙和尚。给亭子命名的是谁？是太守用自己的名字命名的。太守和客人们来这里游宴，稍微喝点酒就醉了，加上年纪最大，因此自称为醉翁。醉翁的兴趣不在于酒，而在绿水青山之间。饱览山水的乐趣，领略于心中而寄寓在酒里。

旭日东升，树林中雾气散去；傍晚，烟云又聚拢，山谷又变得阴暗，这种明暗的变化，就是山里的黎明和黄昏。野花开放，香味清幽；繁茂的树木，象一片遮天的绿荫；秋高气爽，霜色洁白；溪水浅了，石头露了出来，这就是山中的四季。早出晚归，四季景色不同，因而乐趣也就无穷无尽了。

至于背着东西的人在路上唱着歌，走累了就在树荫下休息，走在前面的人呼唤，落在后面的人应和，男女老少来来往往，络绎不绝，是滁州人在山里游玩。在溪边垂钓，溪水深，鱼肥美；用泉水酿的酒清澈而芳香；野味、野菜摆放在太守的宴会桌上。宴饮的欢乐，不是因为有音乐，投壶的投中了，棋下赢了，酒杯和酒筹相互交错，或站或坐，大声喧笑，是客人们在尽情欢乐。有一个面色苍老，头发斑白醉倒在人们中间的，是喝醉的太守。

　　不久，夕阳落山，人影散乱，太守启程回家宾客随行。树林阴暗下来，林中鸟鸣响成一片，游人离去，鸟儿快乐。但是，鸟儿只知道山林的快乐，却不知道游人的快乐；人们只知道跟着太守游玩快乐，却不理解太守是以能使他们快乐而快乐。畅饮时能和大家一同欢乐，酒醒后又能够用文字描写这一切的，是太守啊。太守是谁？是庐陵的欧阳修啊！

◎ 内涵外延

中国四大名亭

除文中所提到的醉翁亭外，中国的四大名亭还有北京的陶然亭，此亭名字取自诗句"更待菊黄家酝熟，共君一醉一陶然"。湖南长沙的爱晚亭，此亭名字取自诗句"停车坐爱枫林晚，霜叶红于二月花"。浙江杭州的湖心亭，此亭有诗赞曰："百遍清游未拟还，孤亭好在水云间，停阑四面空明里，一面城头三面山。"

○ 品画鉴宝

醉饮图（明）万邦治／绘　杜甫有《饮中八仙歌》，该图即根据杜诗而作。图中人物各具醉姿，形态生动。

◎ 本文注释

〔1〕寓：寄托。〔2〕林霏：指林中雾气。霏，雨雪飘飞的样子。

〔3〕四时：四季。文中"野芳"句指春景，"佳木"句指夏景，"风霜"句指秋景，"水落"句指冬景。

〔4〕泉香而酒洌：或作"泉洌而酒香"。洌（liè），水清。

〔5〕山肴：指野味。蔌（sù）：菜。

〔6〕射：这里指投壶。古代酒席间以箭投壶，进行比赛的游戏。

秋声赋

欧阳修

◎ 经典语录

春生秋实　有动于中　力所不及

欧阳子方夜读书，闻有声自西南来者，悚然而听之[1]，曰："异哉！"初淅沥以潇飒，忽奔腾而砰湃，如波涛夜惊，风雨骤至。其触于物也，鏦鏦铮铮[2]，金铁皆鸣；又如赴敌之兵，衔枚疾走，不闻号令，但闻人马之行声。予谓童子："此何声也？汝出视之。"童子曰："星月皎洁，明河在天，四无人声，声在树间。"

予曰："噫嘻悲哉！此秋声也，胡为乎来哉？盖夫秋之为状也：其色惨淡，烟霏云敛[3]；其容清明，天高日晶；其气栗冽，砭人肌骨[4]；其意萧条，山川寂寥。故其为声也，凄凄切切，呼号奋发。丰草绿缛而争茂，佳木葱茏而可悦；草拂之而色变，木遭之而叶脱；其所以摧败零落者，乃一气之余烈[5]。夫秋，刑官也，于时为阴；又兵象也，于行为金；是谓天地之义气，常以肃杀而为心。天之于物，春生秋实。故其在乐也，商声主西方之音，夷则为七月之律。商，伤也，物既老而悲伤；夷，戮也，物过盛而当杀。

"嗟呼！草木无情，有时飘零。人为动物，惟物之灵，百忧感其心，万事劳其形。有动于中，必摇其精。而况思其力之所不及，忧其智之所不能，宜其渥然丹者为槁木[6]，黟然黑者为星星[7]。奈何非金石之质，欲与草木而争荣，念谁为之戕贼？亦何恨乎秋声？"

童子莫对，垂头而睡。但闻四壁虫声唧唧，如助予之叹息。

我正在夜里读书，有声音从西南方向传来，吃惊地倾听，说："奇怪呀！"起初是沥沥的雨声夹杂着风声，忽然间又奔腾澎湃，好似波涛在黑夜中咆哮，风雨骤然而来。落在物体上，鏦鏦铮铮，像金属间相互撞击；又像开拔的军队，口中衔枚急速前进，听不见号令，只听见人马的脚步声。于是对童仆说："这是什么声音！你去看看。"童仆说："星光闪烁，明月皎洁，银河高挂天边，四周没有人声，声音从树林间发出的。"

我说："唉，令人悲伤啊！这是秋声，为什么来了呢？秋天的情景是：颜色凄凉暗淡，云雾消散；容貌清新明朗，天高气爽，阳光灿烂；气候寒冷，刺人肌骨；意象萧条，山河寂寥。所以，它发出的声音，凄凄切切，狂呼怒号。秋天到来之前，花草繁茂，欣欣向荣，林木青翠，郁郁

○品画鉴宝 秋林读书图 （明）沈士充／绘 此图秋林墨染，茅屋凭川而建，一高士于此秋气高爽之日在屋中静读书卷，颇具文人雅趣。

葱葱，十分可爱；可是秋天一到，花草被秋风一吹就变了颜色，树木遇到秋风会落叶，草木之所以衰败零落，就是这肃杀秋风。秋天是行刑的季节，在时令上属阴；它又是战争的象征，在五行中属金；这叫作天地的肃杀之气，它把严厉和肃杀作为意志。大自然对于万物，春天生长，秋天结果。在音乐方面，商成为秋之声，夷则是七月的乐律。商，也是悲伤，物已衰老就会感到悲伤；夷，就是杀戮，物过盛则走向衰亡。

"唉！草木没有感情，到时就飘落凋零。人是动物，在动物中最有灵性，百般忧虑撼动心绪，万般事情劳累身体。心中不安，必损伤精神。何况要考虑力量达不到的事情，忧虑才智不可及的问题，必然会红颜变得衰老，乌黑的头发变得花白。为什么拿不是金石的身体，去和草木争荣比盛呢？想一想是什么在折磨自己，又何必怨恨这秋声呢？"

书童没有应答，垂头昏昏而睡。只听见四下里小虫的鸣叫，好像在应和着我的叹息。

◎ 内涵外延

四季与五行

古人认为四季与五行一一匹配。因为征战杀伐所用的兵器皆由"金（属）"所铸就，于是人们认为五行中"金"有肃杀的特性，也因此才会和萧条的秋季相对应。同样，人们将万物滋长的春天与"木"相对应，炎热的夏季和寒冷的冬季分别对应了"火"与"水"。在古时，夏秋交际之间，还有一个季节叫做"长夏"，对应着五行中的"土"。

◎ 本文注释

[1] 悚（sǒng）然：惊惧的样子。

[2] 鏦鏦（cōng）铮铮：金属相击声。

[3] 烟霏云敛：烟气飘飞，云雾消失。

[4] 砭（biān）：刺。[5] 一气：秋气。余烈：剩余的威力。

[6] 渥然丹者：形容红润的容貌，比喻年轻。渥然，润泽的样子。

[7] 黟（yí）然黑者：形容乌黑的头发，比喻健壮。星星：形容白发苍苍的样子。

苏　洵：公元1009－1066年，字明允，宋朝眉州眉山（今四川眉山县）人，北宋散文家，曾任秘书省校书郎、霸州文安县主簿。他和儿子苏轼、苏辙并称"三苏"，都被列入"唐宋八大家"。

管仲论

苏　洵

◎ 经典语录

夫天下未尝无贤者，盖有有臣而无君者矣

　　管仲相威公[1]，霸诸侯，攘夷狄，终其身齐国富强，诸侯不敢叛。管仲死，竖刁、易牙、开方用[2]，威公薨于乱[3]，五公子争立，其祸蔓延，讫简公[4]，齐无宁岁。

　　夫功之成，非成于成之日，盖必有所由起；祸之作，不作于作之日，亦必有所由兆。故齐之治也，吾不曰管仲，而曰鲍叔；及其乱也，吾不曰竖刁、易牙、开方，而曰管仲。何则？竖刁、易牙、开方三子，彼固乱人国者，顾其用之者，威公也。夫有舜而后知放四凶[5]，有仲尼而后知去少正卯。彼威公何人也？顾其使威公得用三子者，管仲也。

　　仲之疾也，公问之相。当是时也，吾意以仲且举天下之贤者以对，而其言乃不过曰竖刁、易牙、开方三子，非人情，不可近而已[6]。呜呼！仲以为威公果能不用三子矣乎？仲与威公处几年矣，亦知威公之为人矣乎？威公声不绝于耳，色不绝于目，而非三子者，则无以遂其欲。彼其初之所以不用者，徒以有仲焉耳。一日无仲，则三子者可以弹冠而相庆矣[7]。仲以为将死之言，可以絷威公之手足耶？夫齐国不患有三子，而患无仲。有仲，则三子者三匹夫耳。不然，天下岂少三子之徒哉？虽威公幸而听仲，诛此三人，而其馀者，仲能悉数而去之耶？呜呼！仲可谓不知本者矣。因威公之问，举天下之贤者以自代，则仲虽死，而齐国未为无仲也。夫何患三子者？不言可也。

　　五伯莫盛于威、文[8]。文公之才，不过威公，其臣又皆不及仲。灵公之虐，不如孝公之宽厚。文公死，诸侯不敢叛晋。晋袭文公之余威，犹得为诸侯之盟主百馀年。何者？其君虽不肖，而尚有老成人焉。威公之薨也，一败涂地，无惑也，彼独恃一管仲，而仲则死矣。

　　夫天下未尝无贤者，盖有有臣而无君者矣。威公在焉，而曰天下不复有管仲者，吾不信也。仲之书，有记其将死，论鲍叔、宾胥无之为人，且各疏其短。是其心以为数子者，皆不足以托国。而又逆知其将死[9]，则其书诞谩不足信也。吾观史䲡，以不能进蘧伯玉而退弥子瑕[10]，故有身后之谏。萧何且死，举曹参以自代。大臣之用心，固宜如此也。夫国以一人兴，以一人亡。贤者不悲其身之死，而忧其国之衰。故必复有贤者，而后可以死。彼管仲者，何以死哉？

管仲辅佐齐桓公称霸诸侯，抵御外族的侵扰，直到他死齐国都很富强，以至诸侯不敢反叛。管仲死后，竖刁、易牙、开方掌权，齐桓公死于内乱，五个儿子争夺君位，这场灾祸从此蔓延，直到简公，齐国没有一年安定过。

功业的建成，不是成于完成之日，一定有它的起因；祸患的兴起，不是起于作乱之时，也一定有它根源所在。所以，齐国的富强，我不是说由于管仲，而是说由于鲍叔。等到发生内乱时，我不是说由于竖刁、易牙、开方，而说是起于管仲。

这是为什么呢？竖刁、易牙、开方这三个人，他们固然是扰乱国家的人，但任用他们的是齐桓公。有了舜，然后才知道流放四凶，有了孔子才知道除掉少正卯。那齐桓公是什么人呀？导致使桓公任用这三个人的，是管仲啊。

管仲病重时，桓公问他宰相的人选。在这个时候，我认为管仲将举荐天下贤才来回答桓公，可是他却只说竖刁、易牙、开方三个人不近人情，不可以亲近而已。唉！管仲以为桓公果真能够不用这三个人吗？管仲和桓公相处多年，也该知道桓公的为人了吧？桓公整日沉迷于声色。若不是这三个人，就没有人能够满足他的欲望。没有重用三人，只不过是因为有管仲罢了。一旦没有了管仲，那么这三个人就可以弹冠相庆了。管仲以为自己临终时说的话可缚住桓公的手脚吗？齐国并不害怕有这三个人，却怕没有管仲。有管仲，那么，这三个不过是三个普通人罢了。要不然，天下难道还缺少三个这样的人物吗？即使桓公侥幸听从管仲的话，杀掉这三个人，可是类似的人，管仲能确保全部铲除掉吗？唉！管仲可以说是不从根本上着眼的人啊！趁着桓公询问，推荐天下的贤人来接替自己，那么，管仲虽然死去，而齐国也不说是没有了管仲，对这三个人又有什么可怕的呢？那些话不说也可以明白。

五霸之中，没有比齐桓公、晋文公更强盛的。论才能晋文公比不上齐桓公，他的臣子赶不上管仲，晋灵公的暴虐，更不能与齐孝公的宽厚

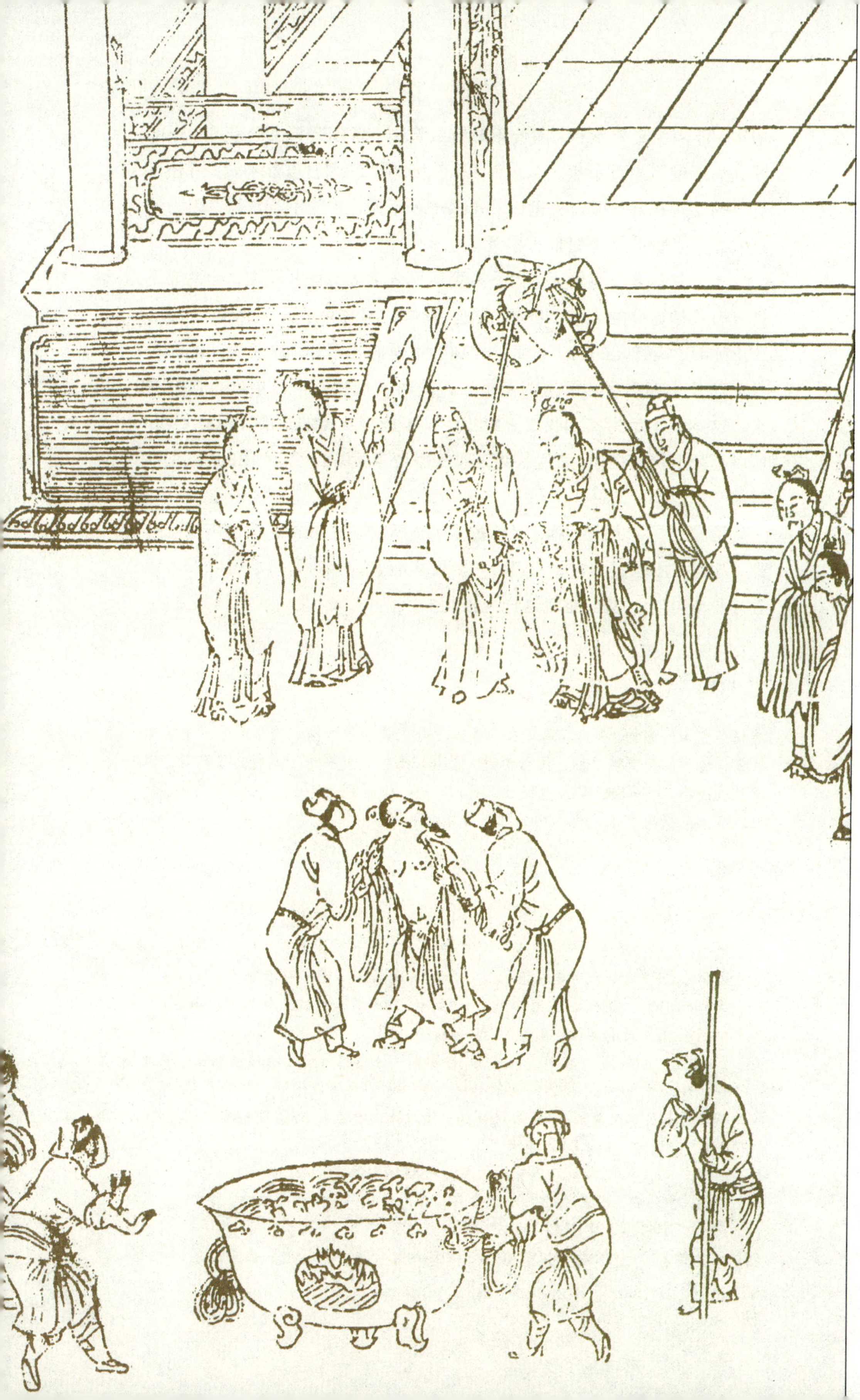

相比，可是晋文公死后，诸侯不敢背叛晋国，晋国袭晋文公余威，还能够成为诸侯盟主百余年之久。为什么？因为他的国君虽然不贤，可还有老成的臣子在。齐桓公去世后，齐国一蹶不振，这并不难理解，因为他只依靠一个管仲，而管仲已经死去了。

天下并不是没有贤人，而是有贤臣而无明君。桓公还在，却说天下再没有管仲这样的人了，我不相信。管仲的书《管子》，记叙他临终时评论鲍叔、宾胥无的为人，而且分别列举他们的短处。这表明在他的心目中这几个都不足以承担国家重任，同时又预料到自己会死。这样看来，这本书不足为信。我看史鳅因生前不能推荐蘧伯玉而斥退弥子瑕，所以有死后尸谏之事。萧何临终之时推举曹参代替自己。大臣的用心，本来就该如此啊！

国家因一个人而兴盛，又因一个人而灭亡。贤明的人不悲伤自己的死，却担忧国家的衰亡。所以，一定要再有贤人接替，然后可以安心死去。那管仲呀，怎么能就这样死去呢？

◎ 内涵外延

竖刁、易牙和开方

齐桓公曾询问管仲：竖刁、易牙和开方这三个人能否承担国家重任？管仲告诉齐桓公，这三人是虎狼之性，不可亲近。于是，齐桓公便将这三人赶出了朝廷。但管仲死后不久，齐桓公又将他们三人召回，并委任高职。结果，不出管仲所料，这三人在国中兴风作浪，将齐桓公的权力完全架空了。

◎ 本文注释

〔1〕威公：即齐桓公，因避北宋钦宗赵桓的讳，所以改称威公。

〔2〕竖刁、易牙、开方：齐桓公身边的三个幸臣。竖刁为接近桓公而自己阉割，易牙把自己的儿子烹为羹献给桓公，开方本是卫国公子，叛卫事齐。

〔3〕薨（hōng）：周代诸侯死称为薨。〔4〕简公：名壬，被左相田常所杀。

〔5〕四凶：指尧时的共工、驩兜、三苗和鲧。

〔6〕"而其言"以下至"不可近而已"：管仲病，桓公问他谁可以接替相位，管仲说："知臣莫若君。"桓公问易牙如何，回答说："杀子以适君，非人情，不可。"问开方如何，回答说："背亲以事君，非人情，难近。"问竖刁如何，回答说："自宫以适君，非人情，难亲。"

〔7〕弹冠而相庆：比喻做好当官的准备，也指坏人准备上台。

〔8〕五伯：即五霸，指春秋时期先后称霸的五个诸侯，通常指齐桓公、晋文公、宋襄公、秦穆公、楚庄王。

〔9〕逆：预先。〔10〕蘧（qú）伯玉：卫国的贤大夫。弥子瑕：卫灵公宠臣。

辨奸论

苏洵

◎ 经典语录

惟天下之静者，乃能见微而知著　欺世盗名

　　事有必至，理有固然。惟天下之静者，乃能见微而知著。月晕而风，础润而雨，人人知之。人事之推移，理势之相因，其疏阔而难知，变化而不可测者，孰与天地阴阳之事？而贤者有不知，其故何也？好恶乱其中，而利害夺其外也！

　　昔者，山巨源见王衍曰："误天下苍生者，必此人也！"郭汾阳见卢杞曰："此人得志，吾子孙无遗类矣！"自今而言之，其理固有可见者。以吾观之，王衍之为人，容貌言语，固有以欺世而盗名者，然不忮不求[1]，与物浮沉。使晋无惠帝，仅得中主，虽衍百千，何从而乱天下乎？卢杞之奸，固足以败国，然而不学无文，容貌不足以动人，言语不足以眩世，非德宗之鄙暗，亦何从而用之？由是言之，二公之料二子，亦容有未必然也！

　　今有人，口诵孔、老之言，身履夷、齐之行，收召好名之士、不得志之人，相与造作言语，私立名字，以为颜渊、孟轲复出，而阴贼险狠，与人异趣。是王衍、卢杞合而为一人也，其祸岂可胜言哉？夫面垢不忘洗，衣垢不忘浣，此人之至情也。今也不然，衣臣虏之衣，食犬彘之食[2]，囚首丧面而谈诗书，此岂其情也哉？凡事之不近人情者，鲜不为大奸慝[3]，竖刁、易牙、开方是也。以盖世之名，而济其未形之患。虽有愿治之主，好贤之相，犹将举而用之，则其为天下患，必然而无疑者，非特二子之比也。

○ 品画鉴宝
孔子圣迹图 学琴师襄（清）改琦／绘
孔子向师襄学琴的情形，其专注之神态跃然纸上。

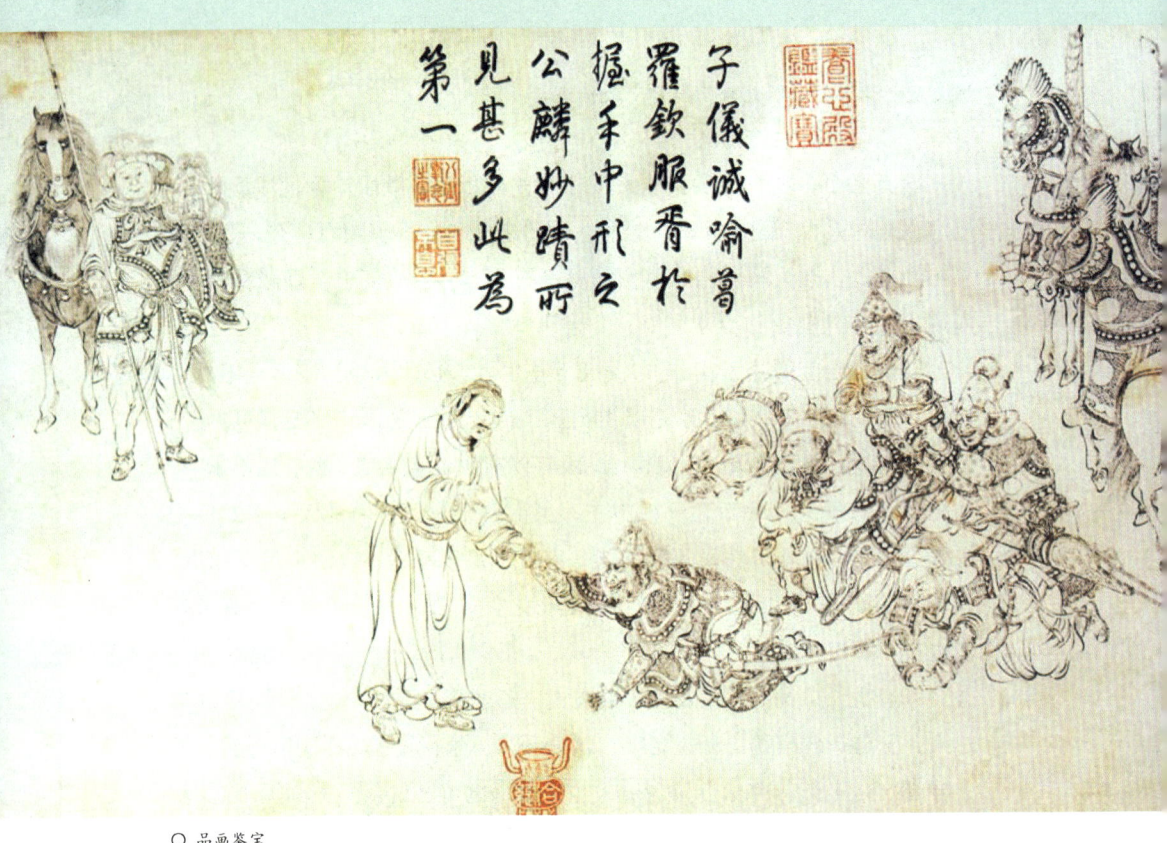

○ 品画鉴宝

免胄图（宋）李公麟／绘　此图写唐代宗广德二年九月，回纥、吐蕃合围泾阳，郭子仪亲自带领数骑前往说敌，到阵前，免胄释甲。画面构图平稳中具有张力，用笔工整。

孙子曰："善用兵者，无赫赫之功[4]。"使斯人而不用也，则吾言为过，而斯人有不遇之叹，孰知祸之至于此哉？不然，天下将被其祸，而吾获知言之名，悲夫！

事物有必然的趋势和终结，道理有它正确的答案。只有头脑冷静客观的人，才能从微小的征兆中知道明显的后果。月亮周围有晕圈，预示着要起风；石墩潮润，就预示着要下雨，这是人人都知道的。人事的变迁，情势的因果关系，它们的疏阔难知，变化莫测，又怎么比得上天地阴阳的自然现象呢？贤明的人对世事也有所不知的，这是什么缘故呢？是因为喜好和憎恶扰乱了他的思想，利害关系支配了他的行动。

从前，山巨源看见王衍，就说："将来贻误百姓的，一定是这个人！"郭子仪看见卢杞，说："这个人若得志，我的子孙一个也剩不下！"

现在看来，其中的道理确实能预见到。据我看，王衍这个人，无论容貌还是言谈确有欺世盗名的地方，但他不妒忌别人，不过分贪求，只是随波逐流。假使晋朝不是惠帝当政，只是一个平庸的君主，那么即使王衍这样的人成百上千，又怎么能够扰乱天下呢？卢杞的奸诈，固然足以败坏国家，但是他不学无术，容貌不能打动人，言语不能迷惑世人，如果不是唐德宗鄙陋、昏庸，又怎么会得到重用呢？由此说来，山巨源、郭子仪推测这两个人，或许未必准确。

  现在有这么一个人，口头上讲着孔子和老子的言论，效仿伯夷和叔齐的行为，收罗贪图虚荣的读书人和不得志的人，互相制造舆论，私下标榜，自称颜渊、孟轲再世，骨子里却阴险毒辣，又别有用心。这是把王衍、卢杞合二为一了，这种人造成的祸害难道用语言能说得尽吗？脸脏了不忘擦，衣服脏了不忘洗，这是人之常情。他不是这样，穿着奴仆穿的衣服，吃着猪狗吃的食物，头不梳理像囚犯，脸脏的像守丧一样却大谈《诗》《书》，这合乎常理吗？大凡做事情不近人情的，多是大奸大恶的人，竖刁、易牙、开方就是这样的。凭着享誉天下的名声，却造成了没有暴露的祸患，即使有励精图治的君主，好举贤的宰相，都会提拔重用他，那么毫无疑问他将成为天下的祸患，而且不是王衍和卢杞所能比的。

  孙子说："善于用兵的人，没有显赫的功绩。"假使这个人没有被重用，那么我的话就算说错了，而这个人也会有怀才不遇的感叹，谁知道祸患会发展到这个地步呢？否则天下将遭受到他的祸害，而我也能得到先见之名的美誉，真是可悲啊！

◎ 内涵外延

郭子仪（公元697 – 781年）

唐大将。华州郑县（今陕西华县）人。以武举累官至天德军使兼九原太守。安禄山叛变时，任朔方节度使，在河北击败史思明。肃宗即位，任关内河东副元帅。德宗即位，尊为尚父，罢兵权。

◎ 本文注释

〔1〕忮（zhì）：嫉恨。〔2〕彘（zhì）：猪。〔3〕慝（tè）：邪恶。

〔4〕善用兵者，无赫赫之功：语出《孙子兵法》，意思是善于用兵的人能把战争消灭在萌芽状态，因而没有杀敌致胜的赫赫功劳。作者用这句话来指自己事前揭露王安石的"危害"。

心术

苏洵

◎ 经典语录

泰山崩于前而色不变，麋鹿兴于左而目不瞬，然后可以制利害，可以待敌

为将之道，当先治心。泰山崩于前而色不变，麋鹿兴于左而目不瞬[1]，然后可以制利害，可以待敌。

凡兵上义；不义，虽利勿动。非一动之为利害，而他日将有所不可措手足也。夫惟义可以怒士，士以义怒，可与百战。

凡战之道，未战，养其财，将战，养其力，既战，养其气，既胜，养其心。谨烽燧[2]，严斥堠，使耕者无所顾忌，所以养其财；丰犒而优游之[3]，所以养其力；小胜益急，小挫益厉，所以养其气；用人不尽其所欲为，所以养其心。故士常蓄其怒、怀其欲而不尽。怒不尽则有馀勇，欲不尽则有馀贪。故虽并天下，而士不厌兵。此黄帝之所以七十战而兵不殆也[4]。不养其心，一战而胜，不可用矣。

凡将欲智而严，凡士欲愚。智则不可测，严则不可犯，故士皆委己而听命，夫安得不愚？夫惟士愚，而后可与之皆死。

凡兵之动，知敌之主，知敌之将，而后可以动于险。邓艾缒兵于蜀中[5]，非刘禅之庸[6]，则百万之师可以坐缚，彼固有所侮而动也。故古之贤将，能以兵尝敌[7]，而又以敌自尝，故去就可以决。

凡主将之道，知理而后可以举兵，知势而后可以加兵，知节而后可以用兵。知理则不屈，知势则不沮，知节则不穷。见小利不动，见小患不避，小利小患，不足以辱吾技也，夫然后有以支大利大患。夫惟养技而自爱者，无敌于天下。故一忍可以支百勇，一静可以制百动。

兵有长短，敌我一也。敢问："吾之所长，吾出而用之，彼将不与吾校；吾之所短，吾蔽而置之，彼将强与吾角，奈何？"曰："吾之所短，吾抗而暴之，使之疑而却；吾之所长，吾阴而养之，使之狎而堕其中。此用长短之术也。"

善用兵者，使之无所顾，有所恃。无所顾，则知死之不足惜；有所恃，则知不至于必败。尺棰当猛虎[8]，奋呼而操击；徒手遇蜥蜴，变色而却步，人之情也。知此者，可以将矣。袒裼而案剑[9]，则乌获不敢逼[10]；冠胄衣甲[11]，据兵而寝，则童子弯弓杀之矣。故善用兵者以形固。夫能以形固，则力有余矣。

做将领的方法，应该首先磨炼意志和胆略。泰山在面前崩塌而脸色不变，麋鹿在旁边突然出现而目不转睛，这样才可以控制利弊，可以对付敌人。

凡是用兵要崇尚正义，违背正义，即使有利也不妄动，这不是因一动就有利害关系，而是将来可能会出现无法对付的局面。只有正义能够激励士兵，士兵因正义而同仇敌忾，就可以百战不殆。

大凡战争的方法是，没有战争的时候要积蓄作战物质，临战时要养精蓄锐，打起仗来要鼓舞士气，获胜后要保持斗志，谨慎做好预警工作，加强戒备，使种田的人没有顾忌，用来积蓄财富；犒赏士兵，使他们得到休息，以便养精蓄锐；获得小胜，更要抓紧训练，吃了小败仗，更要激励他们，以保持军队的士气；用人时不要完全满足想要的一切，就用这办法培养进取精神。所以，士兵要保持锐气，抱有希望而不完全满足。敌忾之心不消就有更多的勇气，欲望没有实现就仍有更多的希求。所以，即使吞并了天下，士兵仍不会厌战，这就是黄帝进行了七十多场战争而士兵仍不疲惫懈怠的原因。不培养他们的进取心，即使打一次胜仗，这军队就不能再用了。

凡是做将帅的要足智多谋。凡当士兵的要愚昧一点。有智谋便令人难以揣度，威严令人感到不可侵犯，因此士兵都能抛弃一切而听从号令，怎么能不愚昧一点呢？只有士兵愚昧一点，才能同将帅一同去拼死。

凡是要采取军事行动，必须了解敌方的主帅、将领的情况，然后才可以冒险行事。邓艾用绳子把士兵吊下悬崖偷袭蜀国，如果不是刘禅昏庸，那么，邓艾就算有百万军队也束手就擒。邓艾是看准刘禅无能才这样行动的！所以，古代有才能的将领，能够用兵力去试探敌方的虚实，来检验自己的强弱。因此，根据判断来决定是撤军还是攻击。

担任统帅的要旨，明白军事理论才可以用兵，了解敌我双方的形势才可以交战，懂得节制才可以指挥作战。知道道理就不会屈服，了解趋势走向就不会沮丧，懂得节制就不会走上绝路。看到小利不行动，看到小患不躲避。因为小利小患不值得动用我的才能，这样才能对付大利大患。只有加强培养军事技能而又善于保护自己的人，才能够天下无敌。所以，一忍可以对付百勇，以静可以制动。

军队都有长处和短处，敌我双方都是这样。请问："我发挥我的长处，但敌方不跟我较量；隐藏我的短处，敌方硬要和我角斗，怎么办？"我说："我故意大张旗鼓地暴露我的弱点来，使敌方迷惑怀疑而退却；谨慎隐藏我的长处，使敌人麻痹落入我的圈套。这就是运用长处和短处的方法。"

善于用兵的人，要使士兵无所顾虑而有所依靠，没有顾虑，就知道死不值得惋惜；有依靠，就知道不至于一定失败。拿着尺把长的木棍，面对猛虎，就会高声呼喊着挥杆奋起；空手遇到蜥蜴，也会吓得变了脸色后退，这是人之常情。懂得这个道理的人，就可以带兵了。光着膀子手持利剑就是乌获也不敢逼近；戴盔穿甲，靠着武器睡觉，就是孩童也敢拉弓杀死他。所以，善于用兵的人会借有利的形势来巩固自己。能凭借有利形势来巩固加强自己，力量就绰绰有余了。

◎ **内涵外延**

邓艾口吃

邓艾天生口吃，读自己名字时常常说成"艾艾"。司马昭开玩笑说："你总是'艾艾'的，你的名字里究竟有几个'艾'？"邓艾回答说："孔子曾唱道：'凤兮凤兮，何德之衰！'但实际上只是一只凤凰呀！"

◎ **本文注释**

〔1〕麋（mí）：一种鹿，又叫"四不像"。〔2〕烽燧：古代边防报警的信号。
〔3〕丰犒（kào）：丰厚的犒赏。
〔4〕黄帝：传说中的帝王，姬姓，号轩辕氏，有熊氏，曾与炎帝、蚩尤大战。
〔5〕邓艾（公元197－264年）：三国时期魏国将领，于魏元帝景元四年率兵经艰险山路袭蜀，灭掉蜀国。缒（zhuì）：用绳子系住从高处放下。
〔6〕刘禅（公元207－271年）：三国时期蜀后主，刘备之子，降魏，封安乐公。
〔7〕尝：这里指试探、检验。〔8〕棰（chuí）：指棍子。
〔9〕袒裼（xī）：脱衣露体。
〔10〕乌获：战国时期秦国人，以勇力著称。〔11〕胄（zhòu）：头盔。

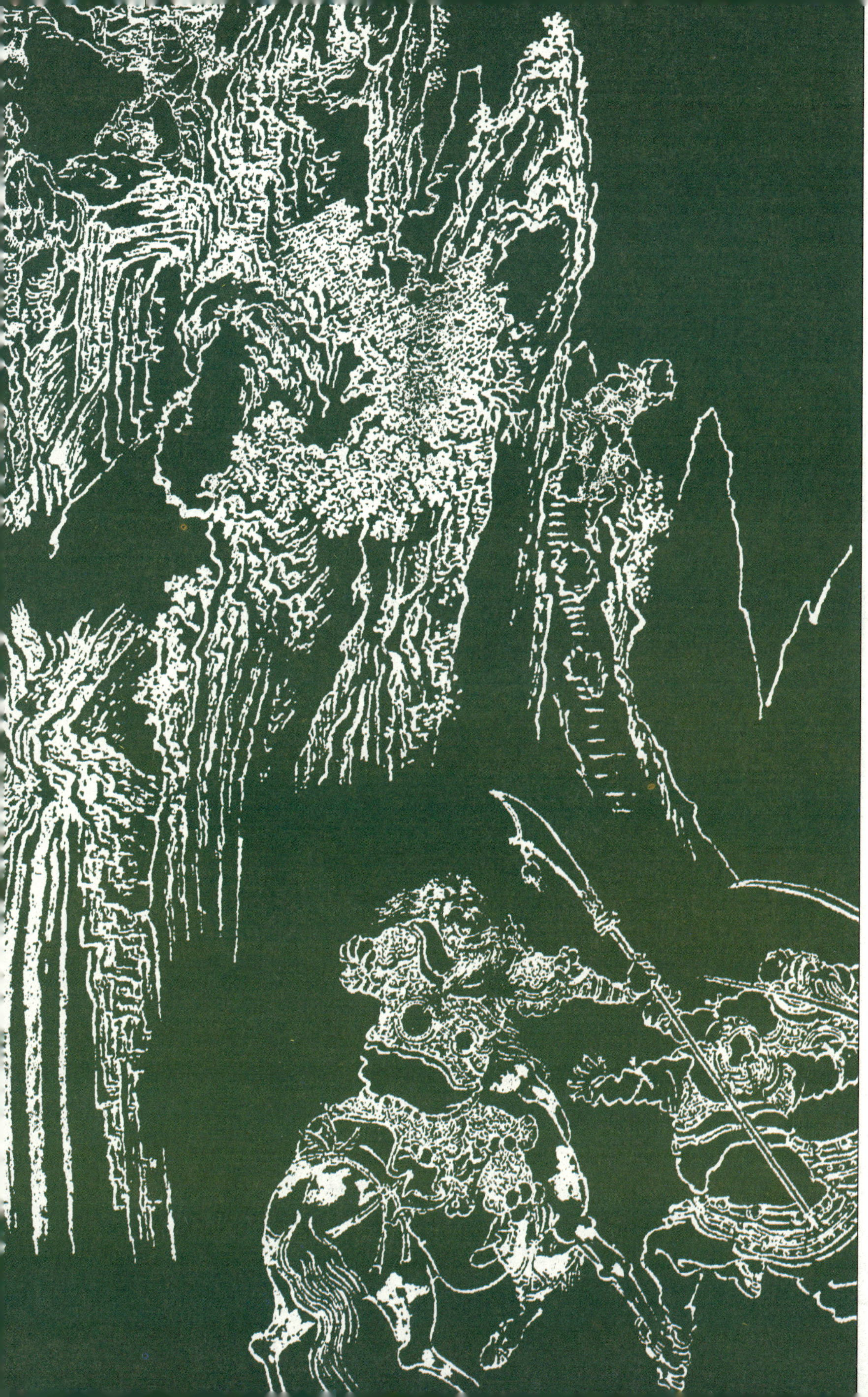

刑赏忠厚之至论

苏轼：公元1037－1101年，北宋著名文学家，字子瞻，号东坡居士，眉州眉山（今四川）人，宋仁宗嘉祐二年（公元1057年）中进士。历仕仁宗、英宗、神宗、哲宗四朝，官至翰林学士、礼部尚书。曾屡遭贬斥，最后贬至琼州（今海南岛）。后遇赦北归，次年死于常州。

◎ 经典语录

故仁可过也，义不可过也 《春秋》之义，立法贵严，而责人贵宽

苏轼

尧、舜、禹、汤、文、武、成、康之际[1]，何其爱民之深，忧民之切，而待天下以君子长者之道也！有一善，从而赏之，又从而咏歌嗟叹之，所以乐其始而勉其终；有一不善，从而罚之，又从而哀矜惩创之，所以弃其旧而开其新。故其吁俞之声，欢休惨戚，见于虞、夏、商、周之书[2]。成、康既没，穆王立而周道始衰，然犹命其臣吕侯[3]，而告之以祥刑[4]。其言忧而不伤，威而不怒，慈爱而能断，恻然有哀怜无辜之心，故孔子犹有取焉。

传曰："赏疑从与，所以广恩也。罚疑从去，所以慎刑也。"当尧之时，皋陶为士。将杀人，皋陶曰"杀之"三，尧曰"宥之"三。故天下畏皋陶执法之坚，而乐尧用刑之宽。四岳曰[5]："鲧可用[6]。"尧曰："不可。鲧方命圮族。"既而曰："试之。"何尧之不听皋陶之杀人，而从四岳之用鲧也？然则圣人之意，盖亦可见矣。《书》曰："罪疑惟轻，功疑惟重。与其杀不辜，宁失不经。"呜呼！尽之矣。

可以赏，可以无赏，赏之过乎仁；可以罚，可以无罚，罚之过乎义。过乎仁，不失为君子；过乎义，则流而入于忍人。故仁可过也，义不可过也。

古者赏不以爵禄，刑不以刀锯。赏之以爵禄，是赏之道行于爵禄之所加，而不行于爵禄之所不加也。刑以刀锯，是刑之威施于刀锯之所及，而不施于刀锯之所不及也。先王知天下之善不胜赏，而爵禄不足以劝也；知天下之恶不胜刑，而刀锯不足以裁也。是故疑则举而归之于仁，以君子长者之道待天下，使天下相率而归于君子长者之道。故曰忠厚之至也。

《诗》曰："君子如祉，乱庶遄已；君子如怒，乱庶遄沮[7]。"夫君子之已乱，岂有异术哉？时其喜怒，而无失乎仁而已矣。《春秋》之义，立法贵严，而责人贵宽。因其褒贬之义以制赏罚，亦忠厚之至也。

○ 品画鉴宝
镶金牛首玛瑙杯（唐）此器红色，晶莹透明，呈牛首形，牛嘴镶金，造型优美，色彩艳丽，制作极为精致。

唐尧、虞舜、夏禹、商汤、周文王、周武王、周成王、周康王的时代，爱民之心如此深厚，忧民之心何等急切，并用对待君子长者的方式来对待天下人。有谁做了一件好事立即奖赏，用歌颂赞美他，用这种办法来表彰他好的开端勉励他坚持到底；有谁做了坏事，就处罚他，随即又同情他，让他引以为戒，使他改过自新。所以表示反对和允许的声音，反映欢欣和悲哀的情绪，在虞、夏、商、周的书上都可看到。成王和康王死后，穆王即位，周王朝开始衰落，但穆王仍告诫臣子吕侯，要谨慎用刑。他的话忧虑但不悲伤，威严而无怒气，显得慈爱而果断，表现出一种同情弱者的善心，所以孔子仍对他有所肯定。

《尚书》上说："对赏赐有疑问，仍给予赏赐，这是为了扩大恩典。对惩罚有疑虑，就免于惩处，这是为了谨慎用刑。"唐尧时，皋陶掌管刑法，判处一个罪犯死刑，皋陶三次说"杀他"，唐尧三次说"宽恕"。所以天下人都惧怕皋陶执法严厉，喜欢唐尧用刑的宽厚。四岳说："鲧可使用。"唐尧说："不行，鲧违抗命令，伤及同族。"后来又说："试试看吧。"唐尧为什么不采纳皋陶的主张，而接受四岳推举鲧的建议呢？圣人的用意大概也可以看出来了。《尚书》上说："对量刑有疑问，就从轻处罚；对授功有疑问，只能重赏。与其错杀无辜，宁愿违背成规定法。"唉！这已经说得很明白了。

可以赏可以不赏的，赏了就过于仁了；可以罚可以不罚的，罚了就背离道义。过于仁仍不失为君子；坚持正义过了头，会变得冷酷无情。所以仁可以过，义不能过。

古代不用爵位和俸禄作为赏赐，不用刀锯作为刑具。用爵位和俸禄作赏赐，只能对已得到爵位和俸禄的人起作用，而对得不到爵位和俸禄

○ 品画鉴宝
西王赏功金币（明） 金质，方孔圆形。《明史·张献忠传》记载，张献忠所铸"西王赏功"钱共有金、银、铜三种，以分别赏赐有功者。

的人没有作用。用刀锯做刑具，只对该受刀锯之刑的人起作用，对不该受这种刑罚的人不起作用。先王知道天下的善行是赏赐不尽的，有限的爵位和俸禄不足以普遍奖励；也知道天下的坏事是处罚不尽的，刀锯之刑不足以制裁他们。所以，赏和罚不能确定时，都纳入仁厚宽大的范畴，用仁爱厚待天下人，使天下的人回归到道义上来。所以说，这是忠厚到了极点。

《诗经》说："君子若听从贤者的劝诫可以迅速去除祸乱；君子如能怒斥小人的谗言可以迅速停止祸端。"君子平息动乱，哪有什么特别的法术？只是他喜怒不偏离仁慈的原则罢了。《春秋》的原则：立法从严，处罚从宽。按照《春秋》的褒贬原则来制定赏罚，也是忠厚之至啊！

◎ 内涵外延

周成王（？—公元前1021年）
西周第二代国王。公元前1042—前1021年在位。姬姓，名诵。父武王死时，年幼，由叔公周公旦摄政。周公东征胜利后，他大规模分封诸侯，建东都成周（今河南洛阳），确立官制和礼制，巩固了西周王朝的统治。

周康王（？—公元前996年）
西周第三代国王。公元前1012—前996年在位。姬姓，名钊。成王之子。在位时继续推行文王、武王以来的传统政策，加强统治，史称"成康之治"。

◎ 本文注释

〔1〕尧、舜、禹、汤、文、武、成、康：都是古代有名的贤明君主。
〔2〕虞、夏、商、周之书：《尚书》据记事先后，分为"虞夏书""商书""周书"。
〔3〕吕侯：周穆王时司寇，掌刑狱。〔5〕祥刑：意思是谨慎用刑。
〔4〕皋陶（gāo yáo）：也作"咎繇"，相传为尧时执掌刑罚的官。
〔5〕四岳：相传为尧时四方诸侯的首领。
〔6〕鲧：传说为大禹之父，因治水无功，被舜杀死在羽山。
〔7〕祉（zhǐ）：福，引申为喜悦。遄（chuán）：迅速。沮（jǔ）：终止。

留侯论

苏轼

◎ 经典语录

大勇者，卒然临之而不惊，无故加之而不怒 孺子可教

古之所谓豪杰之士，必有过人之节，人情有所不能忍者。匹夫见辱，拔剑而起，挺身而斗，此不足为勇也。天下有大勇者，卒然临之而不惊[1]，无故加之而不怒，此其所挟持者甚大，而其志甚远也。

夫子房受书于圯上之老人也，其事甚怪。然亦安知其非秦之世，有隐君子者，出而试之？观其所以微见其意者，皆圣贤相与警戒之义。世人不察，以为鬼物，亦已过矣！且其意不在书。当韩之亡、秦之方盛也，以刀锯鼎镬待天下之士[2]，其平居无事夷灭者，不可胜数。虽有贲、育，无所获施。夫持法太急者，其锋不可犯，而其势未可乘。子房不忍忿忿之心，以匹夫之力而逞于一击之间。当此之时，子房之不死者，其间不能容发，盖亦危矣！千金之子，不死盗贼。何哉？其身可爱，而盗贼之不足以死也。子房以盖世之才，不为伊尹、太公之谋，而特出于荆轲、聂政之计以侥幸于不死，此圯上老人所为深惜者也。是故倨傲鲜腆而深折之，彼其能有所忍也，然后可以就大事。故曰："孺子可教也。"

楚庄王伐郑，郑伯肉袒牵羊以迎。庄王曰："其主能下人，必能信用其民矣。"遂舍之。勾践之困于会稽，而归臣妾于吴者，三年而不倦。且夫有报人之志，而不能下人者，是匹夫之刚也。夫老人者，以为子房才有余而忧其度量之不足，故深折其少年刚锐之气，使之忍小忿而就大谋。何则？非有平生之素，卒然相遇于草野之间，而命以仆妾之役，油然而不怪者，此固秦皇之所不能惊，而项籍之所不能怒也。

观夫高祖之所以胜，项籍之所以败者，在能忍与不能忍之间而已矣。项籍唯不能忍，是以百战百胜，而轻用其锋。高祖忍之，养其全锋而待其敝，此子房教之也。当淮阴破齐而欲自王，高祖发怒，见于词色。由是观之，犹有刚强不能忍之气，非子房其谁全之？

太史公疑子房以为魁梧奇伟，而其状貌乃如妇人女子，不称其志气。呜呼！此其所以为子房欤！

古代被称为豪杰的人，必定有超过常人的志节，能忍受常人不能忍受的事情。一个普通人被侮辱，一定会奋起反击，这不能算是勇敢。天下有大勇的人，能临危不乱，喜怒不反映在表面上，这是因为他抱负远大。

张良在桥上接受老人赠送的兵书，说起来这是一件很奇怪的事情。但是，又怎么知道不是秦代隐居的高人在有意考验他呢？想想老人含蓄的方式，是圣贤者对人的警示。世俗之人不能理解，认为他古怪，那就错了。况且老人的用意并不只是在那本书。韩国已经灭亡、秦国正强大的时候，用残酷的刑罚对待天下士人，无辜被斩杀灭族的人数不胜数。即使有孟贲、夏育那样的勇武之士，也无法施展自己的才能。执法严峻的国家，它

○ 品画鉴宝

汉殿论功图（明）刘俊／绘　该画取材"汉殿论功"典故。汉高祖刘邦初立，功臣争功殿上，甚至剑砍殿柱。叔孙通于是说高祖召鲁地诸生，规定朝仪，进退有节，高祖大喜，以为如此始知皇帝之尊。

的锋芒是不能触犯的,而且当时也没有可乘之机。张子房想凭借个人的力量一击成功发泄心中的怒气。这时候张良不死,也离死不远了,真是太危险了!富贵人家的子弟,不会死在盗贼的手里。为什么呢?因为他的身体宝贵,犯不上为盗贼而死。张良有超越世人的才能,不采用伊尹、太公安邦定国的计策,却采用荆轲、聂政行刺的办法,侥幸没有送命,这正是桥上老人深为他惋惜的。所以老人用傲慢无礼的态度狠狠教训他,他如果能经受得住,然后才可以成就大事,所以说:"这年轻人是可以调教的。"

楚庄王攻打郑国,郑襄公祖胸露体牵着羊去迎接。庄王说:"郑国的国君能够向别人低头,一定能得到人民的信任。"于是放弃了郑国。越王勾践被围困在会稽,最后做了吴王的奴仆,三年当中没有表现出反抗。心中埋藏着报仇的大志,却不肯向人低头,这是普通人的刚强。桥上那位老人认为张良才能有余,度量不足,所以狠狠地挫伤他那种年轻人的锐气,使他能够忍受住小小的愤怒而成就大业。为什么呢?老人和张良从来不相识,只是偶遇,却指使他做仆人做的事,张良却顺从了,这种涵养自然是秦始皇吓不倒的,楚霸王也不能激怒的。

反观汉高祖的胜利和楚霸王的失败,原因就在忍与不忍之间。项羽不能忍,逢仗必打,必求胜利而轻率地消耗了他的精锐兵力。汉高祖能够忍耐,保全了他的全部实力,等待楚霸王消耗殆尽,这正是张良的计策。当韩信打败齐王,想自立为王时,高祖发怒,都表现在言语和面色上。由此看来,高祖也有刚强而不能忍耐的脾气,不是张良谁能成全他的大业呢?

太史公司马迁原以为张良是个身材魁梧仪表堂堂的人,而他的容貌却像妇人,与他的志向气概并不相称。唉!这正是张良之所以为张良啊!

◎ 内涵外延

楚庄王(?—公元前591年)

春秋时楚国君。芈姓,名旅(一作吕,侣)。公元前613—前591年在位。重用孙叔敖等,整顿内政,兴修水利,推行县制,增强兵力。楚庄王三年(公元前611年)攻灭庸国(在今湖北竹山西南),国势大盛。后在邲(在今河南荥阳北)大败晋军,陆续使鲁、宋、郑、陈等国归附,成为霸主。

◎ 本文注释

〔1〕卒:通"猝",突然。
〔2〕刀锯鼎镬(huò):施行酷刑的刑具。鼎镬是烹煮人的锅。

范增论

苏轼

◎ 经典语录

物必先腐也,而后虫生之;人必先疑也,而后谗入之

汉用陈平计[1],间疏楚君臣[2]。项羽疑范增与汉有私[3],稍夺其权。增大怒曰:"天下事大定矣,君王自为之,愿赐骸骨归卒伍。"归未至彭城,疽发背死[4]。

苏子曰:增之去善矣。不去,羽必杀增。独恨其不早耳。然则当以何事去?增劝羽杀沛公[5],羽不听,终以此失天下,当于是去耶?曰:否。增之欲杀沛公,人臣之分也;羽之不杀,犹有君人之度也。增曷为以此去哉?《易》曰:"知几其神乎!"《诗》曰:"相彼雨雪,先集维霰[6]。"增之去,当于羽杀卿子冠军时也[7]。

陈涉之得民也,以项燕、扶苏[8]。项氏之兴也,以立楚怀王孙心;而诸侯叛之也,以弑义帝[9]。且义帝之立,增为谋主矣。义帝之存亡,岂独为楚之盛衰,亦增之所与同祸福也。未有义帝亡,而增独能久存者也。羽之杀卿子冠军也,是弑义帝之兆也。其弑义帝,则疑增之本也。岂必待陈平哉?物必先腐也,而后虫生之;人必先疑也,而后谗入之。陈平虽智,安能间无疑之主哉?

吾尝论义帝,天下之贤主也。独遣沛公入关,不遣项羽;识卿子冠军于稠人之中,而擢以为上将,不贤而能如是乎?羽既矫杀卿子冠军,义帝必不能堪。非羽弑帝,则帝杀羽,不待智者而后知也。增始劝项梁立义帝[10],诸侯以此服从。中道而弑之,

范增

非增之意也。夫岂独非其意，将必力争而不听也。不用其言，而杀其所立，羽之疑增，必自是始矣。

方羽杀卿子冠军，增与羽比肩而事义帝，君臣之分未定也。为增计者，力能诛羽则诛之，不能则去之。岂不毅然大丈夫也哉！增年已七十，合则留，不合则去。不以此时明去就之分，而欲依羽以成功名，陋矣！

虽然，增，高帝之所畏也。增不去，项羽不亡。呜呼！增亦人杰也哉！

汉王用陈平的计策，离间疏远楚国君臣之间的关系，项羽怀疑范增和汉王有暗中勾结，便逐渐削弱他的权力。范增大怒说："天下大局已定，君王自己去处理一切，希望您恩准我辞官回家。"范增还没到彭城，背发恶疮而死。

苏子说：范增离开是明智的，不离去，项羽必定会杀掉范增，只恨他没有早些离开。那么，以什么借口离去呢？范增劝项羽杀刘邦，项羽不听，最终为此而失掉天下，应该因此事离开吗？回答是否定的。范增想杀刘邦，是做臣子的本分；项羽不杀刘邦，说明他有君主的度量，范增为什么要离开呢？《易经》说："知道事物变化的先兆，大概算是神明吧！"《诗经》

○ 品画鉴宝
提梁壶（东汉） 此器侈口，长束颈，溜肩，鼓腹，喇叭状高圈足。造型美观大方实用。

说："看那下雪之前，先落下的是雪珠。"范增离去，应该在项羽杀卿子冠军的时候。

陈胜得民心，是假借项燕和扶苏的名义。项氏的兴起，是因为拥立楚怀王孙子熊心；而后来诸侯反叛他，是因为他杀了义帝。当初立义帝，策划人是范增。义帝的生死，哪里只关系到楚的盛衰，也与范增的祸福紧密相连！没有义帝死去，而范增还能长久生存的道理。项羽杀卿子冠军，是杀义帝的先兆。而他杀义帝，则是猜疑范增的开始，何必要等陈平去离间呢！东西必是先腐烂，然后才有蛆虫出来。人必定要先有疑心，然后才会有谗言。陈平虽然聪明，怎么能够挑拨毫无猜疑心的君主呢？

我曾经评论说义帝是天下的贤明君主。单派刘邦攻入函谷关，而不派项羽；能在芸芸众生中赏识宋义，提拔他做上将军。如果不贤明能这样做吗？项羽假义帝之手杀了卿子冠军，义帝必定不堪忍受，不是项羽杀义帝，就是义帝杀项羽，明眼人一看就明白。范增当初劝项梁立义帝，诸侯因此缘故而服从，中途又杀害义帝，这不是范增的主张。非但不是他的主意他一定会据理力争。项羽不听范增的建议而杀了他拥立的义帝，也许就是从这一时刻开始怀疑范增。

项羽杀卿子冠军时，范增和项羽是平起平坐的，君臣名分还没有确立。替范增着想，如有能力杀掉项羽就杀掉他，如若不能就离开他，合则留，不合则分手，不在这时候权衡去留的利弊而想依靠项羽来成就功名，这想法不是明智之举。

尽管如此，范增仍是汉高祖所畏惧的人。范增不去，项羽就不至于灭亡。唉！范增也算是人中豪杰啊！

◎ 内涵外延

范增（公元前277－前204年）

秦末著名政治家。后归项羽，为其主要谋士，被尊为"亚父"。曾屡劝项羽杀刘邦。羽不听，反中刘邦反间计，削范增权力，范增愤而离去，病死于途中。《史记·项羽本纪》中说："居巢人范增，年七十，素居家，好奇计。"

◎ 本文注释

〔1〕陈平（？－公元前178年）：秦末汉初武阳（今河南原阳县）人。在楚汉相争中，先从项羽，后投刘邦，成为汉朝开国功臣之一。

〔2〕楚：指项羽的西楚。

〔3〕项羽（公元前232－前202年）：名籍，字羽，下相（今江苏宿迁市西）人。出身于战国楚国贵族。在楚汉相争中，兵败自杀。

〔4〕疽（jū）：恶疮。〔5〕沛公：即刘邦。

〔6〕霰（xiàn）：小冰粒。

〔7〕卿子冠军：指宋义。卿子是当时的一种尊称，怀王封宋义为上将，在诸将之上，所以称冠军。

〔8〕项燕：战国末期楚国名将，项羽的祖父。扶苏：秦始皇长子，因谏阻焚书坑儒，被派往北部边塞监军。秦始皇死，被赵高篡改诏书赐死。陈涉起义曾借助以上二人名义。

〔9〕义帝：即楚怀王熊心。项羽攻下秦都咸阳，表面尊怀王为义帝，暗中派人将其杀死。

〔10〕项梁：项羽叔父，秦二世元年，在会稽（在今浙江）举兵反秦。

贾谊论

苏轼

◎ 经典语录

夫君子之所取者远，则必有所待；所就者大，则必有所忍

非才之难，所以自用者实难。惜乎！贾生王者之佐，而不能自用其才也。

夫君子之所取者远，则必有所待；所就者大，则必有所忍。古之贤人，皆负可致之才，而卒不能行其万一者，未必皆其时君之罪，或者其自取也。

愚观贾生之论，如其所言，虽三代何以远过？得君如汉文，犹且以不用死，然则是天下无尧舜，终不可有所为耶？仲尼圣人，历试于天下，苟非大无道之国，皆欲勉强扶持，庶几一日得行其道。将之荆，先之以冉有，申之以子夏，君子之欲得其君，如此其勤也。孟子去齐，三宿而后出昼，犹曰："王其庶几召我。"君子之不忍弃其君，如此其厚也。公孙丑问曰："夫人何为不豫？"孟子曰："方今天下，舍我其谁哉？而吾何为不豫？"君子之爱其身，如此其至也。夫如此而不用，然后知天下果不足与有为，而可以无憾矣。若贾生者，非汉文之不能用生，生之不能用汉文也。

夫绛侯亲握天子玺而授之文帝，灌婴连兵数十万，以决刘、吕之雌雄，又皆高帝之旧将，此其君臣相得之分，岂特父子骨肉手足哉？贾生，洛阳之少年，欲使其一朝之间，尽弃其旧而谋其新[1]，亦已难矣。为贾生者，上得其君，下得其大臣，如绛、灌之属，优游浸渍而深交之，使天子不疑，大臣不忌，然后举天下而唯吾之所欲为，不过十年，可以得志。安有立谈之间，而遽为人痛哭哉[2]？观其过湘，为赋以吊屈原，萦纡郁闷，趯然有远举之志。其后以自伤哭泣，至于夭绝[3]，是亦不善处穷者也。夫谋之一不见用，则安知终不复用也？不知默默以待其变，而自残至此。呜呼！贾生志大而量小，才有余而识不足也。

古之人，有高世之才，必有遗俗之累。是故非聪明睿智不惑之主，则不能全其用。古今称苻坚得王猛于草茅之中，一朝尽斥去其旧臣，而与之谋。彼其匹夫略有天下之半，其以此哉！愚深悲生之志，故备论之。亦使人君得如贾生之臣，则知其有狷介之操[4]，一不见用，则忧伤病沮，不能复振。而为贾生者，亦谨其所发哉！

有才能不难，要使自己的才能发挥作用是很难的。可惜啊！贾生具有辅佐帝王的才能，却不善于使自己的才能得到发挥。

君子的理想远大，就一定要有所等待；要成就伟业，就一定要能够

忍耐。古代的贤人，都有实现理想的才能，结果能实现的不过万分之一，不一定都是当时君主的过错，也不排除是他们自己所造成的。

　　我看贾生的议论，如果像他所说的那样实行，即使是夏、商、周三代的盛世又怎么能超得过？遇到了汉文帝这样的明君，还因为得不到重用而死去。那么，如果天下真的没有尧、舜一样的圣君，就终究不能有所作为了吗？孔子是圣人，周游列国，只要不是非常腐败的国家，都想尽力扶助，以此希望实现自己的主张。他准备前往楚国，先派冉有去试探，又派子夏去阐明自己心意。君子想得到君主的信任，是这样的尽心尽力。孟子离开齐国的时候，在昼住了三晚才离开，还说："齐王可能会召我回去。"君子不忍心抛弃自己的君主，情意是这样的深厚。公孙丑问道："先生为什么不高兴？"孟子说："在当今除了我还有谁能施行仁政？我为什么会不愉快呢？"君子看重自己，到了这种程度。这样还得不到君主的信任，然后知道天下果然不能有所作为了，这样就没有遗憾了。像贾生那样，并非汉文帝不重用他，而是他不能利用汉文帝。

　　绛侯亲手捧着玉玺交给文帝，灌婴集结几十万大军，来决定刘氏和吕氏的胜败，他们都是高帝的旧部，这种君臣之间互相信任的情分，又岂止是父子骨肉之情可以相比的呢？贾生，一个洛阳城里的年轻人，想使文帝在一日之间抛弃旧政而谋划新的主张，这也太困难了。对贾生来说，应该在上求得文帝的信任，在下争取大臣们的支持，像绛侯、灌婴

○ 品画鉴宝　树下人物图（明）丁云鹏／绘　图画黄衣童子执扇炊茶，青衣居士闲数念珠。造型用笔细秀，设色曲丽清雅。

贾谊（公元前200—前168年）

贾谊一生虽然短暂，但是，就在这短暂的一生中，他却为中华文化宝库留下了一份珍贵的文化遗产。后世文人也多以诗作凭吊之。如毛泽东曾在《七律·咏贾谊》中写道："少年倜傥廊庙才，壮志未酬事堪哀。胸罗文章兵百万，胆照华国树千台。雄英无计倾圣主，高节终竟受疑猜。千古同情长沙傅，空自泪罗步尘埃。"

那样的人，要从容地逐渐加深与他们的交往，不使天子怀疑，大臣妒忌，然后就能让整个天下都按自己的主张去办，不出十年，就可以实现自己的理想。哪有在短暂的交谈之后就突然替人担忧呢？看他经过湘江时作赋凭吊屈原，满腔愁苦，抑郁苦闷，大有离世隐居的迹象。后因过分悲伤，以至过早死去，这也是不善于在逆境中生存的人啊！一个人的建议一次不被采纳，怎么知道将来不被采纳呢？不知道静静地等待情况变化，而自我摧残到这种地步。唉！贾生志向远大而气量狭小，才能有余而见识不足啊！

古代的人有高出世人的才能，就必定有不合世俗的忧虑。所以，没有聪明睿智的君主，就不能充分发挥这些人的作用。从古到今，人们都称赞苻坚在平民百姓之中发现王猛，把老臣全都撇开而和他商议国事。苻坚这样一个普通人能够拥有半个天下，不就是因为这个缘故吗！我深为贾生的志向惋惜，所以详加评论。也为了让君主明白，能拥有贾生这样的臣子，就要了解他有洁身自爱的节操，一旦得不到重用，就会忧愁颓丧，无法重新振作起来。而像贾生这样的人，也该谨慎地对待自己的立身处世啊！

◎ 内涵外延

汉文帝（公元前202—前157年）

即刘恒。西汉皇帝。汉高祖子。公元前180—前157年在位。吕后死后，周勃等平定诸吕之乱，他以代王入为皇帝。执行"与民休息"的政策，减轻田租、赋役和刑狱，经济有所发展。又削弱诸王的势力，以巩固中央集权。后世史学家将其与景帝统治时期并举，称为"文景之治"。

◎ 本文注释

[1] 尽弃其旧而谋其新：贾谊曾向文帝建议完全改变秦朝的法度，提出"改正朔，易服色，法制度，定官名，兴礼乐"等措施。

[2] 遽：急，突然。[3] 夭绝：短命而死。贾谊死时年仅三十三岁。

[4] 狷（juàn）介：孤高，洁身自好。

晁错论

苏轼

◎ 经典语录

古之立大事者，不惟有超世之才，亦必有坚忍不拔之志。

天下之患，最不可为者，名为治平无事，而其实有不测之忧。坐观其变，而不为之所，则恐至于不可救。起而强为之，则天下狃于治平之安，而不吾信。惟仁人君子、豪杰之士，为能出身为天下犯大难，以求成大功。此固非勉强期月之间，而苟以求名之所能也。天下治平，无故而发大难之端。吾发之，吾能收之，然后有辞于天下，事至而循循焉欲去之，使他人任其责，则天下之祸必集于我。

昔者晁错尽忠为汉[1]，谋弱山东之诸侯[2]。山东诸侯并起，以诛错为名。而天子不之察，以错为之说。天下悲错之以忠而受祸，不知错有以取之也。

古之立大事者，不惟有超世之才，亦必有坚忍不拔之志。昔禹之治水，凿龙门[3]，决大河，而放之海。方其功之未成也，盖亦有溃冒冲突可畏之患。惟能前知其当然，事至不惧，而徐为之图，是以得至于成功。夫以七国之强而骤削之[4]，其为变岂足怪哉？错不于此时捐其身，为天下当大难之冲，而制吴、楚之命乃为自全之计，欲使天子自将而己居守。且夫发七国之难者谁乎？己欲求其名，安所逃其患？以自将之至危，与居守之至安，己为难首，择其至安，而遗天子以其至危，此忠臣义士所以愤怨而不平者也。当此之时，虽无袁盎，亦未免于祸。何者？己欲居守，而使人主自将。以情而言，天子固已难之矣，而重违其议，是以袁盎之说[5]，得行于其间。使吴楚反，错以身任其危，日夜淬砺[6]，东向而待之，使不至于累其君，则天子将恃之以为无恐。虽有百盎，可得而间哉？

嗟夫！世之君子，欲求非常之功，则无务为自全之计。使错自将而讨吴楚，未必无功。惟其欲自固其身，而天子不悦，奸臣得以乘其隙。错之所以自全者，乃其所以自祸欤！

天下的祸患，最难处理的是表面上太平无事，实际潜伏着无法预测的忧患。坐在那静观其变，而不想办法解决，恐怕就会发展到不可救药的地步。如果强行处理，又担心人们早已习惯于太平无事的安乐，而不相信我，只有仁人志士能够挺身而出，甘为天下的人冒大险，以求建功立业。这不是在短时期内企图谋得名声的人所能做到的。天下太平，无

311

故挑起大难的事端，既然能挑起它，就应能够解决它，这样才能对天下的人有个交代，如果事到临头，却想避开，让别人来承担责任，那么，天下的祸殃，必定会集中到我一个人身上。

从前晁错忠心耿耿为汉景帝效力，图谋削弱崤山以东各诸侯的势力。导致诸侯联合起兵，以诛杀晁错为借口反叛朝廷，天子不能明察，杀晁错以平息诸侯。天下的人都感叹晁错因忠君而遭杀戮，却不知道他咎由自取之处。

古代成大事者，不但才华出众，还必须有坚韧不拔的意志。从前夏禹治水，凿通龙门，疏导黄河，让洪水流到海里。在他未完工时，也有洪水溃决奔流的可能。只有在事先有所预料，事到临头才能无所畏惧，从容不迫地设法去解决，因此能够达到成功的地步。以七大诸侯国的强大，骤然间削弱它们，他们发动叛乱还有什么值得奇怪？晁错不在这种时候站出来，为天下抵挡大难，控制吴、楚的命运，却为保全自己，想让天子亲自带兵去打仗而自己留在后方。再说引发七国之乱的人是谁呢？自己想以此博得名誉，又怎么能够逃避祸患呢？亲自带兵出征极为危险，留守后方的却十分安全，自己是引发乱事的主谋，却选择最安全的差使，把最危险的事留给天子去做，这是忠臣义士愤恨不平的缘故啊。在这种时候，即使没有袁盎，晁错也未必能摆脱杀身之祸。为什么呢？自己想留守后方，却让君主亲自带兵，按常理说，天子本来就为亲征作难，加上许多大臣不同意他的建议。袁盎的话才能够在中间发生作用。假使吴楚反叛，晁错能挺身而出承担风险，作好应战准备对叛军严阵以待，不至于牵累自己的君王，那么，君主将会依靠他而无所畏惧，即使有一百个袁盎，能离间得了吗？

唉！世上的君子，想建立不平凡的功业，就不要考虑保全自己的计划。假使晁错亲自带兵讨伐吴、楚，未必不能成功。只因他想保全自己，使天子心中不快，所以奸臣才有机可乘。晁错用来保全自己的打算，正是自招杀身之祸的根源啊！

◎ 内涵外延

奉赠鲜于京兆二十韵（节选）

唐 杜甫

凤穴雏皆好，龙门客又新。义声纷感激，败绩自逡巡。
途远欲何向，天高难重陈。学诗犹孺子，乡赋忝嘉宾。

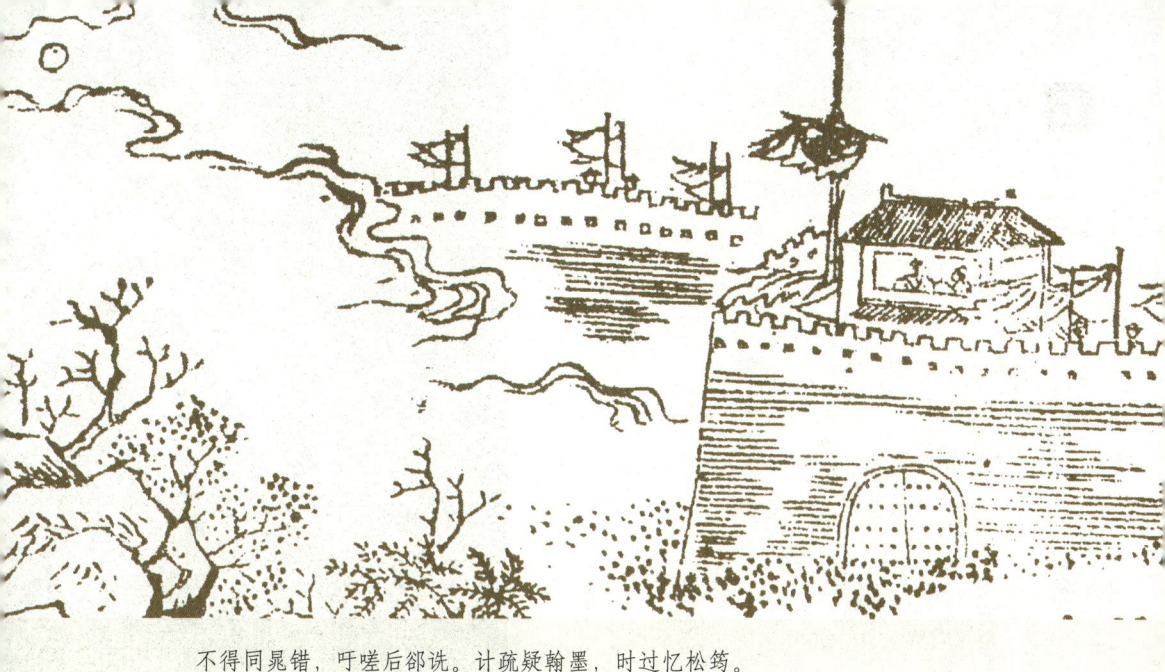

不得同晁错，吁嗟后邵诜。计疏疑翰墨，时过忆松筠。
献纳纡皇眷，中间谒紫宸。且随诸彦集，方觊薄才伸。

◎ 本文注释

[1] 晁错（公元前200—前154年）：西汉时期颍川（郡治在今河南禹县）人。景帝时为御史大夫，他建议削减诸侯王封地，被景帝采纳。吴、楚七国借口"诛晁错以清君侧"发动叛乱。景帝听从袁盎建议而杀晁错。

[2] 山东之诸侯：汉初封同姓亲属为王，地处崤山以东，所以称山东诸侯。

[3] 龙门：山名，在今山西河津县西北。

[4] 七国：指西汉王室亲族的封国吴、楚、赵、胶东、胶西、淄川、济南七国。

[5] 袁盎（？—公元前148年）：字丝，西汉时期楚人。曾任齐王、楚王相。因与吴王濞的关系被废为庶人。袁盎与晁错积怨很深，吴楚七国叛乱，袁盎建议景帝诛杀晁错。

[6] 淬（cuì）砺：磨炼。淬，把烧红的刀剑浸入水中，使之刚硬。砺，磨快。

上梅直讲书

苏轼

◎ 经典语录

人不可以苟富贵，亦不可以徒贫贱

　　轼每读《诗》至《鸱鸮》[1]，读《书》至《君奭》[2]，常窃悲周公之不遇[3]。及观《史》，见孔子厄于陈、蔡之间而弦歌之声不绝，颜渊、仲由之徒[4]，相与问答。夫子曰：" '匪兕匪虎，率彼旷野。'吾道非耶？吾何为于此？"颜渊曰："夫子之道至大，故天下莫能容。虽然，不容何病？不容然后见君子。"夫子油然而笑曰[5]："回！使尔多财，吾为尔宰。"夫天下虽不能容，而其徒自足以相乐如此，乃今知周公之富贵，有不如夫子之贫贱。夫以召公之贤，以管、蔡之亲[6]，而不知其心，则周公谁与乐其富贵？而夫子之所与共贫贱者，皆天下之贤才，则亦足以乐乎此矣。

　　轼七八岁时，始知读书。闻今天下有欧阳公者[7]，其为人如古孟轲、韩愈之徒[8]；而又有梅公者[9]，从之游，而与之上下其议论。其后益壮，始能读其文词，想见其为人，意其飘然脱去世俗之乐，而自乐其乐也。方学为对偶声律之文[10]，求升斗之禄[11]，自度无以

进见于诸公之间。来京师逾年，未尝窥其门。今年春，天下之士群至于礼部[12]，执事与欧阳公实亲试之。轼不自意，获在第二。既而闻之，执事爱其文，以为有孟轲之风。而欧阳公亦以其能不为世俗之文也而取。是以在此。非左右为之先容，非亲旧为之请属[13]，而向之十余年间，闻其名而不得见者，一朝为知己。退而思之，人不可以苟富贵，亦不可以徒贫贱。有大贤焉而为其徒，则亦足恃矣。苟其侥一时之幸，从车骑数十人，使闾巷小民，聚观而赞叹之，亦何以易此乐也！传曰："不怨天，不尤人"，"盖优哉游哉[14]，可以卒岁"。执事名满天下，而位不过五品，其容色温然而不怒[15]，其文章宽厚敦朴而无怨言。此必有所乐乎斯道也，轼愿与闻焉。

我每次读《诗经》的《鸱鸮》篇，读《尚书》的《君奭》篇时，常常暗地里悲叹周公未遇到知己。等到阅读了《史记》，看到孔子受困于陈、蔡两国交界的地方却依旧弹琴唱歌，与颜渊、仲由等弟子相互问答。孔子说："'不是犀牛，不是老虎，却要在野上奔波。'是我的理想不对吗？为什么会落到了这个地步呢？"颜渊回答说："老师的理想太宏大，因此天下没有地方可容纳。虽然这样，不被容纳又有什么可担忧的呢？不被容纳才更显出您是个君子。"孔子听了，轻松地笑着说："颜回啊，要是你发财了，我给你当管家。"天下虽然不容纳孔子的主张，但孔子和他的学生却能够感到满足，相处得如此轻松。我才明白周公的富贵，仍有比不上孔子贫贱的地方。像召公圣明，管叔、蔡叔的骨肉之亲，却还是不了解周公的用心，那么，又有谁和周公一起分享富贵的快乐呢？而和孔子共处贫贱的人却都是天下的贤才，就凭这一点就值得快乐了。

我七八岁时，才知道读书，曾听说当今天下有个欧阳公，他的为人和古代的孟轲、韩愈相似。而又有一位梅公，和欧阳公交往，并且常和他共同议论。后来我长大了，才能读他们的文章词赋，想象他们的为人，料想他们洒脱地摆脱世俗，而沉浸在自己的快乐之中。那时，我正在学着作诗赋，希望谋求一官半职，自知没有什么资格可以进见诸位前辈，所以到京都一年多了，却未曾登门拜访。今年春天，天下的读书人聚集在礼部，您和欧阳公是主考官，未曾料到自己会考取第二名。随后听说，承蒙先生赏识，认为我的文章有孟子的风格，而欧阳公也认为不同于一般的世俗文章，而予以录取。所以，我在及第的行列里，并非先生手下人为我疏通，也不是亲朋好友的请托。而十多年间只闻其名而不得相见的人，如今成为了知己。转过头来想一想，为人不可轻率地追求富贵，也不能白白地空守贫贱。有大贤人在而能成为他的学生，那也是引以为乐的。假使凭侥幸获得一时的成功，身后面跟随着车骑、随从，使邻里的百姓围观而发出赞叹，也不能取代此刻的这种乐趣。古书上说："不怨天，不怪人"，"悠然自得，可以安度时光"。您名满天下，官位不过五品，但和颜悦色而不生气，文章宽厚淳朴却没有怨言。必有乐于此道的原因，我很希望能够聆听您的指教。

◎ **内涵外延**

诗经·鸱鸮

鸱鸮鸱鸮，既取我子，无毁我室。恩斯勤斯，鬻子之闵斯。
迨天之未阴雨，彻彼桑土，绸缪牖户。今女下民，或敢侮予？
予手拮据，予所捋荼。予所蓄租，予口卒瘏，曰予未有室家。
予羽谯谯，予尾翛翛，予室翘翘。风雨所漂摇，予维音哓哓！

○ 品画鉴宝
青釉蟠螭烛台（唐）烛台是由灯盏演变过来的实用器皿。瓷质烛台最早见于西晋。此烛台雕刻细腻，形态生动，在实用的同时又起到良好的装饰作用。

◎ **本文注释**

〔1〕《鸱鸮 (chī xiāo)》：《诗经·豳风》中的篇名。

〔2〕《君奭 (shì)》：《尚书》中的篇名。

〔3〕周公：姓姬，名旦，周武王弟，西周初年著名的政治家。

〔4〕颜渊：名回，字子渊，孔子的学生。仲由：字子路，孔子的学生。

〔5〕油然：自然而然的样子。

〔6〕管、蔡：即管叔和蔡叔。管叔名鲜，蔡叔名度，都是周公的弟弟。

〔7〕欧阳公：指欧阳修，字永叔，庐陵（今江西吉安）人。北宋文学家、政治家。

〔8〕孟轲 (kē)：即孟子，字子舆，战国时邹（今山东邹县）人。儒家学派著名代表之一。韩愈：字退之，河南南阳（今河南孟县南）人，唐代著名文学家。

〔9〕梅公：指梅尧臣，字圣俞，宣州宣城（今属安徽）人，北宋文学家。

〔10〕对偶声律之文：指诗词歌赋。

〔11〕升斗之禄：指小官吏。禄，古代官吏的俸禄。

〔12〕礼部：官署名，掌管礼教和学校贡举等事。〔13〕属：同"嘱"。

〔14〕优哉游哉：悠闲自得的样子。〔15〕温然：温柔和善的样子。

喜雨亭记

苏轼

◎ 经典语录

古者有喜，则以名物，示不忘也

亭以雨名，志喜也。古者有喜，则以名物，示不忘也。周公得禾[1]，以名其书[2]；汉武得鼎[3]，以名其年；叔孙胜敌[4]，以名其子。其喜之大小不齐，其示不忘一也。

予至扶风之明年，始治官舍。为亭于堂之北，而凿池其南。引流种树，以为休息之所。是岁之春，雨麦于岐山之阳[5]，其占为有年[6]。既而弥月不雨，民方以为忧。越三月，乙卯乃雨，甲子又雨，民以为未足；丁卯大雨，三日乃止。官吏相与庆于庭，商贾相与歌于市，农夫相与忭于野。忧者以喜，病者以愈，而吾亭适成。

于是举酒于亭上，以属客而告之，曰："五日不雨可乎？"曰："五日不雨则无麦。""十日不雨可乎？"曰："十日不雨则无禾。""无麦无禾，岁且荐饥[7]，狱讼繁兴，而盗贼滋炽[8]，则吾与二三子，虽欲优游以乐于此亭，其可得耶？今天不遗斯民，始旱而赐之以雨，使吾与二三子得相与优游而乐于此亭者[9]，皆雨之赐也。其又可忘耶？"

既以名亭，又从而歌之，曰："使天而雨珠，寒者不得以为襦；使天而雨玉，饥者不得以为粟。一雨三日，伊谁之力？民曰太守，太守不有，归之天子。天子曰不然，归之造物。造物不自以为功，归之太空。太空冥冥，不可得而名，吾以名吾亭。"

亭子用"雨"来命名，是为了记下喜事。古时每逢喜事，就用来给事物命名，表示永不忘记，周公得到谷子，就用它来为自己的书命名；汉武帝得到宝鼎，就用来作为年号；叔孙得臣战胜了敌人，就用战败国国君的名字给自己的孩子取名。喜庆的事儿大小不同，但用来表示不忘记，却是一致的。

我到扶风府的第二年，开始营建官舍。在厅堂的北面，建造了一座亭子，在南面挖掘了一口池塘，引来流水，种上树木，作为休息的场所。这年春天，岐山南面下了一场"麦雨"。占卜说将会有一个丰收年，随后一个月没有下过一滴雨，老百姓开始担扰。过了三月份，四月初二才下了雨，十一日又下了雨，老百姓认为下得还不够。十四日又下大雨，下了三天才停。官员们在府庭中互相庆贺，商贩们在集市上一起歌唱，农

317

民们在田野上一起欢笑，人们也不担忧了，患病的人病情有所好转，而我的亭子恰在此时落成。

于是，我在亭子中办酒宴，借此机会对客人们说："五天不下雨行吗？"客人说："五天不下雨就没有麦子可收。""十天不下雨行吗？"客人说："十天不下雨没有稻子可收了。""没有麦子和稻米，就会发生饥荒，诉讼案件增加，盗贼会日益猖獗。那么，我与众位想在这座亭子中悠闲自在地欢乐聚会，可能吗？幸亏老天没有忘记这些百姓，刚出现旱情就赐给雨水，能和各位在这悠闲的地方聚会，这都是雨的恩赐啊！这又怎么可以忘记呢？"

用雨给亭子命名，还要为它作歌，歌词是："假如天上落下的是珍珠，受冻的人不能用它当衣服；假如天上落下的是美玉，饥饿的人不能用它当粮食。接连下了三天雨，是谁的功劳？百姓们说是太守，太守认为没有这个功劳，应归功于天子。天子也不认为是自己的功劳，应归功于造物主。造物主也不认为是自己的功劳，应归功于茫茫的太空。太空辽远渺茫，不可能给它命名。我就用'雨'来命名我的亭子。"

◎ 内涵外延

喜雨亭的传说

苏轼初到扶风府，当地大旱，禾苗无法成长。于是苏轼上书朝廷，请求把当地龙神的官位由"侯"升至"公"。皇上同意了他的请求，颁下了诏书。果然，不久之后扶风府连降喜雨，解了旱情。而恰逢其时，苏轼修建的亭子也刚刚竣工，于是便起名为"喜雨亭"。

◎ 本文注释

[1] 周公：名旦，西周初期的政治家。传说周成王曾送给他两株苗合生一穗的谷子，因此，他写了一篇《嘉禾》。

[2] 名：取名，命名。

[3] 汉武得鼎：根据史书记载，公元前116年，汉武帝在汾水上得一鼎，于是改年号为元鼎。

[4] 叔孙：指叔孙得臣，春秋时期鲁国人。他曾经率领军队击败鄋（sōu）瞒国，俘虏了这个国的国君侨如，于是他把自己的儿子的名字也取为侨如。

[5] 岐山：在今陕西岐山县。 [6] 占：占卜算卦。年：年成，收成。

[7] 荐饥：连年饥荒。荐，同"洊"，屡次，接连。

[8] 炽（chì）：旺盛、强盛 [9] 优游：悠闲，闲暇自得的样子。

石钟山记

苏轼

◎ 经典语录

事不目见耳闻，而臆断其有无，可乎

《水经》云："彭蠡之口，有石钟山焉。"郦元以为下临深潭，微风鼓浪，水石相搏，声如洪钟。是说也，人常疑之。今以钟磬置水中[1]，虽大风浪不能鸣也，而况石乎？至唐李渤，始访其遗踪，得双石于潭上，扣而聆之，南声函胡，北音清越，枹止响腾，余韵徐歇。自以为得之矣。然是说也，余尤疑之。石之铿然有声音，所在皆是也，而此独以钟名，何哉？

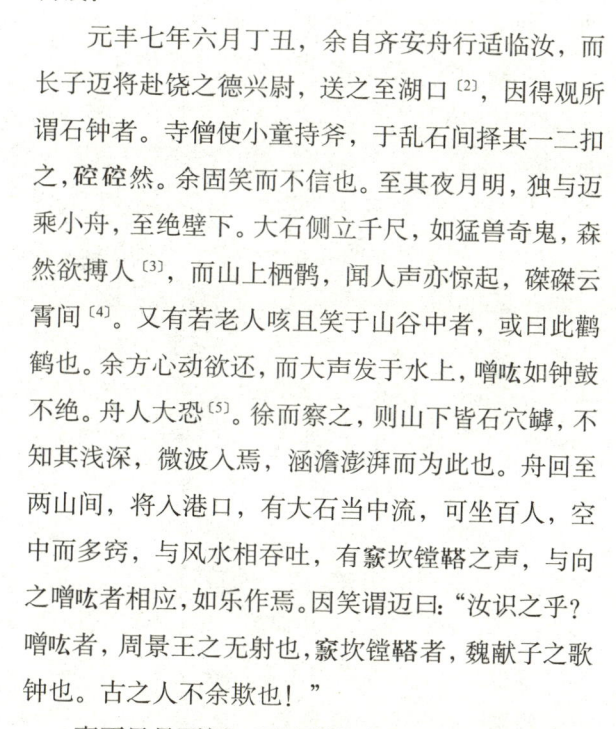

元丰七年六月丁丑，余自齐安舟行适临汝，而长子迈将赴饶之德兴尉，送之至湖口[2]，因得观所谓石钟者。寺僧使小童持斧，于乱石间择其一二扣之，硿硿然。余固笑而不信也。至其夜月明，独与迈乘小舟，至绝壁下。大石侧立千尺，如猛兽奇鬼，森然欲搏人[3]，而山上栖鹘，闻人声亦惊起，磔磔云霄间[4]。又有若老人咳且笑于山谷中者，或曰此鹳鹤也。余方心动欲还，而大声发于水上，噌吰如钟鼓不绝。舟人大恐[5]。徐而察之，则山下皆石穴罅，不知其浅深，微波入焉，涵澹澎湃而为此也。舟回至两山间，将入港口，有大石当中流，可坐百人，空中而多窍，与风水相吞吐，有窾坎镗鞳之声，与向之噌吰者相应，如乐作焉。因笑谓迈曰："汝识之乎？噌吰者，周景王之无射也，窾坎镗鞳者，魏献子之歌钟也。古之人不余欺也！"

事不目见耳闻，而臆断其有无[6]，可乎？郦元之所见闻，殆与余同，而言之不详；士大夫终不肯以小舟夜泊绝壁之下，故莫能知；而渔工水师[7]，虽知而不能言。此世所以不传也。而陋者乃以斧斤考击而求之，自以为得其实。余是以记之，盖叹郦元之简，而笑李渤之陋也。

苏轼（公元1037—1101年）元丰二年（公元1079年），苏轼赴任湖州还不到三个月，就因为作诗讽刺新法，以『文字毁谤君相』的罪名被捕下狱，史称『乌台诗案』。

《水经》上记载："鄱阳湖的口上，有一座石钟山。"郦道元猜测，在它下面是个深潭，微风吹起波浪，湖水与山石撞击，会发出大钟般的声音。对于这种解释，人们表示怀疑。把钟磬置身水中，即使有大风大浪，也不能发出响声，何况是石头呢？唐代李渤前去考察这座石山，在潭上发现两块石头，辨听敲击双石时发出的声响，南边石头的声音模糊，北边的那块石头声音清脆，停止敲击后，余音袅袅很久才消失。李渤认为找到了石钟山命名的缘由。然而对这种说法，我更加怀疑。能发出铿铿声响的石头随处都是，惟独给这里的石头用"钟"来命名，这是为什么呢？

　　元丰七年六月初九，我从齐安坐船到临汝去，我的大儿子苏迈要到饶州德兴做县尉，我送他到湖口，从而有机会去看看所谓的石钟山。寺庙里的和尚派一个小童拿着斧子，随便在乱石中挑选了一两块石头来敲，只听到硿硿的响声。我觉得可笑，不相信这就是石钟山得名原由。到了那天夜里，月光明亮，我和迈儿驾着小船，划到陡峭的石壁下，巨大的岩壁耸立着，高约千尺，形态好似猛兽厉鬼，阴森森的，好像要与人搏斗似的，山上栖息着的苍鹘，被我们发出的声音惊飞起来，磔磔鸣叫声响在云霄。还有一种类似老人在山谷中又咳又笑的声音，有人说是鹳鹤。我心里害怕正准备回去，这时巨大的声响从水面上传来，像打钟敲鼓轰轰作响持续不停。船夫十分害怕。我寻着声音仔细察看，原来山下都是石洞和裂缝，看不出它们的深浅，微波灌进去，在孔隙里激荡撞击，就发出这样的声音。当小船转回到两山之间，将要进入港口时，那里有一块大礁石挡在流水中央，石头上可以坐百来人，中间却是空的，有很多小孔洞，江风水浪不断地吞进吐出，便发出窾坎镗鞳的声响，与刚才的声音相呼应，像演奏音乐一样。我笑着对苏迈说："刚才发出窾坎镗鞳的声响的，是周景王的无射钟，这次发出窾坎镗鞳声的，正是魏庄子的编钟。古人并没有欺骗我们啊！"

任何事情，如果不是亲眼所见，亲耳所听，只凭主观推断，能行吗？郦道元和我见到的听到的，大致差不多，只是记载得不详细；那些读书人和官吏不会亲自坐小船在晚上来实地仔细观察，所以没有人能了解真相；而渔人和船夫虽然知道却无法描述清楚。这就是石钟山的命名真相不能流传于世的原因。那些见识浅陋的人，竟用斧头敲打石头来探求石钟山命名的由来，还自认为这就是它的真相。因此，我特意记下这次游历的经过，既叹惜郦道元记录的简单，又讥笑李渤的短浅。

◎ **内涵外延**

郭沫若与石钟山

1965年7月7日，我国伟大的文学家郭沫若先生游石钟山时，意兴飞扬，写下了一首题为《登湖口石钟山》的五言律诗，诗曰："偶至石钟山，江天一望宽。水文黄赤界，峰影有无间。日寇沉人岬，湘军败阵关。太平遗垒在，党校耀人寰。"

◎ **本文注释**

〔1〕磬（qìng）：古代一种石或玉制的打击乐器。
〔2〕湖口：县名，今江西湖口县。石钟山就在这里。
〔3〕森然：阴森恐怖的样子。
〔4〕磔磔（zhé）：鸟鸣声。
〔5〕舟人：船夫。
〔6〕臆（yì）：主观想象和推测。
〔7〕渔工水师：渔人，船夫。

321

潮州韩文公庙碑

苏轼

◎ **经典语录**

文起八代之衰，而道济天下之溺；忠犯人主之怒，而勇夺三军之帅

　　匹夫而为百世师，一言而为天下法，是皆有以参天地之化，关盛衰之运。其生也有自来，其逝也有所为。故申、吕自岳降，傅说为列星，古今所传，不可诬也。孟子曰："我善养吾浩然之气。"是气也，寓于寻常之中，而塞乎天地之间。卒然遇之[1]，则王公失其贵，晋、楚失其富，良、平失其智，贲、育失其勇，仪、秦失其辩。是孰使之然哉？其必有不依形而立，不恃力而行，不待生而存，不随死而亡者矣。故在天为星辰，在地为河岳，幽则为鬼神，而明则复为人。此理之常，无足怪者。

　　自东汉以来，道丧文弊，异端并起，历唐贞观、开元之盛，辅以房、杜、姚、宋而不能救。独韩文公起布衣，谈笑而麾之，天下靡然从公，复归于正，盖三百年于此矣。文起八代之衰，而道济天下之溺；忠犯人主之怒，而勇夺三军之帅。此岂非参天地，关盛衰，浩然而独存者乎？

　　盖尝论天人之辨，以谓人无所不至，惟天不容伪。智可以欺王公，不可以欺豚鱼；力可以得天下，不可以得匹夫匹妇之心。故公之精诚，能开衡山之云，而不能回宪宗之惑；能驯鳄鱼之暴，而不能弭皇甫镈、李逢吉之谤；能信于南海之民庙食百世，而不能使其身一日安于朝廷之上。盖公之所能者天也，其所不能者人也。

　　始潮人未知学，公命进士赵德为之师。自是潮之士皆笃于文行，延及齐民[2]，至于今，号称易治。信乎孔子之言："君子学道则爱人，小人学道则易使也。"潮人之事公也，饮食必祭，水旱疾疫，凡有求必祷焉。而庙在刺史公堂之后，民以出入为艰。前太守欲请诸朝作新庙，不果。元祐五年，朝散郎王君涤来守是邦，凡所以养士治民者，一以公为师。民既悦服，则出令曰："愿新公庙者，听！"民欢趋之，卜地于州城之南七里，期年而庙成[3]。

或曰:"公去国万里,而谪于潮,不能一岁而归。没而有知[4],其不眷恋于潮也,审矣。"轼曰:"不然!公之神在天下者,如水之在地中,无所往而不在也。而潮人独信之深,思之至,焄蒿凄怆,若或见之。譬如凿井得泉,而曰水专在是,岂理也哉?"元丰元年,诏封公昌黎伯,故榜曰:"昌黎伯韩文公之庙。"潮人请书其事于石,因作诗以遗之,使歌以祀公。其辞曰:

○ 品画鉴宝
夜宴图之一(南宋) 此图描绘文人雅士于花木葱郁的庭院中秉烛宴饮的场面。

公昔骑龙白云乡[5],手抉云汉分天章,天孙为织云锦裳[6]。飘然乘风来帝旁,下与浊世扫秕糠。西游咸池略扶桑,草木衣被昭回光。追逐李、杜参翱翔,汗流籍、湜走且僵,灭没倒影不能望[7],作书诋佛讥君王,要观南海窥衡湘,历舜九嶷吊英、皇。祝融先驱海若藏,约束蛟鳄如驱羊。钧天无人帝悲伤,讴吟下招遣巫阳。犦牲鸡卜羞我觞,于餐荔丹与蕉黄[8]。公不少留我涕滂,翩然被发下大荒。

○ 品画鉴宝
高士观瀑图(南宋)马远／绘　此图大石突兀,古松虬曲,一高士正凭栏俯身,为自然景色所吸引。

一个普通人能够成为百代宗师，一句话能够成为天下人效法的准则，这种人都是有与天地万物相等同，与国家盛衰命运相关联的。他们的降生是有来处的，他们的去世也是有某种缘故的。申伯、吕侯出生是山神降世，死后变成天上的星星，这自古的传说不可抹杀。孟子说："我善于修养我充沛的正气。"这种气蕴藏于寻常事物之中，充塞于苍茫之间。突然遇到它，连君王、诸侯也会失去他们的尊贵，晋、楚这样的国家也显示不出它们的财富，张良、陈平也施展不出他们的智谋，孟贲、夏育也会失去他们的勇猛，张仪、苏秦也会失去他们能言善辩的才能。是什么使得他们这样呢？必有一种不依形而立，不依力而行，不依赖生命而生存，不承受死亡而消逝的物质。这种物质，在天上成为星辰，在地上化作河流山川，在幽冥之中化为鬼神，在人世托形为人。这是很普通的道理，不值得奇怪。

东汉以来，儒道丧失，文风败坏，各种旁门左道相继兴起，虽有贞观、开元盛世，有房玄龄、杜如晦、姚崇、宋璟等贤士的辅佐治理，也不能挽救过来。只有韩文公从庶民中崛起，谈笑间申斥异端，天下归顺才将道德纳回到正路上来，距今已有三百年了。韩文公的文章使八代文风重新振作起来，他倡导的儒道把人心从沉沦中拯救出来，他的报国之心敢于触怒君王，智勇胜过三军的统帅。这不就是与天地等同，关系国家盛衰浩然独存的正气吗？

曾经有人论述过天道和人事的区别，认为人可以做出任何事情，只有天道是人所无法改变的。用智谋可以欺骗王公大臣，却欺骗不了豚和鱼；武力可以夺取天下，却不能得到百姓的心。因此，韩文公真诚的心能驱散衡山的云雾，却不能使唐宪宗迷途知返；能制服凶猛的鳄鱼，却无法制止皇甫镈、李逢吉的诽谤；能取信于广大百姓，死后名垂史册，却不能让自己在朝廷上得到片刻安宁。这是因为韩文公能顺应天意，而做不到的是人事。

○ 品画鉴宝

鹿纹八角玉杯（宋） 通体呈八角形，口稍敞，腹下部微鼓，圈足。腹部除有耳的两个面平素无纹外，余六面均开光内剔地雕有鹿纹，造型雅致，纹饰精细美观。

当初潮州人不知道儒学，韩文公派进士赵德去当他们的老师。从这个时候起潮州的读书人才开始重视礼仪品行，这种良好的风气也影响了平民百姓，直到现在潮州被称为是最容易治理的地方。正如孔子所说："君子学习了仁义之道就会有仁爱之心，平民学习了仁义之道就容易役使。"潮州人奉祀韩文公，饮食的时候一定去祭祀，每当遇到灾害、疾病流行，凡是有求于神灵的事，一定祈祷。可是庙宇建在公堂后面，人们出入很不方便。因此，前任太守曾想请求朝廷改建新庙，没有实现。元祐五年，朝散郎王涤来到这里任地方官，他上任之后，所采用的施政措施，都沿用韩文公的做法。百姓心悦诚服，他出告示说："愿意重建韩文公庙的人就听从命令。"百姓都兴高采烈地前去修庙，于是，庙址选在距城南七里处的地方。仅用了一年的时间祠庙就落成了。

有的人说："韩文公被贬到远离京都的潮州，可是不到一年就回去了。假如他死后有知的话，他是不会眷恋潮州的。"我说："不对！韩文公的神灵在人间，像水在地下一样，无处不在；潮州人对他的信赖如此深切，思念又如此至诚，在祭奠时升腾的香气中人们感到无限悲伤，就像见到他一样。又如同挖井挖到了泉水，就说泉水只在这里，哪有这样的道理？"元丰七年，宋神宗下诏封韩文公为昌黎伯，所以匾额上就题写了"昌黎伯韩文公之庙"。潮州人请我把他的事迹写下来刻在石碑上，我又写了一首诗送给他们，让他们吟唱，来悼念韩文公。歌词是：

从前您骑龙驹遨游白云乡，亲手选取银河划分天章。织女纺织为您织造云锦衣裳，您飘然而下来自天帝身旁，降临人世间是为了一扫浊世的异端思想，您西游咸池东过扶桑，草木也承受您的灿烂光芒。您追随李白、杜甫与他们共同翱翔，张籍、皇甫湜追随奔跑得汗流腿僵，退避奔走而僵仆跌倒，您的光辉让人不能仰望。您抨击佛学，劝戒君王，被贬到荒远的地方。游历南海，过衡山、湘江，路经九嶷山虞舜墓，凭吊

女英、娥皇。祝融为您开道，海神率众躲藏，您驯服鳄鱼如驱羔羊。九天缺少贤才，天帝心中悲伤，派遣巫阳高歌下凡把您召回天堂。杀鸡宰牛献上琼浆，荔枝鲜红，香蕉金黄。您不长留人世，我们都很悲伤，愿您翩然而至走下那大荒山冈。

◎ 内涵外延

谥号

古代帝王、诸侯、卿大夫、高官大臣等死后，朝廷根据他们的生平行为给予一种称号以褒贬善恶，称为谥或谥号。换言之，谥号是朝廷对臣子的盖棺定论。如：范仲淹谥号"文正"，苏东坡谥号"文忠"等。韩愈死后，谥号为"文"，也就是本文中所提及的"韩文公"了。

◎ 本文注释

[1] 卒：同"猝（cù）"，突然。
[2] 齐民：平民百姓。
[3] 期（jī）年：一整年。
[4] 没：同"殁"，死亡。
[5] 白云乡：古人认为神仙居住在天上，把神仙居住的仙乡叫做白云乡。
[6] 天孙：即织女，民间神话中巧于织造仙女，天帝的外孙女。故有"天孙织锦"一说。
[7] 灭没：淹没，这里是日光照耀的意思。
[8] 荔丹：红色的荔枝。蕉黄：黄色的香蕉。这里泛指祭祀时献上的供品。

前赤壁赋

苏轼

◎ 经典语录

遗世独立　余音袅袅，不绝如缕　一叶扁舟　寄蜉蝣于天地，渺沧海之一粟

　　壬戌之秋，七月既望，苏子与客泛舟游于赤壁之下。清风徐来，水波不兴。举酒属客，诵明月之诗，歌窈窕之章。少焉，月出于东山之上，徘徊于斗牛之间[1]。白露横江，水光接天。纵一苇之所如，凌万顷之茫然。浩浩乎如冯虚御风，而不知其所止；飘飘乎如遗世独立，羽化而登仙[2]。

　　于是饮酒乐甚，扣舷而歌之。歌曰："桂棹兮兰桨[3]，击空明兮溯流光[4]。渺渺兮予怀，望美人兮天一方。"客有吹洞箫者，倚歌而和之。其声呜呜然，如怨如慕，如泣如诉，余音袅袅，不绝如缕。舞幽壑之潜蛟[5]，泣孤舟之嫠妇[6]。

　　苏子愀然，正襟危坐而问客曰："何为其然也？"客曰："'月明星稀，乌鹊南飞'，此非曹孟德之诗乎？西望夏口，东望武昌，山川相缪，郁乎苍苍，此非孟德之困于周郎者乎？方其破荆州，下江陵，顺流而东也，舳舻千里，旌旗蔽空，酾酒临江，横槊赋诗，固一世之雄也，而今安在哉？况吾与子渔樵于江渚之上[7]，侣鱼虾而友麋鹿，驾一叶之扁舟，举匏樽以相属[8]。寄蜉蝣于天地，渺沧海之一粟。哀吾生之须臾，羡长江之无穷。挟飞仙以遨游，抱明月而长终。知不可乎骤得，托遗响于悲风。"

　　苏子曰："客亦知夫水与月乎？逝者如斯，而未尝往也；盈虚者如彼，而卒莫消长也。盖将自其变者而观之，则天地曾不能以一瞬；自其不变者而观之，则物与我皆无尽也。而又何羡乎？且夫天地之间，物各有主。苟非吾之所有，虽一毫而莫取。惟江上之清风，与山间之明月，耳得之而为声，目遇之而成色，取之无禁，用之不竭，是造物者之无尽藏也，而吾与子之所共适。"

　　客喜而笑，洗盏更酌。肴核既尽，杯盘狼藉[9]。相与枕藉乎舟中[10]，不知东方之既白。

　　元丰五年秋天，七月十六日，我和客人乘船，在赤壁下的江面游览。清风缓缓吹来，江水无波。高举酒杯，邀请客人同饮，诵《明月》之诗，歌《窈窕》之章。一会儿，月亮从东山上升起，在斗牛两星宿间慢慢移动。白茫茫的雾气弥漫江面，水光与夜空连成一片。我们任凭小船在茫

○ 品画鉴宝
前赤壁赋图（南宋）杨士贤／绘　此图以苏轼《前赤壁赋》文意为画题，画风显得坚实雄壮。

茫江面上自由飘荡。江面辽阔，像是凌空驾风，不知道在何处停留；飘然起舞，仿佛远离人世，无牵无挂变成神仙，飞入仙境。

于是，酒越喝越高兴，敲着船舷唱起歌来。唱道："桂木做的棹啊，兰木做的桨，划开清澈的江水啊，船儿穿过似银的波光，悠远辽阔啊我的情怀，思念心上的人啊，在那遥远的地方。"客人中有位吹洞箫的，随曲调伴奏。洞箫声像是怨恨，又像是怀念，像是哭泣，又像是低语，余音悠长，柔细的丝线延绵不断。使潜在深渊中的蛟龙起舞，孤舟上的寡妇伤心哭泣。

我不禁有些感悟，整整衣襟，端正地坐着，问客人道："为什么箫声如此悲凉呢？"客人说："'月明星稀，乌鹊南飞'，这不是曹操的诗句吗？西望是夏口，东望是武昌，山盘水绕草木茂盛苍翠，这不是曹孟德被周瑜围困的地方吗？当他破荆州，占江陵，顺长江东进的时候，战船前后相连千里不断，旌旗遮蔽天空，他临江畅饮，横槊赋诗，本来是盖世的英雄，可如今又在何处呢？何况我与你在江中小洲上捕鱼砍柴，和鱼虾为伴，与麋鹿为友。驾一叶小舟，拿着葫芦当酒杯互相敬酒。像蜉蝣一样，将短暂的生命寄托在天地之间，小得像大海里的一滴水，哀叹我们生命的短暂，羡慕长江滔滔不绝。想挽着神仙去遨游，伴明月一

○ 品画鉴宝　赤壁泛舟图扇面　(明) 钱贡/绘

起长存。明知不可实现，只好把箫声寄托给悲凉的秋风。"

我说："你们知道那江水和月亮吗？江水像这样不断地流去，其实没有流走；月亮有圆缺的变化，但它并没有消耗和增长。从变化的方面来看，天地间的事物，一眨眼的时间都在变化，如果从不变的方面来看，那么，万物和我们是无穷无尽的，你又何必羡慕它们呢？再说，天地万物都各有主宰，不是我应该拥有的东西，就是一丝一毫也不能取用。只有江上的清风和山间的明月，耳朵听到成为声音，眼睛看到成为颜色，取用它们没有人禁止，享用它们，无穷无尽，这是大自然赋予我们无穷无尽的宝藏，而我和你们可以共同享受。"

客人高兴地笑了，洗净酒杯，重新斟酒。菜肴果品都吃了，酒杯、菜盘杂乱地堆放着。大家互相靠着睡在船中，不知不觉东方已经发白。

◎ 内涵外延

短歌行

三国·魏　曹操

对酒当歌，人生几何？譬如朝露，去日苦多。慨当以慷，忧思难忘。
何以解忧？唯有杜康。青青子衿，悠悠我心。但为君故，沉吟至今。
呦呦鹿鸣，食野之苹。我有嘉宾，鼓瑟吹笙。明明如月，何时可掇？
忧从中来，不可断绝。越陌度阡，枉用相存。契阔谈䜩，心念旧恩。
月明星稀，乌鹊南飞。绕树三匝，何枝可依？山不厌高，海不厌深。
周公吐哺，天下归心。

◎ 本文注释

〔1〕斗牛：两个星宿名，即南斗和牵牛。
〔2〕羽化：变化飞升的意思。道家谓人飞升或成仙叫羽化。
〔3〕棹 (zhào)：划船的工具。前推的叫"桨"，后推的叫"棹"。
〔4〕空明：指在月光映照下的清澄的江面。流光：水波流动的月光。
〔5〕幽壑 (hè)：深谷。〔6〕嫠 (lí) 妇：寡妇。〔7〕江渚：江中小洲。
〔8〕匏 (páo) 樽：用葫芦做的酒器。匏，葫芦的一种。〔9〕狼藉 (jí)：零乱。
〔10〕枕藉：相互枕着靠着睡觉。

后赤壁赋

苏 轼

◎ 经典语录

不时之需　山高月小，水落石出　风起云涌

是岁十月之望，步自雪堂，将归于临皋。二客从予，过黄泥之坂。霜露既降，木叶尽脱。人影在地，仰见明月。顾而乐之，行歌相答。

已而叹曰："有客无酒，有酒无肴。月白风清，如此良夜何？"客曰："今者薄暮，举网得鱼，巨口细鳞，状似松江之鲈，顾安所得酒乎？"归而谋诸妇。妇曰："我有斗酒，藏之久矣，以待子不时之需。"

于是携酒与鱼，复游于赤壁之下。江流有声，断岸千尺，山高月小，水落石出，曾日月之几何，而江山不可复识矣！予乃摄衣而上，履巉岩[1]，披蒙茸，踞虎豹，登虬龙[2]，攀栖鹘之危巢，俯冯夷之幽宫。盖二客不能从焉。划然长啸，草木震动，山鸣谷应，风起水涌。予亦悄然而悲，肃然而恐[3]，凛乎其不可留也。反而登舟，放乎中流，听其所止而休焉。时夜将半，四顾寂寥。适有孤鹤，横江东来。翅如车轮，玄裳缟衣[4]，戛然长鸣，掠予舟而西也。

须臾客去，予亦就睡。梦一道士，羽衣蹁跹[5]，过临皋之下，揖予而言曰："赤壁之游乐乎？"问其姓名，俯而不答。"呜呼噫嘻！我知之矣。畴昔之夜，飞鸣而过我者，非子也耶？"道士顾笑，予亦惊寤，开户视之，不见其处。

这一年十月十五日，我走出雪堂打算回到临皋亭。有两位客人与我同行，走过黄泥坂。这时霜露已过，树叶全都脱落了。身影映在地上，抬头仰望明月。环顾四周景色心情愉快，于是边走边唱了起来。

过了一会儿，我叹惜道："有客没有酒；有酒却没有菜肴。月明风清，怎样度过这美好的夜晚呢？"客人说："今天傍晚，我撒网捕得一条大鱼，大嘴巴细鳞片，很像松江的四鳃鲈鱼。但是又从哪儿才能弄到酒呢？"回去与妻子商量。妻子说："我有一斗，贮存很久了，预备供你随时取用。"

于是，我们带着酒和鱼，又到赤壁下游览。江水发出声响，两岸峭壁高达千尺，山峰高耸，月亮显得很小，江水退落，礁石露出水面。没经过几日山川景色变得不认识了！我撩起衣襟上岸，踏着险峻的山岩，拨开丛生杂草，蹲坐在宛如虎豹的石头上，行走在有如虬龙的树林间，攀上猛禽做窝的悬崖，俯视下看水神的水晶宫。两个客人都不能随我一起攀登。仰身长啸一声，草木震动，四周山谷回响，风起水涌。我感到悲伤凄凉，阴森恐怖，不敢久留。回到船上，把船划到江心，任凭它漂流到哪里就在哪里停留。这时将近半夜了，望望四周，显得寂静而且空荡。恰好有一只孤鹤，横穿江面从东边飞过，翅膀大如车轮，黑身白尾，戛然一声长鸣，掠过船边向西飞去。

不一会儿，客人告辞，我也回到家中进入梦乡。梦见一位道士，穿着羽衣，轻盈飘逸，从临皋亭下经过，他向我拱手行礼说："赤壁之游快乐吗？"我问他名字，他低头不答。"哎呀，我明白了，昨天夜里，鸣叫着从我身边飞过的，不正是您吗？"道士回头笑了笑，我也从梦中惊醒。开门四周察看，已经不见他的踪影。

◎ 品画鉴宝
鎏金仿古银簋（北宋）盛食器，银质，鎏金。器形仿三代青铜簋。设计精妙，别具匠心。

◎ 内涵外延
苏轼多才多艺
苏轼能诗善文，兼长书画。其文汪洋恣肆，明白畅达，名列"唐宋八大家"；诗清新豪健，善用夸张比喻，在艺术表现方面独具风格；词开豪放一派，对后代影响深远；擅行书、楷书，用笔丰腴跌宕，有天真烂漫之趣，与蔡襄、黄庭坚、米芾并称"宋四家"；能画竹，也喜作枯木怪石，论画主张"神似"，高度评价"诗中有画，画中有诗"的艺术造诣。

◎ 本文注释
〔1〕履：践，踏。巉（chán）岩：险峻的山崖。
〔2〕虬（qiú）龙：指虬龙状的树木，形容树干弯曲的形状。虬，古代传说中的一种有角的小龙。
〔3〕肃然：严肃的样子。这里指害怕的样子。
〔4〕玄裳缟衣：黑裙白衣。裳，古人称下衣为裳。
〔5〕羽衣：道士穿的衣服。翩跹（piān xiān）：旋转的舞态，这里比喻道士体态轻盈。

三槐堂铭

苏轼

◎ 经典语录

国之将兴，必有世德之臣，厚施而不食其报，然后其子孙能与守文太平之主共天下之福

天可必乎？贤者不必贵，仁者不必寿。天不可必乎？仁者必有后。二者将安取衷哉？

吾闻之申包胥曰[1]："人定者胜天，天定亦能胜人。"世之论天者，皆不待其定而求之，故以天为茫茫。善者以怠，恶者以肆。盗跖之寿[2]，孔、颜之厄[3]，此皆天之未定者也。松柏生于山林，其始也，困于蓬蒿，厄于牛羊；而其终也，贯四时，阅千岁而不改者，其天定也。善恶之报，至于子孙，则其定也久矣。吾以所见所闻考之，而其可必也审矣。

国之将兴，必有世德之臣，厚施而不食其报，然后其子孙能与守文太平之主共天下之福。故兵部侍郎晋国王公[4]，显于汉、周之际，历事太祖、太宗[5]，文武忠孝，天下望以为相，而公卒以直道不容于时。盖尝手植三槐于庭，曰："吾子孙必有为三公者[6]。"已而其子魏国文正公[7]，相真宗皇帝于景德、祥符之间[8]，朝廷清明，天下无事之时，享其福禄荣名者十有八年。今夫寓物于人，明白而取之，有得有否。而晋公修德于身，责报于天，取必于数十年之后，如持左契，交手相付。吾是以知天之果可必也。

吾不及见魏公，而见其子懿敏公[9]，以直谏事仁宗皇帝[10]，出入侍从将帅三十余年，位不满其德。天将复兴王氏也欤？何其子孙之多贤也！世有以晋公比李栖筠者[11]，其雄才直气，真不相上下。而栖筠之子吉甫，其孙德裕，功名富贵，略与王氏等；而忠恕仁厚，不及魏公父子。由此观之，王氏之福，盖未艾也。

懿敏公之子巩，与吾游，好德而文，以世其家，吾是以录之。铭曰：呜呼休哉！魏公之业，与槐俱萌。封植之勤，必世乃成。既相真宗，四方砥平，归视其家，槐阴满庭。吾侪小人，朝不及夕，相时射利，皇恤厥德。庶几侥幸，不种而获。不有君子，其何能国？王城之东，晋公所庐，郁郁三槐，惟德之符。呜呼休哉！

天道能灵验吗？贤能的人未必富贵，仁爱的人不一定长寿。天道不一定灵验吗？但是仁爱的人一定有好的后代。这二者哪一种是恰当的呢？

我听申包胥曾说过："人的意志能战胜天命，天意也能战胜人。"但

世上议论天道的人，都不等天意完全表现出来就去要求它灵验，因此以为天是茫然莫测的。善良的人因此而懈怠，邪恶的人因此放肆。盗跖的长寿，孔子、颜回的困厄，这都是天道尚未显示出意志的缘故。松柏在山林中成长，起初它被蓬蒿围困，被牛羊践踏，最终四季长青，经历千年习性不变，这就是上天的意志。对善恶的报应，落到子孙后代身上，这是天的意志早已确定的。据我生平所见所闻来考证，天道一定能够灵验。

国家将要兴盛，必然有累世积德的臣子，做了善事而没有得到报答，然而他的子孙却能够与遵守成法的盛世君主共享天下之福。已故的兵部侍郎晋国公王祐，闻名于后汉、后周之间，后又在太祖、太宗两朝任职，能文能武，忠孝两全，天下人都希望他能出任宰相，但是终因性情正直而不为当世接受。他在庭院中种了三棵槐树，说："我的子孙一定有做三公的。"后来他的儿子魏国文正公，果然在景德、祥符年间当了宰相，那时朝廷清明，天下无事，享受荣华福禄十八年。今天如果把东西寄存在别处，第二天去取，就有可能得到也可能得不到。而晋公修养自身德行，期望得到上天的报答，在几十年后得到必然的回报，就像拿着契约亲手交割一样。我因此知道天道一定能够灵验的。

我没有来得及看到魏国公，却见到了他的儿子懿敏公，他以敢直谏侍奉仁宗皇帝，在朝三十多年，他的官不足与他的德行相称，是上天要使王氏重新兴盛吗？为什么他家有这样多的贤能之士呢？世人有用晋国公和李栖筠相比较的，他们雄才大略、正直的气质，真是不相上下。李栖筠的儿子李吉甫、孙子李德裕，享有的功名富贵和王氏大致相同，但忠恕仁厚则不及魏公父了。由此看来，王氏的福分大概还没有完结吧。

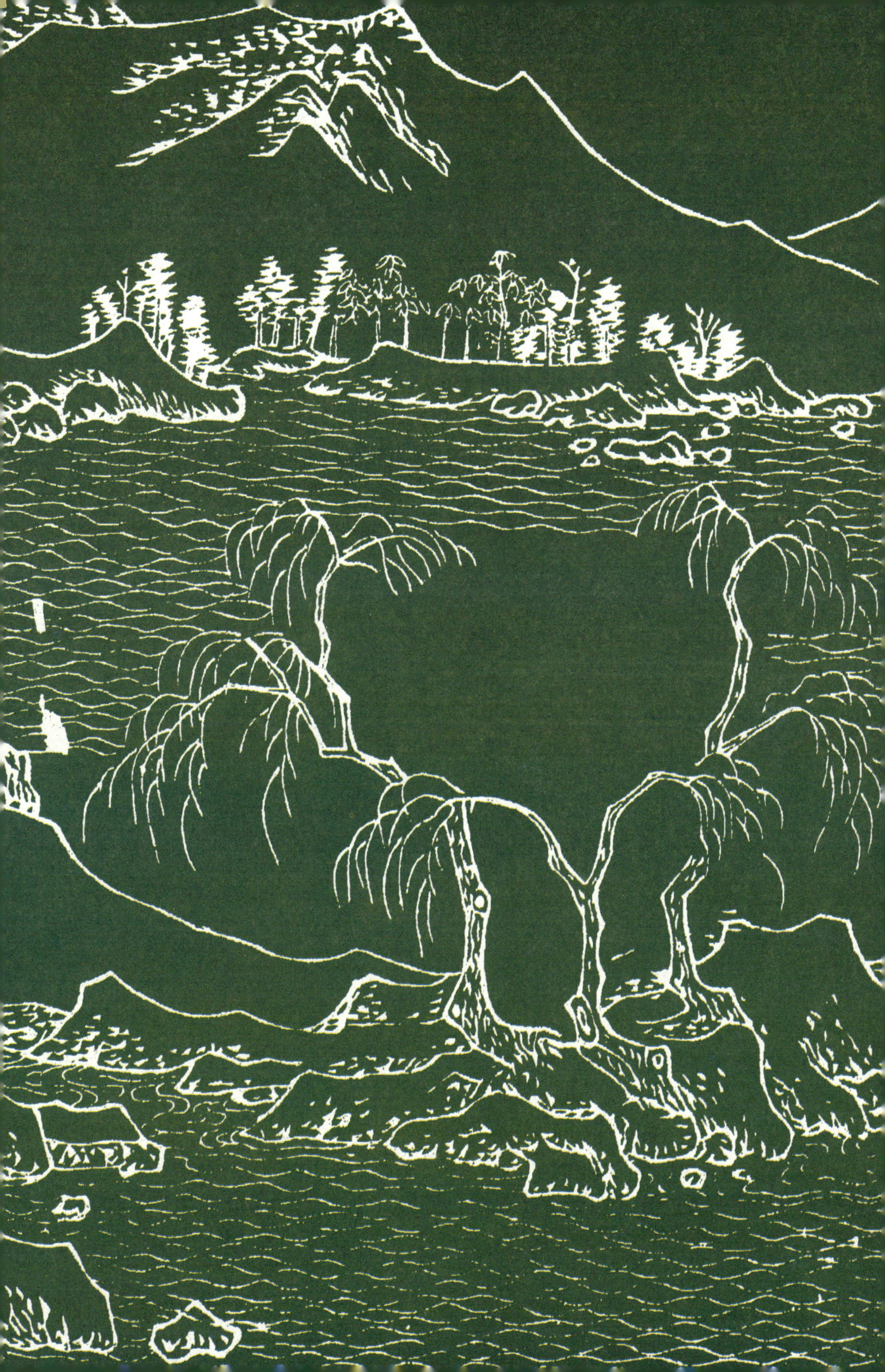

懿敏公的儿子王巩和我有交往，他崇尚道德而又擅长文章，继承了他的家风，我因此把他记述下来。铭文为：啊，多么美好啊！魏公的勋业，和槐树一起萌生，辛勤地培育，必定福荫后代。辅佐真宗，天下安宁。回到家中一看，树荫遮满庭院。普通百姓，早晨不作晚上算计，窥视时机，谋求利益，哪里还有时间进行道德修养。只希望侥幸得手，不劳而获。如果没有君子，国家怎能建立。京城的东面，是晋国公的住所，郁郁葱葱的三棵槐树，是王家道德的象征。啊！多么美好啊！

◎ 内涵外延

中国古代的槐树图腾

槐树在我国古代是三公宰辅之位的象征。周代官廷外种有三棵槐树，三公朝天子时，面向三槐而立。因此后人多以三槐比喻三公（即太师、太傅、太保）。于是槐便与古代官职有了联系，成了官爵的代名词。

◎ 本文注释

〔1〕申包胥：姓公孙，封地在申，故称申包胥。春秋时楚国大夫。
〔2〕盗跖：传说春秋末期楚国奴隶起义领袖。盗，古代统治阶级对起义者的蔑称。
〔3〕孔：孔丘，字仲尼。儒家学派的创造人。颜：颜渊，字回，孔子的弟子。
〔4〕兵部侍郎晋国王公：即王祐，字景叔。五代末年至宋初时人。
〔5〕太祖：即宋太祖赵匡胤（公元960－975年在位）。太宗：即宋太宗赵匡义（公元976－997年在位），太祖之弟，即位后改名炅。
〔6〕三公：西汉以丞相、太尉、御史大夫合称三公，宋仍沿袭这种称呼，但已无实际职务。
〔7〕魏国文正公：即王旦，字子明。王祐次子。宋太宗太平兴国年间进士，真宗时拜给事中、同知枢密院事，后又任工部尚书、同中书门下平章事（即宰相）。死后封魏国公，谥文正。
〔8〕真宗：即宋真宗赵恒（公元998－1022年在位）。景德：宋真宗年号，公元1004－1007年。祥符：宋真宗年号，大中祥符的简称，公元1008－1016年。
〔9〕懿(yì)敏公：即王素，字仲仪，王旦之子。曾任鄂州知州、知谏院，因事贬为成都知府；后为渭州知州，教民耕作习战争，积累了十年的粮食，士气振奋，敌人不敢侵犯。官至工部尚书。谥懿敏。
〔10〕仁宗：即宋仁宗赵祯（公元1023－1063年在位），十三岁继位，太后摄政，太后死后才亲自执政。
〔11〕李栖筠(yún)：字贞一。唐代宗时人。进士出身，官至给事中，为元载忌恨，贬为常州刺史，又任浙西观察使。唐代宗拟任命他做宰相，由于元载阻止而未成。

六国论

苏辙

苏　辙：公元1039—1112年，字子由，号颖滨遗老，北宋散文家。嘉祐进士，官居尚书右丞、门下侍郎。与父苏洵、兄苏轼合称"三苏"，名列"唐宋八大家"。

◎ 品画鉴宝
错银立鸟壶（战国）壶身由三个鸟形足支撑，鸟作展翅昂首张口状。纹饰细密，造型别具一格。

◎ 经典语录

秦之有韩、魏，譬如人之有腹心之疾也　秦兵未出而天下诸侯已自困矣

尝读六国世家，窃怪天下之诸侯，以五倍之地，十倍之众，发愤西向，以攻山西千里之秦[1]，而不免于灭亡。常为之深思远虑，以为必有可以自安之计；盖未尝不咎其当时之士，虑患之疏，而见利之浅，且不知天下之势也。

夫秦之所与诸侯争天下者，不在齐、楚、燕、赵也，而在韩、魏之郊；诸侯之所与秦争天下者，不在齐、楚、燕、赵也，而在韩、魏之野。秦之有韩、魏，譬如人之有腹心之疾也。韩、魏塞秦之冲，而蔽山东之诸侯，故夫天下之所重者，莫如韩、魏也。

昔者范雎用于秦而收韩，商鞅用于秦而收魏。昭王未得韩、魏之心，而出兵以攻齐之刚、寿，而范雎以为忧，然则秦之所忌者可见矣。秦之用兵于燕、赵，秦之危事也。越韩过魏，而攻人之国都，燕、赵拒之于前，而韩、魏乘之于后，此危道也。而秦之攻燕、赵，未尝有韩、魏之忧，则韩、魏之附秦故也。夫韩、魏，诸侯之障，而使秦人得出入于其间，此岂知天下之势耶？委区区之韩、魏，以当强虎狼之秦，彼安得不折而入于秦哉[2]？韩、魏折而入于秦，然后秦人得通其兵于东诸侯，而使天下遍受其祸。

夫韩、魏不能独当秦，而天下之诸侯，藉之以蔽其西，故莫如厚韩亲魏以摈秦。秦人不敢逾韩、魏以窥齐、楚、燕、赵之国，而齐、楚、燕、赵之国，因得以自完于其间矣。以四无事之国，佐当寇之韩、魏，使韩、魏无东顾之忧，而为天下出身以当秦兵。以二国委秦，而四国休息于内，以阴助其急。若此，可以应夫无穷，彼秦者将何为哉？

337

不知出此，而乃贪疆埸尺寸之利[3]，背盟败约，以自相屠灭。秦兵未出，而天下诸侯已自困矣。至于秦人得伺其隙，以取其国，可不悲哉？

我曾经阅读《史记》的六国世家，让我感到奇怪的是各路诸侯凭着五倍于秦国的土地，十倍于秦国的民众，去抗击崤山以西方圆只有千里的秦国，而最后竟然逃不脱灭亡的下场。我常常深思这个问题，以为一定会有保全他们的计谋。因此我未尝不责备当时的谋士对祸患太掉以轻心，见识太短浅，没能正确估计天下的形势。

秦国同诸侯国争夺天下的要害，不在齐、楚、燕、赵四国，而只在

韩、魏两国的城郊；诸侯同秦国争夺天下的地方，不在齐、楚、燕、赵四国，而是在韩国和魏国的郊野。韩、魏的存在，对秦国来说，就像人的心腹之疾。韩、魏两国卡住了秦国的交通要冲，掩蔽着崤山以东的各诸侯国，所以天下再没有比韩、魏更重要的地方了。

　　从前范雎被秦国重用时就去拉拢韩国，商鞅被秦国任用后就去拉拢魏国。秦昭王没有得到韩、魏的真心归顺，就出兵去攻打齐国的刚、寿等地，范雎对此很是忧虑，以此就可以看清楚秦国所顾忌的是什么了。秦国出兵燕、赵是危险的事情。穿过韩、魏两国去攻打另一个国都，前有燕、赵的抵抗，而韩、魏可以从后袭击，有被灭亡的危险。然而秦国进攻燕、赵时，却不曾有过韩、魏袭击的忧虑，那是因为韩、魏依附了秦国的缘故。韩国和魏国本是其他诸侯国的屏障，却让秦人在那里通行无阻，这难道是懂得天下的形势吗？让小小的韩、魏去抵挡虎狼般的秦国，它们怎么能不屈服于秦国呢？韩国和魏国屈服于秦国，然后秦国的军队就可以对东方用兵，从而使得天下遭受战祸。

　　韩国和魏国没有能力抵抗秦国，而天下的诸侯又凭借它来保护自己，所以不如加强韩、魏共同抵抗秦国。秦人不敢逾过韩、魏来窥伺齐、楚、燕、赵等国，那么，齐、楚、燕、赵等国也就能保全自己。四个太平无事的国家，来帮助抵抗强敌的韩、魏，让韩、魏两国没有后顾之忧，从而替天下挺身抵抗秦军。让韩、魏两国去抵挡秦国，而四国可以休养生息，来暗中资助韩、魏解决急难，像这样便可以应付多变的局势，那秦国还能够怎么样呢？

　　没有通盘的考虑，却只知道贪图蝇头小利，背弃盟约，自相残杀。秦国还没出兵各诸侯国消耗的已经差不多了，使秦人有机可乘，这难道不可悲吗？

◎ 内涵外延

商鞅（约公元前390 – 前338年）

战国时政治家。卫国人。公孙氏，名鞅，亦称卫鞅。初为魏相公叔痤家臣，后入秦说服秦孝公变法图强。孝公六年（公元前356年），任左庶长，实行变法。后因功封于商（今陕西商州市东南），故称商鞅。孝公死后，被贵族诬害，车裂而死。

◎ 本文注释

[1] 山西：华山以西，秦国所在地。[2] 折：屈服。[3] 疆埸（yì）：国境。

寄欧阳舍人书

曾巩

曾 巩：公元1019—1083年，字子固，北宋建昌南丰（今江西南丰县）人。宋仁宗嘉祐二年举进士，曾任州府通判和刺史，最后官至中书舍人。为"唐宋八大家"之一。

◎ 经典语录

然畜道德而能文章者，虽或并世而有，亦或数十年、或一二百年而有之

去秋人还，蒙赐书，及所撰先大父墓碑铭，反复观诵，感与惭并。

夫铭志之著于世[1]，义近于史，而亦有与史异者。盖史之于善恶无所不书，而铭者，盖古之人有功德才行志义之美者，惧后世之不知，则必铭而见之。或纳于庙，或存于墓，一也。苟其人之恶，则于铭乎何有？此其所以与史异也。其辞之作，所以使死者无有所憾，生者得致其严[2]。而善人喜于见传[3]，则勇于自立；恶人无有所纪[4]，则以愧而惧。至于通材达识，义烈节士，嘉言善状，皆见于篇，则足为后法。警劝之道，非近乎史，其将安近？

及世之衰，人之子孙者，一欲褒扬其亲，而不本乎理。故虽恶人，皆务勒铭以夸后世[5]。立言者既莫之拒而不为，又以其子孙之请也，书其恶焉，则人情之所不得，于是乎铭始不实。后之作铭者，常观其人。苟托之非人，则书之非公与是，则不足以行世而传后。故千百年来，公卿大夫至于里巷之士[6]，莫不有铭，而传者盖少。其故非他，托之非人，书之非公与是故也。

然则孰为其人而能尽公与是欤？非畜道德而能文章者，无以为也。盖有道德者之于恶人，则不受而铭之，于众人则能辨焉。而人之行，有情善而迹非，有意奸而外淑，有善恶相悬而不可以实指[7]，有实大于名，有名侈于实。犹之用人，非畜道德者，恶能辨之不惑，议之不徇？不惑不徇，则公且是矣。而其辞之不工，则世犹不传，于是又在其文章兼胜焉。故曰非畜道德而能文章者，无以为也，岂非然哉？

然畜道德而能文章者，虽或并世而有，亦或数十年、或一二百年而有之。其传之难如此，其遇之难又如此。若先生之道德文章，固所谓数百年而有者也。先祖之言行卓卓[8]，幸遇而得铭，其公与是，其传世行后无疑也。而世之学者，每观传记所书古人之事，至于所可感，则往往盦然不知涕之流落也，况其子孙也哉？况巩也哉？其追晞祖德，而思所以传之之

○品画鉴宝 听琴图（北宋）赵佶／绘 画中人物神情刻画入微，笔法细秀，设色精丽，画面意境幽深。

由，则知先生推一赐于巩，而及其三世。其感与报，宜若何而图之？

抑又思若巩之浅薄滞拙，而先生进之；先祖之屯蹶否塞以死，而先生显之；则世之魁闳豪杰不世出之士，其谁不愿进于门？潜遁幽抑之士，其谁不有望于世？善谁不为，而恶谁不愧以惧？为人之父祖者，孰不欲教其子孙？为人之子孙者，孰不欲宠荣其父祖？此数美者，一归于先生。既拜赐之辱，且敢进其所以然。所论世族之次，敢不承教而加详焉？愧甚，不宣。

去年秋天所托付的人已经回来，承蒙您赐信并为先祖父撰写了墓志铭，我反复阅读，心中既感激又惭愧。

世人作墓志铭，其作用与史书相近，而也有不同的地方。因为史书对善恶都加以记载，而墓志铭呢，是由于怕古代那些道德才能出众、志向远大之人的善行不能被后人所知，因此，一定要用铭文使之显扬于后世。这种铭文，有的收在家庙中，有的放入墓中，其用意都是一样的。如果这个人品行不端那还有什么好记载的呢？这就是铭文和史书不同的地方。撰写铭文，让死者没有什么遗憾，让活着的人可以表达自己的敬意。好人喜欢让善事能够流传下去，就会努力有所建树；恶人没有什么可以记载，会感到惭愧和惶恐。至于那些博学多才、通晓事理、坚持节操的人，他们的美言好事都会出现在铭文里，足以成为后世的准则。铭文这种警戒勉励的作用，不与史书相近，又和什么体裁相近呢？

到了世道衰落的时候，为人子孙的，一心要褒扬他们的先人，而不根据事理行事。所以即使是恶人，也都刻碑作铭向后世夸耀。而撰写铭文的人，既不能推辞不写，又由于死者子孙的请求，如果写死者的劣行，又不合乎人情，于是写的铭文出现了不合事实的情况。后人给死者撰写碑铭，应当了解所托之人的为人。如果所托付的人不合适，那么写的铭文既不公正又不符合事实，就不能够流传于后世。千百年来，上至达官显贵下到平民百姓，没有谁没有碑铭，但是流传下来的却很少。这没有别的原因，就是因为托付的人不当，写下的铭文不公正、不符合事实的缘故。

既然如此，什么样的人才能做到既公正又符合事实呢？如果不是具有道德素养而且善于写文章的人，是无法做到的。因为具有道德修养的人对于恶人，是不会接受请托为他作铭文的；对于普通的人也能够分辨清楚。可是有的人内心善良，但表现却不见得怎么好；有的人内心奸诈，而表面上好像很善良；有的人善恶相差很大，又很难明确指出哪是善，哪是恶；有的人实际作为大于名声；有的人又恰好与之相反。这就好像用人，不是素养很高的人，怎么能够分辨清楚而不被迷惑、不徇私情呢？不迷惑不徇私情，就能做到公正而又符合事实了。但是文辞不美，仍然不能够流传于世，于是又要求同时具备擅长写文章的才能。所以说，不是富有修养而又擅长文章的人，是写不好铭文的。难道不是这样的吗？

但是，富有修养又擅长文章写作的人，虽然有可能会出现，但也许隔数十年，甚至一二百年才会出现。铭文的流传是这么难，而遇到道德高尚文章好的又是这样不容易。像先生您的道德和文章，应该说是几百年才有的。我先祖的言行高尚，有幸遇到先生写成符合事实的铭文，它流传后世是毫无疑问的了。世间学者，每当阅读传记所载的古人事迹，看到感动的地方，往往伤感痛惜，情不自尽落泪，更何况是死者的子孙呢！又何况是我呢！我仰慕先祖的高尚道德，思考铭文能够流传后世的原因，就知道先生撰写铭文赐给我，恩泽遍及我们祖孙三代。我真不知道该怎样来表示感激和报答之情！

我又想，像我这样知识浅薄、迟钝笨拙的人，都能够受到先生的提拔；像我的先祖一生困顿不得志，先生却能表彰他；那么那些豪杰贤士、世不多见的人才，谁不愿意投到您的门下呢？那些遁迹的人，谁不期望有所作为呢？好事谁不愿做呢？做坏事情谁不羞愧害怕呢？做祖父的哪个不想教育好自己的子孙？做儿孙的，谁不想光耀自己的祖先呢？这些好处，都要归功于先生。我已经很荣幸地拜受了您的恩赐，又冒昧地禀述了感激的原因。您来信中谈到的有关我们家世的情况，一定遵照您的指教审核更正。惭愧得很，不能尽述我的谢意。

◎ 内涵外延

曾巩的散文

曾巩是北宋著名文学家之一，曾奉召编校史馆书籍，为王安石所推许。其散文平易舒缓，长于叙事说理，讲究章法结构。后人将其与欧阳修并称为"欧曾"，名列"唐宋八大家"。有《元丰类稿》传世。

◎ 本文注释

〔1〕志：记事的书或文章，这里指记述死者生前事迹的墓志。
〔2〕严：尊敬。〔3〕善人：指有道德的人。〔4〕恶人：指道德低下的人。
〔5〕勒：刻。〔6〕里巷之士：指平民百姓。〔7〕悬：悬殊。〔8〕卓卓：杰出，卓越。

赠黎安二生序

曾巩

◎ 经典语录

知信乎古，而不知合乎世也；知志乎道，而不知同乎俗

赵郡苏轼[1]，予之同年友也[2]。自蜀以书至京师遗予，称蜀之士曰黎生、安生者。既而黎生携其文数十万言，安生携其文亦数千言，辱以顾予。读其文，诚闳壮俊伟，善反复驰骋[3]，穷尽事理，而其材力之放纵若不可极者也。二生固可谓魁奇特起之士[4]，而苏君固可谓善知人者也。

顷之，黎生补江陵府司法参军[5]，将行，请予言以为赠。予曰："予之知生，既得之于心矣，乃将以言相求于外邪？"黎生曰："生与安生之学于斯文，里之人皆笑以为迂阔。今求子之言，盖将解惑于里人。"

予闻之，自顾而笑。夫世之迂阔，孰有甚于予乎？知信乎古，而不知合乎世；知志乎道，而不知同乎俗。此予所以困于今而不自知也。世之迂阔，孰有甚于予乎？今生之迂，特以文不近俗，迂之小者耳，患为笑于里之人。若予之迂大矣，使生持吾言而归，且重得罪，庸讵止于笑乎？然则若予之于生，将何言哉？谓予之迂为善，则其患若此；谓为不善，则有以合乎世，必违乎古，有以同乎俗，必离乎道矣。生其无急于解里人之惑，则于是焉，必能择而取之。遂书以赠二生，并示苏君，以为何如也。

赵郡苏轼，是我同年好友，从四川写信给我，托人带到京城来，他在信中称赞当地士子黎生和安生。不久黎生带着他有十万字的文章，安生也带着自己数千字的文章，屈尊来看望我。阅看他们的文章，觉得确实是宏大飘逸，文辞流畅，透彻地阐发事理。他们才情奔放，似乎不可限量，他二人称得上是杰出俊伟之士，而苏君也可以说善赏识人才的了。

前不久，黎生补官为江陵府司法参军，临别请我写几句作为赠言。我说："我已经从内心了解你了，还需要用言语来表达吗？"黎生说："我和安生学习古文，邻里都讥笑我们不合时宜。如今求您的赠言，是为了消除邻里的误解。"

我听了不觉自顾而笑。世上有谁比我不切实际呢？我知道信奉古人，而不知道迎合当世，这正是为什么我遭受困顿又不觉察的原因。世人的不切实际，有谁比我厉害呢？现在你们的不切实际，是因为文章不合世俗的味口，不过是小小不切实际罢了，还担心别人耻笑。像我这样的不切实际可就大了，假使把我的话带回去，则将招致更多的责备，岂

止是耻笑呢？那么，我对你们又该说些什么呢？如果说我的不切实际是好的，那么，你们已经有忧虑了。如果说这是不好的，是必要合乎当世，就一定会违背古人。迎合世俗，就必然背离儒道。不要急于消除乡里人的误解，你们要加以选择而有所采纳。我把这些话写来赠给二位，也请苏君看看，看他有什么看法。

◎ 内涵外延

唐宋八大家

唐代的韩愈、柳宗元和宋代的欧阳修、苏洵、苏轼、苏辙、王安石、曾巩，这八人在散文造诣上均有过人的成就。后有明朝人朱右曾编书《八先生文集》，该书中收录了这八人的文章，是以后世才有了"唐宋八大家"的说法。

◎ 本文注释

〔1〕赵郡：即赵州。苏轼的祖籍是赵郡，所以这里称他为赵郡人。
〔2〕同年：同年考中的人。曾巩和苏轼都是宋仁宗嘉祐二年（公元1057年）进士。
〔3〕驰骋：（骑马）奔驰。这里指文笔奔放不拘。〔4〕魁奇：魁伟奇异。
〔5〕补：补充官职的缺额。江陵府：治所在今湖北江陵县。司法参军：官吏，是郡守的佐吏，掌管刑法。

读孟尝君传

王安石

王安石：公元1021－1086年，北宋政治家、文学家、思想家。字介甫，号半山，北宋抚州临川(今江西临川县)人。二十二岁中进士，任度支判官。曾向仁宗上万言书，主张改革。任过参知政事，后拜相。因变法失败被迫辞职。"唐宋八大家"之一。

◎ 经典语录

嗟乎！孟尝君特鸡鸣狗盗之雄耳，岂足以言得士

世皆称孟尝君能得士[1]，士以故归之，而卒赖其力以脱于虎豹之秦。嗟乎！孟尝君特鸡鸣狗盗之雄耳，岂足以言得士？不然，擅齐之强[2]，得一士焉，宜可以南面而制秦[3]，尚取鸡鸣狗盗之力哉？鸡鸣狗盗之出其门，此士之所以不至也。

世人都称赞孟尝君善于收揽人才，士人也愿意投奔到他的门下，而孟尝君也得以依靠他们的力量，逃离像虎豹一般的秦国。唉！孟尝君其实不过是鸡鸣狗盗之徒的首领罢了，哪里称得上能收揽人才呢？如果不是这样，依仗齐国强大的国力，只要得到一个贤士，就可以南面称王制服秦国，还用得着依靠鸡鸣狗盗之徒的技能吗？鸡鸣狗盗之徒出入门下，这正是真正的贤士不来的原因啊！

◎ 内涵外延

王安石之文
王安石擅文，其散文雄健峭拔；诗歌遒劲清新；词虽不多而风格高峻。所著《字说》、《钟山日录》等多已散失，文集今有《王文公文集》《临川先生文集》两种。另后人辑有《周官新义》、《诗义钩沉》等。

◎ 本文注释

[1] 称：称赞。[2] 擅：引申为凭借。
[3] 南面：即面向南，古代以面向南为尊位，帝王面朝南而坐。

游褒禅山记

王安石

◎ 经典语录

夫夷以近，则游者众；险以远，则至者少

　　褒禅山亦谓之华山。唐浮图慧褒始舍于其址[1]，而卒葬之，以故其后名之曰褒禅。今所谓慧空禅院者，褒之庐冢也[2]。距其院东五里，所谓华山洞者，以其乃华山之阳名之也。距洞百馀步，有碑仆道[3]，其文漫灭，独其为文犹可识，曰"花山"。今言"华"如"华实"之"华"者，盖音谬也。

　　其下平旷，有泉侧出，而记游者甚众[4]，所谓"前洞"也。由山以上五六里，有穴窈然，入之甚寒，问其深，则其好游者不能穷也[5]，谓之"后洞"。予与四人拥火以入，入之愈深，其进愈难，而其见愈奇。有怠而欲出者[6]，曰："不出，火且尽。"遂与之俱出。盖予所至，比好游者尚不能十一，然视其左右，来而记之者已少。盖其又深，则其至又加少矣。方是时，予之力尚足以入，火尚足以明也。既其出，则或咎其欲出者，而予亦悔其随之，而不得极乎游之乐也。

　　于是予有叹焉。古人之观于天地、山川、草木、虫鱼、鸟兽，往往有得，以其求思之深而无不在也。夫夷以近，则游者众；险以远，则至者少。而世之奇伟瑰怪非常之观，常在于险远，而人之所罕至焉，故非有志者，不能至也。有志矣，不随以止也，然力不足者，亦不能至也。有志与力，而又不随以怠，至于幽暗昏惑，而无物以相之，亦不能至也。然力足以至焉，于人为可讥，而在己为有悔；尽吾志也而不能至者，可以无悔矣，其孰能讥之乎？此予之所得也。

　　予于仆碑，又有悲夫古书之不存，后世之谬其传而莫能名者，何可胜道也哉！此所以学者不可以不深思而慎取之也。

　　四人者：庐陵萧君圭君玉，长乐王回深父，予弟安国平父、安上纯父。

　　褒禅山也叫华山。唐代慧褒和尚，当初居住在这座山下，死后就埋葬在这里，因为这个缘故，就把这座山称作为褒禅山。现在的慧空禅院，就是慧褒和尚生前居住的屋舍和死后埋葬的墓地。在慧空禅院东面五里，有个叫华阳洞的地方，是因为它在华山的南面而得名的。离洞百余步，有块石碑横卧在路上，碑文已经模糊，只有"花山"二字还能辨认出来。现在把"华"字念成"华实"的"华"，大概是字音读错了。

山下平坦开阔，有股泉水从旁边涌出，来此游览和题字留念的人也很多，这就是人们所说的"前洞"。由此向上走五六里，有一个山洞很幽深，洞内非常寒冷，它到底有多深，就连那些喜爱游览的人也从没有走到过尽头，这就是人们所说的"后洞"。我和四个人打着火把走进去，越往里走就越困难，可是见到的景致却更加奇妙。有一个人想退出去，就叫道："要是不回去，火把就要灭了。"于是，大家就和他一起出来了。大概我们走到的地方，和那些喜欢游览的人相比还不到十分之一，可是看到洞的两侧，到达这里并题字留念的已经很少了。大概再往里进去的人就更少了。这时候，我的力气还足够继续往里走，火把还足够照明。出洞以后，就有人责怪那位主张退出来的人，我也后悔跟着一起出来，而没能尽情享受游览的乐趣。

于是我深有感慨。古人观察天地、山川、草木、虫鱼、鸟兽，常有收获，这是因为他们勤于思考，且深入周密。道路平坦而又近的地方，游览的人就多；道路艰险而又偏僻的地

方，去的人就很少。而世间的雄伟奇特罕见的景观，却常常是在艰险遥远人迹罕至的地方，因此缺乏志向的人，是不能够到达的。有了志向，盲目停止前进，如果力不从心，也不能达到。既有志向又有力气，又不盲目跟随别人后退，可是到了幽暗令人困惑迷乱的地方，如果得不到外物的辅助，也不能到达目的地。然而气力足够到达却没有到达，在别人看来就是可笑的，自己也会悔恨。如果自己已经尽了力，仍然不能到达，那就没有可悔恨的了，而又有谁会责怪讥笑呢？这就是我的心得。

我看到倒在地上的石碑也有感叹，古书没有保存下来，导致后人以讹传讹而对事实无法说明白，这样的事例还少吗？这就是学者不可不深入研究而谨慎选择的原因啊。

同游的四个人：庐陵的萧君圭字君玉，长乐县的王回字深父，我的弟弟安国字平父和安上字纯父。

◎ 内涵外延

王安石变法

王安石有感于北宋社会矛盾尖锐，于仁宗嘉祐三年（公元1058年）上万言书主张变法。神宗熙宁二年（公元1069年），任王安石为参知政事，次年拜相。推行青苗、均输、市易、免役、农田水利等新法，史称王安石变法。但由于保守派的强烈反对，新法推行屡遭阻碍。哲宗即位后，起用司马光为相，新法全部被废。

◎ 本文注释

[1] 浮图：梵语的译音，有佛、佛教徒、佛塔等意思，这里指和尚。
[2] 庐冢：房舍和坟墓。
[3] 仆：倒伏。
[4] 记游：在游览处题字留念。
[5] 穷：尽，达到尽头。[6] 怠（dài）：懒惰，指懒于前进。

阅江楼记

宋濂

宋　濂：公元1310—1381年，明初著名文学家。字景濂，号潜溪，浙江浦江人。幼年家贫，元末被荐举。明初，受明太祖征聘，主修《元史》，后官至翰林学士承旨知制诰。晚年受孙子宋慎牵连被流放茂州（今四川茂县），病死途中。

◎ 经典语录

臣知斯楼之建，皇上所以发舒精神，因物兴感，无不寓其政治之思，奚止阅夫长江而已哉

　　金陵为帝王之州[1]。自六朝迄于南唐[2]，类皆偏据一方[3]，无以应山川之王气。逮我皇帝定鼎于兹[4]，始足以当之。由是声教所暨，罔间朔南，存神穆清，与天同体，虽一豫一游，亦可为天下后世法。

　　京城之西北，有狮子山，自卢龙蜿蜒而来，长江如虹贯，蟠绕其下[5]。上以其地雄胜，诏建楼于巅，与民同游观之乐，遂锡嘉名为"阅江"云。

　　登临之顷，万象森列，千载之秘，一旦轩露。岂非天造地设，以俟夫一统之君，而开千万世之伟观者欤？当风日清美，法驾幸临[6]，升其崇椒，凭阑遥瞩，必悠然而动遐思。见江汉之朝宗[7]，诸侯之述职，城池之高深，关阨之严固，必曰："此朕栉风沐雨、战胜攻取之所致也。中夏之广[8]，益思有以保之。"见波涛之浩荡，风帆之上下，番舶接迹而来庭[9]，蛮琛联肩而入贡[10]，必曰："此朕德绥威服，覃及内外之所及也。四陲之远[11]，益思有以柔之。"见两岸之间，四郊之上，耕人有炙肤皲足之烦[12]，农女

○ 品画鉴宝　金陵八景图咏卷之一　（明）郭存仁／绘　此图为金陵实景之一，题为《石城瑞雪》，表现金陵隆冬，冈阜城郭，尽披银妆，城濠冰封，景象萧瑟。

有捋桑行馌之勤[13]，必曰："此朕拔诸水火而登于衽席者也。万方之民，益思有以安之。"触类而思，不一而足。臣知斯楼之建，皇上所以发舒精神，因物兴感，无不寓其政治之思，岂止阅夫长江而已哉！

彼临春、结绮，非不华矣；齐云、落星，非不高矣。不过乐管弦之淫响，藏燕赵之艳姬，不旋踵间而感慨系之。臣不知其为何说也！虽然，长江发源岷山，委蛇七千余里而入海，白涌碧翻。六朝之时，往往倚之为天堑[14]。今则南北一家，视为安流，无所事乎战争矣。然则果谁之力欤？逢掖之士，有登斯楼而阅斯江者，当思圣德如天，荡荡难名，与神禹疏凿之功，同一罔极。忠君报上之心，其有不油然而兴耶？

臣不敏，奉旨撰记。欲上推宵旰图治之功者，勒诸贞珉[15]。他若留连光景之辞，皆略而不陈，惧亵也[16]。

金陵是帝王建都的地方，自六朝至南唐，大都偏据一方，不能与这里山川的王气相应。直到我朝皇帝在这里建都，才与王气相当。至此，声威教化所到之处，不分南北，存念神明于雍穆的清庙中，即使是游览行乐也可成为天下后世的楷模。

在京城的西北有座狮子山，从卢龙山蜿蜒而来。长江犹如彩虹一样盘绕在它的脚下。皇上因为这里地势雄伟壮丽，下令在山顶上建一座楼，与百姓同享游览的乐趣，于是赐名叫做"阅江"。

登临阅江楼，各种景物纷然罗列，仿佛是千年的奥秘都全部显露出来。这难道不是天造地设，等待一统天下的圣明君主，而展示出千秋万代的奇伟景观吗？当风清日丽，皇上亲临，登上高山之巅，凭栏远眺，一定会悠然自得，触动遐想。看到那长江、汉水东流入海，各地的官员前来述职，看到城高深池，关隘险固，这时一定会说："这大好江山，都是我历尽风雨，征战取胜才得到的啊！整个华夏，土地辽阔，更要想办法保卫它。"看到那江水浩荡，张满风帆的船来往航行，国外的船舶接连不断地来朝谒见，蛮夷的珍宝络绎不绝来京进贡，一定会说："这都是我以仁德安抚，用武力镇慑，恩泽遍布国内达到的。对遥远的边疆地区，更要想办法采用怀柔他们的方略。"看到那长江两岸、四郊的田野上，耕地里有人经受着皮肤烤晒，手脚皲裂的痛苦，农家女子有采桑送饭的辛劳，一定会说："这是被朕拯救于水火之中，使他们能安卧在床。天下有这样多的臣民，就更要想如何让他们过上安宁的生活。"类似的事物，不是一两件。这座楼的兴建，只是皇上用来振奋精神的，借物抒发各种感慨，寄寓使天下大治的愿望，哪里只是为了欣赏长江风景呢！

　　临春楼、结绮楼，不是不华美，齐云观、落星楼不是不高大，但它只不过是用来欣赏淫曲艳调和藏匿燕、赵等地的艳丽美女的。转瞬即逝使人感叹，我不知道该怎样去解释。尽管这样，长江发源于岷山，绵延几千里注入东海，白浪汹涌，碧波翻滚。六朝时以它做为天然屏障，如今已是南北一家，把它视为一条平静的水流不再用于战争了。那么，这究竟是谁的力量呢？有登上这座楼观赏长江风景的，应该感念皇上皇恩浩荡，难以用语言表达，与大禹开山引水的功劳同样是功德无量。忠于君主，报答皇上的心情，哪有不油然而生的呢？

　　我没什么才能，奉皇上的旨意撰写这篇文章，希望追述皇上励精图治的功绩，刻在碑石上。其他留连景致的言辞，都略去不写，唯恐会亵渎了圣明。

◎ 内涵外延

《阅江楼记》的故事

朱元璋称帝，下诏于南京修建阅江楼。竣工后，亲自撰写《阅江楼记》。后又命手下众臣各写一篇。众臣交卷，朱元璋钦定宋濂写得最好，于是点位魁首。

◎ 本文注释

〔1〕金陵：即今南京市。
〔2〕六朝：三国的吴、东晋和南朝的宋、齐、梁、陈，都建都南京，历史上称作六朝。南唐：五代十国之一，也建都金陵。
〔3〕类：大抵，大致。偏据一方：指六朝和南唐的统治区域都只有江南一部分和长江中下游地区。
〔4〕定鼎：传说大禹铸九鼎象征天下九州，夏、商、周三代都把它作为传国之宝，随都迁徙，所以后代多称建都为"定鼎"。
〔5〕蟠（pán）绕：盘绕。蟠，盘曲地伏着。〔6〕法驾：天子的车驾。
〔7〕朝宗：诸侯朝见天子。这里借指百川入海。
〔8〕中夏：即中华。〔9〕庭：同"廷"，朝廷。〔10〕琛（chēn）：珍宝。
〔11〕陲（chuí）：边疆。〔12〕炙（zhì）：烤。皲（jūn）：皮肤因寒冷而冻裂。
〔13〕捋（luō）：用手握着东西，顺着移动。馌（yè）：给在田里耕作的人送饭。
〔14〕堑（qiàn）：濠沟。
〔15〕勒：刻。珉（mín）：似玉的美石。〔16〕亵：轻慢，亵渎。

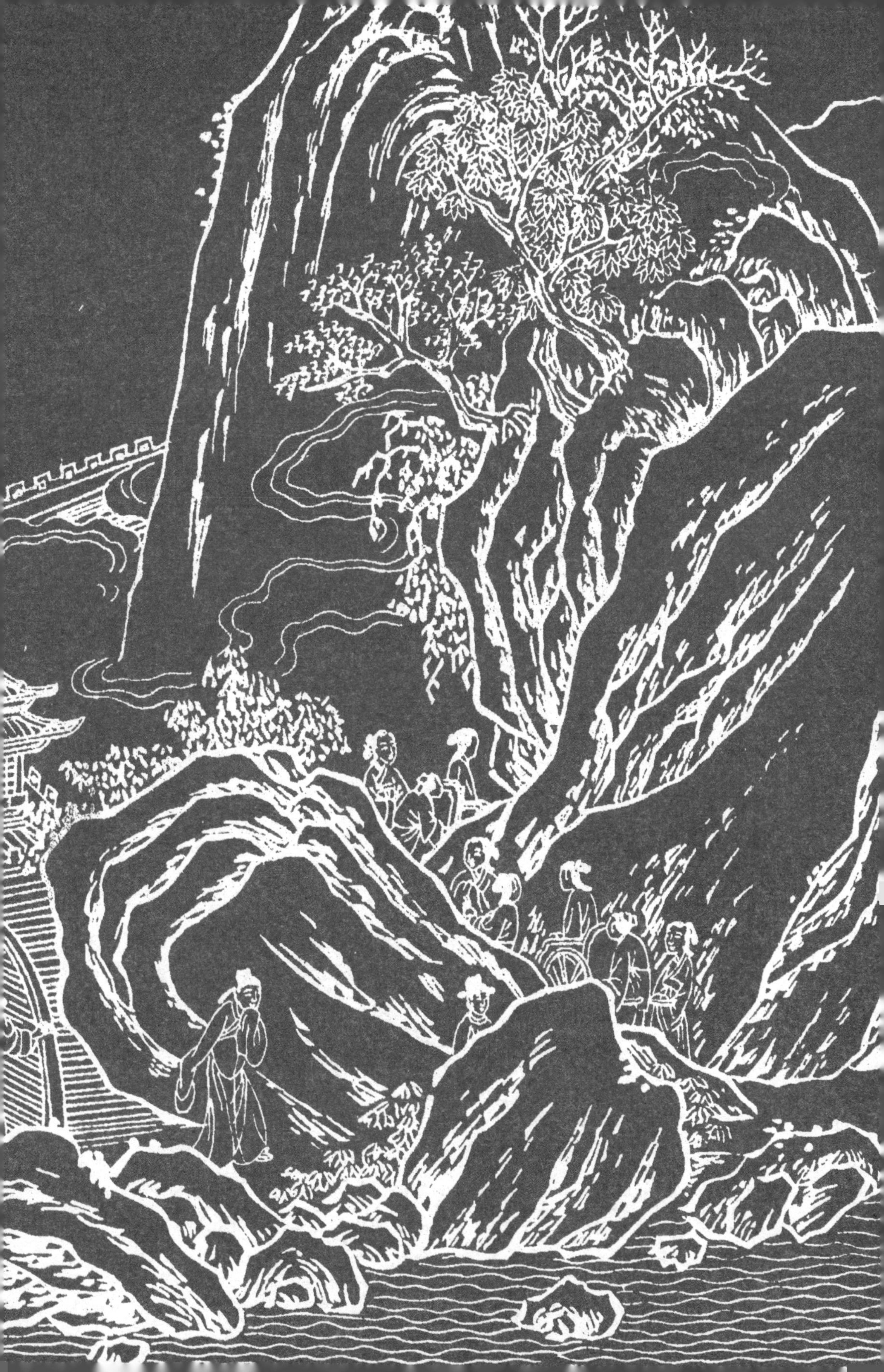

卖柑者言

刘 基：公元1311—1375年，字伯温，号郁离子，浙江青田人。元末进士。做过高安县丞、浙江行省元帅府都事等职。因与人意见不合被革职。后被朱元璋邀请出山，很受信任，成为明朝开国元勋之一。

◎ 经典语录
金玉其外，败絮其中　世之为欺者不寡矣，而独我也乎

刘　基

　　杭有卖果者，善藏柑，涉寒暑不溃[1]，出之烨然，玉质而金色[2]。剖其中，干若败絮[3]。予怪而问之曰："若所市于人者，将以实笾豆，奉祭祀，供宾客乎？将衒外以惑愚瞽乎[4]？甚矣哉为欺也！"

　　卖者笑曰："吾业是有年矣，吾业赖是以食吾躯[5]。吾售之，人取之，未闻有言，而独不足子所乎？世之为欺者不寡矣，而独我也乎？吾子未之思也。今夫佩虎符、坐皋比者[6]，洸洸乎干城之具也[7]，果能授孙、吴之略耶？峨大冠、拖长绅者，昂昂乎庙堂之器也[8]，果能建伊、皋之业耶？盗起而不知御，民困而不知救，吏奸而不知禁，法斁而不知理，坐糜廪粟而不知耻。观其坐高堂，骑大马，醉醇醴而饫肥鲜者[9]，孰不巍巍乎可畏、赫赫乎可象也[10]？又何往而不金玉其外，败絮其中也哉！今子是之不察，而以察吾柑。"

　　予默默无以应。退而思其言，类东方生滑稽之流。岂其忿世嫉邪者耶？而托于柑以讽耶？

　　杭州有个卖水果的人，善于贮藏柑子，即使经过严冬酷暑也不会腐烂，拿出来依然光鲜，玉石般的质地，皮色金黄。但是剖开一看，干枯得像破棉絮。我很奇怪，就责问他："你卖给人家的柑子，是打算让人家供奉神灵招待宾客呢，还是炫耀它的外表去迷惑傻瓜和瞎子呢？你这种欺骗手段太过分了！"

　　卖柑子的人笑笑说："我干这行当有年头了，我依靠它来养家糊口。我卖它，别人买它，从来没有听到人说什么，为什么唯独您不满意呢？世上骗人的多的是，难道就我一个人吗？您没有去想想，如今那些佩戴兵符、坐在虎皮椅子上的武将，耀武扬威俨然是保卫国家的帅才，他们果真有孙武、吴起那样的韬略吗？那些高戴官帽，拖着长带的文臣，神气俨然像国之栋梁，真的能像伊尹、皋陶那样建功立业

吗？盗贼兴起却不知道抵御，百姓穷困却不知道救济，官吏作奸犯科却不知道禁止，法律败坏而不知道清理，白白地耗费国家的粮食却不知道羞耻。看他们坐在高堂上，骑着大马，饮美酒食美味的样子，哪一个不是仪表堂堂，令人敬畏，气度不凡，值得效法呀？然而他们又何尝不是金玉其外，败絮其中呢！您对这些视而不见，却来挑剔我的柑子。"

我默不作声，无言以对，回来后仔细品味他的话，觉得他很像东方朔那类诙谐滑稽的人物。莫非他是个愤世嫉俗、厌恶奸邪的人，而借柑子来讽刺吗？

◎ **内涵外延**

吴起（？－公元前381年）
战国时兵家。卫国左氏（今山东定陶西）人。善用兵。初任鲁将，继任魏将，被魏文侯任为西河守。文侯死，遭陷害，逃奔楚国，初为宛（今河南南阳）守，不久任令尹，佐楚悼王实行变法。楚悼王死后，变法失败，被旧贵族杀害。

◎ **本文注释**

〔1〕涉：经历，经过。
〔2〕玉质：形容柑子光润而坚实似玉。
〔3〕败絮：破旧的棉絮。
〔4〕炫（xuàn）：夸耀。瞽（gǔ）：瞎子。
〔5〕食（sì）：养活。
〔6〕皋比（pí）：披在椅子上的虎皮。
〔7〕干城：本议是捍卫城池，后来用以代指捍卫国家的大将。具：材。
〔8〕庙堂：这里指朝廷。
〔9〕醇醴（lǐ）：味道醇厚的酒。饫（yù）：饱食。
〔10〕赫赫：显盛的样子。

刘基（公元1311—1375年）刘基的运筹帷幄、神机妙算不仅使同僚下属钦佩不已，也博得了朱元璋的信任与尊敬。朱元璋将他比作汉代谋臣张良，尊称他『老先生』而不呼其名，经常和他一起商量军政大事，有时遇有重大决策，仅召他一人进密室相议，一谈便是半日。

355

深虑论

方孝孺

方孝孺：公元1357—1402年，字希直，又字希古，浙江宁海人。明太祖时为汉中府学教授，蜀献王聘为世子之师。后燕王朱棣攻入京城（今南京），因不肯为其起草登基诏书而被杀。

◎ 经典语录

祸常发于所忽之中，而乱常起于不足疑之事　智可以谋人，而不可以谋天

虑天下者，常图其所难，而忽其所易；备其所可畏，而遗其所不疑。然而祸常发于所忽之中，而乱常起于不足疑之事。岂其虑之未周与？盖虑之所能及者，人事之宜然；而出于智力之所不及者，天道也。

当秦之世，而灭诸侯，一天下。而其心以为周之亡，在乎诸侯之强耳，变封建而为郡县[1]。方以为兵革可不复用，天子之位可以世守，而不知汉帝起陇亩之中[2]，而卒亡秦之社稷[3]。汉惩秦之孤立，于是大建庶孽而为诸侯，以为同姓之亲可以相继而无变，而七国萌篡弑之谋。武、宣以后，稍剖析之而分其势，以为无事矣，而王莽卒移汉祚。光武之惩哀、平[4]，魏之惩汉，晋之惩魏，各惩其所由亡而为之备。而其亡也，盖出于所备之外。唐太宗闻武氏之杀其子孙[5]，求人于疑似之际而除之，而武氏日侍其左右而不悟。宋太祖见五代方镇之足以制其君[6]，尽释其兵权，使力弱而易制，而不知子孙卒困于敌国。此其人皆有出人之智，盖世之才，其于治乱存亡之几，思之详而备之审矣[7]。虑切于此而祸兴于彼，终至乱亡者何哉？盖智可以谋人，而不可以谋天。良医之子，多死于病；良巫之子[8]，多死于鬼。岂工于活人而拙于谋子也哉？乃工于谋人而拙于谋天也。

古之圣人，知天下后世之变，非智虑之所能周，非法术之所能制[9]，不敢肆其私谋诡计，而唯积至诚用大德以结乎天心，使天眷其德[10]，若慈母之保赤子而不忍释。故其子孙虽有至愚不肖者足以亡国，而天卒不忍遽亡之，此虑之远者也。夫苟不能自结于天，而欲以区区之智，笼络当世之务，而必后世之无危亡，此理之所必无者，而岂天道哉！

考虑天下大事的人，常常着眼困难的问题，而忽略了那些容易的问题。防备那些可怕的事，却漏掉了好些毫不怀疑的事情。然而祸患常常发生在被忽略的问题上，乱子常常出在不必怀疑的事情上。难道是考虑

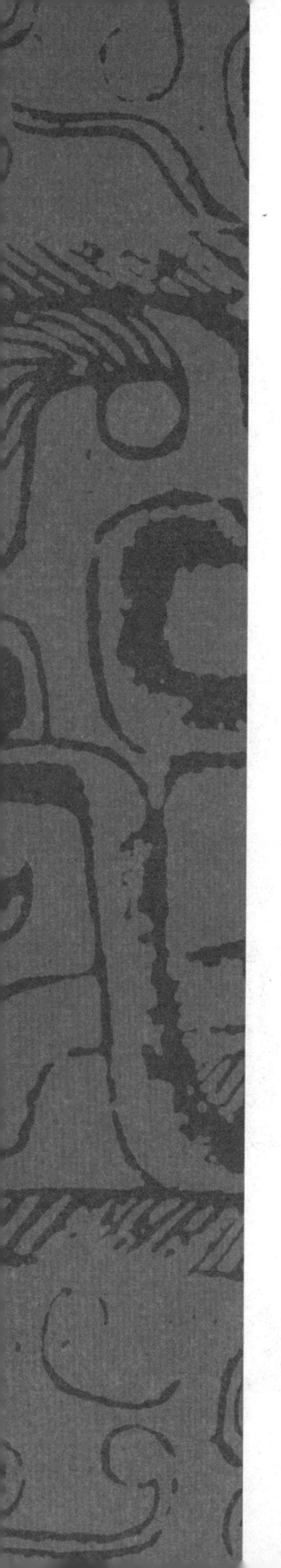

得不周密吗？这是因为人们能考虑到的，都是本来就应当如此的，而超出人的智商而无法考虑到的，就是"天道"。

当秦国兴起的时候，吞并诸侯，统一天下。秦始皇认为周朝灭亡在于诸侯国的强大，于是改变分封为郡县制，正当他认为从此不再有战争了，皇帝宝座可以世代相传的时候，却不知道汉高祖在民间崛起，终于推翻了秦王朝。汉朝吸取秦当年孤立无援的教训，于是大封同姓子弟为诸侯王，认为有了同姓的骨肉之亲，就可以世代相传而不会发生叛乱，但是吴、楚等七国诸侯却酝酿着篡位弑君的阴谋。武帝、宣帝以后，逐渐分割这些诸侯国的封地，以分散他们的势力，认为不会有什么事了，不料外戚王莽篡夺了汉皇位。汉光武帝吸收汉哀帝、平帝的教训，魏吸收汉的教训，晋吸收魏的教训，都从前代灭亡中吸取教训，并预先作了防范。然而他们后来的败亡，却都出于他们防备之外。唐太宗听说有姓武的人要杀李氏的子孙，就在那些有嫌疑的人当中寻找，把他们全部杀掉，但武则天整天侍候在他身边，他却没有觉察到。宋太祖看到五代时期藩邦势力足以威胁君主，便解除了武将的兵权，使他们的力量薄弱而易于控制，却没有料到最终断送在他的子孙手里。这些人都有超人的智慧，盖世的才能，他们对产生致乱的各种细微迹象考虑得很周详，也防备得很严密。然而他们切中此处，祸患却在另一处发生了，结果招致动乱和灭亡，这是什么原因呢？恐怕是人的智慧只能谋划人事，却不能谋划天道。高良医生的子女，大多死于疾病，巫师的子女大多死于鬼神。难道他们只善于对待别人而拙于对

○ 品画鉴宝　洛神赋图（东晋）顾恺之／绘

待自己吗？其实只是善于人事但是拙于应付天道。

　　古代的圣人知道天下后世的变化，不是人的智谋也不是任何手段所能控制的，因此不必肆意滥施阴谋诡计，而只是积累最诚挚的心意，用最大的功德来感动上天的心，使上天喜爱他们的品德，好像慈母保护孩子而舍不得抛弃他们。所以，他们的子孙，虽然有非常愚蠢不成才的，足以毁灭国家，而上天终不忍心使它一下子灭亡。这才是深谋远虑。如果自己不能维系天意，却想用一点小小的智谋去驾驭当前绝对的事务，还以为自己的后代不会有危难和覆灭的可能，这是绝对讲不通的。又怎会符合天道呢？

◎ 内涵外延

宋太祖（公元 927－976 年）
宋朝的建立者，原名赵匡胤。河北涿州人。公元960年发动"陈桥兵变"，夺取了后周政权，建立宋王朝，改元建隆。他重文轻武、偏重防内，据此而制定的一系列军政措施为宋朝"积贫积弱"局面的形成埋下了祸根。

◎ 本文注释

[1] 封建：周朝分封疆土，建立封侯国的制度。爵位分公、侯、伯、子、男五等，公、侯封地百里，伯分封七十里，子、男封地五十里。郡县：秦始皇废除封建后建立的郡、县两级的中央集权制度。分全国为二十六郡，下设县。郡、县长官都由中央任免。
[2] 汉帝：指汉高祖刘邦，公元前206年－前195年在位。起陇亩之中：指出身低微。陇，同"垄"。田埂。
[3] 社稷（jì）：代称国家。社，土地神。稷，谷神。
[4] 哀：汉哀帝刘欣，公元前6年－前1年在位。平：汉平帝刘衎（kàn），公元元年－5年在位。
[5] 武氏：武则天，名曌（zhào），公元683年中宗继位后，临朝听政。公元690年废睿宗，称帝，国号周。在位期间，杀害了很多李氏宗室。
[6] 五代：指唐以后的梁、唐、晋、汉、周五个王朝。
[7] 审：详细，周密。
[8] 巫：古代以为人求神祈祷为职业的人。
[9] 法术：指巧妙的方法。[10] 眷：关怀，宠爱。

豫让论

方孝孺

◎ 经典语录

忿必争，争必败；骄必傲，傲必亡

士君子立身事主，既名知己，则当竭尽智谋，忠告善道，销患于未形，保治于未然，俾身全而主安。生为名臣，死为上鬼，垂光百世，照耀简策[1]，斯为美也。苟遇知己，不能扶危于未乱之先，而乃捐躯殒命于既败之后[2]，钓名沽誉，眩世炫俗，由君子观之，皆所不取也。

盖尝因而论之。豫让臣事智伯，及赵襄子杀智伯，让为之报仇，声名烈烈，虽愚夫愚妇[3]，莫不知其为忠臣义士也。呜呼！让之死固忠矣，惜乎处死之道有未忠者存焉。何也？观其漆身吞炭，谓其友曰："凡吾所为者极难，将以愧天下后世之为人臣而怀二心者也[4]。"谓非忠可乎？及观斩衣三跃，襄子责以不死于中行氏，而独死于智伯，让应曰："中行氏以众人待我，我故以众人报之；智伯以国士待我，我故以国士报之。"即此而论，让有余憾矣[5]。

段规之事韩康，任章之事魏献，未闻以国士待之也，而规也章也，力劝其主从智伯之请，与之地以骄其志，而速其亡也。郄疵之事智伯，亦未尝以国士待之也，而疵能察韩、魏之情以谏智伯，虽不用其言，以至灭亡，而疵之智谋忠告，已无愧于心也。让既自谓智伯待以国士矣，国士，济国之士也。当伯请地无厌之日，纵欲荒暴之时，为让者，正宜陈力就列，谆谆然而告之曰[6]："诸侯大夫，各安分地，无相侵夺，古之制也。今无故而取地于人，人不与，而吾之忿心必生；与之，则吾之骄心必起。忿必争，争必败；骄必傲，傲必亡。"谆切恳至，谏不从，再谏之；再谏不从，三谏之；三谏不从，移其伏剑之死[7]，死于是日。伯虽顽冥不灵[8]，感其至诚，庶几复悟，和韩、魏，释赵围，保全智宗，守其祭祀。若然，则让虽死犹生也，岂不胜于斩衣而死乎？让于此时，曾无一语开悟主心[9]，视伯之危亡，犹越人视秦人之肥瘠也，袖手旁观，坐待成败，国士之报，曾若是乎？智伯既死，而乃不胜血气之悻悻[10]，甘自附于刺客之流，何足道哉！何足道哉！

虽然，以国士而论，豫让固不足以当矣。彼朝为仇敌，暮为君臣，觍然而自得者，又让之罪人也。噫！

士人君子立足世上，侍奉君主，既然被称为知己，就应该竭尽智慧和计谋，诚恳地劝告并加以引导，将灾祸消除在未成形之前，维持国家的治安，使自身得以保全，君主得到平安。活着做忠臣，死了也做高尚的灵魂，流芳千古光耀史册，这才可以称得上是完美。如果遇到了知己，不能解除危难于动乱发生之前，而只是牺牲于失败之后，骗取名声，炫耀世间，并夸耀于社会，这在君子看来，都是不足取的。

我曾以此观点评论过豫让。豫让侍奉智伯，当智伯被赵襄王所杀，豫让为他报仇，名声显赫，即使是普通百姓，也都知道他是忠臣义士。唉！他的死可称得上忠心，可惜对选择死的方式尚欠考虑。为什么呢？看他在身上涂漆改变外形，吞炭改变声音，他对朋友说："我做的事情非常人所能，将以此来使后代做臣子而怀有二心的人感到惭愧。"能怀疑他不忠吗？他连续三次跳起，用剑劈斩赵襄子的衣服，赵襄子责问他不为中行氏而死，惟独替智伯献身时，豫让回答说："中行氏以善通人的态度对待我，所以我用同样的方式回报他；智伯以国士相待，所以我就像国士一样报答他。"仅此一点，豫让就有不足之处。

段规侍奉韩康子，任章侍奉魏献子，并未听说曾以国士来对待，但是段规、任章却极力劝说他们的主人答应智伯的要求，割让土地给智伯而使他志得意满，从而加速他的灭亡。郄疵侍奉智伯，智伯也不曾以国士相待，可是他却能洞察韩、魏的意图劝谏智伯，虽然智伯没有采纳他的意见而灭亡，但郄疵的智谋忠告，已经是问心无愧了。豫让既然认为智伯以国士的礼节来对待自己，而国士，也就是安邦定国之士。当智伯索要土地，贪得无厌，纵欲残暴的时候，豫让应当竭力尽到臣子的职责，谆谆劝谏智伯说："诸侯大夫应各自安守自己的土地，不要互相侵夺，这是自古的规矩。现在无缘无故向人家索取土地，人家不给，必定会产生忿恨之心；人家给了，将滋生骄傲自满之心。忿恨会引起争斗，争斗就必然失败；骄横必然目空一切，目空一切必然会导致灭亡。"非常耐心诚恳地劝谏，如果劝谏不听，就再劝谏；第二次不行，再劝谏第三次；三次都不听从，就把伏剑自杀的行动提到这个时候，这样一来，纵然智伯顽固愚昧，也会为他的诚心所感动，也许会醒悟，与韩、魏和好，解除对赵国的围困，保全智氏的宗族，使他们能保持祭祀礼仪。假如能这样，豫让虽死犹生，岂不是胜过斩衣而死吗？但是豫让在那时，连一句劝导启发的话都没有，看着智伯危亡将至，好像越人看秦人的肥瘦一样，袖手旁观，坐等他的成败，国士的报答就是这样的吗？直到智伯死了，才抑制不住愤怒的血气，情愿把自己归入刺客的行列，这有什么值得称道的呢！这有什么值得称道的呢！

虽然这样，以国士的标准来衡量，豫让的确承担不起。但那些早上还是仇敌，晚上就变成了君臣，恬不知耻自鸣得意的人，又都是豫让的罪人了。唉！

◎ 内涵外延

豫让

春秋战国间晋国人。初事范氏、中行氏，继为智伯家臣。赵、韩、魏共灭智氏，他欲为智伯报仇，乃改姓换名，为刑徒入宫治厕所，谋刺赵襄子未遂；继用漆涂身使患恶疮，并吞碳使哑。他暗伏桥下，再谋刺赵襄子未遂。后被捕，求得赵襄子衣服，拔剑刺衣后自杀。

◎ 本文注释

〔1〕简策：指史籍。简，古代用来写字的竹片或木片。策，把简连编起来而成。
〔2〕殒（yǔn）：死亡。〔3〕愚夫愚妇：指普通老百姓。
〔4〕愧：使感到惭愧。〔5〕憾：不足。〔6〕谆谆然：恳切教诲的样子。
〔7〕伏剑：用剑自杀。〔8〕顽冥：固执愚昧。
〔9〕开悟：提醒，开导。〔10〕胜：胜任，承受。悻悻：恼怒的样子。

○ 品画鉴宝
金银错铜丝网套壶（战国） 此器由器身和肩、腹上的网套组成。制作工艺极为高超，是一件有很高历史价值的难得的艺术珍品。

尊经阁记

王守仁：公元1472—1528年，字伯安，号阳明，浙江余姚人，明代著名哲学家。任刑部侍郎、兵部主事。因触犯宦官刘瑾被贬为贵州龙场驿丞。后镇压农民起义、平定朱宸濠叛乱，因功封新建伯，官至南京兵部尚书。

◎ 经典语录

六经者非他，吾心之常道也 心也，性也，命也，一也

王守仁

经，常道也。其在于天谓之命，其赋于人谓之性，其主于身谓之心。心也，性也，命也，一也。通人物，达四海，塞天地，亘古今[1]，无有乎弗具，无有乎弗同，无有乎或变者也，是常道也。

其应乎感也，则为恻隐[2]，为羞恶，为辞让，为是非。其见于事也，则为父子之亲为君臣之义，为夫妻之别，为长幼之序，为朋友之信。是恻隐也，羞恶也，辞让也，是非也，是亲也，义也，序也，别也，信也，一也，皆所谓心也，性也，命也。通人物，达四海[3]，塞天地，亘古今，无有乎弗具，无有乎弗同，无有乎或变者也，是常道也。

以言其阴阳消长之行，则谓之《易》；以言其纪纲政事之施[4]，则谓之《书》；以言其歌咏性情之发，则谓之《诗》；以言其条理节文之著，则谓之《礼》；以言其欣喜和平之生，则谓之《乐》；以言其诚伪邪正之辨，则谓之《春秋》。是阴阳消长之行也，以至于诚伪邪正之辨也，一也，皆所谓心也，性也，命也。通人物，达四海，塞天地，亘古今，无有乎弗具，无有乎弗同，无有乎或变者也，夫是之谓六经。

六经者非他，吾心之常道也。是故《易》也者，志吾心之阴阳消息者也；《书》也者，志吾心之纪纲政事者也；《诗》也者，志吾心之歌咏性情者也；《礼》也者，志吾心之条理节文者也；《乐》也者，志吾心之欣喜和平者也[5]；《春秋》也者，志吾心之诚伪邪正者也。君子之于六经也，求之吾心之阴阳消息而时行焉，所以尊《易》也；求之吾心之纪纲政事而时施焉，所以尊《书》也；求之吾心之歌咏性情而时发焉，所以尊《诗》也；求之吾心之条理节文而时著焉，所以尊《礼》也；求之吾心之欣喜和平而时生焉，所以尊《乐》也；求之吾心之诚伪邪正而时辨焉，所以尊《春秋》也。

盖昔圣人之扶人极，忧后世，而述六经也，犹之富家者之父祖，虑其产业库藏之积，其子孙者，或至于遗亡散失，卒困穷而无以自全也，而记籍其家之所有以贻之，使之世守其产业库藏之积而享用焉，以免于困穷之患。故六经者，吾心之记籍也，而六经之实，则具于吾心。犹之产业库藏之实积，种种色色，其存于其家，其记籍者，特名状数目而已。而世之学者，不知求六经之实于吾心，而徒考索于影响之间[6]，牵制于文义之末。硁硁然以为是六经矣[7]。是犹富家之子孙，不务守视享用其产业库藏之实积，日遗亡散失，至为窭人丐夫，而犹嚣嚣然指其记籍曰[8]："斯吾产业库藏之积也。"何以异于是？

呜呼！六经之学，其不明于世，非一朝一夕之故矣。尚功利，崇邪说，是谓乱经。习训诂，传记诵，没溺于浅闻小见，以涂天下之耳目，是谓侮经。侈淫词，竞诡辨，饰奸心盗行，逐世垄断，而犹自以为通经，是谓贼经。若是者，是并其所谓记籍者而割裂弃毁之矣，宁复知所以为尊经也乎？

越城旧有稽山书院，在卧龙西冈，荒废久矣。郡守渭南南大吉，既敷政于民，则慨然悼末学之支离，将进之以圣贤之道，于是使山阴令吴君瀛，拓书院而一新之，又为尊经之阁于其后，曰："经正则庶民兴，斯无邪慝矣。"阁成，请予一言，以谂多士。予既不获辞，则为记之若是。呜呼！世之学者得吾说而求诸其心焉，则亦庶乎知所以为尊经也已！

经，是不变的真理。在于天时就叫作"命"，给予人就叫做"性"，主宰人身时就叫做"心"。心、性、命，三者是一致的。遍及人类万物，通达四海之内，充塞天地之间，贯穿古今，无所不在，无所不同，无所变化的就是永恒的真理。

○ 品画鉴宝　铁笛图（明）吴伟／绘　图中松柏交阴，一高士坐在石台旁，右手上提，似在推敲曲谱。

它反应在情感上，就是同情、怜悯、谦让、爱憎。它表现在事理上，就是父子之间的亲爱，君王之间的道义，夫妻之间的区别，长幼之间的次序，朋友之间的信誉。这所说的同情、怜悯、谦让、爱憎、亲爱、道义、区别、次序、信誉，都是说的心、性、命。它遍及人类万物，通达四海，充塞天地之间，贯穿古今，无所不在，无所不同，无所变化的就是永恒的真理。

用它解释阴阳变化的运行，就叫《易》；用以说明典章和政事的实施，就叫《书》；用来抒发感情就叫《诗》；用来叙述礼仪制度的就叫《礼》；用来表达欣喜和平的发生就叫《乐》；用来表明真诚虚伪、邪恶正直的区别叫《春秋》。这种阴阳变化，直至诚伪邪正的区别，都是一致的，就是所说的心、性、命。遍及人类万物，通达四海，充塞天地之间，贯穿古今，无所不在，无所不同，无所变化的东西，就叫做六经。

六经不是别的，是我们心灵中固有的真理。因此《易》叙述我们心中的阴阳变化；《书》记述心中的典章政事；《诗》记述我们心中的情感；《礼》记述我们心中的礼仪；《乐》记述我们心中的欣喜和平；《春秋》记述我们心中的诚伪邪正。君子以待六经，探求心理的阴阳变化及运行，这就是尊崇《易》；探求心中典章政事的实施，就是尊崇《书》；探求心中的情感抒发，就是尊崇《诗》；探求心里各种礼仪制度及时确立就是尊崇《礼》；探求心中的欣喜和平并表现就是尊崇《乐》；探求心中的诚伪邪正并及时辨别就是尊崇《春秋》。

从前圣人树立为人的道德标准，为将来考虑，因而著述六经。这就像富人家中的长辈，担心他们的产业和积蓄，后代子孙也许会遗失，以至于穷困以维持生计，因而把家里的财产登记造册再传给他们，使他们能够守住这些家产祖业并享用它，以免遭受贫穷和困苦。所以六经是我们心灵的"账簿"，而六经的实质，则铭记在我们心中。这如同产业、库藏中的各种实物，在簿册上登记着的，并有它的名称、形状和数目。然而世上的学者，不懂得从心灵中去探求六经的实质，而只是在一些虚幻的影子中去思考、求索，拘泥于字义的细枝末节，还自以为这就是六经。这就如同富人家的子孙，不是去努力丰富他们的产业和库藏积蓄，而是任凭它们丢掉、流散，终于成为穷人乞丐，却还自鸣得意地指着他们的账簿说："这些是我的产业和库存积蓄。"世上的学者与这种富家子孙的所作 所为没有什么区别。

唉！六经不能被人正确理解，已经不是一朝一夕的事情了。追求功利，崇尚异端邪说，这叫淆乱六经。专门学习语词的释译，生搬硬套，沉溺于表面的见解，以此来扰乱视听，这叫侮辱六经。夸大其辞，曲解诡辩，掩饰邪恶的心迹与卑鄙的品行，媚俗而投机取巧，还以精通经义自居，这叫作残害六经。像这种做法，是连同所说的簿籍都一起割裂毁掉了，哪里还晓得尊崇六经的道理？

越城从前有个稽山书院，在卧龙山西面，荒废很久了。郡守南大吉，在推行政令之余，深深慨叹学术的支离破碎，想将人们导入圣贤之道，于是责令山阴县令吴瀛扩建书院，使它面目全新，又在它的后面修建一座尊经阁，说："正确地理解六经，百姓就会人人向善，就不会有邪恶的想法。"尊经阁落成后，要我写篇文章来规劝读书人。我义不容辞地写了这样一篇记文。唉！世上的学者读完我的文章。若能从内心真正探求六经，也就差不多懂得什么叫尊经了！

◎ 内涵外延

哲学家王阳明

王守仁曾筑室故乡阳明洞中，故世称王阳明先生。初习程朱理学与佛学，后转陆九渊心学，并发展了陆氏学说，以对抗程朱学派。断言"夫万事万物之理不外于吾心"，"心明便是天理"；否认心外有理、有事、有物。提出"致良知"的学说，把封建伦理道德说成是人生而有之的"良知"。要求用反求内心的修养方法达到"万物一体"的境界。其学说以"反传统"的论调出现，在明代中期以后影响很大，并且远传日本。

◎ 本文注释

〔1〕亘（gèn）：连续不断，贯通。
〔2〕恻（cè）隐：对受苦难的人表示同情。〔3〕达：到达。
〔4〕纪纲：法度，法制。〔5〕和平：心平气和。
〔6〕影响：影子和回响，这里指关于六经的传闻、注疏。
〔7〕硁硁：浅陋固执的样子。
〔8〕嚣（xiāo）嚣：自得的样子。

象祠记

王守仁

◎ 经典语录

君子之爱若人也，推及于其屋之乌　吾于是盖有以信人性善，天下无不可化之人也

灵博之山，有象祠焉[1]。其下诸苗夷之居者[2]，感神而祠之。宣尉安君因诸苗夷之请[3]，新其祠屋，而请记于予。予曰："毁之乎，其新之也？"曰："新之。""新之也，何居乎？"曰："斯祠之肇也，盖莫知其原[4]。然吾诸蛮夷之居是者[5]，自吾父吾祖溯曾高而上[6]，皆尊奉而禋祀焉，举而不敢废也。"予曰："胡然乎？有鼻之祀[7]，唐之人盖尝毁之。象之道，以为子则不孝，以为弟则傲。斥于唐，而犹存于今；坏于有鼻，而犹盛于兹土也。胡然乎？"

我知之矣：君子之爱若人也，推及于其屋之乌，而况于圣人之弟乎哉？然则祠者为舜，非为象也。意象之死，其在干羽既格之后乎[8]！不然，古之骜桀者岂少哉[9]？而象之祠独延于世。吾于是盖有以见舜德之至，入人之深，而流泽之远且久也。

象之不仁，盖其始焉耳，又乌知其终之不见化于舜也？《书》不云乎："克谐以孝，烝烝乂，不格奸。""瞽瞍亦允若[10]。"则已化而为慈父。象犹不弟，不可以为谐。进治于善，则不至于恶；不底于奸，则必入于善。信乎象盖已化于舜矣！孟子曰："天子使吏治其国，象不得以有为也。"斯盖舜爱象之深而虑之详[11]，所以扶持辅导之者之周也。不然，周公之圣[12]，而管、蔡不免焉[13]。斯可以见象之见化于舜，故能任贤使能而安于其位，泽加于其民，既死而人怀之也。诸侯之卿，命于天子，盖《周官》之制，其殆仿于舜之封象欤！吾于是盖有以信人性善，天下无不可化之人也。

然则唐人之毁之也，据象之始也；今之诸苗之奉之也，承象之终也。斯义也，吾将以表于世，使知人之不善，虽若象焉，犹可以改；而君子之修德，及其至也，虽若象之不仁，而犹可以化之也。

灵鹫山和博南山有象的祠庙。山下住的苗族人把象当作神灵来祭祀。宣尉使安君鉴于苗族人的请求，翻修了象祠并且请我作一篇记文。我问："是拆掉它还是翻修呢？"他说："翻修。""为什么要翻修呢？"他说："大概这里没有人清楚这祠庙的来历。然而居住此地的这些苗族人，从我父辈可一直追溯到高祖以上，都尊崇祭祀象，世代举行不敢取消。"我问："为什么？有鼻的象祠，唐朝人就曾毁掉过。象的品行，用儿子的规范衡量他可称作不孝，用弟弟的规范衡量他可称作傲慢。在唐朝就废弃了，在这个地方却还盛行。为什么呢？"

我懂了：君子喜欢上某个人，就能爱屋及乌，更何况对君子的弟弟呢？这样看来，修祠庙是为了祭祀舜而不是象。我估计象的去世，大概是舜用德政感化苗人使苗归顺以后的吧！否则的话，古代那些桀骜不驯的人难道还少吗？可象的祠庙却偏偏延续于世。我从这里也能看到舜的道德高尚已深入人心，他的德泽流传辽远长久。

象的品行不端从开始就有所表现，又怎么能断定后来没有被舜感化呢？《尚书》不是说过吗："舜能够用孝道使家人和睦，人心向善，不至于走向邪恶。"又说："舜的父亲瞽瞍也赞同他。"瞽瞍已被感化成为慈父。象如果依旧不尊敬兄长，就不能说全家和睦了。不断自我修行向善，就不至于走向邪恶，就必然走上善途。也许象已被舜所感化了。孟子说："天子派官吏治理他的封国。象就不能为所欲为。"这大概就是舜呵护象而为他考虑很周全，用来帮助支持他的办法也很周到。不然的话，像周公那样圣明，而管叔、蔡叔却仍免不了被诛杀。这也可见象是被舜感化好了，所以能够任用贤能之人，并且能恪守其职，把恩惠施给百

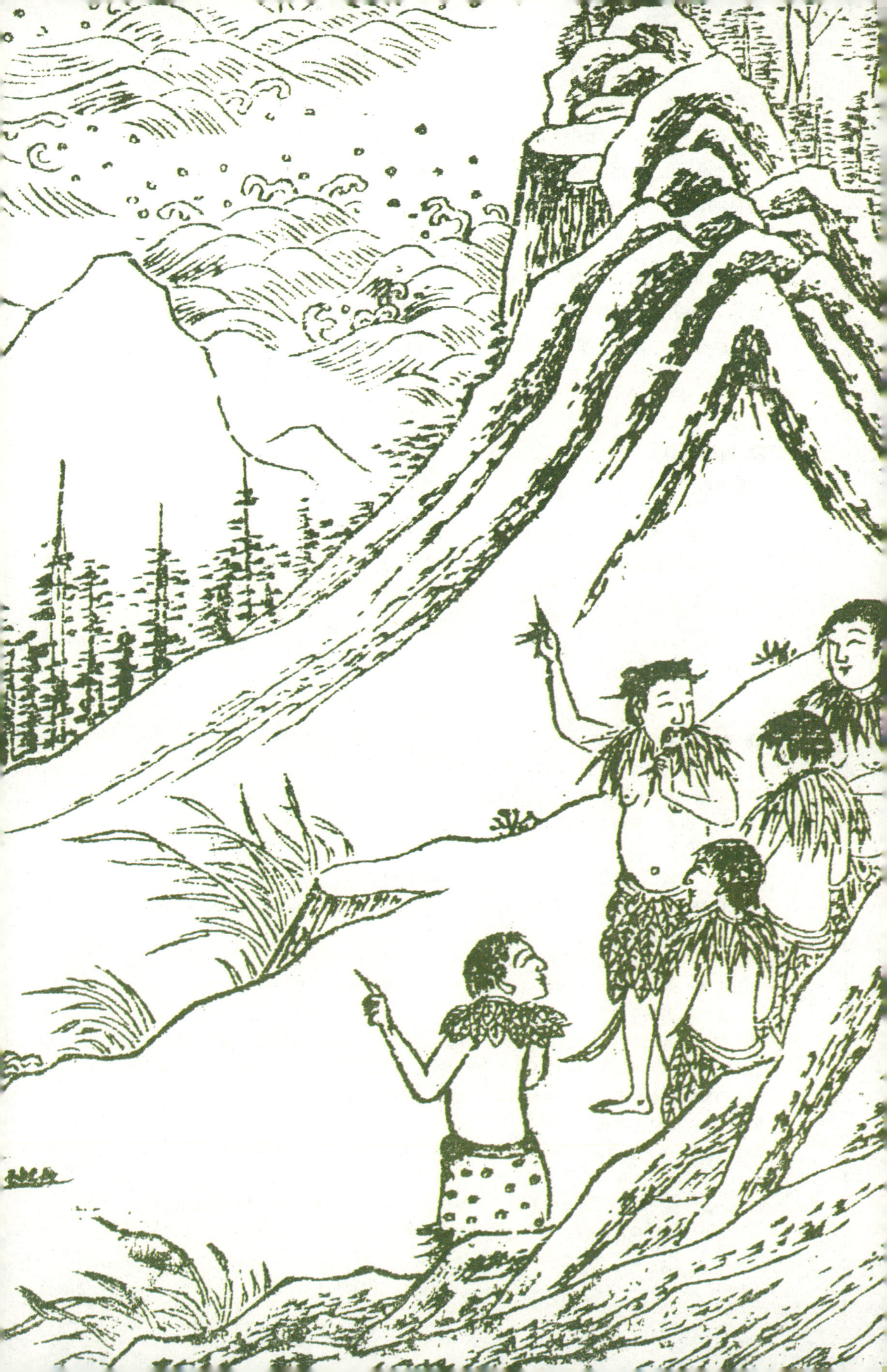

姓，所以死后人们仍然怀念他。诸侯的卿，由天子来任命，那是《周官》所定的制度，大概也是仿效舜封象的做法吧。有理由相信，人的本性是善良的，天下没有不可教化的人。

那么唐朝毁弃象祠，是根据象的早期所作所为；现在苗族人祭祀他，是根据象后来的品性，这个道理，我准备向人们说明，让大家知道，人的劣迹，即使如象一般，也还是能改造的。而高尚的人修行自己，做到很完美时，即使遇到如象那样品行不端的人，也是能够把他感化的。

◎ **内涵外延**

象的恶行

象是舜同父异母的弟弟。他自幼好吃懒做，不务正业，而且总在父母面前说舜的坏话。年老昏聩的父母不辨真假，竟然相信了象的谎言。于是他们几次想把舜置于死地。若不是舜凭着自己的智慧数次险中求活，就当真要死在象的谎言之下了。

◎ **本文注释**

〔1〕象：舜的弟弟。〔2〕苗夷：旧时对苗族的蔑称。
〔3〕宣慰：即宣慰使，官名，元代始置，多设于少数民族地区，掌军民事务。明代于西北、西南各少数民族地区设置土司，长官由当地土人世袭，最高的土司武职是宣慰使。
〔4〕原：起源。〔5〕蛮夷：古人对少数民族的蔑称。
〔6〕溯(sù)：逆水而上，这指追溯前代。曾：曾祖，祖父的父辈。高：高祖，祖父的祖父辈。
〔7〕有鼻：古地名，也作有庳，在今湖南道县北。传说象被封在这里。古有象祠。
〔8〕干羽：都是古代舞人所执的舞具。干，盾。羽，雉尾。舞干羽，表示偃武修文，不再战争。
〔9〕骜桀(ào jié)：暴戾(lì)不驯。骜，马不驯，喻骄傲不驯服。桀，凶暴。
〔10〕瞽瞍(gǔ sǒu)：舜的父亲。瞽，瞎眼。瞍，没有瞳仁。传说舜的父亲有眼却不辨善恶，所以称为瞽瞍。允若：确实和顺。
〔11〕虑：谋划，考虑。
〔12〕周公：名旦，因采邑在周(今陕西岐山东北)，称为周公。西周初的政治家，周武王的同母弟。
〔13〕管、蔡：都是周武王的弟弟，名鲜、度。封于管、蔡。周公代理成王执政时，二人不满，和武庚一起发动叛乱，被周公镇压。

瘗旅文

王守仁

◎ 经典语录

古者重去其乡，游宦不逾千里。今悲伤若此，是吾为尔者重，而自为者轻也。

维正德四年秋月三月，有吏目云自京来者[1]，不知其名氏，携一子一仆将之任，过龙场，投宿土苗家。予从篱落间望见之，阴雨昏黑，欲就问讯北来事，不果。明早，遣人觇之[2]，已行矣。薄午[3]，有人自蜈蚣坡来云："一老人死坡下，傍两人哭之哀。"予曰："此必吏目死矣，伤哉！"薄暮，复有人来云："坡下死者二人，傍一人坐哭。"询其状，则其子又死矣。明日，复有人来云："见坡下积尸三焉。"则其仆又死矣。呜呼伤哉！

念其曝骨无主[4]，将二童子持畚锸往瘗之[5]。二童子有难色然。予曰："噫！吾与尔犹彼也。"二童闵然涕下，请往。就其傍山麓为三坎[6]，埋之。又以只鸡、饭三盂，嗟吁涕洟而告之曰：

呜呼伤哉！繄何人？繄何人？吾龙场驿丞余姚王守仁也。吾与尔皆中土之产。吾不知尔郡邑，尔乌乎来为兹山之鬼乎？古者重去其乡，游宦不逾千里。吾以窜逐而来此，宜也，尔亦何辜乎？闻尔官吏目耳，俸不能五斗，尔率妻子躬耕可有也，胡为乎以五斗而易尔七尺之躯？又不足，而益以尔子与仆乎？呜呼伤哉！尔诚恋兹五斗而来，则宜欣然就道，胡为乎吾昨望见尔容蹙然，盖不胜其忧者？夫冲冒霜露，扳援崖壁，行万峰之顶，饥渴劳顿，筋骨疲惫，而又瘴疠侵其外，忧郁攻其中，其能以无死乎？吾固知尔之必死，然不谓若是其速，又不谓尔子尔仆，亦遽然奄忽也。皆尔自取，谓之何哉？吾念尔三骨之无依而来瘗耳[7]，乃使吾有无穷之怆也。呜呼伤哉！纵不尔瘗，幽崖之狐成群，阴壑之虺如车轮，亦必能葬尔于腹，不致久暴尔。尔既已无知，然吾何能为心乎？自吾去父母乡国而来此，三年矣，历瘴毒而苟能自全，以吾未尝一日之戚戚也。今悲伤若此，是吾为尔者重，而自为者轻也，吾不宜复为尔悲矣。吾为尔歌，尔听之！

歌曰：连峰际天兮飞鸟不通[8]，游子怀乡兮莫知西东。莫知西东兮维天则同，异域殊方兮环海之中。达观随寓兮莫必予宫，魂兮魂兮无悲以恫。

又歌以慰之曰：与尔皆乡土之离兮，蛮之人言语不相知兮。性命不可期，吾苟死于兹兮，率尔子仆来从予兮。吾与尔遨以嬉兮，骖紫彪而乘文螭兮，登望故乡而嘘唏兮[9]！吾苟获生归兮，尔子尔仆尚尔随兮！道傍之冢累累兮，多中土之流离兮，相与呼啸而徘徊兮。餐风饮露，无尔饥兮。朝友麋鹿，暮猿与栖兮。尔安尔居兮，无为厉于兹墟兮[10]！

○品画鉴宝 江村风雨图（明）吕文英／绘 吕文英的传世作品多以卖货郎为主题，而山水画仅此一幅。此画中山峰迷蒙，树木摇曳，表现出了风雨江村的动人景致，是宋院体山水画中的上乘作品。

正德四年秋季某月三日，有一个说是从京城来的吏目，不知道他的姓名，带着一个儿子和一个仆人赴任，路过龙场，在当地一个苗族人家里借宿。我从篱笆间看见他们，天色阴暗又下着雨，本想从他那儿探听北方的消息，没有去成。第二天早晨，派人前去探望，已经走了。中午时分，有人从蜈蚣坡来，说："山坡下有一个老者死了，旁边两个人哭得很悲痛。"我说："肯定是那个吏目死了，令人可悲啊！"傍晚，又有人来说："山坡下死了两个人，旁边有个在痛哭。"询问那人的相貌，知道是吏目的儿子又死了。第二天，又有人来说："看见山坡下有三具尸体。"仆人也死了。唉！太让人伤心了！

考虑到他们的尸骨暴露在野外没有亲人替他们收敛，就带着两个童仆，拿着畚箕和铁锹去埋葬他们。两个童仆露出为难的神色。我说："唉，他们与你我都一样。"他俩听了悲伤地流下了眼泪，请求一起去。于是我们在山坡上刨了三个坑，埋葬了他们。又用一只鸡、三碗饭，叹息流泪祭奠说：

唉！可悲啊！你们是什么人呢？你们是什么人呢？我是龙场驿丞余姚王守仁。我和你都来自中原，我不知道你的家乡在何州何县，你为什么来做这荒山鬼魂？古时候外出很慎重，即使外出做官，也不超出千里。我因获罪被流放到此，是理所应当的，你却是为什么呢？你的官职不过是吏目，俸禄不足五斗米，你带着妻子儿女自耕自种，同样能获得这些收入，为什么要用五斗米的俸禄送掉你这七尺之躯呢？这还不够，还赔上儿子和仆人？唉！令人悲伤啊！如果你为五斗米的俸禄而来，就应该高高兴兴地上路，为什么那一天我看见你愁眉不展，像是很难过的样子？你顶风霜冒雨雪，攀越悬崖峭壁，翻过崇山大岭，还要忍受饥饿和疲劳，外加瘴气侵害，忧郁焦愁，这能不死吗？我预料到你必死无疑，却没想到会这么快，更没有想到你的儿子、仆人也匆匆离去！说来这也是你自找的，还有什么可说的呢！我是想着三人的尸骨无依无靠才来埋葬,使我产生了无穷的悲怆!唉!悲伤啊!假使我不安葬你,那僻静的山岗上有成群的野狐狸,山沟中的毒蛇像车轮那样大,也会将你们吞入它们的腹中,不会让你们的尸骨长时间暴露在野外。你撒手而去没有知觉,但我又怎能忍心呢?我离开父母家乡来到这里,已经三年了,忍受瘴疠毒气勉强生存下来,是因为我不曾有一天忧伤,如今我悲伤多是为了你,为自己想得少,我不应当再为你悲伤了,我给你唱一支歌,你听着!

歌词是:连绵的山峰连着天啊!连飞鸟都无法飞过去。远离的人思念故乡啊!不能辨别西东。不能辨西东啊!天空却是相同的。异国他乡啊!却总还在四海之中。胸襟开阔的人可以四海为家啊!不一定住在自己的家中,魂啊魂啊!不要悲伤。

再唱一支歌安慰说:我和你都是背井离乡之人,听不懂蛮人的语言,生死难料。假如我死在这里,你带着儿子、仆人伴我身旁。我和你遨游嬉戏,驾驭着紫色的猛虎和斑斓的蛟龙,登高眺望故乡而悲伤。假如我侥幸活着回去,你的儿子,仆人还伴随你。道路旁边的座座坟墓,大多是中原流落之人,你们一起交谈徘徊。餐风饮露,不会使你们饥饿。早上与麋鹿结伴,晚上与猿同眠。你在这里安心居住,不要化作厉鬼去滋扰村落里的人。

◎ 内涵外延

王阳明记功碑

古人在激烈战争之后,胜利一方通常要在战地或附近刻石记功。在今江西庐山李璟读书台下,有一块大型石壁。壁上有三处摩崖石刻:中为宋朝黄庭坚《七佛偈》,右为明朝徐岱诗,左即王阳明平定朱宸濠叛乱的记功碑。该碑相传由王阳明撰文书写。碑文共一百三十六字,字体庄重道劲。后人评之云:"此山此刻同不朽,风雷呵护森光芒。"

◎ 本文注释

〔1〕吏目:官名,明朝掌管官府文书的低级官吏。
〔2〕觇(chān):窥视。
〔3〕薄午:快到中午。薄:迫近。
〔4〕曝(pù)骨:暴露尸骨。
〔5〕畚(běn):土箕。锸(chā):铁锹。瘗(yì):埋葬。〔6〕麓(lù):山脚下。
〔7〕念:考虑。〔8〕际天:接近天际。〔9〕嘘唏:哽咽。〔10〕厉:恶鬼。

沧浪亭记

归有光

归有光：公元1506—1571年，字熙甫，号震川，江苏昆山人。少时勤奋好学，但三十五岁才中举，六十岁中进士，出任湖州长兴知县，官至南京太仆寺丞。

◎ 经典语录

夫古今之变，朝市改易 可以见士之欲垂名于千载，不与澌然而俱尽者，则有在矣

浮图文瑛居大云庵[1]，环水，即苏子美沧浪亭之地也。亟求余作《沧浪亭记》，曰："昔子美之记，记亭之胜也；请子记吾所以为亭者。"

余曰：昔吴越有国时，广陵王镇吴中，治园于子城之西南，其外戚孙承佑，亦治园于其偏。迨淮南纳土，此园不废。苏子美始建沧浪亭，最后禅者居之，此沧浪亭为大云庵也。有庵以来二百年，文瑛寻古遗事，复子美之构于荒残灭没之余，此大云庵为沧浪亭也。

夫古今之变，朝市改易。尝登姑苏之台，望五湖之渺茫[2]，群山之苍翠，太伯、虞仲之所建，阖闾、夫差之所争，子胥、种、蠡之所经营，今皆无有矣，庵与亭何为者哉？虽然，钱镠因乱攘窃，保有吴越，国富兵强，垂及四世，诸子姻戚，乘时奢僭，宫馆苑囿，极一时之盛，而子美之亭，乃为释子所钦重如此。可以见士之欲垂名于千载，不与澌然而俱尽者[3]，则有在矣。

文瑛读书喜诗，与吾徒游，呼之为沧浪僧云。

文瑛和尚住在大云庵，那里四面环水，就是苏子美建造沧浪亭的所在地。他多次请求我写一篇《沧浪亭记》，他说："过去苏子美的《沧浪亭记》，写的只是沧浪亭优美的风景，请你写下我重修亭子的原因吧。"

我说：从前吴越国时，广陵王镇守吴中，在内城的西南面修建园林，他的外戚孙承佑，在花园的旁边也修建了园子。后来吴越降宋把土地交给宋朝，这些园林依然没有被荒废。苏子美开始修建沧浪亭，后来

一些和尚来到这里，这样沧浪亭就变成了大云庵。建庵已有二百年了，文瑛和尚寻访古人遗迹，在荒芜残破的废墟上重新修复苏子美的建筑，这样大云庵又变回了沧浪亭。

古今巨大的变迁，朝廷和市镇都发生了变化。我曾经登上姑苏台，眺望浩渺的五湖。林木苍翠的群山，那太伯、虞仲所创建的，阖闾、夫差所争夺的、伍子胥和文种、范蠡所经营的，现在都已经消失了，这区区庵院和亭子又算得了什么呢？虽然这样，钱镠趁天下大乱窃取了权位，占有了吴越，建立了国家，国富兵强，一直延续了四代，他的后代子孙趁着这个机会奢侈无度，大肆修建宫馆园林，盛极一时，唯有苏子美的沧浪亭，却被一个和尚如此看重。由此看来，读书人想要留名千古，不像冰块那样很快溶化掉，是另有东西存在的。

文瑛好读书作诗，同我们这些人交往，人们称他为沧浪僧。

◎ 内涵外延

散文家归有光

归有光认为"文章至于宋元诸名家，其力足以追数千载之上而与之颉颃"，斥当时主张"文必秦汉"的王世贞等人为"妄庸巨子"。与王慎中、茅坤等人被称为"唐宋派"。其散文善于叙事，朴素简洁，甚受时人推崇。黄宗羲亦谓其所写妇女志传"一往情深，每以一二细事见之，（读之）使人欲涕"。有《震川先生集》传世。

◎ 本文注释

〔1〕浮图：这里指和尚。
〔2〕五湖：近代一般指洞庭湖、鄱阳湖、太湖、巢湖、洪泽湖为"五湖"。而古代时则对五湖的说法不一，如《史记》中专指"太湖"。
〔3〕澌然：冰块溶解的样子。

○ 品画鉴宝　沧浪濯足图（明）周臣/绘　此图画清流激湍，高人雅士濯足畅怀。高士着笔不多，而开朗的形象十分鲜明。此图画风豪放，技巧娴熟，堪称佳作。

徐文长传

袁宏道

> 袁宏道：公元1568—1610年，字中郎，号石公，湖广公安（今湖北）人。万历进士，明代文学家，官至吏部郎中，与兄宗道、弟中道并称"三袁"，为"公安派"代表作家。

◎ 经典语录

古今文人，牢骚困苦未有若先生者也　病奇于人，人奇于诗

  徐渭，字文长，为山阴诸生，声名籍甚[1]。薛公蕙校越时，奇其才，有国士之目。然数奇，屡试辄蹶[2]。中丞胡公宗宪闻之，客诸幕。文长每见，则葛衣乌巾，纵谈天下事，胡公大喜。是时，公督数边兵，威镇东南，介胄之士，膝语蛇行[3]，不敢举头，而文长以部下一诸生傲之，议者方之刘真长、杜少陵云。会得白鹿，属文长作表。表上，永陵喜，公以是益奇之，一切疏计，皆出其手。文长自负才略，好奇计，谈兵多中，视一世事无可当意者，然竟不偶。

  文长既已不得志于有司，遂乃放浪曲蘖，恣情山水，走齐、鲁、燕、赵之地，穷览朔漠。其所见山奔海立，沙起云行，雨鸣树偃，幽谷大都，人物鱼鸟，一切可惊可愕之状，一一皆达之于诗。其胸中又有勃然不可磨灭之气，英雄失路、托足无门之悲，故其为诗，如嗔如笑，如水鸣峡，如种出土，如寡妇之夜哭，羁人之寒起。虽其体格时有卑者，然匠心独出，有王者气，非彼巾帼而事人者所敢望也[4]。文有卓识，气沉而法严，不以模拟损才，不以议论伤格，韩、曾之流亚也。文长既雅不与时调合，当时所谓骚坛主盟者[5]，文长皆叱而怒之，故其名不出于越。悲夫！喜作书，笔意奔放如其诗，苍劲中姿媚跃出，欧阳公所谓"妖韶女老[6]，自有余态"者也。间以其余，旁溢为花鸟，皆超逸有致。

  卒以疑杀其继室[7]，下狱论死。张太史元汴力解，乃得出。晚年愤益深，佯狂益甚。显者至门，或拒不纳；时携钱至酒肆，呼下隶与饮；或自持斧击破其头，血流被面，头骨皆折，揉之有声；或以利锥锥其两耳，深入寸余，竟不得死。

  周望言：晚岁诗文益奇，无刻本，集藏于家。余同年有官越者，托以抄录，今未至。余所见者，《徐文长集》《阙编》二种而已。然文长竟以不得志于时，抱愤而卒。

  石公曰：先生数奇不已，遂为狂疾；狂疾不已，遂为囹圄。古今文人，

牢骚困苦未有若先生者也。虽然，胡公间世豪杰[8]，永陵英主。幕中礼数异等，是胡公知有先生矣；表上，人主悦，是人主知有先生矣。独身未贵耳。先生诗文崛起，一扫近代芜秽之习，百世而下，自有定论，胡为不遇哉！

梅客生尝寄予书曰："文长吾老友，病奇于人，人奇于诗。"余谓文长，无之而不奇者也。无之而不奇，斯无之而不奇也。悲夫！

徐渭，字文长，是山阴县生员，名气很大。薛公惠担任浙江学政时，对他的才学颇为赞赏，认为他是国家的杰出人才。然而他时运不济，多次应试均告失败了。中丞胡宗宪慕名聘请他做幕僚。徐文长每次参见胡公，总是穿着葛布长衫，头戴乌巾，畅谈天下大事，胡公非常高兴。当时胡公统率着几支大军，威镇东南沿海地区，部下将士在他面前跪着与他说话，曲身行走，不敢抬头。但是徐文长以部下一个秀才的身份与胡公傲然相对，人们谈论起他都把他当作刘真长、杜少陵一样的人物。恰逢胡公猎获白鹿，委托文长起草奏表，奏表呈上后，明世宗很满意。胡公对他更加器重，军中一切公文都交给他办理。文长自恃胸怀韬略，喜欢出奇制胜，谈论军事大多能切中要害，在他看来，天下事情没有能合他心意的。然而始终不得志。

文长既然在科举上不得志，便肆意饮酒放纵自己，纵情于山水之间。他游遍了齐、鲁、燕、赵等地，又饱览了北方的大漠风光。他把见到的起伏的山峦，奔腾的海浪，黄沙飞扬，迅雷滚滚，暴雨急鸣，树木倒伏，幽深的峡谷，繁华的都市，各种人物、鱼、鸟等等，一切令人惊叹诧异的景象都写入诗中。在他胸中有蓬勃不可磨灭的气概，英雄穷途无立足之处的愤懑。所以他写的诗像怒骂，又像狂笑，像是山洪在峡谷中鸣响，像新苗从土中萌芽，像寡妇在深夜中哭泣，游子在寒夜中起程。虽然这些诗歌的体裁格律有欠高雅的地方，然而却能独具匠心，有王侯的气概，不是那种像女人一样侍奉他人的诗人所能企及的。徐文长的文章有卓越的见识，气度沉着而章法谨严，不因为模拟减损才气，也不因议论损伤格调，是与韩愈、曾巩同一类的人物。文长素来不迎合世俗，对当时的所谓诗坛盟主，都加以斥责怒骂，所以他的名声没有传出越地，实在是可悲啊！文长喜欢书法，笔意奔放就像他的诗作，苍劲中又现出秀丽的丰姿，正像欧阳修所说的"妖艳的女人老了，还保存着风姿余韵"。间或他把多余的精力倾注到花鸟画上，画作飘逸而有情趣。

　　后来，文长因为疑心杀死了继妻，被判入狱定为死罪。太史张元汴极力营救，才得以保释脱狱。到了晚年，他对世道更加愤愤不平。故意作出颠狂的样子，显贵登门拜访，有时拒不会客。他经常带着钱到酒店去，招呼奴仆一起饮酒，有时他用斧头击破自己的脑袋，血流满面，头骨都断裂了，按揉时能听到响声。有时用锋利的锥子刺自己的双耳，刺进去一寸多深，竟然不死。

　　周望说他晚年的诗和文章愈发奇特，但没有刻本，仅是编辑成集收在家中。跟我同年的人有在越地做官的，我委托他抄录文长的诗文，至今还没有送来，我只看到过《徐文长集》《阙编》两种而已。可是，文长终因不得志，抱恨死去。

　　我认为：文长先生的命运不济，致使他积郁成狂，病又没有好转，又进了监狱。从古到今文人遭受到的困苦，再没有谁像徐文长先生这样的了。虽然如此，胡公是几世罕见的豪杰，世宗是英明的皇帝。在胡公幕府时文长受到特殊的礼遇，说明胡公是了解先生的；表章呈上后，世宗很高兴，说明皇帝也知道他。只是没能走上仕途。先生诗文的崛起，一扫近代文坛杂乱污秽的陋习，将来定会自有公论，文长只是生不逢时罢了！

　　梅容生曾写信告诉我："文长是我的老朋友，他的病比人怪，而他比他的诗怪。"我认为文长没有一处不非凡的，没有一处不非凡，所以也就注定了他一生都是磕磕绊绊。真是可悲啊！

◎ 内涵外延

徐渭（公元1512－1593年）

明文学家，书画家。初字文清，改字文长，号天池山人，青藤道士，或署田水月，山阴（今浙江绍兴）人。曾为东南军务总督胡宗宪幕客，于抗倭军事多所策划。与陈道复并称"青藤白阳"。有《徐文长三集》《徐文长逸稿》《徐文长佚草》《南词叙录》《四声猿》等。

◎ 本文注释

〔1〕声名籍甚：名声很大。〔2〕蹶（jué）：跌倒，这里指没有考中。
〔3〕膝语蛇行：形容恭顺的样子。膝语，跪着说话。蛇行：爬着走路。
〔4〕巾帼（guó）：古代妇女的头巾和发饰。代指妇女。〔5〕骚坛：文坛。
〔6〕妖韶：美艳。〔7〕卒（cù）：突然。
〔8〕间世豪杰：间隔几世才出一个豪杰。古称三十年为一世。

○ 品画鉴宝

野亭霭瑞图（明）唐寅／绘　图绘一老者端坐亭中，过着隐逸生活。此图是对文士生活的写照和美化。

五人墓碑记

张溥

张　溥：公元1602－1641年，字天如，号西铭，明末太仓（今江苏）人。崇祯四年进士，是当时江南士大夫主张改良政治的团体复社的创始人和领袖之一，曾写过很多文章，抨击明末宦官专权及政治腐败。为明末著名散文家，风格质朴，内容充实。

◎ 经典语录

安能屈豪杰之流，扼腕墓道，发其志士之悲哉　明死生之大，匹夫之有重于社稷也

　　五人者，盖当蓼洲周公之被逮，激于义而死焉者也。至于今，郡之贤士大夫请于当道，即除魏阉废祠之址以葬之，且立石于其墓之门，以旌其所为。呜呼！亦盛矣哉！

　　夫五人之死，去今之墓而葬焉，其为时止十有一月耳。夫十有一月之中，凡富贵之子，慷慨得志之徒，其疾病而死，死而湮没不足道者[1]，亦已众矣，况草野之无闻者欤！独五人之皦皦[2]，何也？

　　予犹记周公之被逮，在丁卯三月之望。吾社之行为士先者，为之声义，敛资财以送其行，哭声震动天地。缇骑按剑而前，问："谁为哀者？"众不能堪，抶而仆之。是时以大中丞抚吴者，为魏之私人，周公之逮所由使也[3]。吴之民方痛心焉，于是乘其厉声以呵[4]，则噪而相逐。中丞匿于溷藩以免[5]。既而以吴民之乱请于朝，按诛五人，曰：颜佩韦、杨念如、马杰、沈扬、周文元，即今之傫然在墓者也。

　　然五人之当刑也，意气扬扬，呼中丞之名而詈之[6]，谈笑以死。断头置城上，颜色不少变。有贤士大夫发五十金，买五人之脰函之，卒与尸合。故今之墓中，全乎为五人也。

　　嗟夫！大阉之乱[7]，缙绅而能不易其志也，四海之大，有几人欤？而五人生于编伍之间，素不闻诗书

381

之训，激昂大义，蹈死不顾，亦曷故哉？且矫诏纷出[8]，钩党之捕，遍于天下。卒以吾郡之发愤一击，不敢复有株治。大阉亦逡巡畏义，非常之谋，难以猝发，待圣人之出，而投缳道路，不可谓非五人之力也。

由是观之，则今之高爵显位，一旦抵罪，或脱身以逃，不能容于远近，而又有剪发杜门，佯狂不知所之者，其辱人贱行，视五人之死，轻重固何如哉？是以蓼洲周公，忠义暴于朝廷，赠谥美显，荣于身后。而五人亦得以加其土封，列其姓名于大堤之上。凡四方之士，无有不过而拜且泣者，斯固百世之遇也。不然，令五人者保其首领，以老于户牖之下[9]，则尽其天年，人皆得以隶使之，安能屈豪杰之流，扼腕墓道[10]，发其志士之悲哉？故予与同社诸君子，哀斯墓之徒有其石也，而为之记，亦以明死生之大，匹夫之有重于社稷也。

贤士大夫者：冏卿因之吴公，太史文起文公，孟长姚公也。

这五个人，是在周蓼洲先生被捕之际，激于义愤而死的。直到现在，吴郡的贤明士绅请求当局，清除魏忠贤废祠的旧址来安葬他们，并且在墓门前立了石碑，以表彰他们的义行。唉！这可算是一件盛事了！

从五位志士死去，到现在修坟安葬，前后不过十一个月。在这十一个月中，那些官宦人家，志得意满之人，因病而死，死后悄无声息的，也太多了，更何况市井间微末之人呢！唯独这五个人声名显赫，这是为什么？

我对周公被捕记忆犹新，是在丁卯年三月十五日。我们复社中品行足以为人师表的人，为他声张正义，募集钱财送他启程，哭声震动天地。有缇骑按剑向前，说："谁敢为他悲哀？"大家忍无可忍，将他们打倒在地。当时以大中丞身份任当地巡抚的是魏忠贤的党羽，周公被捕就是由他指使的。苏州的百姓对他恨到了极点，于是趁他厉声喝斥的时候，索性群起攻之，吓得他躲进茅厕才得以脱身。事后，他以叛敌借口奏请朝廷，按律处死了五个人，他们是：颜佩韦、杨念如、马杰、沈扬、周文元，也就是现在一起安葬在墓穴中的五位。

然而五位志士临刑时，大义凛然，喊着中丞的名字痛骂，从容就义。被砍下的头挂在城上，神色丝毫未变。有贤明的士绅，拿出五十两银子，买下了五个人的头放在匣子里，得以保留全尸。所以如今的墓穴中，完整地安放着五个人的尸体。

啊！大宦官魏忠贤祸乱天下，朝野之间不改变其节操的，四海之内，又有几个人呢？而这五个人出身于平民，从来就没有受过诗书的教诲，却能激昂大义，又是什么缘故呢？况且奸阉假传圣旨，大肆搜捕东林党人，终因我郡百姓奋起抗击，他们才不敢再株连治罪。魏忠贤也畏惧百姓的义愤而迟疑不决，篡位之举也不敢贸然行事。到圣主即位，魏忠贤在流放途中自缢身亡，这不能排除这五人所起的作用。

由此看来，那些当今身居高位手握大权的人，一旦获罪，有的脱身逃走，东躲西藏，有的削发出家，闭门不出，有的装疯卖傻而不知跑到什么地方去，他们这种可耻的人格、卑贱的行为，比起这五人的死，轻重又如何呢？正因为如此，周蓼洲的忠义品节得以体现，因其良好口碑获得朝廷追增谥号，身后十分荣耀。而五位志士也能够得到厚葬，将他们的名字刻碑立于大堤上。四方的人士，途经此地的没有一个不到墓前施礼哭拜，这确实是百代难遇的事啊！如果不是这样，让五个人保全自己的性命，在家中平平安安地活到老，享其天年，当权者可以把他们当作奴仆一样喝来唤去，怎么能使英雄豪杰在墓前扼腕捶胸，抒发仁人志士的悲愤之情呢？故此，我和同社的诸位同仁，哀叹墓前只空有碑石，就为它写了这篇碑文。也是用来阐明死生意义的重大，普通百姓也是可以对国家发挥重要的作用啊！

前面提到的几位贤明士绅是：太仆卿吴公因之，翰林文公文起，姚公孟长。

◎ 内涵外延

魏忠贤（公元1568－1627年）

明宦官。河间肃宁（今属河北）人。万历时入宫。泰昌元年（公元1620年）熹宗即位，他被任命为司礼秉笔太监，后又兼掌东厂。天启五年（公元1625年）杀东林党人杨涟等，大兴党羽。崇祯帝即位后，黜职，安置凤阳，旋命逮治，途中惧罪自缢。

◎ 本文注释

〔1〕湮（yān）：埋没，不被人知道。〔2〕皦（jiǎo）皦：明亮，显耀。

〔3〕所由使：由某人指使的。〔4〕乘：趁着。呵：呵叱。

〔5〕溷（hùn）藩：厕所。

〔6〕詈（lì）：骂。〔7〕大阉：指大宦官魏忠贤。〔8〕矫诏：假传皇帝的圣旨。

〔9〕牖（yǒu）：窗户。〔10〕扼腕：用手握腕，表示激动。

图书在版编目（CIP）数据

古文观止 / 金敬梅主编 . -- 北京：世界图书出版公司，2016.5（2021.4重印）
ISBN 978-7-5192-0897-4

Ⅰ.①古… Ⅱ.①中… Ⅲ.①古典散文—散文集—中国②《古文观止》—青少年读物 Ⅳ.① H194.1-49

中国版本图书馆 CIP 数据核字（2016）第 049141 号

书　　　名	古文观止
（汉语拼音）	GUWEN GUANZHI
编　　　者	金敬梅
总　策　划	吴　迪
责　任　编　辑	金敬梅
装　帧　设　计	刘　陶
出　版　发　行	世界图书出版公司长春有限公司
地　　　址	吉林省长春市春城大街789号
邮　　　编	130062
电　　　话	0431-86805551（发行）　0431-86805562（编辑）
网　　　址	http://www.wpcdb.com.cn
邮　　　箱	DBSJ@163.com
经　　　销	各地新华书店
印　　　刷	唐山富达印务有限公司
开　　　本	720 mm×1000 mm　1/16
印　　　张	24
字　　　数	380千字
印　　　数	1—5 000
版　　　次	2019年6月第1版　2021年4月第3次印刷
国　际　书　号	ISBN 978-7-5192-0897-4
定　　　价	48.00元

版权所有　翻印必究
（如有印装错误，请与出版社联系）

阅读国学经典·品鉴古今智慧

领悟先贤哲思·创造人生辉煌